Gleichbehandlung in der betrieblichen Altersversorgung

Recht der Arbeit und der sozialen Sicherheit

Herausgegeben von Wolfgang Däubler, Hagen Lichtenberg, Ursula Rust, Roderich Wahsner

Band 24

PETER LANG
Frankfurt am Main · Berlin · Bern · Bruxelles · New York · Oxford · Wien

Felix Herbold

Gleichbehandlung in der betrieblichen Altersversorgung

Rechtsfragen zur Beteiligung an der zweiten Säule der Alterssicherung am Beispiel der geringfügig Beschäftigten und eingetragenen Lebenspartner

PETER LANG
Internationaler Verlag der Wissenschaften

Bibliografische Information der Deutschen Nationalbibliothek
Die Deutsche Nationalbibliothek verzeichnet diese Publikation in der Deutschen Nationalbibliografie; detaillierte bibliografische Daten sind im Internet über <http://www.d-nb.de> abrufbar.

Zugl.: Bremen, Univ., Diss., 2007

D 46
ISSN 0178-4285
ISBN 978-3-631-57319-8

www.peterlang.de

Für Yvette

Vorwort

Die vorliegende Untersuchung wurde im Herbst 2003 begonnen und drei Jahre später von der Rechtswissenschaftlichen Fakultät der Universität Bremen als Dissertation angenommen. Rechtsprechung und Schrifttum wurden bis einschließlich August 2006 berücksichtigt. Das Dissertationskolloquium fand am 30.04.2007 in Bremen statt.

Mein herzlicher Dank gilt zunächst meiner Doktormutter Prof. Dr. Ursula Rust. Mit ihren zahlreichen Anregungen zum Thema hat sie nicht nur die räumliche Distanz zwischen Bremen und Stuttgart überbrückt, sondern auch die Fertigstellung der Dissertation entscheidend gefördert. Für die freundliche Übernahme des umfangreichen Zweitgutachtens möchte ich mich bei Prof. Dr. Josef Falke bedanken.

Die Arbeit wurde im Rahmen meiner Doktorandentätigkeit bei der Daimler-Crysler AG gefördert. Großen Dank schulde ich dort Frau Martina Neise und Herrn Dr. Klaus Klasen, die mir immer den Freiraum gegeben haben, das Promotionsverfahren aufzunehmen und durchzuhalten. Durch ihr fachliches Wissen und persönliches Vorbild haben sie zu meiner Entwicklung beigetragen.

Ein besonders großes Dankeschön gebührt meinen Eltern, die mich immer in jeder Hinsicht unterstützt haben. Ihre uneingeschränkte Förderung meiner Ausbildung hat diese Arbeit möglich gemacht.

Weiterhin danke ich all jenen, die mit ihrer Diskussionsbereitschaft und ihren Korrekturen dazu beigetragen haben, dass ich den roten Faden der Arbeit zumindest immer wiedergefunden habe.

Nicht in Worte zu fassen ist der Beitrag meiner Ehefrau Yvette. Ihr ist diese Arbeit gewidmet.

Inhaltsübersicht

Vorwort VII
Inhaltsverzeichnis XI
Abkürzungsverzeichnis XIX
Hinweis zur sprachlichen Gestaltung XXV
Erster Teil: Einleitung 1
Zweiter Teil: Grundlagen der betrieblichen Altersversorgung 3
A) Ausgangslage der Alterssicherung in Deutschland 3
I. Bedeutung der betrieblichen Altersversorgung 3
II. Alterssicherung vor der Herausforderung demographischer Veränderungen 5
III. Perspektive und Entwicklung künftiger Alterssicherung 9
IV. Zwischenergebnis 11
B) Begriff der betrieblichen Altersversorgung 12
I. Definition 12
II. Abgrenzung zu anderen Sozialleistungen 13
III. Form der Leistung 15
IV. Zwischenergebnis 15
C) Zusageformen und Durchführungswege 16
I. Zusageformen der betrieblichen Altersversorgung 16
II. Durchführungswege der betrieblichen Altersversorgung 18
III. Zwischenergebnis 26
D) Versorgungsmodelle 26
I. Leistungszusagen 27
II. Beitragszusagen 31
III. Entgeltumwandlung 35
IV. Zwischenergebnis 37
E) Rechtscharakter betrieblicher Altersversorgung 38
I. Historische Entwicklung 38
II. Aktuelles Meinungsspektrum in Deutschland 41
III. Einordnung durch den EuGH 54
IV. Zwischenergebnis 65
F) Begründungsformen betrieblicher Versorgungsansprüche 66
I. Einführung 66
II. Mögliche Begründungsformen im Einzelnen 68
III. Zwischenergebnis 76
G) Schranken betrieblicher Zusagegestaltung 77
I. Nationale Schranken betrieblicher Zusagegestaltung 77
II. Europarechtliche Schranken betrieblicher Zusagegestaltung 93
III. Verhältnis nationales Recht - Gemeinschaftsrecht 101
IV. Zwischenergebnis 103
Dritter Teil: Geringfügig Beschäftigte und eingetragene Lebenspartner 105
A) Geringfügig Beschäftigte - Zugang zur betrieblichen Altersversorgung? 105
I. Geringfügig Beschäftigte - Sichtweise des EuGH 106
II. Mehr als geringfügig Beschäftigte - Rechtslage in Deutschland 117

III. Geringfügig Beschäftigte mit mehreren Beschäftigungsverhältnissen 122
IV. Gesamtversorgung und sonstige Versorgungsmodelle 122
V. Folgen für die betriebliche Altersversorgung 159
VI. Prozessuale Fragen 169
VII. Ergebnis 170
B) Hinterbliebenenversorgung eingetragener Lebenspartner? 171
I. Gleichgeschlechtliche Partnerschaften - Sichtweise des EuGH 172
II. Auswirkungen der Richtlinie 2000/78/EG und des AGG 177
III. Rechtslage in Deutschland vor Einführung des LPartG 223
IV. Rechtslage in Deutschland zwischen LPartG und AGG 231
V. Folgen für die betriebliche Hinterbliebenenversorgung 271
VI. Ergebnis 272
Vierter Teil: Zusammenfassung und Gesamtergebnis 275

Inhaltsverzeichnis

Vorwort VII
Inhaltsübersicht IX
Abkürzungsverzeichnis XIX
Hinweis zur sprachlichen Gestaltung XXV
Erster Teil: Einleitung 1
Zweiter Teil: Grundlagen der betrieblichen Altersversorgung 3
A) Ausgangslage der Alterssicherung in Deutschland 3
I. Bedeutung der betrieblichen Altersversorgung 3
II. Alterssicherung vor der Herausforderung demographischer Veränderungen 5
1. Demographische Entwicklung 6
2. Geburtenrate 6
3. Lebenserwartung 7
4. Verhältnis von Erwerbstätigen und Rentnern 8
III. Perspektive und Entwicklung künftiger Alterssicherung 9
IV. Zwischenergebnis 11
B) Begriff der betrieblichen Altersversorgung 12
I. Definition 12
II. Abgrenzung zu anderen Sozialleistungen 13
III. Form der Leistung 15
IV. Zwischenergebnis 15
C) Zusageformen und Durchführungswege 16
I. Zusageformen der betrieblichen Altersversorgung 16
1. Unmittelbare Versorgungszusage 16
2. Mittelbare Versorgungszusage 17
II. Durchführungswege der betrieblichen Altersversorgung 18
1. Unmittelbare Versorgungszusage (§ 1b Abs. 1 BetrAVG) 18
2. Direktversicherung (§ 1b Abs. 2 BetrAVG) 19
3. Pensionskasse (§ 1b Abs. 3 BetrAVG) 21
4. Unterstützungskasse (§ 1b Abs. 4 BetrAVG) 22
5. Pensionsfonds (§ 1b Abs. 3 BetrAVG) 24
III. Zwischenergebnis 26
D) Versorgungsmodelle 26
I. Leistungszusagen 27
1. Festbetragszusagen 27
2. Gehaltsabhängige Zusagen 28
2.1 Endgehaltsysteme 29
2.2 Durchschnittsgehaltsysteme 29
2.3 Eckwertsysteme 30
3. Gesamtversorgungssysteme 30
II. Beitragszusagen 31
1. Reine Beitragszusage 32
2. Beitragsorientierte Leistungszusage 32
3. Beitragszusage mit Mindestleistung 33

4. Kapitalkontenpläne 34
III. Entgeltumwandlung 35
IV. Zwischenergebnis 37
E) Rechtscharakter betrieblicher Altersversorgung 38
I. Historische Entwicklung 38
II. Aktuelles Meinungsspektrum in Deutschland 41
1. Gegenstand der Arbeitgeberleistung 42
1.1 Auffassung der Rechtsprechung 42
1.2 Auffassung des Schrifttums 43
1.3 Stellungnahme 46
2. Gegenstand der Arbeitnehmerleistung 48
2.1 Auffassung der Rechtsprechung 48
2.2 Auffassung des Schrifttums 49
2.3 Stellungnahme 50
3. Verknüpfung von Leistung und Gegenleistung 52
4. Zusammenfassung 53
III. Einordnung durch den EuGH 54
1. Leistungen der betrieblichen Altersversorgung 54
1.1 Altersrenten 54
1.2 Hinterbliebenenrenten 56
2. Zur Abgrenzung: Leistungen der gesetzlichen Alterssicherungssysteme 57
3. Leistungen externer Versorgungsträger 60
4. Beiträge zur betrieblichen Altersversorgung 63
5. Zusammenfassung 65
IV. Zwischenergebnis 65
F) Begründungsformen betrieblicher Versorgungsansprüche 66
I. Einführung 66
1. Vertragsfreiheit 66
2. Form der Zusage 67
II. Mögliche Begründungsformen im Einzelnen 68
1. Tarifvertrag 68
2. Betriebsvereinbarung 69
3. Sprecherausschussgesetz 72
4. Einzelvertragliche Vereinbarung 73
5. Gesamtzusagen und vertragliche Einheitsregelungen 74
6. Betriebliche Übung 75
7. Gleichbehandlungsgrundsatz 76
III. Zwischenergebnis 76
G) Schranken betrieblicher Zusagegestaltung 77
I. Nationale Schranken betrieblicher Zusagegestaltung 77
1. Grundrechtsschranken 77
1.1 Mittelbare und unmittelbare Drittwirkung der Grundrechte 78
1.2 Grundrechte im Einzelnen 79
1.2.1 Art. 3 Abs. 3 GG 79
1.2.2 Art. 3 Abs. 2 GG 80

1.2.3 Art. 3 Abs. 1 GG 82
2. Allgemeiner arbeitsrechtlicher Gleichbehandlungsgrundsatz 84
2.1 Dogmatische Herleitung 84
2.2 Inhalt und Reichweite 85
3. Normen des einfachen Rechts 88
3.1 § 75 Abs. 1 BetrVG 88
3.2 § 1b Abs. 1 S. 4 BetrAVG 90
3.3 § 4 TzBfG 91
4. Allgemeines Gleichbehandlungsgesetz (AGG) 93
II. Europarechtliche Schranken betrieblicher Zusagegestaltung 93
1. Europäisches Entgeltgleichheitsgebot (Art. 141 EG) 94
1.1 Anwendungsbereich 94
1.2 Diskriminierungsverbot 95
1.2.1 Unmittelbare Diskriminierung 95
1.2.2 Mittelbare Diskriminierung 96
1.3 Rechtfertigung 97
2. Richtlinien 98
III. Verhältnis nationales Recht - Gemeinschaftsrecht 101
IV. Zwischenergebnis 103
Dritter Teil: Geringfügig Beschäftigte und eingetragene Lebenspartner 105
A) Geringfügig Beschäftigte - Zugang zur betrieblichen Altersversorgung? 105
I. Geringfügig Beschäftigte - Sichtweise des EuGH 106
1. Geringfügig Beschäftigte 106
1.1 Entscheidung des EuGH vom 13.07.1989 („Rinner-Kühn“) 107
1.2 Entscheidung des EuGH vom 09.09.1999 („Krüger“) 107
1.3 Entscheidung des EuGH vom 14.12.1995 („Nolte“) 108
1.4 Zwischenergebnis 109
2. Mittelbare Entgeltdiskriminierung sonstiger Teilzeitkräfte 110
3. Mittelbare Entgeltdiskriminierung geringfügig Beschäftigter 112
3.1 Auswirkung zu Lasten eines Geschlechts 112
3.2 Rechtfertigung der Diskriminierung 114
3.3 Stellungnahme 115
4. Zwischenergebnis 116
II. Mehr als geringfügig Beschäftigte - Rechtslage in Deutschland 117
1. Sichtweise der Rechtsprechung 117
2. Sichtweise der Literatur 120
3. Stellungnahme 121
4. Zwischenergebnis 121
III. Geringfügig Beschäftigte mit mehreren Beschäftigungsverhältnissen 122
IV. Gesamtversorgung und sonstige Versorgungsmodelle 122
1. Gesamtversorgungssysteme allgemein 123
1.1 Verbreitung von Gesamtversorgungssystemen 124
1.2 Unterfälle der Gesamtversorgung 125
1.2.1 Anrechnungssysteme 125
1.2.2 Limitierungssysteme 126

1.3 Vor- und Nachteile von Gesamtversorgungssystemen 126
1.3.1 Arbeitnehmersicht 126
1.3.2 Arbeitgebersicht 127
1.4 Zwischenergebnis 127
2. Gesamtversorgungssysteme: Rechtsprechung des BAG 128
2.1 Wertung des Gesetzgebers im Sozialversicherungsrecht 128
2.2 Versorgungszweck: Verbesserung der Grundsicherung 129
2.3 Wirtschaftliche Bedeutung 130
2.4 Verwaltungsaufwand und Kosten 130
2.5 Zwischenergebnis 130
3. Sichtweise des Schrifttums und Stellungnahme 131
3.1 Wertungen des Gesetzgebers im Sozialversicherungsrecht 131
3.1.1 Übertragbarkeit sozialversicherungsrechtlicher Wertungen? 131
3.1.1.1 Sichtweise des Schrifttums 131
3.1.1.2 Sichtweise von BAG und EuGH an anderer Stelle 132
3.1.1.3 Stellungnahme 134
3.1.2 Abweichendes Ergebnis infolge veränderter Rechtslage 134
3.1.2.1 Veränderte Rechtslage 135
3.1.2.2 Folgerungen des Schrifttums 136
3.1.2.3 Stellungnahme 137
3.2 Versorgungszweck: Verbesserung der gesetzlichen Grundsicherung 138
3.2.1 Sichtweise des Schrifttums 138
3.2.2 Stellungnahme 139
3.3 Wirtschaftliche Bedeutung 141
3.3.1 Sichtweise des Schrifttums 141
3.3.2 Stellungnahme 142
3.3.2.1 Gesellschaftliche Wirklichkeit 142
3.3.2.2 Abweichende Rechtsprechung des BAG 144
3.4 Verwaltungsaufwand und Kosten 146
3.4.1 Sichtweise des Schrifttums 146
3.4.2 Stellungnahme 147
3.5 Zwischenergebnis 150
4. Alternative Rechtfertigungsmöglichkeiten 151
4.1 Niedrige Qualifikation und Abgrenzbarkeit innerhalb der Belegschaft 151
4.1.1 Sichtweise des Schrifttums 151
4.1.2 Stellungnahme 152
4.2 Bindung an das Unternehmen 153
4.2.1 Ausgangssituation 153
4.2.2 Stellungnahme 154
4.3 Möglichkeit der Eigenvorsorge durch sonstiges Entgelt 156
4.3.1 Sichtweise des BAG 156
4.3.2 Sichtweise der Literatur 158
4.3.2 Stellungnahme 158
4.4 Zwischenergebnis 159
V. Folgen für die betriebliche Altersversorgung 159

1. Unwirksamkeit gleichheitswidriger Regelungen 159
2. Leistungsumfang 161
2.1 Anteilige Leistungsgewährung 161
2.2 Aufnahmezeitpunkt und Rückwirkung 163
2.3 Begrenzung durch den Dotierungsrahmen? 165
2.4 Stellungnahme 166
2.5 Reaktionsmöglichkeiten des Arbeitgebers 167
3. Zwischenergebnis 168
VI. Prozessuale Fragen 169
VII. Ergebnis 170
B) Hinterbliebenenversorgung eingetragener Lebenspartner? 171
I. Gleichgeschlechtliche Partnerschaften - Sichtweise des EuGH 172
1. Entscheidung des EuGH vom 17.02.1998 173
2. Entscheidung des EuGH vom 31.05.2001 174
3. Entscheidung des EuGH vom 07.01.2004 174
4. Stellungnahme 175
5. Zwischenergebnis 176
II. Auswirkungen der Richtlinie 2000/78/EG und des AGG 177
1. Rechtliche Entwicklung von der Richtlinie zum AGG 178
1.1 Rechtsgrundlage und Entstehungsgeschichte 178
1.2 Umsetzungsbedarf der Richtlinie 2000/78/EG 179
1.3 Umsetzung in nationales Recht und AGG 180
2. Anwendungsbereich 182
2.1 Persönlicher Anwendungsbereich 182
2.2 Sachlicher Anwendungsbereich 183
2.2.1 Anwendungsbereich allgemein 184
2.2.2 Einschränkende Begründungserwägung der Richtlinie? 185
2.2.3 Stellungnahme 187
2.2.4 Einschränkung des AGG für die betriebliche Altersversorgung? 190
2.2.5 Stellungnahme 191
3. Diskriminierungsgrund „Sexuelle Ausrichtung" bzw. „Identität" 193
3.1 Inhalt und Reichweite des Diskriminierungsgrundes 193
3.2 Kausalzusammenhang 194
3.3 Stellungnahme 195
4. Das Diskriminierungsverbot 196
4.1 Unmittelbare Diskriminierung bzw. Benachteiligung 197
4.1.1 Vergleichbarkeit eingetragener Lebenspartner 197
4.1.2 Stellungnahme 200
4.1.2.1 LPartG in der Fassung von 2001 200
4.1.2.2 Ausweitung des LPartG ab 2005 201
4.1.2.3 Bedeutung für die rechtliche Vergleichbarkeit 204
4.1.2.4 Vergleichbarkeit in tatsächlicher Hinsicht 205
4.1.3 Unmittelbarkeit der Diskriminierung bzw. Benachteiligung 208
4.2 Mittelbare Diskriminierung bzw. Benachteiligung 209
5. Rechtfertigung der Diskriminierung 212

6. Folgen eines Verstoßes gegen AGG und Richtlinie 214
6.1 Folgen eines Verstoßes gegen das AGG 214
6.2 Folgen einer unzureichenden Umsetzung der Richtlinie 215
6.2.1 Unmittelbare Wirkung von Richtlinien 216
6.2.2 Richtlinienkonforme Auslegung 219
6.2.3 Gemeinschaftsrechtlicher Staatshaftungsanspruch 221
7. Zwischenergebnis 222
III. Rechtslage in Deutschland vor Einführung des LPartG 223
1. Sichtweise des BVerfG 224
1.1 Differenzierung anhand personenbezogener Merkmale 224
1.2 Sexuelle Selbstbestimmung 225
1.3 Ehe und gleichgeschlechtliche Lebensgemeinschaft 226
1.4 Zusammenfassung 227
2. Sichtweise des BAG 227
3. Sichtweise des BSG 230
4. Sichtweise des BVerwG 231
5. Zwischenergebnis 231
IV. Rechtslage in Deutschland zwischen LPartG und AGG 231
1. Reaktionen auf das LPartG 232
1.1 Erste Reaktionen des Schrifttums 232
1.2 Sichtweise des BVerfG 233
1.3 Stellungnahme 235
2. Sichtweise der Steuerverwaltung 235
3. Sichtweise der Sozialgerichte 236
4. Sichtweise der Verwaltungsgerichte 238
4.1 Familienstand des eingetragenen Lebenspartners 238
4.2 Leistungen für Verheiratete 239
4.2.1 Unmittelbare Anwendung der Bestimmungen 239
4.2.2 Entsprechende Anwendung für eingetragene Lebenspartner 240
4.2.2.1 Beachtung des Gesetzesvorbehalts 241
4.2.2.2 Planwidrige Regelungslücke 242
4.2.3 Vereinbarkeit mit höherrangigem Recht 243
4.3 Stellungnahme 245
5. Sichtweise des BAG 247
5.1 Inhalt des Urteils 247
5.2 Stellungnahme 249
6. Übertragung auf tarifvertragliche Versorgungszusagen 251
6.1 Gemeinsamkeiten der Arbeitgeberleistungen 251
6.2 Erkennbarkeit der Zweckbestimmung 252
6.3 Leistungsvorbehalt und Dotierungsrahmen 252
7. Konsequenzen für sonstige Versorgungszusagen 254
7.1 Vergleichbare Lage 255
7.2 Sachliche Rechtfertigung der Differenzierung 255
7.2.1 Unterstützung der Erwerbstätigkeit durch den Hinterbliebenen 256
7.2.1.1 Bisherige Bewertung im Hinblick auf Ehepartner 256

7.2.1.2 Stellungnahme 258
7.2.1.3 Übertragung auf eingetragene Lebenspartner 260
7.2.2 Versorgungsbedarf des Hinterbliebenen 261
7.2.2.1 Bisherige Bewertung im Hinblick auf Ehepartner 262
7.2.2.2 Stellungnahme 263
7.2.2.3 Übertragung auf eingetragene Lebenspartner 264
7.2.3 Intensität der Bindung zum Hinterbliebenen 265
7.2.3.1 Bisherige Bewertung im Hinblick auf Ehepartner 265
7.2.3.2 Stellungnahme 268
7.2.3.2 Übertragung auf eingetragene Lebenspartner 269
7.3 Zwischenergebnis 270
V. Folgen für die betriebliche Hinterbliebenenversorgung 271
VI. Ergebnis 272
Vierter Teil: Zusammenfassung und Gesamtergebnis 275

Abkürzungsverzeichnis

A	
a. A.	anderer Ansicht
a. a. O.	am angegebenen Ort
Aba	Arbeitsgemeinschaft für betriebliche Altersversorgung e. V.
ABl. EG	Amtsblatt der Europäischen Gemeinschaft
ABl. EU	Amtsblatt der Europäischen Union
Abs.	Absatz
a. E.	am Ende
a. F.	alte Fassung
AltEinkG	Alterseinkünftegesetz
a. G.	auf Gegenseitigkeit
AGG	Allgemeines Gleichbehandlungsgesetz
AltZertG	Altersvorsorgeverträge-Zertifizierungsgesetz
AG	Aktiengesellschaft
AiB	Arbeitsrecht im Betrieb (Zeitschrift)
AP	Hueck/Nipperdey/Dietz, Nachschlagewerk des Bundesarbeitsgerichts - Arbeitsrechtliche Praxis -
ArbG	Arbeitsgericht
ArbGG	Arbeitsgerichtsgesetz
ArbPlSchG	Gesetz über den Schutz des Arbeitsplatzes bei Einberufung zum Wehrdienst (Arbeitsplatzschutzgesetz)
Art.	Artikel
AuA	Arbeit und Arbeitsrecht (Zeitschrift)
AuR	Arbeit und Recht (Zeitschrift)
AVmG	Altersvermögensgesetz
Az.	Aktenzeichen
B	
BAFin	Bundesanstalt für Finanzdienstleistungsaufsicht
BAG	Bundesarbeitsgericht
BAGE	Amtliche Sammlung der Entscheidungen des Bundesarbeitsgerichts
BAT	Bundesangestelltentarifvertrag
BAV	Bundesaufsichtsamt für das Versicherungswesen
BB	Betriebsberater - Zeitschrift für Recht und Wirtschaft (Zeitschrift)
BBG	Beitragsbemessungsgrenze
BBesG	Bundesbesoldungsgesetz
Bd.	Band
BDA	Bundesverband Deutscher Arbeitgeberverbände

BDI	Bundesverband der Deutschen Industrie
BeamtVG	Beamtenversorgungsgesetz
BeschFG	Beschäftigungsförderungsgesetz
BetrAV	Betriebliche Altersversorgung (Zeitschrift)
BetrAVG	Gesetz zur Verbesserung der betrieblichen Altersversorgung (Betriebsrentengesetz)
BetrVG	Betriebsverfassungsgesetz
BFH	Bundesfinanzhof
BGB	Bürgerliches Gesetzbuch
BGBl.	Bundesgesetzblatt
BGH	Bundesgerichtshof
BIP	Bruttoinlandsprodukt
BMAS	Bundesministerium für Arbeit und Soziales
BMF	Bundesministerium der Finanzen
BMGS	Bundesministerium für Gesundheit und Soziale Sicherung
BMI	Bundesministerium des Innern
BMJ	Bundesministerium der Justiz
BR-Drucksache	Drucksache des Deutschen Bundesrats
BT-Drucksache	Drucksache des Deutschen Bundestages
BVerfG	Bundesverfassungsgericht
BVerfGE	Amtliche Sammlung der Entscheidungen des Bundesverfassungsgerichts
BVerGG	Gesetz über das Bundesverfassungsgericht
BVerwG	Bundesverwaltungsgericht
bzgl.	bezüglich
bzw.	Beziehungsweise

C

ca.	circa

D

DB	Der Betrieb (Zeitschrift)
d. h.	das heißt
dia	Deutsches Institut für Altersvorsorge
DÖD	Der Öffentliche Dienst (Zeitschrift)
DÖV	Die Öffentliche Verwaltung (Zeitschrift)
DVBl.	Deutsches Verwaltungsblatt (Zeitschrift)

E

EDV	Elektronische Datenverarbeitung
EFZG	Gesetz über die Zahlung des Arbeitsentgelts an Feiertagen und im Krankheitsfall (Entgeltfortzahlungsgesetz)

EG	Vertrag zur Gründung der Europäische Gemeinschaft (Amsterdamer Fassung vom 02.10.1997)
EGV	Vertrag zur Gründung der Europäischen Gemeinschaft
ErfKomm	Erfurter Kommentar zum Arbeitsrecht
EStG	Einkommensteuergesetz
etc.	et cetera
EU	Europäische Union
EuGH	Europäischer Gerichtshof
e. V.	eingetragener Verein
F	
f.	folgende(r/s)
FamRZ	Zeitschrift für das gesamte Familienrecht
ff.	fortfolgende
FG	Finanzgericht
FPR	Familie Partnerschaft Recht (Zeitschrift)
FS	Festschrift
G	
GbR	Gesellschaft bürgerlichen Rechts
GDV	Gesamtverband der Deutschen Versicherungswirtschaft e. V.
GG	Grundgesetz für die Bundesrepublik Deutschland
ggf.	gegebenenfalls
GmbH	Gesellschaft mit beschränkter Haftung
GS	Gedenkschrift
H	
HGB	Handelsgesetzbuch
Hs.	Halbsatz
Hess.	Hessische (r/s)
Hrsg.	Herausgeber
I	
IAS	International Accounting Standards
i. d. F.	in der Fassung
i. S.	im Sinne
i. S. d.	im Sinne des/der
i. S. v.	im Sinne von
i. V. m.	in Verbindung mit
J	
JA	Juristische Ausbildung (Zeitschrift)

JZ	Juristen Zeitung (Zeitschrift)

K

KSchG	Kündigungsschutzgesetz
KStG	Körperschaftsteuergesetz

L

LAG	Landesarbeitgericht
LAGE	Sammlung der Entscheidungen der Landesarbeitsgerichte
LFZG	Gesetz über die Fortzahlung des Arbeitsentgelts im Krankheitsfalle (Lohnfortzahlungsgesetz)
LG	Landgericht
lit.	litera (Buchstabe)
LS	Leitsatz
LSVD	Lesben- und Schwulenverband in Deutschland

M

max.	maximal
MDR	Monatsschrift für Deutsches Recht (Zeitschrift)
mind.	mindestens
m. w. N.	mit weiteren Nennungen

N

NachwG	Gesetz über den Nachweis der für ein Arbeitsverhältnis geltenden wesentlichen Bedingungen (Nachweisgesetz)
n. F.	neue Fassung
NJW	Neue Juristische Wochenschrift (Zeitschrift)
n. n. v.	noch nicht veröffentlicht
Nr.	Nummer
n. v.	nicht veröffentlicht
NZA	Neue Zeitschrift für Arbeitsrecht
NZA-RR	Neue Zeitschrift für Arbeitsrecht - Rechtsprechungs-Report

O

o. ä.	oder ähnliche(s)
o. g.	oben genannte(n)
OLG	Oberlandesgericht

P

PFKapAV	Verordnung über die Anlage des gebundenen Vermögens von Pensionsfonds (Pensionsfonds-Kapitalanlageverordnung)

PSVaG	Pensions-Sicherungs-Verein auf Gegenseitigkeit

R

RAG	Reichsarbeitsgericht
RdA	Recht der Arbeit (Zeitschrift)
Rdnr.	Randnummer
RG	Reichsgericht
RGBl.	Reichsgesetzblatt
rv	Die Rentenversicherung (Zeitschrift)

S

S.	Satz; Seite
SAE	Sammlung arbeitsgerichtlicher Entscheidungen (Zeitschrift)
SGB III	Sozialgesetzbuch, Drittes Buch - Arbeitsförderung
SGB IV	Sozialgesetzbuch, Viertes Buch - Gemeinsame Vorschriften für die Sozialversicherung
SGB VI	Sozialgesetzbuch, Sechstes Buch - Gesetzliche Rentenversicherung
Slg.	Sammlung der Rechtsprechung des Europäischen Gerichtshofs
sog.	so genannte(r/s)
SVG	Gesetz über die Versorgung für die ehemaligen Soldaten der Bundeswehr und ihre Hinterbliebenen (Soldatenversorgungsgesetz)
SprAuG	Gesetz über Sprecherausschüsse der leitenden Angestellten (Sprecherausschussgesetz)

T

TVG	Tarifvertragsgesetz
TzBfG	Gesetz über Teilzeitarbeit und befristete Arbeitsverträge (Teilzeit- und Befristungsgesetz)

U

u. a.	unter anderem, unter anderen
u. s. w.	und so weiter
u. U.	unter Umständen

V

v.	vom; von
VAG	Gesetz über die Beaufsichtigung der Versicherungsunter-

	nehmen (Versicherungsaufsichtsgesetz)
VBL	Versorgungsanstalt des Bundes und der Länder
VersR	Versicherungsrecht (Zeitschrift)
vgl.	vergleiche
v. H.	von Hundert
VVaG	Versicherungsverein auf Gegenseitigkeit
VVG	Gesetz über den Versicherungsvertrag (Versicherungsvertragsgesetz)

W

WRV	Weimarer Reichsverfassung

Z

z. B.	zum Beispiel
ZESAR	Zeitschrift für europäisches Sozial- und Arbeitsrecht
ZEW	Zentrum für Europäische Wirtschaftsforschung
ZfA	Zeitschrift für Arbeitsrecht
Nr.	Ziffer
ZIP	Zeitschrift für Wirtschaftsrecht und Insolvenzpraxis
zit.	Zitiert
ZPO	Zivilprozessordnung
ZRP	Zeitschrift für Rechtspolitik
ZSR	Zeitschrift für Sozialreform
z. T.	zum Teil
ZTR	Zeitschrift für Tarif-, Arbeits- und Sozialrecht des öffentlichen Dienstes
z. Zt.	zur Zeit

Hinweis zur sprachlichen Gestaltung

Aus Gründen der sprachlichen Einfachheit wird lediglich die männliche Form verwendet. Inhaltlich ist gleichermaßen die weibliche wie die männliche Form gemeint. Die Verwendung der weiblichen Form ist an der jeweiligen Stelle beabsichtigt und kennzeichnet gerade eine geschlechtsspezifische Betrachtung.

Erster Teil: Einleitung

Der Arbeitgeber sieht sich bei der Ausgestaltung seiner betrieblichen Altersversorgung oftmals einem Zielkonflikt ausgesetzt.[1] Einerseits ist er weitgehend frei in der Frage, ob er überhaupt eine betriebliche Versorgungszusage erteilt. Insbesondere kann er frei darüber entscheiden, ob er eine arbeitgeberfinanzierte Betriebsrente gewährt, welchen Dotierungsrahmen er dafür bereitstellt und welchen Durchführungsweg oder welches Versorgungsmodell er wählt. Entscheidet er sich für die betriebliche Altersversorgung, darf er andererseits nicht willkürlich einzelne Arbeitnehmer oder ganze Arbeitnehmergruppen von der Leistung ausschließen. Vielmehr muss die Versorgungszusage zahlreichen Gleichbehandlungsgeboten und Diskriminierungsverboten gerecht werden.

Ein Konflikt kann sich nun daraus ergeben, dass der Arbeitgeber eine möglichst umfassende Gestaltungsfreiheit anstrebt, um innerhalb seiner Belegschaft bedarfsgerecht differenzieren zu können. Dieses Ziel entspricht dem legitimen Interesse, durch betriebliche Versorgungszusagen eine Außenwirkung als attraktiver Arbeitgeber zu erzielen und zugleich vorhandene Arbeitnehmer langfristig an das Unternehmen zu binden. Weiterhin folgen Differenzierungen auch einer wirtschaftlichen Notwendigkeit. Eine Teilhabe aller zu Konditionen, die sich jeweils am höchsten Leistungsniveau orientieren, ist wirtschaftlich schlechthin nicht darstellbar. Abgesehen davon ist sie auch rechtlich nicht geschuldet: Gleichbehandlung bedeutet nicht Herstellung gleicher Verhältnisse bei ungleichen Voraussetzungen.

Die vorliegende Untersuchung zeigt das Spannungsfeld auf, in dem sich der Arbeitgeber bei der Zusagengestaltung bewegt. Neben einer ausführlichen abstrakten Darstellung der rechtlichen, konzeptionellen und tatsächlichen Zusammenhänge wird die konkrete Frage nach der Einbeziehung zweier Arbeitnehmergruppen gestellt und beantwortet. Es geht darum, ob geringfügig Beschäftigte und eingetragene Lebenspartner Leistungen der betrieblichen Alters- bzw. Hinterbliebenenversorgung beanspruchen können. Wo stößt die Freiheit des Arbeitgebers, manche Arbeitnehmer mit einer Versorgungszusage zu begünstigen und andere hiervon auszunehmen, an die Grenzen des arbeitsrechtlich Zulässigen?

---

[1] Vgl. Doetsch, in: FS für Kemper, S. 91 ff., 91.

Zweiter Teil: Grundlagen der betrieblichen Altersversorgung

A) Ausgangslage der Alterssicherung in Deutschland

I. Bedeutung der betrieblichen Altersversorgung

Die betriebliche Altersversorgung in Deutschland ist älter als die gesetzliche Rentenversicherung. Schon vor der Sozialgesetzgebung des 19. und 20. Jahrhunderts[2] unterstützten erste Unternehmer ihre alten und invaliden Arbeiter und deren Hinterbliebene finanziell.[3]

Mitte des 19. Jahrhunderts wurden in Deutschland die ersten betrieblichen Unterstützungseinrichtungen geschaffen, die man aus heutiger Sicht als betriebliche Altersversorgung qualifizieren könnte.[4] Hintergrund der Einführung betrieblicher Hilfeleistungen war die Verelendung weiter Teile der werktätigen Bevölkerung als Folge der Industrialisierung. Die Motivation des Arbeitgebers war dabei häufig noch von einem persönlichen Abhängigkeitsverhältnis des Arbeiters zum Unternehmenseigner geprägt.[5] Erst im Laufe der Jahre setzte sich ein Bewusstsein durch, wonach Versorgungsleistungen nicht nur aus persönlichen oder humanitär-karitativen Gründen gewährt werden sollten, sondern auch zur positiven Außenwirkung des Unternehmens als attraktiver Arbeitgeber dienen.

Gesetzliche Regelungen für Betriebsrenten existierten zum damaligen Zeitpunkt noch nicht. Zunächst lag deren Beurteilung ausschließlich in der Hand der Rechtsprechung. Erst im Jahre 1974 wurden mit der Einführung des Gesetzes zur Verbesserung der betrieblichen Altersversorgung[6] die wesentlichen Aspekte der betrieblichen Altersversorgung gesetzlich normiert. Mit dem Altersvermögensgesetz (AVmG)[7] wurden 2001 Reformen in der zweiten und dritten Säule

---

[2] In Folge der von Bismarck veranlassten „Kaiserlichen Botschaft“ vom 17.11.1881 zur Sozialversicherung wurden 1883 das Krankenversicherungsgesetz, 1884 das Unfallversicherungsgesetz und 1889 das Gesetz über die Alters- und Invalidenversicherung erlassen.

[3] Vgl. Blomeyer/Otto, Einleitung Rdnr. 1 ff.; Schoden, in: Betriebliche Altersversorgung Rdnr. 1; Winkelmann, in: Kittner/Zwanziger, § 82 Rdnr. 1; zur BASF siehe Batz, in: FS für Kemper, S. 1 ff., 1.

[4] Hierzu zählen die Einrichtungen der Gutehoffnungshütte (1832), bei Krupp und Henschel (1858), BASF (1865), Siemens (1872), Farbwerke Höchst (1882) und der Dresdner Bank (1890), vgl. Blomeyer/Otto, Einleitung Rdnr. 1; Schoden, in: Betriebliche Altersversorgung Rdnr. 1; Ahrend/Förster/Rühmann, Einführung Rdnr. 1.

[5] Vgl. Ahrend/Förster/Rühmann, Einführung Rdnr. 1.

[6] Vom 19.12.1974, BGBl. I S. 3610.

[7] Gesetz zur Reform der gesetzlichen Rentenversicherung und zur Förderung eines kapitalgedeckten Altersvorsorgevermögens (Altersvermögensgesetz - AVmG) vom 26.06.2001, BGBl. I 2001, S. 1310 ff.

der Alterssicherung eingeführt. Kernstück der Neuerungen war der Anspruch des Arbeitnehmers auf Entgeltumwandlung, § 1a BetrAVG.
Dies führte zu einem deutlichen Bedeutungszuwachs der betrieblichen Altersversorgung im Gesamtkonzept der Alterssicherung. Dieser Bedeutungszuwachs findet seinen Ausdruck im starken Anstieg der für die Versorgung erforderlichen Deckungsmittel: 2003 standen für Zusagen auf Leistungen der betrieblichen Altersversorgung Deckungsmittel von insgesamt 366,1 Mrd. € zur Verfügung.[8]
Unterscheidet man nach der Finanzierungsform der betrieblichen Altersversorgung, so beruhten die 2004 bestehenden Zusagen zu 38 % ausschließlich auf Mitteln des Arbeitgebers, zu 29 % ausschließlich auf Mitteln der Arbeitnehmer sowie auf beiderseitiger Finanzierung von Arbeitgeber und Arbeitnehmern (41 %).[9]
Zugleich nimmt auch das Volumen der Insolvenzsicherung stetig zu. Ende 2004 waren beim PSVaG 53.102 deutsche und luxemburgische Arbeitgeber mit insolvenzsicherungspflichtiger betrieblicher Altersversorgung als Mitglieder gemeldet. Dem standen insgesamt 456.955 gemeldete Versorgungsempfänger und 493.409 gemeldete Anwärter mit unverfallbarer Anwartschaft gegenüber. Im Jahre 2004 waren 559 Sicherungsfälle[10] mit einem Schadensvolumen von 761 Mio. €[11] zu verzeichnen.[12]
Im Juni 2003 verfügten 15,271 Mio. sozialversicherungspflichtige Arbeitnehmer über Anwartschaften auf Leistungen der betrieblichen Altersversorgung. Hiervon entfielen 10,338 Mio. auf die Privatwirtschaft und 4,933 Mio. auf den öffentlichen Dienst.[13] Im Juni 2004 war die Gesamtzahl bereits auf rund 15,7 Mio. gestiegen; damit verfügten bereits 46 % der sozialversicherungspflichtig Beschäftigten über eine Zusatzversorgung.[14]
41 % der Betriebsstätten boten ihren Mitarbeitern 2004 eine betriebliche Altersversorgung.[15] Dabei korreliert der Anteil der Betriebsstätten mit betrieblicher Altersversorgung positiv mit der Betriebsgröße, nämlich von 24 % (Kleinbetriebe mit 1 bis 4 sozialversicherungspflichtig Beschäftigten) bis 97 % (Großbetriebe mit 1.000 oder mehr Arbeitnehmern).[16]

---

[8] Vgl. Schwind, BetrAV 2005, S. 395.
[9] Vgl. BMAS, Alterssicherungsbericht 2005, S. 188, Tabelle D.2.10. Die Summe der Anteile addiert sich auf mehr als 100 %, weil in den Betrieben mehrere Regelungen gleichzeitig vorkommen können.
[10] 683 Sicherungsfälle im Jahr 2003, 705 Sicherungsfälle im Jahr 2002.
[11] 877 Mio. € im Jahr 2003, 1.481 Mio. € im Jahr 2002.
[12] Vgl. PSVaG, Geschäftsbericht 2004, S. 17.
[13] Vgl. Infratest Sozialforschung, Situation und Entwicklung der bAV, S. 7.
[14] Vgl. BMAS, Alterssicherungsbericht 2005, S. 187, Tabelle D.2.8.
[15] Vgl. ebenda.
[16] Vgl. Infratest Sozialforschung, Situation und Entwicklung der bAV, Tabelle 2-2a, S. 27.

Deutliche Unterschiede in der Verbreitung betrieblicher Altersversorgung ergaben sich bei der Betrachtung der verschiedenen Wirtschaftszweige. Im Wirtschaftszweig Kredit/Versicherungen verfügten 2004 84 % der sozialversicherungspflichtigen Arbeitnehmer über eine Altersversorgungszusage, gefolgt von 73 % im Bereich Bergbau/Steine/Erden und 60 % in der Investitions- und Gebrauchsgüterindustrie. Eine geringe Verbreitung der betrieblichen Altersversorgung fand sich unter den Arbeitnehmern der Bereiche Gesundheits- und Sozialwesen (24 %), Erziehung/Unterricht mit (18 %), Vermietung/Sonstige Dienstleistungen (25 %).[17]

Die betriebliche Altersversorgung hat sich von den ersten Anfängen vor über 150 Jahren bis heute zu einer tragenden Zweiten Säule im Gesamtkonzept der Alterssicherung entwickelt. Trotz einer wachsenden Durchdringung der deutschen Wirtschaft besteht noch Entwicklungspotential, vor allem abhängig von Größe, Lage und Branche des jeweiligen Unternehmens.

II. Alterssicherung vor der Herausforderung demographischer Veränderungen

Die zunehmende Bedeutung der betrieblichen Altersversorgung beruht auch wesentlich auf einem Paradigmenwechsel in der gesetzlichen Rentenversicherung. Diese basiert auf dem Prinzip der Umlagefinanzierung nach § 153 SGB VI. In der gesetzlichen Rentenversicherung wird auf hoheitlicher Grundlage der Versorgungsbedarf der Rentner von den jeweils erwerbstätigen Beitragszahlern gedeckt.[18] Dabei werden die gegenwärtigen Beitragseinnahmen zur Finanzierung der laufenden Ausgaben verwendet; ein Kapitalstock zur Deckung künftiger Renten besteht nicht. Zur Abdeckung von Liquiditätsschwankungen innerhalb eines Kalenderjahres existiert lediglich eine Nachhaltigkeitsrücklage, die jedoch in den letzten Jahren deutlich reduziert wurde[19]. Mögliche Auswirkungen ergeben sich für das Kollektiv der gesetzlichen Rentenversicherung, d. h. 51,422 Mio. aktiv und passiv Versicherte im Jahr 2003.[20]

Angesichts der aktuellen demographischen Entwicklung offenbart sich zunehmend die Schwäche des Umlageverfahrens: Einerseits wird die Zahl der Arbeitnehmer wegen der niedrigen Geburtenrate weiter abnehmen. Zusätzlich besteht die Gefahr, dass die Gesamtzahl der Arbeitnehmer in sozialversicherungspflichtigen Beschäftigungsverhältnissen infolge strukturell bedingter Arbeitslosigkeit

---

[17] Vgl. BMAS, Alterssicherungsbericht 2005, S. 188, Tabelle D.2.9.

[18] Vgl. Andresen/Rühmann, in: GS Blomeyer, S. 5 ff., 6.

[19] Zuletzt auf 20 % einer Monatsausgabe ab 2004, vgl. BMAS, Rentenversicherungsbericht 2005, S. 30.

[20] Vgl. BMAS, Rentenversicherungsbericht 2005, S. 16, Übersicht A 1.

niedrig bleibt. Ohnehin stehen immer mehr Rentnern immer weniger Erwerbstätige gegenüber. Andererseits nimmt die durchschnittliche Rentenbezugsdauer wegen der längeren Lebenserwartung der jetzigen Rentner zu. *Körner* beschreibt die gegenwärtige Situation so: „Von den drei Säulen der Altersversorgung - der gesetzlichen, der betrieblichen und der privaten - gerät die erste, die Sozialversicherungsrente, angesichts der demographischen Entwicklung ins Wanken."[21]

1. Demographische Entwicklung

Das BMGS verzeichnete für Deutschland im Jahre 2004 eine Bevölkerungszahl von 82,501 Mio. Menschen. Davon waren 40,356 Mio. männlichen und 42,148 Mio. weiblichen Geschlechts.[22] Die Tendenz ist dabei abnehmend. Allein im Zeitraum von 2003 auf 2004 nahm die Bevölkerung Deutschlands nach Angaben des Statistischen Bundesamtes um 30.822 ab.[23] Deutlicher ist hingegen die langfristige Betrachtung: Im Zeitraum von 2005 bis 2050 soll nach Prognose von Eurostat die Bevölkerung Deutschlands von 82,6 Mio. Menschen auf 74,6 Mio. sinken.[24]

Zugleich handelt es sich nicht lediglich um ein spezifisch deutsches, sondern ein gesamteuropäisches Phänomen: Die Europäische Kommission erwartet, dass die Bevölkerung der Union zunächst von 458 Mio. im Jahre 2005 auf 469,5 Mio. im Jahr 2025 ansteigen und anschließend auf 468,7 Mio. im Jahr 2030 und 449 Mio. im Jahr 2050 fallen wird.[25]

2. Geburtenrate

Die Entwicklung der Gesamtbevölkerungszahl allein ermöglicht allerdings noch keinen Rückschluss auf die zu erwartende Altersstruktur. Einen Hinweis auf die zunehmende Alterung der Gesellschaft gibt die seit Jahren rückläufige Geburtenrate. Die Geburtenrate in der EU lag im Jahre 2003 mit 1,48 unter der für die Reproduktion der Bevölkerung erforderlichen Marke von 2,1 Kindern pro Frau. Der für Deutschland maßgebliche Wert lag zum selben Zeitpunkt bei nur 1,34.[26] Gründe für die anhaltend niedrige Geburtenrate sind nach Ansicht der Europäischen Kommission „später oder unsicherer Zugang zu Beschäftigung, teurer Wohnraum, Mangel an Anreizen (Familienzulagen, Elternurlaub, Kinderbetreuungsangebot, gleiches Arbeitsentgelt)".[27]

---

[21] Körner, NZA 2004, S. 760.
[22] Vgl. BMGS, Arbeits- und Sozialstatistik 2005, Tabelle 2.1.
[23] Vgl. Statistisches Bundesamt, Bevölkerungsentwicklung 1991 - 2004.
[24] Vgl. Eurostat, Tabelle Bevölkerungsprognosen 2004.
[25] Vgl. Europäische Kommission, Grünbuch demographischer Wandel 2005, S. 2 und S. 20.
[26] Vgl. Eurostat, Tabelle Gesamtfruchtbarkeitsrate 2004.
[27] Europäische Kommission, Grünbuch demographischer Wandel 2005, S. 6.

Einen internationalen Vergleich ermöglicht u. a. eine aktuelle Studie des Population Reference Bureau. Danach lag im Jahre 2004 die Geburtenrate in Polen bei 1,2, in Frankreich bei 1,9, in den USA bei 2,0, in Indien bei 3,1 und im Niger bei 8,0.[28] Zwar drängt sich der Verdacht auf, es könne ein entfernter Zusammenhang zwischen Entwicklungsstand und Geburtenrate eines Landes bestehen. Die Kehrseite der Medaille einer niedrigen Geburtenrate in den vermeintlich weit entwickelten Ländern sind jedoch die angesprochenen strukturellen Probleme in der Alterssicherung der jeweiligen Gesellschaft.

3. Lebenserwartung

Einer konstant rückläufigen Geburtenrate steht andererseits eine nachhaltig steigende Lebenserwartung gegenüber: Nach Angaben des Statistischen Bundesamtes liegt die durchschnittliche Lebenserwartung für einen neugeborenen Jungen derzeit bei 75,89 und für ein Mädchen bei 81,55 Jahren. Ein 60jähriger Mann kann nach der aktuellen Sterbetafel 2002/2004 mit einer ferneren Lebenserwartung von im Durchschnitt 20,05 Jahren rechnen. Für eine gleichaltrige Frau ergeben sich noch 24,08 weitere Lebensjahre.[29]
Die Weltgesundheitsorganisation geht in ihrem „World Health Report 2004" von geringeren Werten aus. So nimmt die Organisation bei einem 2002 in Deutschland geborenen Kind eine Lebenserwartung von 71,8 Jahren an. Dabei könnten Jungen statistisch im Schnitt 69,6, Mädchen hingegen 74,0 Jahre alt werden. Ebenfalls im Jahre 2002 hätten 60jährige Männer eine Restlebenserwartung von 15,9, Frauen desselben Alters von 19,0 Jahren.[30]
Die Annahmen einer weiteren aktuellen Studie scheinen hingegen eher die Werte des Statistischen Bundesamtes zu stützen: Das Population Reference Bureau prognostiziert in seinem ebenfalls 2004 veröffentlichten Bericht eine durchschnittliche Lebenserwartung heute geborener Deutscher von 78 Jahren. Im Einzelnen sollen Männer 75 und Frauen 81 Jahre alt werden.[31]
Unabhängig davon, welches statistisch zu erreichende Alter der Realität am nächsten kommt, weisen alle Erhebungen eine deutliche Steigerung der Lebenserwartung über die letzten Jahrzehnte hinweg aus. Da in den vergangenen 30 Jahren eine Reihe von Sondereffekten diese Rate positiv beeinflusst hat, gehen Experten in den kommenden Jahren von einer Steigerung der Lebenserwartung von mindestens einem Monat pro Jahr aus.[32] Diese Erwartung betrifft nicht nur

---

[28] Vgl. Population Reference Bureau, 2004 World Population Data Sheet, S. 3.
[29] Vgl. Statistisches Bundesamt, Sterbetafel 2002/2004.
[30] Vgl. WHO, The World Health Report 2004, S. 132 ff., 133.
[31] Vgl. Population Reference Bureau, 2004 World Population Data Sheet, S. 11.
[32] Vgl. Webersinke, BetrAV 2003, S. 397, 398.

die jetzt Neugeborenen, sondern auch alle bestehenden Jahrgänge erleben im Durchschnitt eine steigende Lebenserwartung. Experten erwarten insbesondere durch die verschiedenen Forschungsrichtungen der Biotechnologie einen neuen Schub steigender Lebenserwartung.
Ein längeres Leben mag für den Einzelnen durchaus positiv sein. Allerdings müssen in der umlagefinanzierten gesetzlichen Rentenversicherung, in der die laufenden Leistungen aus den laufenden Einnahmen finanziert werden müssen, dadurch immer mehr Rentner durch immer weniger Beitragszahler versorgt werden.

4. Verhältnis von Erwerbstätigen und Rentnern

Nach Angaben des Instituts der Deutschen Wirtschaft sind derzeit 45,4 Mio. Menschen in Deutschland im Erwerbsalter zwischen 20 und 60 Jahren; im Jahr 2050 sollen es nur noch 31,4 Mio. sein. Die Zahl der Senioren soll demgegenüber um 7,5 Mio. auf 27,6 Mio. zunehmen.[33] Im Jahre 2030 kommen 76 „Alte" auf 100 Bundesbürger im Erwerbsalter, 2050 werden es sogar 88 sein; 2005 sind es gerade einmal 44.[34]
Nach Angaben von Eurostat betrug der Anteil der Bevölkerung im Alter von 65 Jahren und darüber im Jahre 2004 unionsweit 16,5 % (Deutschland 18,0 %).[35] Die Europäische Kommission erwartet, dass unionsweit die Zahl der Menschen über 80 im Zeitraum von 2005 bis 2050 um 180 % anwachsen wird; die Gruppe der 65- bis 79-Jährigen soll um 44,1 % zunehmen.[36]
Vor diesem Hintergrund geht die Kommission davon aus, dass im Jahre 2050 zwei Erwerbstätige für einen Nichterwerbstätigen aufkommen müssen.[37] Anschaulich formuliert das Institut der deutschen Wirtschaft, künftig werde „jeder Jugendliche täglich zwei Senioren über die Straße bringen müssen, um eine gute Tat zu vollbringen"[38]. Die Kommission geht von einer notwendigen Beschäftigungsrate von 79 % aus, um den Verlust der Erwerbstätigen auszugleichen.
Die Alterung der Bevölkerung hat (nebenbei) auch Auswirkungen auf die Belegschaften der deutschen Unternehmen: Nach einer weiteren Prognose des Instituts der deutschen Wirtschaft stellt im Jahre 2020 die Gruppe der 50- bis 64jährigen mit fast 20 Mio. Menschen rund 40 % der Menschen im erwerbsfähigen Alter. Nur noch jede dritte mögliche Arbeitskraft werde dann der Alters-

---

[33] Vgl. iwd 11/2005.
[34] Vgl. iwd 11/2005.
[35] Vgl. Eurostat, Tabelle Anteil Alter 65, 2004.
[36] Vgl. Europäische Kommission, Grünbuch demographischer Wandel 2005, S. 5.
[37] Vgl. Pressemitteilung der Kommission vom 17.03.2005, S. 2.
[38] iwd 28/2003.

gruppe zwischen 35 und 49 angehören.[39] Daneben wird auch das Durchschnittsalter von am Arbeitsmarkt verfügbaren Erwerbstätigen und Kunden steigen.[40] Die steigende Lebenserwartung und der bessere Gesundheitszustand der Senioren kann allerdings auch eine weitere Folge haben: Die Europäische Kommission beziffert die Beschäftigungsquote der 65- bis 74-Jährigen im Jahre 2003 mit 5,6 %, gegenüber 18,5 % in den USA.[41] Ob die transatlantische Differenz angesichts des sich abzeichnenden Trends zur Anhebung des Renteneintrittsalters in Europa auch künftig fortbesteht, bleibt abzuwarten. Einfluss hierauf wird auch die Frage haben, ob eine wirtschaftliche Notwendigkeit für Erwerbstätigkeit im Seniorenalter besteht.

III. Perspektive und Entwicklung künftiger Alterssicherung

Die Europäische Kommission geht davon aus, dass sich die demographischen Veränderungen „massiv auf unseren Wohlstand, den Lebensstandard und die Beziehungen zwischen den Generationen auswirken“[42] werden.
Vor diesem Hintergrund wurde 2001 in Deutschland im Zuge der sog. Riester-Reform die Rentenanpassungsformel modifiziert. Die Gesetzgebung vollzog den Übergang von einer „ausgabenorientierten Einnahmepolitik“ zu einer „einnahmeorientierten Ausgabenpolitik“.[43] Das bedeutet, dass sich die Leistungen der gesetzlichen Rentenversicherung an den Einnahmen orientieren. Mit der Einführung des sog. Nachhaltigkeitsfaktors im Jahre 2004 wurden weitere Schritte zur Stabilisierung des Beitragssatzes zur gesetzlichen Rentenversicherung unternommen: Seit 2005 ist die Rentenentwicklung an die Zahl der Beitragszahler gekoppelt.
Mehr und mehr nimmt die betriebliche Altersversorgung gegenüber der gesetzlichen Rente nicht mehr lediglich eine Ergänzungs-, sondern vielmehr eine Ersetzungsfunktion ein. Denn mittlerweile wird die Veränderung des Altersvorsorgeanteils bei der jährlichen Rentenanpassung durch die sog. „Riester-Treppe“ berücksichtigt. Der Paradigmenwechsel zeigt sich weiterhin in der auf die gesamte Alterssicherung bezogenen Berichtspflicht nach § 154 Abs. 2 SGB VI oder in der Verpflichtung der Bundesregierung nach § 154 Abs. 3 S. 2 SGB VI, im Falle einer nicht ausreichenden Verbreitung der zusätzlichen Altersversorgung Maßnahmen vorzuschlagen.

---

[39] Vgl. iwd 28/2003.
[40] Vgl. Hölscher, BetrAV 2005, S. 230 ff., 230.
[41] Vgl. Europäische Kommission, Grünbuch demographischer Wandel 2005.
[42] Pressemitteilung der Kommission vom 17.03.2005, S. 2.
[43] Vgl. Rürup, in: FS für Kemper, S. 395 ff., 395.

Zum gegenwärtigen Zeitpunkt ist jedenfalls das Risiko für Senioren, mit Altersarmut konfrontiert zu werden, noch verhältnismäßig gering: Die Bundesregierung gelangte 2005 im ihrem zweiten Armuts- und Reichtumsbericht zum Ergebnis, dass lediglich 11,4 % der Menschen über 65 Jahren gruppenspezifisch von Altersarmut bedroht sind. Dem steht - bezogen auf alle Bevölkerungsgruppen - eine durchschnittliche Armutsrisikoquote von 13,5 % gegenüber.[44] Bestätigt wird diese Angabe durch die vergleichsweise niedrige Bezieherquote laufender Hilfe zum Lebensunterhalt: Am Jahresende 2003 waren nur 0,7 % der Menschen ab 65 auf Sozialhilfe angewiesen, gegenüber 3,4 % der Gesamtbevölkerung.[45] Nicht entnehmen lässt sich dem Bericht allerdings, wie sich das Risiko der Altersarmut für künftige Rentner entwickeln wird. Einen Hinweis darauf gibt der 2006 veröffentlichte Rentenversicherungsbericht der Bundesregierung. Danach sinkt das Versorgungsniveau der gesetzlichen Rentenversicherung vor Steuer von 52,7 % im Jahre 2005 auf 46,3 % im Jahre 2019.[46] Voraussetzung hierfür sind allerdings - neben anderen optimistischen Prämissen - 45 Jahre Beitragszahlung aus Durchschnittsverdienst.
Im Ergebnis ist eine Absenkung des Leistungsniveaus in der gesetzlichen Rentenversicherung unausweichlich. Diese allein wird nicht zur Sicherung des Lebensstandards im Alter ausreichen. *André Kostolany* wird ein viel zitierter Ausspruch zugeschrieben, der diese Konstellation treffend umschreibt: „Das Sicherste an der gesetzlichen Rente ist die Versorgungslücke.“ In Anbetracht der Niveausenkung in der gesetzlichen Rentenversicherung ist der Aufbau einer kapitalgedeckten betrieblichen Altersversorgung und/oder einer privaten Eigenvorsorge unerlässlich, wenn der Lebensstandard im Alter gesichert werden soll.[47] Zwar ist bislang nicht absehbar, welche volkswirtschaftlichen Auswirkungen die demographische Entwicklung langfristig auf Sicherungssysteme hat, die nach dem Prinzip der Kapitaldeckung funktionieren. Mögliche Bedenken in diese Richtung beseitigen jedoch keinesfalls die Notwendigkeit, das Ineinandergreifen der umlagefinanzierten und kapitalgedeckten Systeme zu optimieren.[48]
Vor diesem Hintergrund erwarten Finanzmarktexperten, dass die betriebliche Altersversorgung im Verhältnis zu anderen Anlageprodukten in den nächsten 15 Jahren stark an Bedeutung zunehmen wird. Eine von der Allianz AG in Auftrag gegebene Untersuchung des ZEW kam zum Ergebnis, dass der betrieblichen Altersversorgung nach Investmentfonds bzw. Fondssparplänen das zweitstärkste Entwicklungspotential zugeschrieben wird: In einer Skala von „1“ (großer Be-

---

[44] Vgl. Bundesregierung, Armuts- und Reichtumsbericht 2005, Tabelle I.3, S. 21.
[45] Vgl. Bundesregierung, Armuts- und Reichtumsbericht 2005, Schaubild II.2, S. 60.
[46] Vgl. BMAS, Rentenversicherungsbericht 2005, S. 42, Übersicht B 8.
[47] Vgl. Rürup, in: FS für Kemper, S. 395 ff., 395.
[48] So auch Veil, AiB 2005, S. 139 ff.

deutungsverlust) bis „7“ (starker Bedeutungsanstieg) bewerteten die befragten Finanzmarktexperten die künftige Bedeutungsveränderung der betrieblichen Altersversorgung mit „5,63“[49]. Zum Vergleich: Unter den spezifischen Anlageprodukten wurden Bausparen mit „3,68“ und Lebensversicherungen mit „4,40“ bewertet. Die erwartete Entwicklung der Nachfrage nach Immobilien für die Altersvorsorge wurde lediglich mit „4,30“ angegeben.[50] Die betriebliche Altersversorgung wird somit künftig überproportional an Bedeutung gewinnen. Zugleich wurden bis zum 31.12.2005 insgesamt 5.630.900 private Altersvorsorgeverträge abgeschlossen.[51]
Gleichwohl wird eine positive Entwicklung bei der weiteren Verbreitung der betrieblichen Altersversorgung nur dann eintreten, wenn sich bei Arbeitnehmern und Arbeitgebern ein Bewusstsein für die Notwendigkeit zusätzlicher Vorsorge durchsetzt und zugleich die finanziellen Möglichkeiten dafür gegeben sind. Diejenigen Arbeitgeber der Privatwirtschaft, die zwischen Dezember 2001 und Juni 2004 eine betriebliche Altersversorgung einführten oder ausbauten, nannten als Grund hierfür die Motivation der Arbeitnehmer (51 %), den seit Januar 2002 bestehenden Anspruch auf Entgeltumwandlung (41 %) und die zu diesem Zeitpunkt eingeführte steuerliche Förderung (23 %) sowie Anfragen und entsprechende Wünsche von Beschäftigten (39 %).[52] Gründe für eine Nichteinführung einer betrieblichen Altersversorgung waren mangelnder Bedarf oder mangelnde Nachfrage von Arbeitnehmern (68 %), die schlechte wirtschaftliche Lage (39 %), die hohen Kosten für den Betrieb (39 %) und der zu hohe Aufwand für eine zu komplizierte Materie (19 %).[53] Sollte sich das Interesse der Arbeitnehmer an betrieblicher Altersversorgung weiterhin erhöhen und die wirtschaftliche Situation der Unternehmen in Deutschland auch ein arbeitgeberfinanziertes Engagement zulassen, ist mit einem erheblichen Bedeutungszuwachs betrieblicher Versorgungseinrichtungen zu rechnen.

IV. Zwischenergebnis

Die demographische Entwicklung belastet die Tragfähigkeit der umlagefinanzierten gesetzlichen Rentenversicherung. Während die Geburtenrate auf anhaltend niedrigem Niveau verharrt, ist eine weiterhin konstant steigende Lebenserwartung zu verzeichnen. In einer langfristig zahlenmäßig kleiner werdenden Gesellschaft nimmt der Anteil der versorgungsbedürftigen Nichterwerbstätigen

---

[49] Vgl. ZEW, Kapitalmärkte und Demographie, Abb. 2a.
[50] Vgl. ebenda Abb. 3a.
[51] Vgl. BMAS, Alterssicherungsbericht 2005, S. 179, Tabelle D.2.1.
[52] Vgl. BMAS, Alterssicherungsbericht 2005, S. 189, Tabelle D.2.11.
[53] Vgl. BMAS, Alterssicherungsbericht 2005, S. 190, Tabelle D.2.12.

zu. Vor diesem Hintergrund befindet sich die kapitalgedeckte betriebliche Altersversorgung im Aufwind. Das Bewusstsein für die Notwendigkeit, angesichts eines sinkenden Leistungsniveaus in der gesetzlichen Rente weitere Vorsorge zu betreiben, setzt sich zunehmend durch. Letzte Widerstände und Bequemlichkeiten gilt es durch Überzeugungsarbeit zu überwinden.

B) Begriff der betrieblichen Altersversorgung

Im folgenden Abschnitt wird der Begriff der betrieblichen Altersversorgung definiert. Dies ist in der Praxis vor allem in Abgrenzung zu anderen Sozialleistungen des Arbeitgebers von Bedeutung. Wie später am konkreten Beispiel zu zeigen sein wird, spielen Gesichtspunkte der Versorgung eine entscheidende Rolle, wenn es um die Frage der Einbeziehung von geringfügig Beschäftigten oder Arbeitnehmern in eingetragener Lebenspartnerschaft geht. Eine zielgerichtete Auseinandersetzung mit den spezifischen Belangen von Arbeitnehmern und Hinterbliebenen ist nur dann darstellbar, wenn die Untersuchung ausschließlich die Besonderheiten der betrieblichen Altersversorgung in den Fokus nimmt.

I. Definition

Zu den Merkmalen einer betrieblichen Altersversorgung gehören das Versprechen einer Leistung zum Zweck der Versorgung, ein das Versprechen auslösendes biologisches Ereignis wie Alter, Invalidität oder Tod sowie die Zusage an einen Arbeitnehmer durch einen Arbeitgeber aus Anlass der Arbeitsverhältnisses, § 1 Abs. 1 S. 1 BetrAVG.[54] Darüber hinaus existieren keine weiteren einschränkenden, ungeschriebenen Tatbestandsmerkmale.[55] Insbesondere ist das Motiv des Arbeitgebers für die Zusageerteilung für die rechtliche Qualifizierung nach § 1 BetrAVG irrelevant. Die Betriebstreue des Arbeitnehmers ist kein notwendiges Merkmal der betrieblichen Altersversorgung, wenngleich sich die Erwartung des Arbeitgebers regelmäßig darauf richtet.[56]
Aus dem Begriffsmerkmal Versorgungszweck ergibt sich, dass der Anspruch auf die Leistung erst mit einem biologischen Ereignis, dem Versorgungsfall,

---

[54] Vgl. BAG vom 08.05.1990 - 3 AZR 121/89 - NZA 1990, S. 931 ff. (zu I 2 der Gründe); Höfer, ART Rdnr. 18; Paulsen-Rist, Praxishandbuch S. 21; Schaub, in: Arbeitsrechts-Handbuch, § 81 Rdnr. 1; Schoden, AiB 2005, S. 135 ff., 137; Winkelmann, in: Kittner/Zwanziger, § 82 Rdnr. 5.

[55] Vgl. Langohr-Plato, Rechtshandbuch Rdnr. 11.

[56] Vgl. BAG vom 08.05.1990 - 3 AZR 121/89 - NZA 1990, S. 931 ff. (Gründe I 2d); BAG vom 17.10.1995 - 3 AZR 622/94 - AP Nr. 23 zu § 1 BetrAVG Lebensversicherung (Gründe III 1); Höfer, ART Rdnr. 18.

fällig werden darf. Die Leistung darf erst zu oder ab diesem Zeitpunkt erbracht werden.[57]

Die Zusage muss keine Absicherung aller drei Ereignisse enthalten, um als betriebliche Altersversorgung qualifiziert werden zu können. Die Legaldefinition in § 1 Abs. 1 S. 1 BetrAVG verknüpft die einzelnen Leistungsarten zweifelsfrei mit einem „oder". Die betriebliche Praxis ist vielgestaltig. Es reicht die Absicherung eines der Risiken, typischerweise des Alters.[58]

Nach Auffassung des BAG ist allein der Versorgungszweck der Zusage entscheidend; auf die Art der versprochenen Leistung komme es hingegen nicht an. Durch diese Zwecksetzung unterscheidet sich die betriebliche Altersversorgung von sonstigen Zuwendungen, etwa Leistungen zur Vermögensbildung oder zur Überbrückung einer erwarteten Arbeitslosigkeit.[59]

II. Abgrenzung zu anderen Sozialleistungen

Nur Versorgungsleistungen der betrieblichen Altersversorgung sind unverfallbar (§§ 1b, 2 BetrAVG) und insolvenzgesichert (§§ 7 ff. BetrAVG). Ob Zuwendungen des Arbeitgebers als Leistungen der betrieblichen Altersversorgung qualifiziert werden können, richtet sich nach ihrem Zweck.[60] Werden sie aufgrund der in § 1 Abs. 1 S. 1 BetrAVG aufgeführten biologischen Ereignisse erbracht, handelt es sich um betriebliche Versorgungsleistungen.[61]

Wird eine Leistung zur Deckung des Versorgungsmehrbedarfs nach Ausscheiden aus dem Berufsleben zugesagt, dient sie der Altersversorgung.[62] Keine betriebliche Altersversorgung liegt vor, wenn die zugesagten Rentenleistungen als Entschädigung an den Arbeitnehmer für den Verlust des Arbeitsplatzes gedacht sind und zusätzlich zu seinem Verdienst aus beruflicher Tätigkeit gezahlt werden sollen. Der von den Vertragsparteien gewählten Definition oder

---

[57] Ständige Rechtsprechung des BAG, vgl. z. B. Urteil vom 26.04.1988- 3 AZR 411/86 - AP Nr. 45 zu § 7 BetrAVG (Gründe I) m .w. N.

[58] Vgl. Steinmeyer, in: ErfKomm, § 1 BetrAVG, Rdnr. 5; Schoden, AiB 2005, S. 135 ff., 137.

[59] Vgl. BAG vom 18.03.2003 - 3 AZR 315/02 - NJOZ 2004, S. 3030 ff. (Gründe I 3a); BAG vom 03.11.1998 - 3 AZR 454/97 - NZA 1999, S. 594 ff. (Gründe B II)BAG vom 10.03.1992 – 3 AZR 153/91 – AP Nr. 17 zu § 1 BetrAVG Lebensversicherung (Gründe 2); BAG vom 08.05.1990 - 3 AZR 121/89 - NZA 1990, S. 931 ff. (Gründe I 2).

[60] Vgl. BAG vom 08.05.1990 - 3 AZR 121/89 - NZA 1990, S. 931 ff. (Gründe I 2b); BAG vom 30.09.1986 - 3 AZR 22/85 - NZA 1987, S. 456 ff. (Gründe I 1).

[61] Steuerlich stellen Leistungen aus unmittelbaren Versorgungszusagen des Arbeitgebers und Leistungen der Unterstützungskassen Einkünfte aus nichtselbständiger Arbeit nach § 19 Abs. 1 Nr. 2 EStG dar; sie sind somit dem Arbeitseinkommen zugerechnet.

[62] Vgl. BAG vom 08.05.1990 - 3 AZR 121/89 - NZA 1990, S. 931 ff. (zu I 2 b der Gründe).

Bezeichnung kommt dann keine Bedeutung zu.[63] Denn die Einordnung einer zugesagten Leistung des Arbeitgebers als Leistung der betrieblichen Altersversorgung ist eine Rechtsfrage. Die rechtlichen Konsequenzen dieser Einordnung stehen nicht zur Disposition der Vertragsparteien. Diese können nur den Vertragsinhalt festlegen. Bei der rechtlichen Würdigung des Vertragsinhaltes kommt es dann entscheidend nur auf eine objektive Wertung und nicht auf subjektive Vorstellungen an.[64]

Die Zahlung von Übergangsgeldern, Überbrückungszahlungen oder Gnadengehältern wird i. d. R. nicht durch ein biologisches Ereignis ausgelöst, sondern durch den Verlust des Arbeitsplatzes. Der BGH[65] und das BAG[66] stufen deshalb in ständiger Rechtsprechung Übergangsgelder nicht als betriebliche Altersversorgung ein. Dies gilt auch, wenn Abfindungen für den Verlust des Arbeitsplatzes als „Ruhegeld" bezeichnet und in Rentenform gezahlt werden, wenn dies unabhängig davon geschieht, ob ein Versorgungsfall eingetreten ist.[67] Ein zeitlich befristeter „Übergangszuschuss" in Höhe der Differenz zwischen dem letzten Bruttogehalt und den Altersbezügen ist nach Auffassung des BAG allerdings der betrieblichen Altersversorgung zuzuordnen, da der Zweck der Leistung der Versorgung im Alter diene und durch das biometrische Ereignis „Alter" ausgelöst werde.[68]

Ebenfalls keine Leistungen der betrieblichen Altersversorgung sind „Überbrückungshilfen" oder „Gnadengelder" an Hinterbliebene eines verstorbenen Arbeitnehmers, wenn sie es den Hinterbliebenen erleichtern sollen, „sich auf die durch den Todesfall bedingten materiellen Veränderungen der Verhältnisse einzustellen"[69]. Auch Gewinn- und Ergebnisbeteiligungen bzw. Tantiemen sind regelmäßig nicht als Leistungen der betrieblichen Altersversorgung zu qualifizieren, da sie keinen Versorgungszweck erfüllen. Diese Arbeitgeberleistungen stehen mit dem Unternehmenserfolg im Zusammenhang und sollen die Leistung des Arbeitnehmers innerhalb eines kürzeren Zeitraums abgelten.[70]

---

[63] Vgl. BAG vom 28.01.1986 - 3 AZR 312/84 - NZA 1986, S. 126 ff. (Gründe II 2); BAG vom 03.11.1998 - 3 AZR 454/97 - NZA 1999, S. 594 ff. (Gründe B I); Kemper/Kisters-Kölkes, Rdnr. 8

[64] Vgl. BAG vom 08.05.1990 - 3 AZR 121/89 - NZA 1990, S. 931 ff. (zu I 2 der Gründe); Langohr-Plato, Rechtshandbuch Rdnr. 13.

[65] Vgl. BGH vom 16.03.1981 - II ZR 222/79 - BB 1981, S. 1524; BGH vom 02.07.1984 - II ZR 259/83 - BB 1984, S. 1942.

[66] Vgl. BAG vom 03.11.1998 - 3 AZR 454/97 - NZA 1999, S. 594 ff. (Gründe II).

[67] Vgl. BAG vom 28.01.1986 - 3 AZR 312/84 - NZA 1987, S. 126 ff. (Gründe II 2).

[68] Vgl. BAG vom 18.03.2003 - 3 AZR 315/02 - NJOZ 2004, S. 3030 ff. (Gründe I 3a).

[69] BAG vom 20.08.2002 - 3 AZR 463/01 - NZA 2003, S. 1044 ff. (Gründe II 2b bb); vgl. auch BAG vom 10.08.1993 - 3 AZR 185/93 - NZA 1994, S. 515 ff. (Gründe 2c).

[70] Vgl. Höfer, ART Rdnr. 65.

Weiterhin sind Vereinbarungen, nach denen Arbeitslohn gutgeschrieben und ohne Abdeckung eines biometrischen Risikos zu einem späteren Zeitpunkt auszahlt wird, keine betriebliche Altersversorgung. Dies gilt ebenso, wenn von vornherein die Abfindung der Versorgungsanwartschaft zu einem bestimmten Zeitpunkt oder bei Vorliegen sonstiger Voraussetzungen vereinbart wurde, da somit kein biometrisches Risiko mehr abgesichert wird.[71] Nicht um betriebliche Altersversorgung handelt es sich insbesondere, wenn die Vererblichkeit von Versorgungsanwartschaften zugesagt wurde.[72]
Vielfach handelt es sich nur um spezifische Formen der Vermögensbildung bzw. um eine reine Wertpapieranlage. Allein die Zusage eines Geldbetrages stellt keine betriebliche Altersversorgung dar. In diesem Zusammenhang sei auf die US-amerikanischen Pensionssparpläne zur ergänzenden Altersvorsorge (401k-Pläne) hingewiesen.[73] Diese Pläne erfüllen nicht die Kriterien einer echten Alterssicherung. Die Talfahrt an den Börsen und eine Vielzahl von Bilanz- und Insolvenzskandalen (Enron, World-Com, Global Crossing) haben deren Risiken deutlich gemacht und den Vorbildcharakter für deutsche Maßnahmen zur Alterssicherung erheblich relativiert.

III. Form der Leistung

Das Betriebsrentengesetz sieht für die Art der Leistung keine bestimmte Form vor. Denkbar sind lebenslange Rentenzahlungen, einmalige oder anteilige Kapitalzahlungen oder Auszahlungspläne.[74] Jedoch sind bei der Entgeltumwandlung im Wege der sog. Riester-Förderung nach § 10a, 79 ff. EStG nur lebenslange Rentenzahlungen und Auszahlungspläne mit Restverrentung förderfähig.
Auch Sachleistungen können betriebliche Altersversorgung sein. Das BAG erkannte auch sog. Deputate als eine entsprechende Leistungsform an, wenn sie Versorgungscharakter haben.[75] In der Vergangenheit wurde dies für sog. Bier- und Kohledeputate anerkannt.

IV. Zwischenergebnis

Der Begriff der betrieblichen Altersversorgung scheint durch das Betriebsrentengesetz klar definiert. Die Praxis zeigt jedoch, dass eine randscharfe Abgren-

---

[71] Vgl. Paulsen-Rist, Praxishandbuch S. 21.
[72] Ausführlich: Höfer, ART Rdnr. 92 ff.
[73] Vgl. Uebelhack, in: GS für Blomeyer, S. 467 ff., 473.
[74] Zu den einzelnen Leistungsformen ausführlich: Höfer, ART Rdnr. 37 ff.
[75] Vgl. BAG vom 02.12.1986 - 3 AZR 123/86 - AP Nr. 9 zu § 611 BGB Deputat; BAG vom 11.08.1981 - 3 AZR 395/80 - AP Nr. 11 zu § 16 BetrAVG (Gründe I 2); Schaub, in: Arbeitsrechts-Handbuch § 81 Rdnr. 2.

zung zu diversen weiteren Arbeitgeberleistungen im Einzelfall Probleme bereitet. Dies ist auch darauf zurückzuführen, dass einheitliche Bezeichnungen oder Leistungsformen nicht bestehen. Wie in den nachfolgenden Abschnitten beschrieben wird, setzt sich diese Uneinheitlichkeit bei den Zusageformen, Durchführungswegen und Versorgungsmodellen fort. Bei aller Freiheit der Zusagegestaltung darf nicht in Vergessenheit geraten, dass nicht jede denkbare Variante der „benefits and contributions“ arbeitsrechtlich als betriebliche Alterversorgung qualifiziert werden kann.

C) Zusageformen und Durchführungswege

In der Durchführung betrieblicher Altersversorgung finden sich zunehmend Mehrpersonenverhältnisse. Diese umfassen neben Arbeitgeber und Arbeitnehmer auch eine begrenzte Anzahl von Versorgungseinrichtungen. Tritt der Versorgungsfall ein, ist für den Berechtigten oftmals schwer zu erkennen, gegen wen er seinen Leistungsanspruch richten und gegebenenfalls gerichtlich durchsetzen soll. Auch der bislang zu Unrecht von der Versorgung ausgeschlossene Mitarbeiter muss seinen Anspruchsgegner bereits vor Eintritt eines Versorgungsfalls kennen, um seine individuelle Versorgungssituation noch im aktiven Erwerbsleben klären zu können. Dieser Aspekt wird im Dritten Teil für die Betrachtung geringfügig beschäftigter und „verpartnerter“ Arbeitnehmer eine wichtige Rolle spielen. Abgesehen von der praktischen Handhabung knüpfen sich an die jeweilige Konstellation auch materiellrechtliche Fragen, die im weiteren Verlauf der Untersuchung von Bedeutung sind. In diesem Abschnitt sollen für ein besseres Verständnis zunächst die gängigen Konstellationen beleuchtet werden.

I. Zusageformen der betrieblichen Altersversorgung

§ 1 Abs. 1 S. 2 BetrAVG sieht eine Differenzierung zwischen unmittelbarer und mittelbarer Durchführung der betrieblichen Altersversorgung vor. Danach kann betriebliche Altersversorgung unmittelbar über den Arbeitgeber (unmittelbare Versorgungszusage) oder über einen der in § 1b Abs. 2 bis 4 BetrAVG genannten Versorgungsträger (mittelbare Versorgungszusage) erfolgen.

1. Unmittelbare Versorgungszusage

Die unmittelbare Versorgungszusage (Direktzusage) ist gleichsam die Urform der betrieblichen Altersversorgung. Hier haftet der Arbeitgeber für die Erfüllung der Zusage unmittelbar mit seinem Betriebsvermögen. Das Versorgungsverhältnis beruht auf einer Zweierbeziehung zwischen Arbeitgeber und Arbeitnehmer. Dies gilt sowohl für die Anwartschafts- als auch für die Leistungsphase.

Bei der Direktzusage fließen die angesammelten Mittel nicht dem Kapitalmarkt zu, sondern verbleiben dem Unternehmen für eigene Anlageentscheidungen. *Ahrend/Förster/Rühmann* heben hervor: „Volkswirtschaftlich handelt es sich also um eine qualitativ hochwertige Sparform, die eine außerordentliche Stetigkeit aufweist und einen langfristigen Charakter hat. Sie trägt dazu bei, die Kapitalausstattung der Unternehmen und damit ihre Investitions- und Wachstumsmöglichkeiten zu verbessern und schafft so die Voraussetzung für die Erhaltung ihrer Wettbewerbsfähigkeit in der Zukunft."[76]

2. Mittelbare Versorgungszusage

Bei den mittelbaren Versorgungszusagen schaltet der Arbeitgeber eine rechtlich selbständige Einrichtung ein. Die Versorgung kann durch eine Direktversicherung (§ 1b Abs. 2 BetrAVG), eine Pensionskasse (§ 1b Abs. 3 BetrAVG), einen Pensionsfonds (§ 1b Abs. 3 BetrAVG) sowie durch eine Unterstützungskasse (§ 1b Abs. 4 BetrAVG) erfolgen. Andere Formen der mittelbaren Versorgung sind nicht vorgesehen (numerus clausus).[77]
Bei der mittelbaren Versorgungszusage liegt eine Dreierbeziehung vor.[78] An der Dreierbeziehung ist neben Arbeitgeber und Arbeitnehmer ein Versorgungsträger beteiligt. Das Grundverhältnis zwischen Arbeitgeber und Arbeitnehmer wird Valutaverhältnis genannt; das Verhältnis zwischen Arbeitgeber und Versorgungsträger (Lebensversicherungsunternehmen, Pensionskasse, Pensionsfonds, Unterstützungskasse) wird dagegen als Deckungsverhältnis bezeichnet. Der Versorgungsträger erhält vom Arbeitgeber die notwendigen Mittel, aus denen bei Eintritt eines Versorgungsfalles die Leistungen an den Begünstigten erbracht werden. Der Arbeitgeber sieht sich insoweit einem Verschaffungsanspruch ausgesetzt: Er erbringt seine Gegenleistung für erbrachte Arbeitsleistung durch Leistung einer Versorgungseinrichtung und muss alles seinerseits Erforderliche tun, um die Altersversorgung des Arbeitnehmers sicherzustellen. Bei der Leistung der Versorgungseinrichtung handelt es sich um die vereinbarte Erfüllung, nicht jedoch um eine Leistung an Erfüllung statt oder erfüllungshalber; die Leistung ist keine Erfüllungsalternative.[79]
Die Einstandspflicht bezieht sich bei mittelbaren Versorgungszusagen zunächst darauf, dass der Arbeitgeber seine Beiträge ordnungsgemäß an den Versorgungsträger abführt. Wenn der Versorgungsträger die versprochene Leistung nicht erbringen kann, muss der Arbeitgeber grundsätzlich nach § 1 Abs. 1 S. 3

---

[76] Ahrend/Förster/Rühmann, Einführung Rdnr. 19.
[77] Vgl. Steinmeyer, in: ErfKomm, § 1 BetrAVG, Rdnr. 13.
[78] Vgl. Kemper/Kisters-Kölkes, Rdnr. 32.
[79] Vgl. Steinmeyer, in: ErfKomm, § 1 BetrAVG, Rdnr.14.

BetrAVG für die Erfüllung einstehen.[80] Unter bestimmten Voraussetzungen kann der Arbeitnehmer seinen Anspruch gegen den Arbeitgeber auch unmittelbar gerichtlich geltend machen, ohne zunächst gegen den externen Versorgungsträger vorgehen zu müssen.[81]

II. Durchführungswege der betrieblichen Altersversorgung

Das Betriebsrentengesetz benennt fünf verschiedene Durchführungswege, wie der Arbeitgeber die Zusage in die Praxis umsetzen kann: Unmittelbare Versorgungszusage, Direktversicherung, Pensionskasse, Unterstützungskasse und Pensionsfonds.[82] Die Durchführungswege unterscheiden sich deutlich in ihren institutionellen, versicherungstechnischen, versicherungsrechtlichen, steuerlichen und arbeitsrechtlichen Rahmenbedingungen. Im Rahmen dieser Untersuchung sollen lediglich die Grundzüge dargestellt werden.

1. Unmittelbare Versorgungszusage (§ 1b Abs. 1 BetrAVG)

Die unmittelbare Versorgungszusage oder Direktzusage stellt den so genannten internen Weg[83] zur Durchführung der betrieblichen Altersversorgung dar. Der Arbeitgeber verspricht, die Versorgungsleistungen selbst zu erbringen.[84] Mit Erteilung der Pensionszusage übernimmt er die Verpflichtung, im Versorgungsfall die jeweils zugesagte Leistung zu erbringen. Insoweit stellt § 1 Abs. 1 S. 2 BetrAVG klar, dass die Durchführung der betrieblichen Altersversorgung unmittelbar über den Arbeitgeber erfolgen kann. Bei der unmittelbaren Versorgungszusage ist der Arbeitgeber auch der Versorgungsträger. Eine rechtliche Beziehung existiert ausschließlich zwischen dem Arbeitgeber und dem Arbeitnehmer.[85] Es bestehen keine Ansprüche des Arbeitnehmers gegen Versicherungsunternehmen oder Kapitalanlagegesellschaften des Arbeitgebers, deren sich dieser bei der Rückstellungsbildung bedient. Der Arbeitgeber hat gem. § 1 Abs. 1 S. 3 BetrAVG grundsätzlich in vollem Umfang für die Erfüllung seiner Zusage einzustehen. Er haftet unmittelbar mit seinem Betriebsvermögen und als Einzelkaufmann oder persönlich haftender Gesellschafter auch mit seinem Privatvermögen.

---

[80] Vgl. Reichel/Heger Rdnr. 325; Blomeyer/Otto, § 1 Rdnr. 258; Meier/Recktenwald, BB 2006, S. 707 ff., 712.

[81] Vgl. BAG vom 07.09.2004 - 3 AZR 550/03 - BetrAV 2005, S. 201 ff. (Gründe B II).

[82] Meier/Recktenwald, BB 2006, S. 707 ff., 707.

[83] Vgl. Reichel/Heger Rdnr. 155.

[84] Vgl. Kümmerle/Öhrlein, AiB 2005, S. 144 ff., 145.

[85] Vgl. Meier/Recktenwald, BB 2006, S. 707 ff., 712; Kemper/Kisters-Kölkes, Rdnr. 29.

Die Direktzusage war und ist der bedeutendste Durchführungsweg in Deutschland: Ende März 2003 verfügten 10,556 Mio. sozialversicherungspflichtig Beschäftigte über Anwartschaften auf betriebliche Altersversorgung, davon 46 % aus Direktzusagen.[86] Der Anteil der Betriebsstätten mit Direktzusage belief sich auf 11 %.[87]
Bundesweit waren für diese Zusagen im Jahr 2003 Deckungsmittel in Höhe von 215 Mrd. Euro hinterlegt, gegenüber einer Gesamtsumme von 366,1 Mrd. Euro für alle Durchführungswege.[88]
Die Deckungsmittel für die zugesagten Versorgungsanrechte verbleiben beim Arbeitgeber, der diese in der Regel über Pensionsrückstellungen finanziert. Aus der Möglichkeit der Rückstellungsbildung in der Steuerbilanz mit dem Teilwert nach § 6a EStG[89] ergeben sich für den Arbeitgeber bereits in der Anwartschaftsphase wirtschaftliche Vorteile: Die Verpflichtung künftiger Rentenzahlungen wirkt sich gewinnmindernd und damit steuersenkend aus. Zudem kann das Unternehmen mit der Anlage der rückgestellten Beträge einen Zinsgewinn erzielen; ein Binnenfinanzierungseffekt kann die Folge sein.[90] In der Auszahlungsphase sind entsprechende Rückstellungen gewinnerhöhend aufzulösen.
Auf Seiten des Arbeitnehmers besteht während der Anwartschaftsphase bei der unmittelbaren Versorgungszusage kein lohnsteuerlicher Zufluss, der der Besteuerung unterliegt. Kommen entsprechende Leistungen im Versorgungsfall zur Auszahlung, sind sie als Einkünfte aus nichtselbständiger Arbeit nach § 19 Abs. 1 EStG zu versteuern, im Falle des Vorliegens der persönlichen Voraussetzungen des § 19 Abs. 2 EStG unter Berücksichtigung des Versorgungsfreibetrags.

2. Direktversicherung (§ 1b Abs. 2 BetrAVG)

Die Direktversicherung ist ein so genannter externer Durchführungsweg. Der Arbeitgeber beauftragt ein Versicherungsunternehmen, die Versorgungsverpflichtungen für ihn zu erfüllen. Die Zusage besteht darin, dass der Arbeitgeber sich verpflichtet, eine Lebensversicherung auf das Leben des Arbeitnehmers abzuschließen, ihn gleichzeitig als Bezugsberechtigten festzulegen, und die zur Finanzierung der zugesagten Leistung erforderlichen Beiträge an die Versicherungsgesellschaft selbst oder aus Entgeltumwandlung zu zahlen.[91]

---

86 Vgl. Infratest Sozialforschung, Situation und Entwicklung der bAV, Tabelle 5-2a, S. 72.
87 Vgl. Infratest Sozialforschung, Situation und Entwicklung der bAV, Tabelle 5-1a, S. 68.
88 Vgl. Schwind, BetrAV 2005, S. 395.
89 In der deutschen Handelsbilanz sind Pensionsrückstellungen nach §§ 249 Abs. 1 S. 1, 253 Abs. 1 HGB auszuweisen, ferner nach internationalen Rechnungslegungsstandards (IAS 19, FAS 87).
90 Vgl. Winkelmann, in: Kittner/Zwanziger, § 82 Rdnr. 22.
91 Vgl. Reichel/Heger Rdnr. 164; Kümmerle/Öhrlein, AiB 2005, S. 144 ff., 144.

Rechtlich besteht ein Dreiecksverhältnis. Das Versicherungsverhältnis zwischen Arbeitgeber und Versicherer, das Leistungsverhältnis zwischen Versicherer und Arbeitnehmer und schließlich das versorgungsrechtliche Grundverhältnis zwischen Arbeitgeber und Arbeitnehmer. Diese Verhältnisse sind in ihrem rechtlichen Bestand voneinander unabhängig.
Versicherungsvertraglich ist der Arbeitgeber „Versicherungsnehmer“; er schließt die Versicherung ab und ist zur Zahlung der Beiträge verpflichtet. Der Arbeitnehmer ist „versicherte Person“ und gleichzeitig „Bezugsberechtigter“.[92] Voraussetzung für den Abschluss einer Lebensversicherung ist die schriftliche Einwilligung des versicherten Arbeitnehmers (§ 159 Abs. 2 VVG).[93]
Der Arbeitgeber ist zunächst nur in die Finanzierung eingeschaltet. Für den Arbeitgeber stellen die Beiträge Betriebsausgaben dar, die sich gewinnmindernd auswirken. Da das Bezugsrecht ausschließlich dem Arbeitnehmer oder seinen Hinterbliebenen zusteht, wird der Wert der Direktversicherung dem Arbeitgeber nicht zugerechnet und muss somit bilanziell auch nicht gewinnerhöhend berücksichtigt werden, § 4b EStG. Die späteren Leistungen und die Organisation der Auszahlung obliegen der Versicherungsgesellschaft. Allerdings haftet der Arbeitgeber gem. § 1 Abs. 1 S. 3 BetrAVG für die zugesagten Leistungen, wenn und soweit die Versicherungsleistung ausfällt.
Weiterhin verpflichtet die Vorschrift des § 1b Abs. 2 S. 1 BetrAVG den Arbeitgeber, das Bezugsrecht nach Erfüllung der Unverfallbarkeitsvoraussetzungen nicht mehr zu widerrufen. Das gesetzliche Gebot bindet den Arbeitgeber jedoch nur im arbeitsrechtlichen Grundverhältnis, nicht im Versicherungsverhältnis. Das bedeutet, dass der Arbeitgeber versicherungsvertragsrechtlich gegen das Widerrufsverbot verstoßen kann. Er ist in diesem Fall aber im arbeitsvertraglichen Grundverhältnis gegenüber seinem Arbeitnehmer zum Schadensersatz verpflichtet[94]. Scheidet der Arbeitnehmer aus dem Unternehmen aus, besteht grundsätzlich die Möglichkeit, den Versicherungsvertrag oder dessen Wert[95] auf den Folgearbeitgeber zu übertragen, den Vertrag ruhend zu stellen oder mit eigenen Beiträgen fortzuführen.
Im Jahre 2003 hatten 25 % der von Zusagen auf Leistungen der betrieblichen Altersversorgung begünstigten Arbeitnehmer Ansprüche im Rahmen einer Direktversicherung.[96] Hierfür bestanden 2003 Deckungsmittel in Höhe von 44,4 Mrd. Euro.[97] Der durchschnittliche jährliche Entgeltumwandlungsbetrag in eine

---

[92] Vgl. Kemper/Kisters-Kölkes, Rdnr. 37.
[93] Vgl. Rühmann, in: Münchener Kommentar, § 1587a BGB, Rdnr. 317.
[94] Vgl. BAG vom 28.07.1987 - 3 AZR 694/85 - NZA 1988, S. 159 ff. (Gründe II 3).
[95] Zu den genauen Voraussetzungen der Portabilität siehe § 4 Abs. 2 und 3 BetrAVG.
[96] Vgl. Infratest Sozialforschung, Situation und Entwicklung der bAV, Tabelle 5-2a, S. 72.
[97] Vgl. Schwind, BetrAV 2005, S. 395.

Direktversicherung belief sich bis Ende 2003 auf EUR 1.024.[98] Immerhin 65 % der privatwirtschaftlichen Betriebsstätten führten ihre betriebliche Altersversorgung über eine Direktversicherung durch.[99] Bis zum Stichtag 31.12.2004 waren für die Direktversicherung deutliche Zunahmen zu verzeichnen, da nur für bis zu diesem Zeitpunkt erteilte Zusagen eine Pauschalbesteuerung in der Anwartschaftsphase möglich war (§ 40b EStG a. F.). Zu diesem Zeitpunkt verfügten 4,056 Mio. sozialversicherungspflichtig beschäftigte Arbeitnehmer über mindestens einen Direktversicherungsvertrag.[100]
Bei ab dem 01.01.2005 erteilten Zusagen sind Beiträge des Arbeitgebers aus dem ersten Dienstverhältnis an die externen Versorgungsträger Direktversicherung, Pensionskasse und Pensionsfonds steuerfrei nach § 3 Nr. 63 EStG[101], die Leistungen unterliegen jedoch der nachgelagerten Versteuerung mit einem jährlich steigenden Besteuerungsanteil, § 22 Nr. 5 EStG.[102]

3. Pensionskasse (§ 1b Abs. 3 BetrAVG)

Pensionskassen sind nach § 118a VAG n. F. rechtlich selbständige Lebensversicherungsunternehmen, deren Zweck die Absicherung wegfallenden Erwerbseinkommens wegen Alters, Erwerbsminderung oder Tod ist.[103] Zur Finanzierung entsprechender Leistungen erhebt die Versorgungseinrichtung versicherungsmathematisch kalkulierte Beiträge, die vom Arbeitgeber oder Arbeitnehmer durch Entgeltumwandlung getragen werden.[104] Die Pensionskasse ist ein traditioneller, ebenfalls externer Durchführungsweg der betrieblichen Altersversorgung.
19 % der insgesamt 10,556 Mio. begünstigten sozialversicherungspflichtigen Arbeitnehmer hatten 2003 eine Zusage auf Leistungen der Pensionskassen und Pensionsfonds.[105] Im Juni 2004 hatten bereits 3,523 Mio. Arbeitnehmer Anwartschaften auf betriebliche Altersversorgung über Pensionskassen aufgebaut.[106]

---

[98] Vgl. BMAS, Alterssicherungsbericht 2005, S. 192, Tabelle D.2.16.
[99] Vgl. Infratest Sozialforschung, Situation und Entwicklung der bAV, Tabelle 5-1a, S. 68.
[100] Vgl. BMAS, Alterssicherungsbericht 2005, S. 192, Tabelle D.2.15.
[101] Bis zu einem Betrag i. H. v. 4 % der BBG-RV (West) - für 2006 € 2.520 - zzgl. eines steuerfreien, jedoch sozialversicherungspflichtigen Erhöhungsbetrags von € 1.800 für Zusagen seit dem 01.01.2005.
[102] Im Rentenzugangsjahr festgeschriebener Besteuerungsanteil von 50 % in 2005, Steigerung um 2 % p. a. bis 2020 und um 1 % p. a. bis 2040 (100 %).
[103] Zur Definition vor Einführung des § 118a durch das Siebte Gesetz zur Änderung des Versicherungsaufsichtsgesetzes vom 29.08.2005 (BGBl. 2005 I, S. 2546) siehe Paulsen-Rist, Praxishandbuch S. 45; Koch, BetrAV 2003, S. 418 ff., 422.
[104] Vgl. Kümmerle/Öhrlein, AiB 2005, S. 144 ff., 144.
[105] Vgl. Infratest Sozialforschung, Situation und Entwicklung der bAV, Tabelle 5-2a, S. 72.
[106] Vgl. BMAS, Alterssicherungsbericht 2005, S. 191, Tabelle D.2.13.

Für diese Zusagen bestanden in 2003 Deckungsmittel in Höhe von 78,3 Mrd. Euro.[107]
Pensionskassen betreiben Lebensversicherungsgeschäfte und sind somit echte Versicherungsunternehmen im Sinne von § 1 Abs. 1 VAG. Anders als bei der Direktversicherung sind häufig sowohl Arbeitgeber als auch Arbeitnehmer Versicherungsnehmer, insbesondere dann, wenn der Arbeitnehmer auch Eigenbeträge zahlt. Durch Erwerb der Mitgliedschaft in der Versorgungseinrichtung erlangt der Arbeitnehmer einen Rechtsanspruch auf deren Leistungen.
Pensionskassen können nach § 7 Abs. 1 VAG in der Rechtsform der Aktiengesellschaft (AG), des Versicherungsvereins auf Gegenseitigkeit (VVaG) und der Körperschaft oder Anstalt des öffentlichen Rechts betrieben werden. Das Aufgabengebiet kann nach der Satzung begrenzt sein auf die Arbeitnehmer eines Unternehmens (Einzelpensionskasse), auf die eines Konzerns (Konzernkasse), auf die einer Branche, eines Wirtschaftszweiges.[108]
Die Versorgungseinrichtungen unterliegen als privatrechtliche Versicherungsunternehmen der Aufsicht durch die Bundesanstalt für Finanzdienstleistungsaufsicht (§ 1 Abs. 1 VAG).[109] Ziel und Aufgabe der Aufsicht besteht darin, die jederzeitige Erfüllbarkeit der im Rahmen der bestehenden Versicherungsverhältnisse gegebenen Leistungsversprechen zu gewährleisten. Als Lebensversicherungsunternehmen ist zum Geschäftsbetrieb zudem eine aufsichtsbehördliche Erlaubnis gemäß § 5 Abs. 1 VAG erforderlich. Die Kehrseite der Medaille „Finanzdienstleistungsaufsicht" besteht in der Befreiung von der Verpflichtung, Insolvenzsicherungsbeiträge an den PSVaG zu leisten. Hier besteht ein Kostenvorteil gegenüber der Direktzusage (§ 10 Abs. 3 Nr. 1 BetrAVG), der Unterstützungskasse (§ 10 Abs. 3 Nr. 3 BetrAVG) sowie dem lediglich zu 20 % Beitragslast verpflichteten Pensionsfonds (§ 10 Abs. 3 Nr. 4 BetrAVG).
Zuwendungen an Pensionskasse und Pensionsfonds kann der Arbeitgeber gem. § 4 lit. c und e EStG als Betriebsausgaben abziehen, wenn sie betrieblich veranlasst sind und zur Finanzierung der Versorgungsleistungen oder zur Abdeckung von Fehlbeträgen dienen. Nachteilig ist indes, dass die finanziellen Mittel unwiederbringlich aus dem Unternehmen abfließen.

4. Unterstützungskasse (§ 1b Abs. 4 BetrAVG)

Das Gesetz definiert in § 1b Abs. 4 S. 1 BetrAVG die Unterstützungskasse als rechtlich selbständige Versorgungseinrichtung, die betriebliche Altersversor-

---

[107] Vgl. Schwind, BetrAV 2005, S. 395.
[108] Vgl. Kemper/Kisters-Kölkes, Rdnr. 46.
[109] Nach § 156a Abs. 3 VAG ist es aber auch möglich eine deregulierte Pensionskasse zu betreiben, die in Leistungsgestaltung und Organisation selbständiger ist.

gungsleistungen ohne Rechtsanspruch gewährt. Bei der Versorgung über eine Unterstützungskasse handelt es sich um eine mittelbare Versorgungszusage des Arbeitgebers. Der Arbeitgeber ist gehalten, durch ausreichende Dotierung der Unterstützungskasse deren Leistungsfähigkeit sicherzustellen.[110]
Die Unterstützungskasse ist als traditionelle Durchführungsform der betrieblichen Altersversorgung üblicherweise in der Rechtsform Verein, GmbH oder Stiftung organisiert. Sie erbringt Leistungen der betrieblichen Altersversorgung an Arbeitnehmer und deren Angehörige.[111] Durch Aufnahme in die Unterstützungskasse werden den Arbeitnehmern Versorgungsleistungen versprochen, die von der Unterstützungskasse zu zahlen, aber von dem Trägerunternehmen durch freiwillige Zuwendungen zu finanzieren sind. Unterstützungskassen treten in der gleichen Erscheinungsform auf wie Pensionskassen oder Pensionsfonds, nämlich als Einzelkasse, als Konzernkasse oder als Gruppenkasse für eine Vielzahl von Unternehmen. Zusagen über eine Unterstützungskasse machten im Jahre 2003 11 % aller Zusagen auf betriebliche Altersversorgung aus[112]; sie wurden in 11 % aller privaten Betriebsstätten erteilt.[113] Diesen Zusagen stand 2003 ein Deckungskapital von 28 Mrd. Euro gegenüber.[114]
Verbreitet ist die „kongruent-rückgedeckte" Unterstützungskasse. Diese schließt als Versicherungsnehmerin bei einem Lebensversicherungsunternehmen Rückdeckungsversicherungen auf das Leben der begünstigten Arbeitnehmer ab, um damit die zugesagten Versorgungsleistungen zu finanzieren. Aus arbeitsrechtlicher Sicht ist diese Art der Finanzierung wegen der Subsidiärhaftung des Arbeitgebers ohne Bedeutung. Eine rückgedeckte Unterstützungskasse wird aber aus steuerlicher Sicht bei der Anwartschaftsfinanzierung besser behandelt als eine nicht rückgedeckte Unterstützungskasse, § 4d Abs. 1 Nr. 1c EStG.
Die Unterstützungskasse darf kraft gesetzlicher Definition (§ 1 Abs. 4 BetrAVG) keinen Rechtsanspruch auf die zugesagten Leistungen gewähren. Nur bei freiwilliger Leistungsgewährung unterliegt sie nicht der Versicherungsaufsicht sowie der persönlichen Steuerpflicht. Nach der Rechtsprechung des BAG ist dieser Ausschluss des Anspruchs aber nahezu bedeutungslos geworden; es besteht vielmehr ein faktischer Anspruch auf die zugesagten Leistungen. Das BAG hat nämlich den Ausschluss des Rechtsanspruchs und den Freiwilligkeitsvorbehalt in Satzungen oder Leistungsrichtlinien von Unterstützungskassen

---

[110] Vgl. BAG vom 10.11.1977 - 3 AZR 705/76 - AP Nr. 8 zu § 242 BGB Ruhegehalt - Unterstützungskassen (zu B I 3b der Gründe).
[111] Vgl. Paulsen-Rist, Praxishandbuch S. 33 f.; Kemper/Kisters-Kölkes, Rdnr. 58.
[112] Vgl. Infratest Sozialforschung, Situation und Entwicklung der bAV, Tabelle 5-2a, S. 72.
[113] Vgl. ebenda, Tabelle 5-1a, S. 68.
[114] Vgl. Schwind, BetrAV 2005, S. 395.

umgedeutet in ein an sachliche Gründe gebundenes Widerrufsrecht.[115] Auch das BVerfG hat mittlerweile diese Rechtsprechung des BAG gebilligt.[116]
Dies hat zur Konsequenz, dass der Arbeitgeber subsidiär für den Fall der Leistungsunfähigkeit oder -unwilligkeit der Unterstützungskasse für die Erfüllung der zugesagten Leistungen haftet.[117] Damit sind Verpflichtungen aus einer Unterstützungskassenzusage und einer Direktzusage in ihrer Rechtswirkung nahezu gleichgestellt. Grundsätzlich muss sich der Arbeitnehmer wegen seiner Versorgungsansprüche an die Unterstützungskasse als originären Versorgungsschuldner halten.[118] Die Subsidiärhaftung des Arbeitgebers greift auch dann ein, wenn er als Trägerunternehmen aus der Unterstützungskasse ausscheidet, da in diesem Fall zwar die Leistungspflicht der Unterstützungskasse endet, von diesem Ausscheiden allerdings seine Leistungsversprechen gegenüber den Arbeitnehmern nicht berührt werden. Stattdessen muss der Arbeitgeber die Versorgungszusage unmittelbar erfüllen.[119]
Für Arbeitnehmer und Arbeitgeber wirkt sich eine Lohnsteuerentlastung vorteilhaft aus, da die während der Anwartschaftszeit der Unterstützungskasse zur Verfügung gestellten Beträge nicht versteuert werden müssen.[120] Unter bestimmten in § 4d EStG näher definierten Voraussetzungen kann der Arbeitgeber ferner Zuwendungen an rückgedeckte Unterstützungskassen als Betriebsausgaben berücksichtigen. Andererseits sind zur Insolvenzsicherung Beiträge an den PSVaG zu entrichten, § 10 Abs. 1 BetrAVG.

5. Pensionsfonds (§ 1b Abs. 3 BetrAVG)

Mit der Novelle des BetrAVG wurde zum 01.01.2002 der Pensionsfonds als neuer, fünfter Durchführungsweg der betrieblichen Altersversorgung installiert.

---

[115] Vgl. BAG vom 17.05.1973 - 3 AZR 381/72 - NJW 1973, S. 1946 ff. (Gründe B II 2); BAG vom 28.04.1977 - 3 AZR 300/76 - BB 1977, S. 1202 ff. (Gründe I 2a); BAG vom 17.11.1992 - 3 AZR 76/92 - NZA 1993, S. 938 ff. (Gründe II 1 und 2); BAG vom 26.08.1997 - 3 AZR 235/96 - NZA 1998, S. 817 (Gründe III 2a); BAG vom 10.12.2002 - 3 AZR 3/02 - NZA 2004, S. 321 ff. (Gründe I); siehe auch Kümmerle/Öhrlein, AiB 2005, S. 144 ff., 144; Langohr-Plato, Rechtshandbuch Rdnr. 93.
[116] Vgl. BVerfG vom 14.01.1987 - 1 BvR 1052/79 - NZA 1987, S. 347 ff. (Gründe II 2).
[117] Vgl. BAG vom 03.02.1987 - 3 AZR 208/85 - NZA 1989, S. 22 f. (Gründe II 2b); BAG vom 11.02.1992 - 3 AZR 138/91 - 1992, S. 931 f. (Gründe 2a); Langohr-Plato, Rechtshandbuch Rdnr. 93.
[118] Vgl. BAG vom 12.02.1971 - 3 AZR 83/70 - AP Nr. 3 zu § 242 BGB Ruhegehalt - Unterstützungskassen (zu 3 der Gründe).
[119] Vgl. BAG vom 03.02.1987 - 3 AZR 208/85 - NZA1989 S. 22 f. (zu II 2b der Gründe); BAG vom 22.10.1991 - 3 AZR 486/90 - NZA 1992, S. 934 f. (zu I 2 der Gründe); BAG vom 11.02.1992 - 3 AZR 138/91 - NZA 1992, S. 931 f. (zu 3 der Gründe).
[120] Vgl. Winkelmann, in: Kittner/Zwanziger, § 82 Rdnr. 27.

Pensionsfonds sollen nach dem Willen des Gesetzgebers ein zusätzliches Angebot an Arbeitgeber und Arbeitnehmer für die Durchführung der betrieblichen Altersversorgung sein, das zudem die Möglichkeit bietet, die Vorteile der unterschiedlichen steuerlichen Förderung zu nutzen. Der Pensionsfonds tritt in der Rechtsform des Pensionsfondsvereins auf Gegenseitigkeit (PfVaG) und als Aktiengesellschaft (AG) auf.
Beim Pensionsfonds handelt es sich um eine rechtlich selbständige Einrichtung, die dem versorgungsberechtigten Arbeitnehmer einen Anspruch auf die zugesagte Leistung einräumt, § 1b Abs. 3 BetrAVG. Daneben hat gemäß § 1 Abs. 1 S. 3 BetrAVG der Arbeitgeber für die Erfüllung der von ihm zugesagten Leistungen selbst dann einzustehen, wenn die Durchführung der betrieblichen Altersversorgung nicht unmittelbar über ihn erfolgt. Insofern ist auch er mit den biometrischen Risiken[121] und dem Kapitalanlagerisiko belastet.
Der Pensionsfonds sichert im Wege des Kapitaldeckungsverfahrens das Risiko der Langlebigkeit sowie das Risiko der Invalidität oder der Hinterbliebenenversorgung und bei laufenden Renten auch das Kapitalanlagerisiko.[122] Im Jahre 2003 standen in diesem neuen Durchführungsweg lediglich 0,4 Mrd. Euro an Deckungskapital zur Verfügung - gegenüber mehr als 360 Mrd. Euro für die anderen vier Durchführungswege.[123] Nur 83.000 Arbeitnehmer hatten im Juni 2004 Anwartschaften auf betriebliche Altersversorgung über einen Pensionsfonds aufgebaut.[124] Neben der bereits erwähnten geringeren Beitragspflicht zum PSVaG sollen Pensionsfonds auch durch die Möglichkeit gefördert werden, beim Arbeitgeberwechsel den Übertragungswert der Anwartschaft steuerfrei auf den neuen Arbeitgeber zu übertragen (§ 3 Nr. 55 EStG).
Eine weitere Besonderheit des Pensionsfonds liegt in der weitgehenden Anlagefreiheit. Versicherungen arbeiten im Rahmen der Anlagevorschriften des VAG mit einer vorsichtigen Vermögensanlage, um die jederzeitige Erfüllbarkeit der zugesagten Leistungen sicherstellen zu können. Dem Pensionsfonds ist es hingegen möglich, die Kapitalmärkte optimal zu nutzen und so ggf. eine höhere Rendite zu erwirtschaften.[125] Wie die bisherigen externen kapitalgedeckten Durchführungswege Direktversicherung und Pensionskasse ist auch der Pensionsfonds zertifizierungsfrei.

---

[121] Nach § 112 Abs. 1 Satz 1 Nr. 4 VAG hat der Pensionsfonds die Leistungen als lebenslange Altersrente oder in Form eines Auszahlungsplans mit unmittelbar anschließender Restverrentung zu erbringen. Neben diesem Risiko der Langlebigkeit können bei Invaliditäts- und Hinterbliebenenversorgung entsprechende weitere biometrische Risiken vorliegen.
[122] Vgl. Langohr-Plato, Rechtshandbuch Rdnr. 110.
[123] Vgl. Schwind, BetrAV 2005, S. 395.
[124] Vgl. BMAS, Alterssicherungsbericht 2005, S. 191, Tabelle D.2.14.
[125] Vgl. Kümmerle/Öhrlein, AiB 2005, S. 144 ff., 144.

Der Pensionsfonds hat neben seiner arbeitsrechtlichen, pauschalen Umschreibung eine aufsichtsrechtliche Definition. Er wird in § 112 VAG definiert als rechtsfähige Versorgungseinrichtung, die im Wege des Kapitaldeckungsverfahrens Leistungen der betrieblichen Altersversorgung für einen oder mehrere Arbeitgeber zugunsten von Arbeitnehmern[126] erbringt. Um die Sicherheit der angelegen Gelder zu gewährleisten, werde der Geschäftsbetrieb und die Ausstattung der Pensionsfonds mit Eigenkapital durch die Bundesanstalt für Finanzdienstleistungsaufsicht überwacht. Die Anlagefreiheit ist insoweit relativ. Der Pensionsfonds muss ein qualifiziertes Anlagemanagement durch Risikosteuerung, interne Kapitalanlagegrundsätze und Kontrollverfahren und eine perspektivische Anlagepolitik sicherstellen, § 1 Abs. 2 PFKapAV[127].

III. Zwischenergebnis

Je nachdem, ob der Arbeitgeber zur Erfüllung seiner Versorgungszusage einen externen Versorgungsträger einschaltet, sind unmittelbare und mittelbare Versorgungszusagen zu unterscheiden. Insgesamt stehen fünf Durchführungswege zur Verfügung, die für den Arbeitgeber und den begünstigten Arbeitnehmer unterschiedliche Voraussetzungen und Konsequenzen haben. Allen Durchführungswegen ist gemeinsam, dass letztlich der Arbeitgeber für die Erfüllung der zugesagten betrieblichen Altersversorgung haftet. Mit der Wahl des Durchführungsweges trifft der Arbeitgeber somit auch eine Entscheidung über sein Risiko, als Ausfallbürge in Anspruch genommen zu werden.

D) Versorgungsmodelle

Im vorangegangenen Abschnitt wurden Zusageformen und Durchführungswege der betrieblichen Altersversorgung erörtert. Diese beziehen sich - bildlich gesprochen - auf den äußeren Ablauf. Sie besagen indes nichts über die weitere inhaltliche Ausgestaltung der jeweiligen Zusage. Abgesehen von den Parametern, die den Arbeitnehmer vorrangig interessieren (z. B. Leistungshöhe, Wartezeit, Kreis der Berechtigten), unterscheiden sich die Zusagen auch grundlegend in ihrer Konzeption und Funktionsweise.

Die Untersuchung im Dritten Teil wird der Frage nachgehen, ob geringfügig Beschäftigte oder eingetragene Lebenspartner einen Anspruch auf Einbeziehung in die Versorgungszusage bzw. auf Leistungen der Alters- und Hinterbliebenenversorgung haben. Eine genaue Kenntnis von Konzeption und Funktionsweise

---

126 Nach § 112 Abs. 3 VAG aktive Arbeitnehmer, mit unverfallbarer Anwartschaft ausgeschiedene ehemalige Arbeitnehmer und Versorgungsempfänger.

127 Vom 21.12.2001, BGBl. I 2001, S. 4185 ff.

betrieblicher Versorgungsmodelle ist unerlässlich zur Beantwortung der Frage, worauf sich die Ansprüche des Arbeitnehmers oder seiner Hinterbliebenen inhaltlich richten. Schuldet der Arbeitgeber die Bereitstellung von jährlichen Kapitalbausteinen in einem virtuellen Konto, die Zahlung einer monatlichen Hinterbliebenenrente auf Basis des letzten Bruttomonatsentgelts oder ratenweise Zahlung eines aus Entgeltumwandlung finanzierten Versorgungsguthabens im vorzeitigen Versorgungsfall Erwerbsminderung?
Grundsätzlich gibt es bei den Versorgungsmodellen zwei alternative Ansätze: ein leistungsorientiertes oder ein beitragsorientiertes System. Bei der Leistungszusage erhält der Arbeitnehmer eine Zusage auf eine bestimmte oder bestimmbare Leistung. Bei der Beitragszusage verpflichtet sich der Arbeitgeber zur Zahlung eines Beitrages, wobei sich die Altersversorgung als das Ergebnis aus dem gezahlten Beitrag und den daraus gewonnenen Erträgen ergibt - ggf. reduziert um Verwaltungsaufwendungen. Zwischen diesen beiden Extremen finden sich in der Praxis vielfältige Mischformen und Unterarten, auf die im weiteren Verlauf eingegangen wird. Zudem erfolgt eine Darstellung der arbeitnehmerfinanzierten betrieblichen Altersversorgung durch Entgeltumwandlung.

I. Leistungszusagen

Im Vordergrund steht bei den Leistungszusagen („defined benefit") ausschließlich die Leistung, nicht jedoch der für die Finanzierung dieser Leistung erforderliche Aufwand.[128] Bei der Leistungszusage sagt der Arbeitgeber bestimmte Leistungen für den Versorgungsfall (Alter, Invalidität, Tod) zu. Entweder übernimmt dabei der Arbeitgeber selbst oder die von ihm eingeschaltete Unterstützungskasse das Versorgungsrisiko des Arbeitnehmers oder er sorgt dafür, dass es von einem Lebensversicherer, einer Pensionskasse oder einem Pensionsfonds übernommen wird.[129] Wird die geschuldete Versorgungsleistung nicht auf dem vorgesehenen Durchführungsweg erbracht, weil z. B. die Versorgungseinrichtung nicht leistungsfähig ist, so hat der Arbeitgeber selbst die Versorgungsleistung zu erbringen.[130] Im Folgenden werden die wichtigsten Unterfälle der Leistungszusage und ihre Funktionsweise erläutert.

1. Festbetragszusagen

Bei einer Festbetragszusage ist die zugesagte Leistung starr. Es handelt sich um eine Zusage auf einen bestimmten Geldbetrag, der entweder als einmaliger

[128] Vgl. Blumenstein, in: FS für Kemper, S. 25 ff., 25.
[129] Vgl. Uebelhack, in: GS für Blomeyer, S. 467 ff., 470 f.
[130] Vgl. Kreßel, in: GS für Blomeyer, S. 219 ff., 221.

Kapitalbetrag, Raten oder als periodisch wiederkehrende Leistung (Rente) versprochen ist. Weitere Einflussfaktoren gibt es bei dieser Zusageform nicht.[131] Für die Zahlung des Fixums ist ausschließlich der Eintritt des Versorgungsfalles maßgeblich, nicht jedoch Parameter wie Einkommen, Einkommensentwicklung, Tätigkeitsdauer, Familienstand oder Kinderzahl. Im Versorgungsfall wird der vom Arbeitgeber zugesagte Wert ausgezahlt; dabei unterliegt die Rentenzahlung der Anpassungsprüfungspflicht nach § 16 BetrAVG.[132]
Der Nachteil von Festbetragszusagen besteht darin, dass die Betriebstreue eines Mitarbeiters, seine Tätigkeit und Leistung für das Unternehmen nicht individuell berücksichtigt werden können. Dem hält *Langohr-Plato* den Aspekt der Planungssicherheit entgegen, wonach der Arbeitnehmer von Anfang an genau wisse, welche Versorgungsleistung er bzw. seine Familie erwarten kann. Entsprechend könne er die Versorgungsleistungen des Arbeitgebers bei seiner individuellen Versorgungsplanung berücksichtigen.[133] Außerdem unterliegen statische Versorgungsmodelle in besonderem Maße der Auszehrung, da die zugesagte Leistung im Anwartschaftszeitraum nicht anzupassen ist; ein möglicher Kaufkraftverlust wird nicht ausgeglichen.[134] Zumeist ist eine dynamische Entwicklung der festgesetzten Rentenbeträge nach Eintritt des Versorgungsfalles nicht vorgesehen.[135] Der Vorteil für den Arbeitgeber besteht in der langfristigen Kalkulationssicherheit bei Finanzierung und Rückstellungsbildung, weil die Leistungen nicht von externen Faktoren abhängen, auf die der Arbeitgeber keinen Einfluss hat.[136]

2. Gehaltsabhängige Zusagen

Fließt die Einkommensentwicklung in die Leistungsbemessung ein, wird aus der Festbetragszusage eine dynamische Zusage.[137] Die Vertragparteien müssen dabei die Bemessungsgrundlage präzise definieren. Dies gilt insbesondere dann, wenn verschiedene Einkommenskomponenten zusammentreffen, wie Grundgehalt und variable Vergütung, Sonderzahlungen, Gratifikationen und Sachbezüge.

---

[131] Vgl. Paulsen-Rist, Praxishandbuch, S. 57.
[132] Eine ausführliche Darstellung der gesetzlichen Anpassungsüberprüfungspflicht findet sich etwa bei: Ahrend/Förster/Rühmann, BetrAVG § 16; Andresen/Förster/Rößler/Rühmann, Teil 11 B; Blomeyer/Otto, § 16; Höfer, Rdnr. 5100 ff.
[133] Vgl. Langohr-Plato, Rechtshandbuch Rdnr. 176.
[134] Vgl. Winkelmann, in: Kittner/Zwanziger, § 85 Rdnr. 1.
[135] Vgl. Rühmann, in: Münchener Kommentar, § 1587a Rdnr. 325.
[136] Vgl. Langohr-Plato, Rechtshandbuch Rdnr. 177.
[137] Vgl. Reichel/Heger Rdnr. 210; Paulsen-Rist, Praxishandbuch S. 58; Winkelmann, in: Kittner/Zwanziger, § 85 Rdnr. 2.

Aus der Versorgungszusage muss eindeutig hervorgehen, welche Entgeltbestandteile Bezugspunkt für die dynamisierte Alterversorgung sind.

2.1 Endgehaltsysteme

Bei der Endgehaltszusage wird ein bestimmter Prozentsatz des zuletzt bezogenen Einkommens als Ruhegehalt zugesagt. Diese Versorgungsform ist primär bedarfsorientiert ausgestaltet. Sie orientiert den Versorgungsbedarf am zuletzt bezogenen Einkommen. Die Einkommensentwicklung des gesamten Berufslebens bleibt hingegen unberücksichtigt.
Der wesentliche Vorteil des Endgehaltsplans liegt in der kontinuierlichen Sicherstellung des angestrebten Versorgungsniveaus.[138] Die Zusage ist aus Arbeitnehmersicht leicht nachvollziehbar und in die eigene Versorgungsplanung zu integrieren. Aus Arbeitgebersicht kann sich das Versorgungsmodell wegen eines möglichen Nachfinanzierungsbedarfs als problematisch darstellen, da die Gehaltsentwicklung zugleich auch die zugesagte Leistung erhöht.[139] Ein weiterer Nachteil besteht darin, dass Endgehaltspläne nicht den individuell unterschiedlichen Karriereverlauf des Versorgungsberechtigten berücksichtigen. *Langohr-Plato* bemängelt, der erst kurz vor der Pensionierung beförderte Mitarbeiter werde einem Mitarbeiter gleichgestellt, der von Anfang an mit dem gleichen Gehalt eingestellt worden ist. Andererseits erleide derjenige Mitarbeiter Verluste, der gegen Ende seiner Tätigkeit von einer Vollzeit- auf eine Teilzeitbeschäftigung wechselt.[140]
Allerdings sind auch Variationen unter Einbeziehung der Dienstzeit möglich. Anhand einer typischen Lebensarbeitszeit werden die einzelnen Dienstjahre mit Prozentsätzen gewichtet, die dann in der Addition zu dem gewünschten Versorgungsprozentsatz führen.

2.2 Durchschnittsgehaltsysteme

Die individuellen Ungerechtigkeiten der Endgehaltssysteme vermeiden die Durchschnittsgehaltssysteme, bei dem sich die Versorgungsleistungen nach einem bestimmten Prozentsatz - ggf. nach Dienstjahren gestaffelt - des durchschnittlich bezogenen Gehalts richten. Mit einer Rentenformel, die auf das Durchschnittsentgelt abstellt, wird zudem die Eigendynamik der Leistungsentwicklung erheblich eingegrenzt. Dadurch wird auch das Nachfinanzierungsrisi-

---

[138] Vgl. Langohr-Plato, Rechtshandbuch Rdnr. 185.
[139] Vgl. Reichel/Heger Rdnr. 214.
[140] Vgl. Langohr-Plato, Rechtshandbuch Rdnr. 186; siehe auch Paulsen-Rist, Praxishandbuch S. 59.

ko vermindert. Dem steht nachteilig der erforderliche administrative Aufwand gegenüber, der daraus resultiert, dass die Gehaltsentwicklung über Jahre hinweg dokumentiert werden muss.

2.3 Eckwertsysteme

Beim Renten-Eckwertsystem wird einem bestimmten Einkommen (Richteinkommen) eine spätere Leistung zugeordnet; die Leistungshöhe anderer Einkommen basiert auf dieser festgelegten Größe. Die je nach Arbeitgeber unterschiedliche Rentenformel enthält meist diesen fest definierten Eckwert, die anrechenbare Dienstzeit sowie eine individuelle Verdienstrelation, die sich aus dem Verhältnis des individuellen Einkommens zur festgelegten Einkommensbasis ergibt.[141] Auf diese Weise wird die spätere Versorgungsleistung über verschiedene Faktoren definiert mit der Zielsetzung, die Gehaltsdynamik zu relativieren und die Entwicklung der Versorgungsverpflichtung besser kontrollieren zu können.[142]

3. Gesamtversorgungssysteme

Betriebliche Versorgungssysteme werden zum Teil als Ergänzung zur gesetzlichen Rentenversicherung konzipiert. Derartige Versorgungsmodelle finden sich heute vorwiegend in Branchen, die dem öffentlichen Dienst nahe stehen.
Im Regelfall wird die vom Arbeitgeber zugesagte Versorgungsleistung parallel zur gesetzlichen Rentenversicherung fällig. Auch hinsichtlich der Leistungshöhe erfolgte vor allem in der Vergangenheit vielfach eine Koppelung der betrieblichen Versorgungsleistungen an die gesetzliche Rentenversicherung - beispielsweise 75 % des letzten Bruttogehalts. Sinn und Zweck eines solchen Modells besteht darin, die Versorgungslücke zwischen dem zuletzt bezogenem Einkommen und den Leistungen aus der gesetzlichen Rentenversicherung aufzufüllen.[143]
Eine ausführliche Darstellung der Gesamtversorgungssysteme findet sich im Dritten Teil der Untersuchung im Zusammenhang mit der Frage, ob geringfügig Beschäftigte in betriebliche Versorgungswerke aufzunehmen sind.[144]

---

[141] Beispielsweise die Beitragsbemessungsgrenze der gesetzlichen Rentenversicherung oder der Tarifecklohn; vgl. dazu die Rechenbeispiele bei Langohr-Plato, Rechtshandbuch Rdnr. 190.
[142] Vgl. Reichel/Heger Rdnr. 213.
[143] Vgl. Langohr-Plato, Rechtshandbuch Rdnr. 169.
[144] Siehe unten: Dritter Teil A IV 1.

II. Beitragszusagen

Beitragszusagen („defined contribution“) liegen begrifflich dann vor, wenn der Arbeitgeber sich verpflichtet, für den Arbeitnehmer für einem bestimmten Zeitraum einen zuvor definierten Beitrag aufzuwenden. Im Vordergrund steht der jährlich oder monatlich vom Arbeitgeber aufzubringende Beitrag zum Aufbau einer betrieblichen Altersversorgung.[145] Die Beiträge werden vom Arbeitgeber entweder an einen externen Träger geleistet oder aber im Falle einer Direktzusage unmittelbar in Rentenbausteine umgerechnet.[146] Die spätere Versorgungsleistung ergibt sich erst aus der zum Versorgungszeitpunkt vorzunehmenden Verrentung des Versorgungskapitals, welches dem Arbeitnehmer bei Eintritt des Versorgungsfalles zusteht. Die Höhe des Versorgungskapitals ist bei externen Versorgungsträgern oftmals von den Erträgen abhängig, die der Versorgungsträger bis zum Eintritt des Versorgungsfalles erwirtschaftet. Beitragszusagen sind im Regelfall renditeorientiert und bieten dem Arbeitnehmer höhere Ertragschancen. Der Arbeitgeber trägt aber auch in entsprechend stärkerem Maße das Kapitalanlage- bzw. Zinsrisiko.[147]

Zwischen Zusageerteilung und Leistungsgewährung liegen oftmals mehrere Jahrzehnte, in denen sich die wirtschaftlichen Rahmenbedingungen[148] grundlegend ändern können. Für den Arbeitgeber sind derartige fundamentale Veränderungen bei realistischer Betrachtungsweise schlechthin nicht kalkulierbar. Eine Anpassung von Anwartschaften und laufenden Renten an die ggf. schwindende Wirtschaftskraft eines Unternehmens ist nur in engsten Grenzen möglich.[149] Daher entsprechen am Versorgungsaufwand orientierte Systeme der Alterssicherung dem Wunsch vieler Arbeitgeber, „in Abhängigkeit der jeweiligen Ertragslage des Unternehmens dem Arbeitnehmer flexibel einen bestimmten Beitrag für seine Altersversorgung zur Verfügung zu stellen, ohne darüber hinaus weitergehende unbegrenzte Verpflichtungen eingehen zu müssen“[150]. Es entfällt die langfristige Bindung und damit zugleich die langfristige Unvorhersehbarkeit und Unkalkulierbarkeit.[151]

---

[145] Vgl. Schoden, AiB 2005, S. 135 ff., 138.

[146] Vgl. Rühmann, in: Münchener Kommentar, § 1587a BGB, Rdnr. 327; siehe auch Reichel/Heger Rdnr. 219.

[147] Vgl. Uebelhack, in: GS für Blomeyer, S. 467 ff., 470.

[148] Wirtschaftliche Situation und Ertragslage des Unternehmens, Kapitalanlage- und Finanzierungsrisiken, Lohn- und Gehaltsentwicklung, biometrische Grundlagen.

[149] Vgl. dazu Sasdrich zum Ergebnis der ifo-Untersuchung, BetrAV 2000, S. 259 f.; ebenso: Ruppert BetrAV 2000, 685 ff.

[150] Uebelhack, in: GS für Blomeyer, S. 467 ff., 469.

[151] Vgl. Kreßel, in: GS für Blomeyer, S. 219 ff., 228.

1. Reine Beitragszusage

Beitragszusagen in der reinen Form sind grundsätzlich zulässig. Allerdings sind derartige Zusagen keine betriebliche Altersversorgung.[152] Sie werden steuer- und sozialversicherungsrechtlich nicht begünstigt und sind folglich nicht attraktiv. Der Grund für die mangelnde Anerkennung als „betriebliche Altersversorgung" liegt in der politischen Entscheidung, dass dem Arbeitnehmer nicht allein das Anlagerisiko zugemutet werden soll.[153] Grundsätzlich wäre eine reine Beitragszusage denkbar. Dazu müsste das Betriebsrentengesetz entsprechend geändert werden. Eine entsprechende Änderung wäre im Hinblick auf eine Steigerung der Attraktivität der betrieblichen Altersversorgung für den Arbeitgeber wünschenswert, da er auf diese Weise die ungeliebte Subsidiärhaftung abschütteln könnte.[154] Das zusagende Unternehmen übernimmt bei einer echten bzw. reinen Beitragszusage lediglich die Verpflichtung zu einer im Voraus festgelegten, fristgerechten Beitragsentrichtung. Mit der Entrichtung des Beitrags erlischt die Verpflichtung des Arbeitgebers, § 362 Abs. 1 BGB.[155] Allerdings sollten die Beiträge dann nicht lediglich intern bereitgestellt, sondern der Verfügungsgewalt des Arbeitgebers entzogen werden.[156] Ob und in welcher Höhe aus diesen Beiträgen eines Tages Leistungen fließen, ist dann nicht mehr Sache des Arbeitgebers, d. h. es wird vom Arbeitgeber kein weiteres Leistungsversprechen mehr erteilt. Im Gegensatz zur heutigen Rechtslage wäre bereits die Verpflichtung des Arbeitgebers auf die Beitragszahlung begrenzt; eine Haftung für die Leistungen im Versorgungsfall wäre nicht mehr gegeben.[157]

2. Beitragsorientierte Leistungszusage

Als „betriebliche Altersversorgung" ist hingegen die beitragsorientierte Leistungszusage anerkannt. Diese Zusage verquickt den zugesagten Beitrag und die daraus resultierende Leistung zu einer Zusageform: Der Arbeitgeber legt fest, welcher Beitrag für den einzelnen Mitarbeiter aufgewendet wird und welche Leistungen bei Anwendung festgelegter Umrechnungsmodalitäten im Versorgungsfall zu erbringen sind. Mit § 1 Abs. 2 Nr. 1 BetrAVG wird klargestellt, dass abweichend von der nach dem Gesetz typischen leistungsorientierten Versorgung auch eine beitragsorientierte Zusage dann betriebliche Altersversorgung ist, wenn der Arbeitgeber sich zur Umwandlung der Beiträge in eine Anwart-

---

152 Vgl. BAG vom 07.09.2004 - 3 AZR 550/03 - BetrAV 2005, S. 201 ff. (Gründe B I 2a).
153 Vgl. Paulsen-Rist, Praxishandbuch S. 61.
154 Siehe auch Roth, ZRP 2004, S. 154 ff. 155.
155 Vgl. Blomeyer, BetrAV 1997, S. 249 ff., 250.
156 Vgl. Kreßel, in: GS für Blomeyer, S. 219 ff., 224.
157 Vgl. ebenda.

schaft auf Alters-, Invaliditäts- oder Hinterbliebenenversorgung verpflichtet.[158] Die Beiträge können einmalig oder laufend entrichtet werden und sich beispielsweise prozentual am Jahreseinkommen orientieren oder mit dem Unternehmensgewinn verknüpft sein.[159] Die Beitragsorientierung benennt den Aufwand, der zur Finanzierung der Versorgungsleistung benötigt wird.[160] Dem Arbeitnehmer soll durch diese Form der Zusage der Versorgungsaufwand transparent gemacht werden.[161]

Die spätere Leistung ist für den einzelnen Arbeitnehmer zu jedem beliebigen Zeitpunkt genau bestimmbar, weil die vertraglich festgelegte Umrechnungskriterien vom Beitrag zur Leistung offen liegen, die ihrerseits nach versicherungsmathematischen Grundsätzen biometrische Grundlagen enthalten.[162] Von der reinen Leistungszusage unterscheidet sich die beitragsorientierte Leistungszusage dadurch, dass dem Versorgungsberechtigten zusätzlich der Betrag mitgeteilt wird, den der Arbeitgeber zur Finanzierung der Versorgungsleistung aufwendet[163]. Die beitragsorientierte Leistungszusage ist in allen Durchführungswegen möglich.[164]

3. Beitragszusage mit Mindestleistung

Die Beitragszusage mit Mindestleistung (§ 1 Abs. 2 Nr. 2 BetrAVG) wurde durch das AVmG[165] in das BetrAVG aufgenommen. Es handelt sich nicht um eine reine Beitragszusage, sondern um eine Beitragszusage mit Elementen der Leistungszusage.

Die Beitragszusage mit Mindestleistung ist zumeist dadurch gekennzeichnet, dass sich der Arbeitgeber verpflichtet, einen bestimmten Betrag - entweder als Festbetrag oder als Prozentsatz des jeweiligen Einkommens - an einen Versorgungsträger zu zahlen. Die Zusageform ist auf die externen Durchführungswege (Pensionsfonds, Pensionskasse und Direktversicherung) begrenzt. Weiterhin verpflichtet sich der Arbeitgeber, dem Arbeitnehmer im Versorgungsfall das planmäßig zuzurechnende Versorgungskapital auf der Grundlage der gezahlten

---

[158] Vgl. ebenda, 221.
[159] Vgl. Blumenstein, in: FS für Kemper, S. 25 ff., 28.
[160] Vgl. Paulsen-Rist, Praxishandbuch S. 61.
[161] Vgl. Blumenstein, in: FS für Kemper, S. 25 ff., 27.
[162] Vgl. Uebelhack, in: GS für Blomeyer, S. 467 ff., 472.
[163] Vgl. Ahrend/Förster/Rühmann, § 1 BetrAVG Rdnr. 17.
[164] Vgl. Paulsen-Rist, Praxishandbuch S. 60.
[165] Art. 9 Nr. 3 des Gesetzes zur Reform der gesetzlichen Rentenversicherung und zur Förderung eines kapitalgedeckten Altersvorsorgevermögens (Altersvermögensgesetz - AVmG) vom 26.06.2001, BGBl. I 2001, S. 1310 ff., 1327.

Beiträge zur Verfügung zu stellen.[166] Damit ist seine Verpflichtung zunächst grundsätzlich erfüllt. Der Versorgungsträger legt diesen Versorgungsbeitrag nach Maßgabe seiner Grundsätze der Vermögensanlage an. Das planmäßig zuzurechnende Versorgungskapital besteht aus den Beiträgen sowie den daraus erzielten Erträgen.[167]
Die Besonderheit der Beitragszusage mit Mindestleistung besteht darin, dass bei Eintritt des Versorgungsfalles mindestens die Summe der zugesagten Beiträge, abzüglich der zur Absicherung von biometrischen Risiken verbrauchten Beiträge zur Auszahlung kommen muss.[168] Der Arbeitnehmer trägt somit in gewissem Umfang das Anlagerisiko.[169]
Hat die Versorgungseinrichtung bei der Vermögensanlage Verluste gemacht und bleibt ihre Leistung deshalb unter der Summe der eingezahlten Beiträge, so haftet der Arbeitgeber für den Differenzbetrag. *Blomeyer* bezeichnete die Konstruktion deshalb auch als „Gazelle mit Klumpfuß"[170].
Das verbleibende Haftungsrisiko für die Mindestleistung führt dazu, dass der Arbeitgeber im eigenen Interesse für eine ordnungsgemäße und auch sichere Kapitalanlage und Vermögensverwaltung sorgt: „Je sicherer die Kapitalanlage ist, desto weniger wird eine Haftung des Arbeitgebers in Betracht kommen können."[171]

4. Kapitalkontenpläne

Im Falle eines beitragsorientierten Kapitalkontenplans bzw. Bausteinsystems definiert der Arbeitgeber einen Versorgungsbeitrag, der im zuvor festgelegten Zeitraum für den Arbeitnehmer aufgebracht wird. Grundlage hierfür ist zumeist das vom Arbeitnehmer erzielte Entgelt. Grundsätzlich ist aber auch ein feststehender einheitlicher Betrag für alle Arbeitnehmer denkbar. Dieser Beitrag wird dann mit einem Verrentungsfaktor in einen Kapitalbaustein umgewandelt. Zu diesem Zweck wird der Verrentungsfaktor auf der Grundlage versicherungsmathematischer Rechnungsannahmen (biometrische Wahrscheinlichkeiten für Invalidität und Tod während der Anwartschaftszeit bzw. nach Rentenbeginn,

---

[166] Vgl. Blumenstein, in: FS für Kemper, S. 25 ff., 28.
[167] Vgl. Paulsen-Rist, Praxishandbuch S. 61 f.; Kreßel, in: GS für Blomeyer, S. 219 ff., 222; Reichel/Heger Rdnr. 225.
[168] Abzugsfähig ist der Anteil für die Absicherung der Erwerbsminderung. Nicht vorgelagert in Abzug zu bringen sind hingegen die sonstigen Kosten für Verwaltung, Vertrieb, Kapitalanlage und ggf. die Kosten für die Insolvenzsicherung in Gestalt der PSVaG-Beiträge. Vgl. auch Kemper/Kisters-Kölkes, Rdnr. 36.
[169] Vgl. Blumenstein, in: FS für Kemper, S. 25 ff., 29.
[170] Blomeyer, BetrAV 2001, S. 430 ff., 430.
[171] Uebelhack, in: GS für Blomeyer, S. 467 ff., 476.

Lebenserwartung, Verheiratung, Verzinsung des angesammelten Versorgungskapitals, etc.) bestimmt. Der ermittelte Baustein wird monatlich oder jährlich einem virtuellen Versorgungskonto gutgeschrieben. Veränderungen in der Höhe des Einkommens schlagen sich lediglich in zukünftigen Versorgungsbausteinen nieder. Bei Eintritt eines Versorgungsfalles leitet sich die Versorgungsleistung aus der Summe der Versorgungsbausteine ab.[172]
Der Vorteil von Bausteinsystemen für den Arbeitgeber besteht darin, dass der mit der betrieblichen Altersversorgung verbundene Versorgungsaufwand von vornherein festgelegt ist. Die Leistung ist auf die Auszahlung des angesammelten Kapitalbetrages beschränkt; weitere Anpassungen sind nicht erforderlich.[173] Veränderungen im System wirken sich grundsätzlich nur für die Zukunft aus; vergangene Zeiträume werden nicht berührt. Für den Arbeitnehmer ist vor allem die hohe Transparenz des Modells günstig; durch jährliche Kontoauszüge wird zudem der jeweilige „Kontostand" verständlich vor Augen geführt.

III. Entgeltumwandlung

Die Entgeltumwandlung („deferred compensation") stellt streng genommen kein eigenes Versorgungsmodell dar. Vielmehr geht es bei der Entgeltumwandlung um die „Mittelherkunft", also die Frage, wer den Aufwand für die betriebliche Altersversorgung wirtschaftlich trägt.[174]
Die Entgeltumwandlung ist seit dem 01.01.2002 in § 1a Abs. 1 S. 1 BetrAVG normiert.[175] Seit Einführung dieser Bestimmung hat jeder Arbeitnehmer das Recht, vom Arbeitgeber zu verlangen, dass Teile seiner künftigen Entgeltansprüche durch Umwandlung für seine betriebliche Altersversorgung verwendet werden.[176] Dieser Anspruch auf Entgeltumwandlung war im Jahre 2003 immerhin 9 % der bundesdeutschen Arbeitgeber nicht bekannt.[177]
„Entgelt" ist in einem weiten Sinne zu verstehen, da es für die Anwendung des BetrAVG keine Rolle spielen kann, aus welcher Entgeltform umgewandelt wurde; die Verbreitung der betrieblichen Altersversorgung soll möglichst umfassend gefördert werden. Daher ist von dem Begriff des „Entgeltanspruchs" jeder geldwerte Anspruch umfasst, der Gegenleistung für eine Tätigkeit des

---

[172] Vgl. Uebelhack, in: GS für Blomeyer, S. 467 ff., 472
[173] Vgl. Winkelmann, in: Kittner/Zwanziger, § 85 Rdnr. 16.
[174] Vgl. Reichel/Heger Rdnr. 230.
[175] Vgl. Kemper, BetrAV 2002, S. 751 ff., 751; Rürup, in: FS für Kemper, S. 395 ff., 396.
[176] Vgl. Meier/Recktenwald, BB 2006, S. 707 ff., 712. Bereits vor Einführung des Rechtsanspruchs durch das Altersvermögensgesetz im Jahre 2001 war die Entgeltumwandlung auf freiwilliger Basis („deferred compensation" oder „aufgeschobene Vergütung") gebräuchlich und auch von der Finanzverwaltung anerkannt.
[177] Vgl. Infratest Sozialforschung, Situation und Entwicklung der bAV, S. 10.

Arbeitnehmers ist. Er erstreckt sich etwa auch auf Gewinnanteile oder Tantiemen[178]; der Begriff des Entgelts umfasst theoretisch auch Sachleistungen.[179]
„Künftige“ Entgeltansprüche nach § 1 Abs. 2 Nr. 3 BetrAVG können nur solche sein, für die im Umwandlungszeitpunkt bereits eine Rechtsgrundlage bestanden hat, die aber noch nicht fällig sind.[180] Das Entgelt soll dem Arbeitnehmer vor Eintritt des Versorgungsfalles nicht bereits zur Verfügung gestanden haben. Bereits entstandene Ansprüche sind davon nicht erfasst. Mit dieser Einschränkung wollte der Gesetzgeber insbesondere vermeiden, dass es letztlich zum Insolvenzschutz für Arbeitsentgelt durch den Pensionssicherungsverein kommt.[181] Ferner konnte und wollte der Gesetzgeber den Arbeitgeber nicht zum Versicherer machen: Wenn der Arbeitgeber Versicherungsbeiträge durch Aufrechnung mit fälligen Entgeltansprüchen erheben würde, würde dies gem. § 1 Abs. 1 VAG der Versicherungsaufsicht unterliegen.[182]
Beim Begriff der „Umwandlung“ handelt es sich um eine Vertragsänderung, durch die das bisher vereinbarte Arbeitsentgelt um einen bestimmten Betrag gesenkt wird. Die Vertragsänderung ist mit einer Vereinbarung über die Begründung einer Versorgungsanwartschaft in entsprechender Höhe verbunden.[183]
Der Arbeitnehmer kann von seinem Arbeitgeber lediglich verlangen, dass dieser überhaupt eine Umwandlung seines Entgelts vornimmt. Die Wahl des Durchführungsweges ist hingegen im Wesentlichen Sache des Arbeitgebers.[184] Wählt der Arbeitgeber die externen Durchführungswege Direktversicherung, Pensionskasse oder Pensionsfonds, kann wiederum der Arbeitnehmer verlangen, dass die Voraussetzungen der sog. „Riesterförderung“[185] geschaffen werden, § 1a Abs. 3 BetrAVG.[186]
In jedem Fall haftet der Arbeitgeber nach § 1 Abs. 1 S. 3 BetrAVG für die Erfüllung der Zusage auf betriebliche Altersversorgung auch dann, wenn sich deren Finanzierung aus Mitteln des Arbeitnehmers speist. Daher geht der als

[178] Vgl. Blomeyer, BetrAV 2000, S.42 ff., 43; Blomeyer, DB 2001, S. 1413 ff., 1413.
[179] Vgl. Rieble, BetrAV 2001, S. 584ff., 586 f.
[180] Vgl. BAG vom 08.06.1999 - 3 AZR 136/98 - NZA 1999, S. 1103 ff. (Gründe B I 2b bb); Winkelmann, in: Kittner/Zwanziger, § 82 Rdnr. 41.
[181] Vgl. Steinmeyer, in: ErfKomm § 1 BetrAVG Rdnr. 23, Blomeyer, BetrAV 2000, S. 42 ff., 43.
[182] Vgl. Prölls/Schmidt, Kommentar zum VAG, § 1 Rdnr. 28; Blomeyer, BetrAV 2000, S. 42 ff., 43.
[183] Vgl. Blomeyer, BetrAV 2000, S. 42 ff., 43; Paulsen-Rist, Praxishandbuch, S. 75.
[184] Jedenfalls wenn dieser eine Pensionskasse oder Pensionsfonds anbietet. Andernfalls kann der Arbeitnehmer gem. § 1a Abs. 1 Satz 3 Hs. 2 BetrAVG den Abschluss einer Direktversicherung verlangen, ohne jedoch Einfluss auf die Wahl des konkreten Versicherungsunternehmens zu haben.
[185] §§ 10a, 82 Abs. 2 EStG, § 1 Abs. 1 S. 1 Nr. 4 und 5 AltZertG.
[186] Dazu ausführlich: Höfer, § 1a Rdnr. 2649 ff.

Frage formulierte Einwand fehl, „inwieweit noch von einer betrieblichen Altersversorgung gesprochen werden kann, wenn bereits ein Viertel der bAV-Leistungen von den Arbeitnehmern selber finanziert wird“[187].

Das Recht des Arbeitnehmers auf Entgeltumwandlung ist generellen Beschränkungen unterworfen und der Höhe nach limitiert: Der Anspruch des in der gesetzlichen Rentenversicherung pflichtversicherten Arbeitnehmers bezieht sich auf ein Entgeltvolumen von maximal 4 % der jeweiligen Beitragsbemessungsgrenze (West) der Rentenversicherung der Arbeiter und Angestellten[188]. Auch eine Mindesthöhe ist vorgesehen: § 1a Abs. 1 S. 4 BetrAVG schreibt vor, dass der Arbeitnehmer, der von seinem Recht auf Entgeltumwandlung Gebrauch macht, einen Betrag von mindestens 1/160 der monatlichen Bezugsgröße nach § 18 SGB IV für seine betriebliche Altersversorgung verwenden muss.[189]

Die künftige Bedeutung der Entgeltumwandlung kann nicht überschätzt werden: Die Deutsche Bundesbank verzeichnete für 2005 für die privaten Haushalte in Deutschland verfügbare Einkommen i. H. v. 1.488,5 Mrd. EUR. Bei einer Sparquote von 10,7 % standen 158,7 Mrd. EUR an gespartem Einkommen zur Verfügung.[190] Die drei wichtigsten Motive für eine Nichtbeteiligung an der Entgeltumwandlung lassen sich nach einer 2005 durchgeführten repräsentativen Studie wie folgt zusammenfassen: 32 % der Befragten trauen dem Staat oder der Regierung nicht, da sich die Gesetze zu oft ändern. 20 % gaben an, von ihrem Arbeitgeber kein Angebot erhalten zu haben, und 15 % befürchten, die Beiträge wegen ihres zu geringen Einkommens nicht aufbringen zu können.[191]

Wenn es gelingt, die genannten Vorbehalte nachhaltig auszuräumen, kann die betriebliche Altersversorgung durch Entgeltumwandlung einen deutlichen Bedeutungszuwachs verzeichnen - das Sparverhalten der Deutschen würde dem jedenfalls nicht entgegenstehen.

IV. Zwischenergebnis

Die Betriebsrentenzusage kann sowohl die spätere Leistung, als auch die darauf gerichteten Beiträge zum Gegenstand haben. Zwar ist eine reine Beitragzusage nicht zulässig, doch kann der Arbeitgeber sein Risiko auf die Summe der zugesagten Beiträge begrenzen. Was die Mittelherkunft anbelangt, kommt grundsätzlich eine arbeitgeber- oder arbeitnehmerseitige Finanzierung bzw. Mischformen

---

[187] So aber Veil, AiB 2005, S. 139 ff., 140.

[188] Diese weist für 2003 einen Betrag von € 2448, für 2004 € 2.472, für 2005 € 2.496 und für 2006 € 2.520 aus.

[189] Dieser Betrag beläuft sich für 2003 auf € 178,50, für 2004 und 2005 auf € 181,13 sowie für 2006 auf € 183,75.

[190] Vgl. Bundesbank, Monatsbericht S. 66.

[191] Vgl. BMAS, Alterssicherungsbericht 2005, S. 195.

in Betracht. Will sich der Arbeitgeber selbst nicht finanziell für eine betriebliche Altersversorgung engagieren, kann der Arbeitnehmer zumindest seinen gesetzlichen Anspruch auf Entgeltumwandlung geltend machen.

E) Rechtscharakter betrieblicher Altersversorgung

Für die Beurteilung eines Gleichbehandlungsanspruchs ist die rechtliche Einordnung der betrieblichen Altersversorgung maßgeblich. Im Dritten Teil der Untersuchung wird die Frage aufgeworfen, ob geringfügig Beschäftigte und Arbeitnehmer in eingetragener Lebenspartnerschaft in die betriebliche Altersversorgung einzubeziehen sind, wenn andere Arbeitnehmergruppen entsprechende Zusagen erhalten. Zur Beurteilung dieser Frage muss zunächst eine grundlegende Klärung herbeigeführt werden, worauf sich ein solcher Anspruch inhaltlich richtet. Wie ist die sowohl die Arbeitgeber- als auch die Arbeitnehmerleistung rechtlich zu qualifizieren? Für die abstrakte Einordnung muss neben den nationalen Gegebenheiten auch die Rechtslage auf europäischer Ebene beachtet werden.

I. Historische Entwicklung

Ursprünglich gingen RG und RAG vom reinen Entgeltcharakter des betrieblichen Ruhegeldes aus.[192] Das RG befasste sich erstmals Anfang dieses Jahrhunderts mit Rechtsfragen des Ruhegeldes und grenzte dieses von der Schenkung und der Leibrente ab. Die ersten Entscheidungen betrafen die Frage, ob die Pension als eine Schenkung oder als eine nachträgliche Belohnung für bereits früher geleistete Dienste zu qualifizieren sei. Das RG befand, die für eine Schenkung erforderliche Einigung beider Teile über die Unentgeltlichkeit der Zuwendung (§ 516 BGB) sei nicht gegeben.[193] Deshalb könne es sich nur um eine nachträgliche Belohnung bereits früher geleisteter Dienste handeln.
Weiterhin musste das Gericht eine Abgrenzung zur Leibrente vornehmen, da das betriebliche Ruhegeld im Regelfall nach Eintritt des Versorgungsfalles in Rentenform gewährt wurde und wird.[194] Vor dem Hintergrund des Formerfordernis des § 761 BGB entschied das RG, die Zusicherung eines Ruhegehalts beinhalte keine Leibrentenbestellung.[195] Vielmehr stelle das Ruhegeld eine Gegenleistung für die Gesamtheit der Dienstleistungen dar.

---

[192] Vgl. RG vom 10.11.1911 - Rep. III 625/09 - RGZ 75, S. 325 ff., 327; RG vom 29.11.1918 - RGZ 94, S. 157 ff., 159; RAG vom 11.11.1933 - ARS 19, S. 210 ff., 211 f.; RAG vom 17.04.1937 - ARS 29, S. 380 ff., 382.
[193] Vgl. RG vom 10.11.1911 - Rep. III 625/09 - RGZ 75, S. 325 ff.
[194] Vgl. Steinmeyer, Betriebliche Altersversorgung und Arbeitsverhältnis, S. 11.
[195] Vgl. RG vom 12.10.1912 - Rep. IV 75/12 - RGZ 80, S. 208 ff.

Das durch das Arbeitsgerichtsgesetz vom 23.12.1926[196] geschaffene RAG bestätigte die Rechtsprechung des RG. So entschied das Gericht, dass eine Pensionszusage selbst dann nicht der Form des § 518 BGB bedürfe, wenn der Arbeitnehmer die Voraussetzungen für die Rentengewährung bei Beendigung des Arbeitsverhältnisses nicht voll erfüllt habe, der Arbeitgeber ihm aber trotzdem die Pension in vollem Umfang zusage. Auch insofern handele der Arbeitgeber mit Rücksicht auf die bewährte Treue seines Angestellten und die geleistete Arbeit.[197] Betriebliche Versorgungsleistungen stellten eine „nachträgliche Vergütung für die Gesamtheit der in der Vergangenheit gewährten Dienstleistungen"[198] dar.
Auch hinsichtlich der bereits vom RG abgelehnten Einordnung als Leibrente entschied das RAG, dass ein nach § 761 BGB formpflichtiges Versprechen auch dann nicht vorliege, wenn das Versorgungsversprechen erst nach Ausscheiden aus dem Dienst erteilt worden sei, da der Dienstvertrag das Rechtsgeschäft nachwirkend beherrsche und keinen Raum für die Annahme eines unter § 761 BGB fallenden Leibrentenrechts lasse.[199] Das Ruhegeld bleibe auch dann Gegenleistung für die dem Arbeitgeber geleisteten Dienste, wenn erst die Witwe eines Arbeitnehmers ein Ruhegehaltsversprechen erhalte. Zwar stehe der Zuwendung des Ruhegeldes an die Witwe keine Gegenleistung ihrerseits gegenüber; die Pension an die Witwe sei aber noch als Gegenleistung für die vom verstorbenen Ehemann geleisteten Dienste anzusehen.[200]
In einer weiteren Entscheidung befand das RAG, der Sinn des Ruhegeldanspruchs gehe dahin, dass der Arbeitnehmer, der seinerseits die ihm obliegende Leistung nicht mehr vollbringen könne, in Nachwirkung des Arbeitsvertrages ein Unterhaltsgeld oder einen Unterhaltszuschuss erhalten solle.[201] Dieser trete an die Stelle der Gegenleistung für die laufende Arbeitsleistung, wenn ein Lohnanspruch aufgrund des nicht mehr bestehenden Arbeitsvertrages entfällt. Hier klingt der Gedanke an, dass der Zweck dieser entgeltlichen Leistung des Arbeitgebers die Versorgung des Arbeitnehmers ist, das Ruhegeld also in diesem Sinne Entgelt- und Versorgungscharakter hat.[202] Weiterhin stellte das RAG fest, dass Pensionsverträge während des Ruhestands des Arbeitnehmers nicht wie Dienstverträge fristlos gekündigt werden dürften.[203] Da sich das Ruhegeld als nachträgliche Vergütung früher geleisteter Dienste darstelle, gehe die Verpflich-

196 Vgl. RGBl I, S. 507.
197 Vgl. RAG vom 09.11.1932 - RAG 293/32 - ARS 16, S. 281 ff., 283.
198 RAG vom 09.11.1932 - RAG 293/32 - ARS 16, S. 281 ff., 283.
199 Vgl. RAG vom 10.09.1932 - RAG 224/32 - ARS 16, S. 19 ff., 21.
200 Vgl. RAG vom 11.11.1933 - RAG 217/33 - ARS 19, S. 210 ff.
201 Vgl. RAG vom 17.04.1937 - RAG 292/36 - ARS 29, S. 380 ff., 382.
202 So Steinmeyer, Betriebliche Altersversorgung und Arbeitsverhältnis, S. 13.
203 Vgl. RAG vom 26.09.1934 - RAG 84/34 - ARS 22, S. 5 ff., 13 f.

tung zur Ruhegeldzahlung nach Beendigung der Dienstleistungspflicht des Arbeitnehmers auf einseitige Leistungen; Gegenverpflichtungen des Ruheständlers stünden ihr nicht gegenüber.[204]
Der Entgeltcharakter der betrieblichen Altersversorgung wurde auch durch § 47 des Entwurfs eines Allgemeinen Arbeitsvertragsgesetzes von 1923[205] betont: „Entgelt ist die Gesamtheit aller Vergütungen für die Arbeitsleistung des Arbeitnehmers einschließlich Wartegeld, Ruhegeld, Hinterbliebenenversorgung und ähnliche Bezüge."
In der Folgezeit wurde das betriebliche Ruhegeld, entsprechend dem damaligen Verständnis vom Arbeitsverhältnis als personenrechtliches, von Treue- und Fürsorgeleistung bestimmtes Gemeinschaftsverhältnis, zunehmend als Fürsorgeleistung angesehen.[206] Der Wandel trat ein durch das Gesetz zur Ordnung der nationalen Arbeit (AOG) vom 20.01.1934[207]. Dieses Gesetz bestimmte in § 2 Abs. 2, dass „der Führer des Betriebs für das Wohl der Gefolgschaft zu sorgen habe". In ähnlicher Weise äußerte sich das Landesarbeitsgerichts Dortmund. Danach beruhe die Gewährung von Ruhegeld auf der ethischen Forderung jeder Gemeinschaft, dass kranke und dienstunfähige Gemeinschaftsmitglieder nicht einfach ihrem Schicksal überlassen werden dürfen, sondern dass für sie gesorgt werden müsse.[208] Das Ruhegeld als Ausfluss der Treue- und Fürsorgepflicht des Unternehmers sei nicht eine nachträgliche Vergütung für früher geleistete Dienste. Vielmehr werde Ruhegeld auf Basis eines auf Ehre, Treue und Fürsorge beruhenden Gemeinschaftsverhältnisses gezahlt.
Nach 1945 war zunächst umstritten, ob die während des Dritten Reiches entwickelte Auffassung weiterhin Geltung beanspruchen kann. Lange Zeit war streitig, ob den Leistungen der betrieblichen Altersversorgung Entgelt- oder Fürsorge- bzw. Versorgungscharakter beizumessen sei.[209] Das BAG äußerte sich zu der Kontroverse zunächst eher ausweichend: Der Anspruch auf Ruhegeld habe seine Wurzel in der allgemeinen Fürsorgepflicht des Arbeitgebers für seine Arbeitnehmer.[210] Ruhegeld und Altersunterstützung würden vielfach freiwillig

---

[204] Insbesondere stehe die Treuepflicht des Ruheständlers nicht im Austauschverhältnis zur Zahlungspflicht des Arbeitgebers; RAG a. a. O.
[205] Veröffentlich in: RABl. 1923, S. 498 ff., S. 501.
[206] Vgl. RAG vom 19.01.1938 - ARS 33, S. 172 ff., 178; RAG vom 02.10.1940 - ARS 40, S. 321 ff., 322.
[207] RGBl I, 45.
[208] Vgl. Urteil vom 22.06.1937 - 12 Sa 152/36 - ARS 39 (LAG), S. 44 ff., bestätigt durch RAG vom 19.01.1938 - RAG 153/37 - ARS 33, S. 172 ff.
[209] Vgl. Langohr-Plato, Rechtshandbuch Rdnr. 55.
[210] Vgl. BAG vom 11.06.1955 - 2 AZR 97/54 - AP Nr. 5 zu § 242 BGB Ruhegehalt.

als Ausfluss der Fürsorgepflicht gewährt. Andererseits trügen sie noch eine unmittelbare Beziehung als Gegenleistung zu den früheren Diensten in sich.[211]
Mit Urteil vom 10.02.1968 entschied sich das Bundesarbeitsgericht dann für den so genannten Doppelcharakter bzw. Mischcharakter des Ruhegeldes, wonach das Ruhegeld „nicht nur Fürsorge- sondern auch Vergütungscharakter"[212] habe. Das Gericht begründete seinen Richtungswechsel jedoch nicht.
In einer Entscheidung aus dem Jahre 1971 erklärte das BAG, das betriebliche Ruhegeld sei Gegenleistung aus dem Arbeitsvertrag und damit auch eine besondere Art der Vergütung für die vom Arbeitnehmer erbrachte Betriebstreue.[213] Je nach Lage des Falles könne das eine oder das andere Element stärker ausgeprägt sein. Das betriebliche Ruhegeld sei aber in jedem Falle Gegenleistung aus dem Arbeitsvertrag und damit auch eine besondere Form der Vergütung.
Rund 120 Jahre nach der Einführung erster betrieblicher Altersversorgungssysteme erfolgte mit dem Gesetz zur Verbesserung der betrieblichen Altersversorgung (Betriebsrentengesetz - BetrAVG) vom 19.12.1974[214] eine gesetzliche Regelung der betrieblichen Altersversorgung, die sowohl Entgelt-, als auch Versorgungselemente enthält.

II. Aktuelles Meinungsspektrum in Deutschland

In Rechtsprechung und zumindest dem überwiegenden Teil des Schrifttums herrscht mittlerweile relative Einigkeit darüber, wie die Leistungen des Arbeitgebers abstrakt zu qualifizieren sind, welche Gegenleistung der Arbeitnehmer dafür erbringen muss, und wie die Verknüpfung von Leistung und Gegenleistung beschaffen sein soll. Dieser „kleinste gemeinsame Nenner" soll nachfolgend dargestellt werden, um ein grundlegendes Verständnis der Diskussion zu ermöglichen. Die weitgehende Einigkeit hinsichtlich der abstrakten Einordnung schwindet jedoch erheblich, wenn es um die Beurteilung konkreter Einzelfälle geht. Wie im dritten Teil der Untersuchung zu zeigen sein wird, lässt sich oftmals jedes beliebige Ergebnis rechtfertigen - je nachdem ob der Schwerpunkt der Argumentation vorrangig auf eine der Arbeitsleistung entsprechende Abgeltung oder auf Versorgungsbelange des Arbeitnehmers gelegt wird.

---

[211] Vgl. BAG vom 30.11.1955 - 1 AZR 217/54 - BB 1956, S. 44 f., 44.
[212] BAG vom 10.02.1968 - 3 AZR 4/67 - NJW 1968, S. 1444 ff. (Gründe II 2).
[213] Vgl. BAG vom 12.02.1971 - 3 AZR 83/70 - AP Nr. 3 zu § 242 BGB Ruhegehalt - Unterstützungskassen (Gründe 2b).
[214] BGBl. I, S. 3610.

1. Gegenstand der Arbeitgeberleistung

Die betriebliche Altersversorgung trägt nach Auffassung des Bundesarbeitsgerichts und fast einhelliger Meinung im Schrifttum sowohl Entgelt-, als auch Versorgungscharakter. Unumstritten ist in diesem Zusammenhang auch, dass Leistungen der betrieblichen Altersversorgung keinen Sozialversicherungscharakter aufweisen, da ihnen der Gedanke des Generationenvertrages fremd ist. Eine Solidargemeinschaft zwischen aktiver Belegschaft und Rentnern besteht nicht. Im Gegensatz zum Sozialversicherungsrecht ist für die betriebliche Altersversorgung das Kapitaldeckungsverfahren typisch.[215] Staatliche Zuschüsse tragen hingegen nicht zur Finanzierung der betrieblichen Systeme bei.

1.1 Auffassung der Rechtsprechung

Bei der rechtlichen Einordnung von Leistungen der betrieblichen Altersversorgung geht das BAG in mittlerweile gefestigter Rechtsprechung von deren Doppelnatur bzw. Doppelcharakter aus.[216] Gemeint sind Entgelt- und Versorgungscharakter. Nach Ansicht des Gerichts schließen sich die beiden Begriffe jedoch nicht gegenseitig aus, sondern ergänzen sich.
Bei dieser Einordnung betont das BAG zunehmend den Entgeltcharakter und lässt das Fürsorgeelement in den Hintergrund treten.[217] Leistungen der betrieblichen Altersversorgung seien „nicht bloß fürsorgerisch bestimmte Wohltaten des Arbeitgebers, sondern Arbeitsentgelt für die vom Arbeitnehmer als Vorleistung und in Erwartung der zugesagten Versorgung erbrachte Betriebstreue“[218].
Andererseits gerät auch der Versorgungscharakter niemals vollständig aus dem Fokus des Gerichts. Der Begriff des Versorgungscharakters solle den mit der Ruhegeldleistung verfolgten Zweck der Versorgung des Arbeitnehmers im Ruhestand bzw. seiner Hinterbliebenen bezeichnen.[219] Die Begriffe „Fürsorge“

---

[215] Vgl. Blomeyer/Otto, Einleitung Rdnr. 71 f.

[216] Vgl. BAG vom 12.02.1971 - 3 AZR 83/70 - AP Nr. 3 zu § 242 BGB Ruhegehalt - Unterstützungskassen (Gründe 2b); BAG vom 10.03.1972 - 3 AZR 278/71 - AP Nr. 156 zu § 242 BGB Ruhegehalt (Gründe A II 2a); BAG vom 12.06.1975 - 3 AZR 13/74 - AP Nr. 1 zu § 87 BetrVG 1972 Altersversorgung (Gründe II B 3); BAG vom 05.06.1984 - 3 AZR 33/84 - AP Nr. 3 zu § 1 BetrAVG Unterstützungskassen (Gründe IV 1a).

[217] Vgl. BAG vom 17.01.1980 - 3 AZR 614/78 - NJW 1980, S. 1181 ff. (Gründe A I 2b); BAG vom 22.11.1994 - 3 AZR 349/94 - NZA 1995, S. 733 ff. (Gründe B III 3).

[218] BAG vom 05.09.1989 - 3 AZR 575/88 - NJW 1990, S. 271 ff. (Gründe I 1).

[219] Vgl. BAG vom 05.07.1979 - 3 AZR 197/78 - AP Nr. 9 zu § 242 BGB Ruhegehalt - Unterstützungskassen (Gründe I 1); BAG vom 22.11.1994 - 3 AZR 349/94 - AP Nr. 24 zu § 1 BetrAVG Gleichbehandlung (B III 2).

und „Versorgung“ wurden teilweise als Synonyme verwendet, wobei sich der Begriff der Versorgung zunehmend durchsetzt.[220]
Auch der BGH qualifiziert die betrieblichen Ruhegeldleistungen als „Vergütung dafür, dass der Dienstverpflichtete seine Arbeitskraft für lange Zeit in den Dienst des Unternehmens stellt“[221]. Dies gelte ebenso bereits für die arbeitsvertragliche Versorgungszusage, deren Auszahlung nicht sofort, sondern für den Versorgungsfall erwartet wird und auf die die Arbeit gewissermaßen im Voraus geleistet werde. Insoweit hätten auch die Aufwendungen Entgeltcharakter, die der Arbeitgeber während des laufenden Beschäftigungsverhältnisses tätigt, um die Ruhegehaltszusage im Versorgungsfall erfüllen zu können.[222]
Das Bundesverfassungsgericht bestätigte den Doppelcharakter des betrieblichen Ruhegeldes. In seiner Entscheidung zur einkommensteuerlichen Behandlung der Pensionsrückstellungen für Arbeitnehmer-Ehegatten geht das BVerfG vom Entgeltcharakter der betrieblichen Altersversorgung aus. Das Gericht führt aus, der Zahlung des Ruhegeldes komme „in jedem Fall auch der Charakter eines Entgelts für Dienste zu, die im Rahmen eines sich auf längere Zeit erstreckenden Dienstverhältnisses geleistet worden sind“.“[223] Andererseits gründet sich nach Ansicht des Gerichts der Versorgungscharakter auf der historischen Entwicklung der betrieblichen Altersversorgung: „Von einer Einrichtung mit reinem Wohltätigkeitscharakter zur Sicherung des Existenzminimums ist sie zu einer zusätzlichen Versorgungsinstitution zur Aufrechterhaltung des Lebensstandards, den der Arbeitnehmer vor Eintritt des Versorgungsfalles erreicht hatte, geworden.“[224]

1.2 Auffassung des Schrifttums

Auch im Schrifttum sind sowohl der Entgelt-, als auch der Versorgungscharakter der betrieblichen Altersversorgung weitgehend anerkannt. Die Schwerpunktsetzung fällt indes je nach Autor unterschiedlich aus. Weitgehende Einigkeit besteht zumindest darin, dass Entgelt- und Versorgungscharakter nicht im Gegensatz zueinander stehen. Beide schließen sich gegenseitig nicht aus, sondern

[220] Vgl. BAG vom 12.03.1965 - 3 AZR 516/63 - NJW1965, S. 1681 f.(Gründe II).
[221] BGH vom 25.11.1996 - II ZR 118/95 - NZA-RR 1997, S. 147 f. (Gründe III 1); vgl. auch BGH vom 28.09.1981 - II ZR 181/80 - AP Nr. 12 zu § 7 BetrAVG (Gründe II 3); BGH vom 23. 10. 1975 - II ZR 90/73 - WM 1975, 1237 ff. (Gründe 5b).
[222] Vgl. BGH vom 07.07.1998 - VI ZR 241/97 - AP Nr. 42 zu § 249 BGB (Gründe II 2).
[223] BVerfG vom 22.07.1970 - 1 BvR 285/66, 445/67 und 192/69 - NJW 1970, S. 1787 ff. (Gründe 2a).
[224] BVerfG vom 19.10.1983 - 2 BvR 298/81 - NJW 1984, S. 476 ff. (Gründe C II 1b aa).

sind ergänzender Natur, wobei sie je nach den Besonderheiten der einzelnen Versorgungsmaßnahmen mehr oder weniger hervortreten.[225]

Eine Reihe von Autoren sieht den Schwerpunkt generell eher im Bereich der Versorgung des ausgeschiedenen Arbeitnehmers. Arbeitnehmer und Arbeitgeber gingen in allen Fällen davon aus, dass die vom Arbeitgeber versprochenen Leistungen der Versorgung des Arbeitnehmers im Ruhestand dienen soll, wenn eine Versorgung durch die Verwertung der Arbeitskraft nicht mehr möglich ist.[226] *Blomeyer/Otto* weisen darauf hin, dass der Versorgungscharakter ausdrücklich in die Legaldefinition aufgenommen sei, da § 1 Abs. 1 S. 1 BetrAVG die „Alters-, Invaliditäts- oder Hinterbliebenenversorgung" benenne.[227] *Wiedemann* zufolge wandelt sich die Lohnzahlungspflicht gewissermaßen in eine Versorgungspflicht um. Der Arbeitgeber verpflichte sich, auch nach Eintritt des Arbeitnehmers in den Ruhestand sowie in sonstigen Versorgungsfällen trotz Beendigung des arbeitsvertraglichen Synallagmas einen Beitrag zur Daseinsvorsorge zu erbringen. Dies sei Ausdruck der arbeitgeberseitigen Fürsorge.[228] *Höfer* ergänzt, das fürsorgerische Element werde durch die Tatsache verdeutlicht, dass bei unverheirateten Arbeitnehmern die Nichtgewährung von Hinterbliebenenversorgung regelmäßig nicht durch bessere Alters- oder Invaliditätsversorgung kompensiert werde.[229] Der Versorgungscharakter zeigt sich nach Meinung von *Hanau/Arteaga* darin, dass der Arbeitnehmer „eine Leistung im Ruhestand erhalten soll, also zu einer Zeit, in der eine Versorgung durch die Verwertung der Arbeitskraft nicht mehr möglich ist"[230]. Dem BetrAVG liege die Vorstellung zugrunde, dass der Arbeitgeber unabhängig vom Durchführungsweg entweder selbst oder mittelbar eine Art Versicherungsgeschäft tätigt.[231] *Blomeyer/Otto* unterstreichen, im Einzelfall könne der Versorgungscharakter durch besondere Ausgestaltung der Versorgungsordnung betont sein. So könne dem Arbeitnehmer eine sog. Gesamtversorgung dergestalt zugesagt werden, dass der Arbeitgeber die Differenz zwischen der Sozialrente und dem letzten Monatseinkommen als Rente verspricht. Hier werde der Versorgungszweck in die Vertragsregelung ausdrücklich aufgenommen.[232]

---

225 Vgl. Keller, Diskriminierung S. 11; ähnlich Griebeling/Griebeling, Rdnr. 18; Hanau/Arteaga, Teil B, Rdnr. 116.
226 Vgl. Blomeyer/Otto, Einleitung Rdnr. 55.
227 Vgl. Blomeyer/Otto, Einleitung Rdnr. 55.
228 Vgl. Wiedemann, in: FS für Stimpel, S. 955 ff., 972 f.
229 Vgl. Höfer, ART Rdnr. 62.
230 Hanau/Arteaga, Teil B, Rdnr. 117.
231 Vgl. Hanau/Arteaga, Teil B, Rdnr. 117.
232 Vgl. Blomeyer/Otto, Einleitung Rdnr. 56; Blomeyer, DB 1982, S. 952 ff., 952 f.; so auch Höfer, ART Rdnr. 55.

Andere Vertreter des Schrifttums betonen hingegen grundsätzlich den Entgeltcharakter der Altersversorgung: *Steinmeyer* hält es für sachgerechter, das Ruhegeld als Vergütung für die geleisteten Dienste anzusehen, es dementsprechend dem Vergütungsbegriff des § 611 Abs. 1 BGB unterzuordnen und in die arbeitsvertragliche Verknüpfung von Arbeitsleistung und Arbeitsentgelt einzureihen.[233] *Griebeling/Griebeling* lehnen den Versorgungscharakter mit der Begründung ab, Arbeitslohn und betriebliche Altersversorgung würden nicht gezahlt, weil der Arbeitnehmer darauf angewiesen sei, sondern weil es sich um die Gegenleistung, das Äquivalent, für die erbrachte Arbeit handele. Der Arbeitnehmer werde nicht alimentiert, sondern erwerbe den Anspruch auf die Gegenleistung durch seine Dienste.[234] Auch *Reichel/Heger* sehen in der Versorgungszusage des Arbeitgebers ein Versprechen auf Fortzahlung von Arbeitslohn nach Beendigung des Arbeitsverhältnisses; es handle sich um eine aufgeschobene Vergütung.[235] *Andresen/Förster/Rößler/Rühmann* weisen darauf hin, der Gesetzgeber habe mit dem Auszehrungsverbot des § 5 Abs. 1 BetrAVG den Entgeltcharakter der betrieblichen Altersversorgung anerkannt.[236] Die Vorschrift bestimmt, dass die Betriebsrente nicht durch steigende Anrechnungsbeträge gemindert wird. *Lieb* stellt heraus, Leistungen des Arbeitgebers im Rahmen der betrieblichen Altersversorgung seien lediglich atypisch ausgebildete Gegenleistungen für die Arbeitsleistung des Arbeitnehmers.[237] Dem Arbeitgeber liege der Aspekt der Bedarfsbefriedung auf Seiten des Arbeitnehmers fern.[238] Der Zweck der Zusagen von Leistungen sei letztlich gar nicht die Altersversorgung selbst; die Altersversorgung sei vielmehr nur ein Mittel zur Verwirklichung eines weitergehenden Zwecks, nämlich der zusätzlichen Honorierung der Leistungen der Arbeitnehmer. Dementsprechend orientiere sich der Arbeitgeber an der besonderen Leistung oder am besonderen Stellenwert eines Arbeitnehmers für das Unternehmen.[239] Nach Auffassung von *Keller* tritt der Entgeltcharakter besonders dann hervor, wenn die Rente etwa nach Dienstzeit, Gehalt oder Stellung bemessen werde. Dem ausscheidenden Arbeitnehmer solle dann durch das Ruhegeld eine Art Zusatzentgelt für die dem Unternehmern erbrachten Dienste gewährt werden.[240] *Körner* führt für den Entgeltcharakter von Altersversorgungsleistungen die Haftung des Arbeitgebers nach § 1 Abs. 1 S. 3 BetrAVG an. So ende die

---

[233] Vgl. Steinmeyer, Betriebliche Altersversorgung und Arbeitsverhältnis, S. 70; ähnlich Richardi, in: GS für Blomeyer, S. 299 ff., 315.
[234] Vgl. Griebeling/Griebeling Rdnr. 154.
[235] Vgl. Reichel/Heger Rdnr. 155.
[236] Vgl. Andresen/Förster/Rößler/Rühmann, Teil 11 A Rdnr 35.
[237] Vgl. Lieb, ZfA 1996, S. 319 ff., 323.
[238] Vgl. Lieb, ZfA 1996, S. 319 ff., 351 f.
[239] Vgl. ebenda, 324.
[240] Vgl. Keller, Diskriminierung S. 11.

arbeitsvertragliche Schuld des Arbeitgebers nicht mit der Durchführung der Entgeltumwandlung und/oder der Abführung des Beitrages an den externen Finanzdienstleister; vielmehr müsse der Arbeitgeber auch für die späteren Leistungen einstehen.[241]

1.3 Stellungnahme

Die Frage, ob Versorgungs- oder Entgeltcharakter im Vordergrund stehen, kann nur konkret anhand der jeweils vorliegenden Versorgungszusage beurteilt werden. Hierfür können eine Reihe von Indizien herangezogen werden: Der Versorgungscharakter des Betriebsrentenmodells dürfte immer dann betont sein, wenn eine Leistungsgewährung nicht unmittelbar von Umfang oder Qualität der Arbeitnehmerleistung abhängt. Dies kann etwa dann der Fall sein, wenn ein Versorgungsmodell Festbeträge vorsieht, die von variablen Größen nicht beeinflusst werden. Entsprechende Elemente sind häufig im Bereich der Hinterbliebenenversorgung vorzufinden, beispielsweise bei der Gewährung einer Waisenrente in Höhe eines einheitlichen Monatsbetrages unabhängig von Vorverdiensten oder Position des verstorbenen Arbeitnehmers. Aber auch die Gewährung einer betrieblichen Altersrente, deren Höhe sich lediglich nach wenigen Versorgungsgruppen richtet (etwa für Arbeiter einerseits und Führungskräfte andererseits), spricht eher für die Zielsetzung der Versorgung. Auch ein Endgehaltsplan[242] dient der Versorgung des Arbeitnehmers, da durch dieses Versorgungsmodell die Versorgungslücke zwischen dem letzten Aktivenentgelt und dem Ruhestandseinkommen möglichst gering gehalten wird.
Weiterhin steht der Versorgungscharakter immer dann im Vordergrund, wenn in den Versorgungsfällen Erwerbsminderung oder Tod auf die Erfüllung der sonst erforderlichen Wartezeit verzichtet wird. Auf diese Weise stellt der Arbeitgeber sicher, dass bei Eintritt der genannten biometrischen Risiken eine Versorgung unabhängig von der Betriebszugehörigkeit sichergestellt wird.
Hingegen betont ein Versorgungsmodell in besonderer Weise den Entgeltcharakter, wenn die Versorgungshöhe unmittelbar durch Faktoren bestimmt wird, die von der Leistung des Arbeitnehmers abhängen, also Parameter wie Betriebszugehörigkeit, Position oder Entgelthöhe. Entsprechende Versorgungsmodelle sind in der Praxis deutlich in der Mehrheit und weiter auf dem Vormarsch. Besonders deutlich wird der Entgeltcharakter im Falle der zunehmend verbreiteten Kapitalkontenpläne[243]. Hier hängt die spätere Versorgungsleistung allein von der Summe der im Laufe der Betriebszugehörigkeit angesammelten Bausteine,

---

[241] Vgl. Körner, NZA 2004, S. 760 ff., 761.
[242] Zu den Entgehaltsplänen siehe oben: Zweiter Teil D I 2.1.
[243] Zu den Kapitalkontenplänen siehe oben: Zweiter Teil D II 4.

also dem Stand des virtuellen Versorgungskontos ab. Im einzelnen Jahres- oder Monatsbaustein spiegelt sich wiederum das im jeweiligen Zeitraum erzielte Einkommen wieder.

Doch selbst das leistungsabhängigste Versorgungsmodell kann den Doppelcharakter der betrieblichen Altersversorgung nicht vollständig beseitigen. Denn bereits anhand der Regelungen des „Gesetzes zur Verbesserung der betrieblichen Altersversorgung“ zeigt sich anschaulich, dass es sich bei einschlägigen Leistungen eben nicht ausschließlich um einen Entgeltbestandteil unter vielen handeln kann. Hierfür sprechen bereits die gesetzliche Verpflichtung des Arbeitgebers, Zusagen auf betriebliche Altersversorgung durch Beiträge zum PSVaG gegen Insolvenz zu sichern, §§ 10 ff. BetrAVG. Weiterhin können Anwartschaften und Leistungen nur den engen Grenzen des § 3 BetrAVG abgefunden werden. Der Arbeitgeber muss zudem das Auszehrungs- und Anrechnungsverbot des § 5 Abs. 1 und 2 BetrAVG beachten.

Der Entgeltcharakter von Leistungen der betrieblichen Altersversorgung wird auch durch die in § 16 BetrAVG geregelte Anpassungsüberprüfungspflicht unterstrichen. Da Arbeitgeber- und Arbeitnehmerleistung zeitlich auseinander fallen und Versorgungsleistungen über einen längeren Zeitraum erbracht werden, kann es dazu kommen, dass Leistung und Gegenleistung inflationsbedingt nicht mehr äquivalent sind.[244] Aus diesen Gründen regelt § 16 BetrAVG eine Anpassungsüberprüfungspflicht für laufende Versorgungsleistungen. Zwar ist die Entscheidung über das „Ob“ der Anpassung nach billigem Ermessen zu treffen. Der Arbeitgeber muss neben seiner wirtschaftlichen Lage die Belange der Versorgungsempfänger berücksichtigen.[245] Hinsichtlich dieser Belange ist auf den Erhalt der Kaufkraftstabilität abzustellen, gemessen am Preisindex für die Lebenshaltung von 4-Personen-Haushalten von Arbeitern und Angestellten mit mittlerem Einkommen oder am Anstieg der Nettolöhne vergleichbarer Arbeitnehmergruppen des Unternehmens im Prüfzeitraum, § 16 Abs. 2 BetrAVG.[246] Bei der Berechnung des Anpassungsumfangs ist der Preisindex bei Rentenbeginn des jeweiligen Versorgungsempfängers maßgeblich.[247]

Vergleichbare Verpflichtungen bestehen im Hinblick auf sonstige Entgeltbestandteile nicht. Weder muss der Arbeitgeber eine Variable Vergütung extern

[244] Vgl. BAG vom 28.04.1992 - 3 AZR 142/91 - NZA 1993, S. 69 ff. (Gründe II 4).

[245] Keine Pflicht zur Anpassungsüberprüfung besteht in den externen Durchführungswegen Direktversicherung, Pensionskasse und Pensionsfonds für die Beitragszusage mit Mindestleistung (§ 1 Abs. 2 Nr. 2 BetrAVG) sowie für Leistungen, die im Rahmen eines Auszahlungsplans erbracht werden (§ 1 Abs. 1 Nr. 4 AltZertG), § 16 Abs. 3 Nr. 3 und Abs. 6 BetrAVG.

[246] Vgl. dazu bereits vor der gesetzlichen Neuregelung: BAG vom 23.04.1985 - 3 AZR 156/83 - NZA 1985, S. 496 ff. (Gründe II 2a); BAG vom 14.02.1989 - 3 AZR 313/87 - NZA 1989, S. 675 ff. (Gründe II 1).

[247] Vgl. Kemper/Kisters-Kölkes Rdnr. 404.

gegen Insolvenz sichern, noch ist er verpflichtet, eine Leistungszulage wegen der Geldentwertung regelmäßig anzuheben. Den Besonderheiten des Betriebsrentengesetzes, das den Begriff der „Versorgung" bereits in seinem vollständigen Titel[248] trägt, ist Rechnung zu tragen, wenngleich dem Entgeltcharakter gerade bei Fragen der Gleichbehandlung eine erhebliche Bedeutung zukommt.

2. Gegenstand der Arbeitnehmerleistung

Fraglich ist weiterhin, worin die Gegenleistung des Arbeitnehmers besteht. Der Aspekt der Gegenleistung wird vor allem dann relevant, wenn der Arbeitgeber verschiedene Gruppen von Arbeitnehmern bei der Erteilung einer Versorgungszusage unterschiedlich behandelt. Bei einer solchen Differenzierung kann beispielsweise die Frage aufgeworfen werden, ob die von den Arbeitnehmern jeweils erbrachte Gegenleistung wesentliche Unterschiede aufweist. Bevor dieser Frage im Dritten Teil der Untersuchung am konkreten Fall nachgegangen wird, soll an dieser Stelle zunächst die Arbeitnehmerleistung allgemein beschrieben werden.

2.1 Auffassung der Rechtsprechung

Das BAG stellt regelmäßig zwei Aspekte heraus, die teils kumulativ, teils alternativ angeführt werden. Gerade in älteren Entscheidungen legte das Gericht den Schwerpunkt auf den Begriff der Betriebstreue, die der Arbeitnehmer während und durch seinen langjährigen Arbeitseinsatz im Betrieb erbringt.[249] Weiter gefasst betont das BAG mittlerweile regelmäßig, Ruhegelder würden zur Abgeltung der Arbeitsleistung eines Arbeitnehmers und als Entgelt für geleistete Betriebstreue gewährt.[250]

---

[248] Gesetz zur Verbesserung der betrieblichen Altersversorgung vom 19.12.1974, BGBl. I S. 3610.

[249] Vgl. BAG vom 10.03.1972 - 3 AZR 278/71 - AP Nr. 156 zu § 242 BGB Ruhegehalt (Gründe A II 2a); BAG vom 07.06.1979 - 3 AZR 134/78 - AP Nr. 2 zu § 242 BGB Ruhegehalt-Zusatzversorgung (Gründe II 1b); BAG vom 05.07.1979 - 3 AZR 197/78 - AP Nr. 9 zu § 242 BGB Ruhegehalt Unterstützungskassen (Gründe I 1a); BAG vom 22.11.1994 - 3 AZR 349/94 - NZA 1995, S. 733 ff. (Gründe B III 3); zum Widerruf bei Treuepflichtverletzung: BAG vom 18.10.1979 - 3 AZR 550/78 AP Nr. 1 zu § 1 BetrAVG Treuebruch (Gründe III 1a).

[250] Vgl. BAG vom 30.03.1973 - 3 AZR 26/72 - NJW 1973, S. 959 ff. (Gründe B II 5b); BAG vom 10.01.1989 - 3 AZR 308/87 - AP Nr. 5 zu § 1 BetrAVG Hinterbliebenenversorgung (Gründe II 2c); BAG vom 22.11.1994 - 3 AZR 349/94 - NZA 1995, S. 733 ff. (Gründe B III 3).

Der BGH sieht die Gegenleistung des Arbeitnehmers in der während einer langjährigen Tätigkeit erbrachten Betriebstreue.[251] Auch das BVerfG erkannte den Betriebstreueentgeltcharakter von Leistungen der betrieblichen Altersversorgung an.[252]

2.2 Auffassung des Schrifttums

Auch im Schrifttum haben sich zwei Strömungen ausgeprägt, die entweder die Betriebstreue des Arbeitnehmers oder dessen Arbeitsleistung betonen. So betonen *Hanau/Arteaga* zu Recht, die bloße Feststellung, dass betriebliche Altersversorgung Entgeltcharakter habe, wirke trivial; ausschlaggebend sei vielmehr, wofür das betriebliche Ruhegeld Entgelt sei.[253]

Nach Auffassung von *Steinmeyer* erwirbt der Arbeitnehmer seinen Ruhegeldanspruch als Gegenleistung für die Gesamtheit der erbrachten Arbeitsleistung im arbeitsvertraglichen Austauschverhältnis; nach erbrachter Arbeitsleistung könne dieser Anspruch daher grundsätzlich nicht mehr entzogen werden.[254] Hingegen sei das Ruhegeld nicht Entgelt für geleistete Betriebstreue. Dieser eventuell vom Arbeitgeber erhoffte positive Effekt sei allenfalls eines von vielen Motiven, die ausschlaggebend für die Zusage einer betrieblichen Altersversorgung seien.[255] *Lieb* argumentiert in gleicher Weise und ergänzt, die weit verbreitete Formel von der Förderung und Belohnung der Betriebstreue treffe kaum noch das Wesentliche, weil die Betriebstreue im Hinblick auf die früh einsetzende Unverfallbarkeit gerade nicht mehr gewährleistet sei.[256]

Viele Autoren sehen indes den Schwerpunkt gerade in der Betriebstreue.[257] *Hilger* findet, es sei konsequent, „die Betriebstreue auf diese Weise zu kommerzialisieren"[258], weil eine beständige Belegschaft in der Rechnung eines Unternehmens ein erheblicher wirtschaftlicher Wert sei. Nach Meinung von *Blomeyer/Otto* ist die Dauer der Betriebszugehörigkeit nach der Konzeption des Gesetzes der Angelpunkt der Verfallbarkeit von Versorgungsanwartschaften. Auch die Berechnungsvorschrift des § 2 BetrAVG mache grundsätzlich die Höhe der unverfallbaren Anwartschaft allein von der Dauer der Betriebszugehörigkeit

---

[251] Vgl. BGH vom 28.09.1981 - II ZR 181/80 - AP Nr. 12 zu § 7 BetrAVG (Gründe II 3).

[252] Vgl. BVerfG vom 27.11.1997 - 1 BvL 12/91 - NZA 1998, 247 ff. (Gründe B II 2 a aa).

[253] Vgl. Hanau/Arteaga, Teil B, Rdnr. 120.

[254] Vgl. Steinmeyer, in: ErfKomm, Vorbem. BetrAVG, Rdnr. 10; ebenso Perreng, AiB 2005, S. 170 ff., 170.

[255] Vgl. Steinmeyer, Betriebliche Altersversorgung und Arbeitsverhältnis, S. 67 ff. und 85.

[256] Vgl. Lieb, ZfA 1996, S. 319 ff., 323. Die gesetzliche Unverfallbarkeitsfrist beträgt seit dem 01.01.2001 fünf statt bislang zehn Jahren, §§ 1b Abs. 1 S. 1, 30f BetrAVG.

[257] Vgl. Hilger, RdA 1981, S. 6 ff., 8 f.; siehe auch Schoden, AiB 2005, S. 135 ff., 137.

[258] Hilger, RdA 1981, S. 6 ff., 9.

abhängig.[259] *Blomeyer/Otto* bringen vor, dem Fehlen des Begriffes „Betriebstreue" im „Gesetz zur Verbesserung der betrieblichen Altersversorgung" komme angesichts der kurzen Entstehungszeit und manch anderer Ungereimtheiten keine Relevanz zu, zumal der Inhalt der Arbeitnehmerleistung nicht Gegenstand der Gesetzgebung gewesen sei.[260] Der Begriff der „Betriebszugehörigkeit" - vom BAG synonym mit „Betriebstreue" verwendet - werde im Gesetz mehrfach erwähnt.

2.3 Stellungnahme

Die Frage, ob betriebliche Altersversorgung zur Abgeltung von Betriebstreue oder Arbeitsleistung erbracht wird, bedarf in den meisten Fällen keiner Entscheidung. Dies ist darauf zurückzuführen, dass kaum ein Fall vorstellbar ist, in dem ein Arbeitnehmer im Rahmen seiner Gegenleistung lediglich einen Aspekt erfüllt.

Etwas anderes mag nur dann gelten, wenn Anwartschaften oder Leistungen der betrieblichen Altersversorgung wegen mangelnder Betriebstreue widerrufen werden. In eine Betriebsrente und in die erdienten Anwartschaften darf nur ausnahmsweise eingegriffen werden. Grundsätzlich sind Konstellationen denkbar, in denen wegen Art und Schwere eines Verstoßes die Berufung des Arbeitnehmers auf seine Versorgungszusage rechtsmissbräuchlich wäre. Bei erheblichen Treuepflichtverletzungen des Arbeitnehmers kann der Arbeitgeber im Hinblick auf die Versorgungszusage ein Leistungsverweigerungsrecht haben.[261] Der Einwand des Rechtsmissbrauchs ist allerdings nur bei ungewöhnlich schwerwiegenden Verstößen gerechtfertigt. Dies kann dann angenommen werden, wenn der Arbeitnehmer seine Stellung über lange Zeit dazu missbraucht hat, dem Arbeitgeber Schaden zuzufügen und sich die von ihm erbrachte Betriebstreue daher rückschauend als wertlos erweist.[262] Ein Widerruf ist insbesondere dann zulässig, wenn eine rechtzeitige Entdeckung der Vorgänge zur fristlo-

---

[259] Vgl. Blomeyer/Otto, Einleitung Rdnr. 48; Hanau/Arteaga, Teil B, Rdnr 125.

[260] Vgl. Blomeyer/Otto, Einleitung Rdnr. 50.

[261] Vgl. Blomeyer/Otto, Anhang § 1 Rdnr. 474; Winkelmann, in: Kittner/Zwanziger, § 83 Rdnr. 82.

[262] Vgl. BAG vom 18.10.1979 - 3 AZR 550/78 - NJW 1980, S. 1127 f. (Gründe III 1b); BAG vom 08.02.1983 - 3 AZR 463/80 - NJW 1984, S. 141 f. (Gründe 1); BAG vom 24.04.1990 - 3 AZR 497/88 - ZIP 1990, S. 1615 f. (Gründe II 2a); BAG vom 08.05.1990 - 3 AZR 152/88 - AP Nr. 10 zu § 1 BetrAVG Treuebruch (Gründe III 2); BGH vom 25.11.1996 - II ZR 118/95 - NZA-RR 1997, S. 147 f. (Gründe III 1); BGH vom 13.12.1999 - II ZR 152/98 - NJW 2000, S. 1157 f. (Gründe III); Winkelmann, in: Kittner/Zwanziger, § 83 Rdnr. 83.

sen Kündigung geführt hätte, bevor die Versorgungsanwartschaft unverfallbar werden konnte.[263]

Bei der Beurteilung des Arbeitnehmerfehlverhaltens sind weder die Schädigung als solche noch die Höhe des Schadens für sich allein maßgeblich. Entscheidend sind vielmehr die konkreten Umstände im jeweiligen Einzelfall, die insgesamt und im Zusammenhang zu würdigen sind.[264] Ein Fehlverhalten, das eine fristlose Kündigung rechtfertigen würde, ist allein nicht ausreichend, um den Widerruf einer Versorgungszusage zu rechtfertigen. Der Widerruf einer Versorgungszusage ist weder ein Mittel, pflichtwidriges Verhalten zu sanktionieren noch den pflichtwidrig handelnden Mitarbeiter zu disziplinieren.[265]

Die engen Voraussetzungen, unter denen ein Widerruf der Betriebsrente überhaupt in Betracht kommt, zeigen, welche Bedeutung der Betriebstreue des Arbeitnehmers zugewiesen wird. Im Ergebnis ist eine Berufung auf die Versorgungszusage nur dann rechtsmissbräuchlich, wenn der Arbeitnehmer seinerseits nur eine völlig wertlose Gegenleistung erbracht hat. Die Schwerpunktsetzung auf die Betriebstreue ergibt sich daraus, dass der Arbeitnehmer während seines schädigenden Verhaltens zwar scheinbar eine Arbeitsleistung erbracht haben mag, sich dabei aber keinesfalls „betriebstreu" verhalten hat.

In allen übrigen Fällen ist davon auszugehen, dass der Arbeitnehmer eine Zusage sowohl für seine Arbeitsleistung, als auch für seine Betriebstreue erhält. In der Praxis ist auch hier die Prüfung der konkreten Versorgungszusage unerlässlich. Hängt die Leistungshöhe im Versorgungsfall vorrangig unmittelbar von „messbaren" Faktoren wie rentenfähigen Dienstjahren, Höhe der sonstigen Vergütung oder Gewährung von Zulagen für besondere Belastungen ab, stellt das Versorgungsmodell die Arbeitsleistung in den Vordergrund. In diesem Fall dürfte sich unschwer feststellen lassen, in welchem Umfang der Arbeitnehmer seine Gegenleistung erbracht hat.

Hingegen betont ein Versorgungsmodell die Betriebstreue, wenn beispielsweise lediglich auf die einmal erlangte Zugehörigkeit zum System abgestellt wird - so etwa bei der Festbetragszusage[266]. Hier geht der Arbeitgeber offenkundig davon aus, der Arbeitnehmer habe nach Ablauf der Unverfallbarkeitsfrist und gegebenenfalls einer Wartezeit ein Maß an Betriebstreue gezeigt, welches die Annahme rechtfertigt, der Arbeitnehmer werde auch in Zukunft unvermindert betriebstreu sein. Wenn der Arbeitnehmer die Voraussetzungen der gesetzlichen Unverfallbarkeitsfrist nach § 1b Abs. 1 S. 1 BetrAVG erfüllt hat, spricht bereits die Wer-

---

263 Vgl. BAG vom 18.10.1979 - 3 AZR 550/78 - NJW 1980, S. 1127 f. (Gründe III 1b); Blomeyer/Otto, Anhang § 1 Rdnr. 481.

264 Vgl. Langohr-Plato, MDR 1994, S. 853 ff., 857.

265 Vgl. BAG vom 08.05.1990 - 3 AZR 152/88 - AP Nr. 10 zu § 1 BetrAVG Treuebruch (Gründe III 2a); Langohr-Plato, MDR 1994, S. 853 ff., 857.

266 Zum Versorgungsmodell der Festbetragszusage siehe oben: Zweiter Teil D I 1.

tung des Gesetzgebers dafür, dass Betriebstreue jedenfalls in einem Umfang erbracht wurde, der einer Entziehung der Anwartschaft im Falle des vorzeitigen Austritts entgegensteht.
Da neuere Versorgungsmodelle[267] zunehmend an messbaren Faktoren wie Gehaltsentwicklung und Belastung anknüpfen, ist künftig mit einer wachsenden Bedeutung des Aspekts der Arbeitsleistung im Rahmen der Arbeitnehmerleistung auszugehen.

3. Verknüpfung von Leistung und Gegenleistung

Nach Meinung des BAG besteht in der betrieblichen Altersversorgung ein gegenseitiges Austauschverhältnis von Leistung und Gegenleistung. Der Arbeitnehmer könne grundsätzlich erwarten, dass er für die von ihm erbrachte Vorleistung durch Betriebstreue auch die ihm in Aussicht gestellte Gegenleistung erhält.[268] Das Ruhegeld stehe allerdings nicht in unmittelbarer Beziehung zu der eigentlichen Arbeitsleistung, könne also nicht als vorenthaltener Arbeitslohn bezeichnet werden.[269] Diese Annahme verbiete sich schon deshalb, weil in aller Regel keine Wertrelation zwischen Leistung und Gegenleistung vorhanden sei.[270] Der Arbeitgeber erbringe mit der betrieblichen Altersversorgung ein zusätzliches Arbeitsentgelt, das sich „durch seinen Versorgungszweck und die diesem Zweck angepasste herausgeschobene Fälligkeit vom laufenden Entgelt unterscheidet“[271].
Nach Meinung von *Griebeling/Griebeling* soll die oftmals verwendete Formulierung „Versorgungs- und Entgeltcharakter“ deutlich machen, dass betriebliche Versorgungsleistungen im Unterschied zum laufenden Arbeitsentgelt nicht in einer unmittelbaren Austauschbeziehung zur Arbeit in der einzelnen Lohnzahlungsperiode stehen.[272] Die Betriebsrente lasse sich nicht als vorenthaltener Lohn erklären, da Bezugszeitpunkt und Höhe der Gesamtleistung ungewiss seien.[273] *Höfer* folgert daraus, die betriebliche Altersversorgung enthalte wegen

---

[267] Siehe beispielsweise die Kapitalkontenpläne: Zweiter Teil D II 4.
[268] Vgl. BAG vom 11.05.1999 - 3 AZR 21/98 - NZA 2000, S. 322 ff. (Gründe III 2a).
[269] Vgl. BAG vom 10.03.1972 - 3 AZR 278/71 - AP Nr. 156 zu § 242 BGB Ruhegehalt (Gründe A II 2a); BAG vom 12.06.1975 - 3 ABR 13/74 - AP Nr. 1 zu § 87 BetrVG 1972 Altersversorgung (Gründe II B 3); BAG vom 26.06.1990 - 3 AZR 641/88 - AP Nr. 11 zu § 1 BetrAVG Lebensversicherung (Gründe I 2b bb); so auch Höfer, ART Rdnr. 64.
[270] Vgl. BAG vom 12.06.1975 - 3 ABR 13/74 - AP Nr. 1 zu § 87 BetrVG 1972 Altersversorgung (Gründe II B 3).
[271] BAG vom 22.11.1994 - 3 AZR 349/94 - NZA 1995, S. 733 ff. (Gründe B III 3).
[272] Vgl. Griebeling/Griebeling Rdnr. 18.
[273] Vgl. Anderer Ansicht sind Körner, NZA 2004, S. 760 ff., 762 und Hensche, AuR 2002, S. 167 ff., 168.

dieser Unwägbarkeit im Gegensatz zum synallagmatischen Arbeitsentgelt einen „lohnfremden Wesenskern“[274]. Vor diesem Hintergrund bezeichnet *Hilger* die betrieblichen Versorgungsleistungen als eine besondere Form der Arbeitsvergütung, die „nicht in einer unmittelbaren Austauschbeziehung zu der in den jeweiligen Lohnzahlungsperioden erbrachten Arbeitsleistung steht, sondern durch den Versorgungszweck bedingten besonderen Regeln folgt“[275].
Auch *Blomeyer/Otto* geben zu, die Einordnung des betrieblichen Versorgungsvertrages bzw. Versorgungsverhältnisses in die Typen der schuldrechtlichen Austauschbeziehung falle schwer.[276] Zwischen der vom Arbeitnehmer zu erbringenden Betriebstreue bzw. langjährigen Betriebszugehörigkeit und den Ruhegeldleistungen des Arbeitgebers bestehe eine konditionale Verknüpfung. Eine synallagmatische Verknüpfung i. S. der §§ 320 ff. BGB mit der Betriebstreue des Arbeitnehmers liege indes im Regelfall nicht vor, weil eine entsprechende Hauptleistungspflicht des Arbeitnehmers zur Leistung von „Betriebstreue“ angesichts der bestehenden Kündigungsmöglichkeiten fehle.[277]
In Rechtsprechung und Literatur besteht jedenfalls weitgehende Einigkeit darüber, dass das Austauschverhältnis von Leistung und Gegenleistung im Recht der betrieblichen Altersversorgung mit den gewohnten schuldrechtlichen Maßstäben nur unzureichend beschrieben werden kann. Die praktischen Auswirkungen dieser Unschärfe sind jedoch gering, da kein Zweifel daran besteht, dass die Begriffspaare Entgelt/Versorgung und Arbeitsleistung/Betriebstreue grundsätzlich in einem Austauschverhältnis stehen. Daran ändern auch die Schwierigkeiten nichts, dieses Austauschverhältnis inhaltlich präzise zu erfassen.

4. Zusammenfassung

Eine allgemeingültige Festlegung im Hinblick auf den Rechtscharakter der Arbeitgeber- und Arbeitnehmerleistung existiert ebenso wenig wie eine randscharfe rechtliche Einordnung der Leistungsverknüpfung. Vielmehr muss im konkreten Einzelfall geprüft werden, worin die Zweckbestimmung der Leistung besteht und welche Gegenleistung dafür erbracht werden soll. Nur so lässt sich letztlich die Frage beantworten, ob Differenzierungen bei Zusageerteilung und Leistungsgewährung rechtlich haltbar sind.

---

[274] Höfer, ART Rdnr. 64.
[275] Hilger, RdA 1981, S. 6 ff., 8.
[276] Vgl. Blomeyer/Otto, Einleitung Rdnr. 43.
[277] Vgl. ebenda Rdnr. 69.

III. Einordnung durch den EuGH

Der EuGH befasste sich ebenfalls in einer Vielzahl von Entscheidungen mit der Frage, ob es sich bei diversen Ausprägungen der betrieblichen Altersversorgung um Entgelt i. S. d. Art. 141 EG (Art. 119 EGV) handelt. Art. 141 Abs. 2 EG definiert, unter „Entgelt“ seien „die üblichen Grund- oder Mindestlöhne und -gehälter sowie alle sonstigen Vergütungen zu verstehen, die der Arbeitgeber aufgrund des Dienstverhältnisses dem Arbeitnehmer unmittelbar oder mittelbar in bar oder in Sachleistungen zahlt“. In Anbetracht der scheinbar endlosen Möglichkeiten der Zusagegestaltung führt diese Definition für die betriebliche Altersversorgung nicht weiter. Allein in Deutschland sind zahllose Varianten denkbar - vom leistungsbezogenen Endgehaltsplan als Direktzusage unter Einschluss einer Hinterbliebenenabsicherung bis zum beitragsorientierten Bausteinsystem, welches über eine Pensionskasse durchgeführt wird.
Eine randscharfe Abgrenzung im Hinblick auf den europäischen Entgeltgleichheitsgrundsatz ist für die vorliegende Arbeit von erheblicher Bedeutung. Denn die Frage der Gleichbehandlung beim Zugang zur betrieblichen Alters- und Hinterbliebenenversorgung lässt sich ohne Einbeziehung des Art. 141 EG nicht vollständig beantworten. In diesem Abschnitt soll jedoch zunächst erläutert werden, unter welchen Voraussetzungen der Gerichtshof Leistungen oder Beiträge der betrieblichen Altersversorgung in den Anwendungsbereich der Norm einbezieht und ihnen somit Entgeltcharakter bescheinigt.

1. Leistungen der betrieblichen Altersversorgung

Die Mehrzahl der Entscheidungen des EuGH bezog sich auf Leistungen des Arbeitgebers, die zumeist anlässlich der Versorgungsfälle Alter und Tod erbracht wurden. So musste sich der Gerichtshof maßgeblich mit dem Entgeltcharakter von Altersrenten einerseits und Hinterbliebenenrenten andererseits befassen.

1.1 Altersrenten

Im Falle von Altersrenten löst das Überschreiten einer festgelegten Altersgrenze die Verpflichtung des Arbeitgebers oder eines Dritten zur Erbringung der versprochenen Leistung aus. Deren Rechtscharakter war in den nachfolgend aufgeführten Verfahren strittig.
In der „Bilka“-Entscheidung[278] des EuGH ging es um geschlechtsbezogene Diskriminierung von Teilzeitkräften, die nach der Personalpolitik eines Kauf-

[278] Bilka-Kaufhaus GmbH ./. K. Weber v. Hartz

hausunternehmens von betrieblichen Versorgungsleistungen ausgeschlossen waren. In einem ersten Schritt war wiederum der Entgeltcharakter dieser Versorgungsleistungen fraglich. Der EuGH bejahte die Frage unter ausdrücklicher Bezugnahme auf sein Urteil in der Rechtssache „Jenkins“[279]. Der Gerichtshof vertrat den Standpunkt, dass die Differenzierung hinsichtlich des Lohnes aus der Rechtssache „Jenkins“ mit einer Differenzierung hinsichtlich der Betriebsrente vergleichbar sei, da auch eine Betriebsrente unter den Begriff der Vergütung falle.[280]

In seiner Begründung in der Rechtssache „Moroni“ ergänzte der Gerichtshof seine bereits im Grundsatzurteil „Barber“[281] getroffenen Aussagen, dass nicht nur Leistungen aus ersetzenden, sondern auch aus ergänzenden betrieblichen Systemen erfasst würden.[282] Weiterhin könne allein die in einer nationalen Bestimmung vorgesehene Verpflichtung, die Betriebsrente gleichzeitig mit der gesetzlichen Altersrente zu zahlen, nicht den Ausschluss des betrieblichen Systems vom Anwendungsbereich des Art. 119 EGV zur Folge haben. Die entsprechende nationale Bestimmung habe keine Auswirkung auf den diskriminierenden Charakter der im Betriebsrentensystem veranlagten Kürzung.[283]

In den Rechtssache „Fisscher“[284] und „Vroege“[285] entwickelte der EuGH seine bisherige Rechtsprechung dahingehend weiter, bereits der Anspruch auf Anschluss an ein Betriebsrentensystem falle in den Anwendungsbereich des Art. 119 EGV und damit unter das dort aufgestellte Diskriminierungsverbot. Der Gerichtshof stellte in der Rechtssache „Dietz“[286] weiterhin klar, dies hänge auch nicht von nationalen Rechtsvorschriften ab, nach denen der Anschluss an ein solches Rentensystem für obligatorisch erklärt werden kann.[287]

---

[279] Vgl. EuGH vom 31.03.1981, Rs. 96/80 - Jenkins - AP Nr. 2 zu Art. 119 EWG-Vertrag; siehe dazu ausführlich unten: Dritter Teil A I 2.

[280] Vgl. EuGH vom 13.05.1986 - Rs. 170/84 - Bilka - NZA 1986, S. 586 f. (Rdnr. 27).

[281] Vgl. EuGH vom 17.05.1990 - Rs. C-262/88 - Barber - Slg. 1990, S. 1889 ff.: Douglas Harvey Barber ./. Guardian Royal Exchange Assurance Group.

[282] Vgl. EuGH vom 14.12.1993 - Rs. C-110/91 NZA 1994 S. 165 ff. (Rdnr. 17): Michael Moroni ./. Collo GmbH.

[283] Vgl. EuGH vom 14.12.1993 - Rs. C-110/91 - NZA 1994 S. 165 ff. (Rdnr. 19).

[284] Geertruida Catharina Fisscher ./. Voorhuis Hengelo BV u. Stichting Bedrijfspensioenfonds voor de Detailhandel; EuGH vom 28.09.1994 - Rs. C-128/93 - Fisscher - NZA 1994, S. 1123 ff. (Rdnr. 15).

[285] Anna Adriaantje Vroege ./. NCIV Instituut voor Volkshuisvesting BV u. Stichting Pensioenfonds NCIV; EuGH vom 28.09.1994 - Rs. C-57/93 - Vroege - Slg. 1994, S. 4541 ff. (Rdnr. 18).

[286] Francina Johanna Maria Dietz ./. Stichting Thuiszong Rotterdam; EuGH vom 24.10.1996, Rs. C-435/93 - Dietz, NZA 1997, S. 83 ff.

[287] Vgl. EuGH vom 24.10.1996, Rs. C-435/93 - Dietz, NZA 1997, S. 83 ff., Rdnr. 17.

1.2 Hinterbliebenenrenten

Weiterhin musste der Gerichtshof die Frage entscheiden, ob auch Hinterbliebenenrenten, die immerhin nicht an den Arbeitnehmer, sondern an Dritte zur Auszahlung gelangen, unter den europäischen Entgeltbegriff fallen.
In der Rechtssache „Ten Oever“[288] befasst sich der EuGH mit dem Problem, ob Männer von verstorbenen Arbeitnehmerinnen Anspruch auf eine Witwerversorgung haben, wenn Ehefrauen verstorbener Arbeitnehmer eine Witwenversorgung zusteht. Der Gerichtshof gelangt zum Ergebnis, dass auch betriebliche Versorgungsleistungen an Hinterbliebene Entgelt i. S. v. Art. 119 EGV sind.[289] In seiner Begründung stellt er insbesondere darauf ab, dass die Rentenleistungen Vergütungen darstellen, die mittelbar aufgrund des Beschäftigungsverhältnisses gewährt würden. Dabei schließe der Umstand, dass bestimmte Leistungen nach Beendigung des Beschäftigungsverhältnisses gewährt werden, den Entgeltcharakter nicht aus.[290] Ebenso wenig stehe dieser Auslegung entgegen, dass die Hinterbliebenenrente nicht dem Arbeitnehmer, sondern seinem Hinterbliebenen gezahlt werde: „Denn der Anspruch auf eine solche Leistung ist auf eine Vergütung gerichtet, die ihren Ursprung in der Zugehörigkeit des Ehegatten des Hinterbliebenen zu dem Rentensystem hat, so dass der Hinterbliebene den Rentenanspruch im Rahmen des Beschäftigungsverhältnisses zwischen seinem Ehegatten und dessen Arbeitgeber erwerbe und ihm die Rente aufgrund dieses Beschäftigungsverhältnisses gezahlt werde.“[291] Der EuGH sprach dem Witwer betriebliche Hinterbliebenenleistungen zu.
In der Rechtssache „Coloroll“[292] ergänzte der Gerichtshof, aus Gründen der praktischen Wirksamkeit müsse sich neben den Arbeitnehmern auch deren anspruchsberechtigte Angehörige auf die unmittelbare Wirkung des Art. 119 EGV berufen können.[293] Mit dem Tod des dem System angeschlossenen Arbeit-

---

288 Gerardus Cornelis Ten Oever ./. Stichting Bedrijfspensioensfonds voor het Glazenwassers en Schoonmaakbedrijf; EuGH vom 06.10.1993 - Rs. C-109/91 - Ten Oever - AP Nr. 49 zu Art. 119 EWG-Vertrag.
289 Vgl. EuGH vom 06.10.1993 - Rs. C-109/91 - Ten Oever - AP Nr. 49 zu Art. 119 EWG-Vertrag (Rdnr. 14); zuletzt bestätigt durch: EuGH vom 07.01.2004 - Rs. C-117/01 - NJW 2004, S. 1440 f. (Rdnr. 26).
290 Vgl. EuGH vom 06.10.1993 - Rs. C-109/91 - Ten Oever - AP Nr. 49 zu Art. 119 EWG-Vertrag (Rdnr. 8).
291 Ebenda (Rdnr. 13).
292 Coloroll Pension Trustees Ltd ./. James Richard Russell, D. Mangham, Gerald Robert Parker, Robert Sharp, Joan Fuller, Judith Ann Broughton und Coloroll Group plc.
293 Vgl. EuGH vom 28.09.1994 - Rs. C-200/91 - Coloroll - NZA 1994, S. 1073 ff. (Rdnr. 24).

nehmers sei der Hinterbliebene der einzige, der einen Anspruch auf Zahlung der Hinterbliebenenrente geltend machen könne.[294]
In der Rechtssache „Evrenopoulos“[295] ging es um ein unmittelbar durch Gesetz geschaffenes Versicherungssystem einer öffentlichen Einrichtung, die allerdings u. a. hinsichtlich ihrer Arbeitgeberfunktion dem Privatrecht zuzuordnen war. Der Gerichtshof bestätigte auch in dieser Konstellation seine Rechtsprechung: Es komme allein darauf an, dass die Rente aufgrund des Dienstverhältnisses mit dem früheren Arbeitgeber gezahlt werde.[296] Zuletzt bestätigte der EuGH in Sachen „Menauer“[297] seine Rechtsauffassung hinsichtlich der Einordnung von Hinterbliebenenleistungen: Der überlebende Ehepartner des verstorbenen Arbeitnehmers könne sich für die Anerkennung seines Anspruchs auf eine Hinterbliebenenrente dem Grunde und der Höhe nach auf Art. 119 a. F. EG-Vertrag berufen.[298]
Der EuGH qualifizierte im Ergebnis eine Vielzahl betrieblicher Versorgungsleistungen als „Entgelt“, wenn der Arbeitgeber diese Leistungen selbst zugunsten der Arbeitnehmer und deren Hinterbliebenen erbringt.

2. Zur Abgrenzung: Leistungen der gesetzlichen Alterssicherungssysteme

In einer Reihe von Entscheidungen konnte der Gerichtshof negativ abgrenzen, in welchen Fällen eine Berufung auf Art. 141 EG (Art. 119 EGV) ausscheidet. Dabei ging es zumeist um Sozialleistungen im weitesten Sinne oder darauf gerichtete Beiträge, an deren Finanzierungsverfahren der Arbeitgeber beteiligt war. Vereinzelt wurde der Entgeltgleichheitsgrundsatz auch deshalb herangezogen, weil eine Abgrenzung zu den gesetzlichen Systemen der sozialen Sicherheit nicht immer einwandfrei möglich war.
In der Rechtssache „Defrenne I“[299] vom 25.05.1971 stellte der Gerichtshof fest, dass eine im Rahmen eines gesetzlichen Sozialversicherungssystems gewährte Altersrente, die der Arbeitgeber aufgrund des Dienstverhältnisses zahlt, nicht unter den Entgeltbegriff im Sinne des Art. 119 EGV fällt.[300] In seiner Begründung setzte der EuGH einen Schwerpunkt auf die Definition der nicht von der Vorschrift erfassten gesetzlichen Rentenleistungen: Dazu zählten „unmittelbar

[294] Vgl. ebenda (Rdnr. 19).
[295] Dimosia Epicheirisi Ilektrismou (DEI) ./. Efthimios Evrenopoulos.
[296] Vgl. EuGH vom 17.04.1997 - Rs. C-147/95 - Evrenopoulos - Slg. 1997, S. 2057 ff. (Rdnr. 19).
[297] Hans Menauer ./. Pensionskasse für die Angestellten der Barmer Ersatzkasse V.V.a.G.
[298] Vgl. EuGH vom 09.10.2001 - Rs. C-379/99 - Menauer, NZA 2001 S. 1301 ff. (Rdnr. 18 f.).
[299] Gabrielle Defrenne ./. Belgischen Staat.
[300] Vgl. EuGH vom 25.05.1971 - Rs. 80/70 - Defrenne I - Slg. 1971, S. 445 ff. (Rdnr. 13).

durch Gesetz geregelte, keinerlei vertragliche Vereinbarungen innerhalb des Unternehmens oder in dem betroffenen Gewerbezweig zulassende Sozialversicherungssysteme oder -leistungen, insbesondere Altersrenten, die zwingend für allgemein umschriebene Gruppen von Arbeitnehmern gelten“[301]. Solche Sicherungssysteme sicherten den Arbeitnehmern Ansprüche aus gesetzlichen Systemen, an deren Finanzierung Arbeitnehmer, Arbeitgeber und gegebenenfalls die öffentliche Hand beteiligt seien. Diese Beteiligung hänge jedoch primär von sozialpolitischen Erwägungen und weniger vom Dienstverhältnis ab. Der Arbeitgeberanteil an der Finanzierung solcher Systeme stelle keine „unmittelbare oder mittelbare Zahlung an den Arbeitnehmer“[302] dar.

In der Rechtssache „Liefting“[303] ergänzte der Gerichtshof seine Auffassung dahingehend, dass auch der von den Arbeitgebern geschuldete Beitrag zur Finanzierung der gesetzlichen Systeme der sozialen Sicherheit an sich kein Entgelt im Sinne des Art. 119 EGV darstelle.[304]

In seiner Entscheidung aus dem Jahre 1994 zur Rechtssache „Beune“[305] stellte der Gerichtshof eine Reihe klarer Kriterien auf, die für die Beurteilung der Frage maßgeblich sind, ob ein Rentensystem in den Anwendungsbereich von Art. 119 EGV bzw. der Richtlinie 79/7/EWG fällt: „Tätigwerden des Gesetzgebers bei der Festlegung eines Rentensystems, Absprache zwischen den Arbeitgebern und den Arbeitnehmern, komplementärer Charakter der den Arbeitnehmern gewährten Vorteile im Verhältnis zu den Leistungen der sozialen Sicherheit, Modalitäten der Finanzierung des Rentensystems, seine Anwendbarkeit auf allgemein umschriebene Gruppen von Arbeitnehmern, schließlich Zusammenhang zwischen der Leistung und dem Beschäftigungsverhältnis des Arbeitnehmers.“[306] Art. 119 EGV gelte nicht für „unmittelbar durch Gesetz geregelte, keinerlei vertragliche Vereinbarungen innerhalb des Unternehmens oder des betroffenen Gewerbezweigs zulassende Systeme oder Leistungen der sozialen Sicherheit, insbesondere Altersrenten, die zwingend für allgemein umschriebene Gruppen von Arbeitnehmern gelten“[307]. Zur Begründung führt der EuGH aus, solche Regelungen sicherten den Arbeitnehmern Ansprüche aus gesetzlichen Systemen,

---

301 Ebenda (Rdnr. 7 und 12).

302 Ebenda (Rdnr. 7 und 12).

303 W.G.M. Liefting u. a. ./. Directie van het Academisch Ziekenhuis bij de Universiteit van Amsterdam u. a.

304 Vgl. EuGH vom 18.09.1994 - Rs. 23/83 - Liefting - Slg. 1984, S. 3225 ff. (Rdnr. 12 ff.).

305 Bestuur van het Algemeen burgerlijk pensioenfonds ./. G. A. Beune.

306 Vgl. EuGH vom 28.09.1994 - Rs. C-7/93 - Beune - Slg. 1994, S. 4471 ff.(Rdnr. 23); vgl. dazu auch die Entscheidung des EuGH vom 29.11.2001 - Rs. C 366/99 - Griesmar - Slg. 2001, S. I-9413 (Rdnrn. 25 - 38), sowie EuGH vom 12.09.2002 - Rs. C-351/00 - Niemi - Slg. 2002, S. I-7032 ff. (Rdnr. 52).

307 EuGH vom 28.09.1994 - Rs. C-7/93 - Beune - Slg. 1994, S. 4471 ff.(Rdnr. 24).

an deren Finanzierung Arbeitnehmer, Arbeitgeber und gegebenenfalls die öffentliche Hand in einem Maße beteiligt sind, „das weniger vom Beschäftigungsverhältnis zwischen Arbeitgeber und Arbeitnehmer als von sozialpolitischen Erwägungen abhängt“[308].
In seiner für die Altersgrenzenproblematik grundsätzlichen Entscheidung in der Rechtssache „Barber“[309] musste sich der Gerichtshof am 17.05.1990 mit den Besonderheiten von Verflechtung und Ablösung gesetzlicher durch betriebliche Systeme der sozialen Sicherheit auseinandersetzen. Im zugrunde liegenden Fall wurden betriebliche Rentenleistungen durch eine arbeitgeberfinanzierte Pensionskasse erbracht, deren Leistungen zum Teil an die Stelle der staatlichen Rentenversicherung getreten waren (sog. „Contracted-out“-System). Die im betrieblichen Versorgungssystem versicherten Arbeitnehmer verzichteten vertraglich auf entgeltabhängige Leistungen der staatlichen Rentenversicherung und erhielten fortan für die Zahlung eines ermäßigten Beitrags lediglich eine pauschale Grundrente. Der EuGH bestätigte ausdrücklich, dass auch die Leistungen dieser betrieblichen Altersversorgung Entgelt im Sinne des Art. 119 EGV seien. Der Entgeltbegriff umfasse ebenso Renten, die aufgrund eines an die Stelle des gesetzlichen Systems getretenen betrieblichen Systems gezahlt würden.[310] Der Gerichtshof verwies weiterhin zur Begründung darauf, dass diese Leistungen auf einer Vereinbarung zwischen den Sozialpartnern oder einseitiger Entscheidung des Arbeitgebers beruhten und nicht auf der Unterstützung durch staatliche Stellen basierten.[311] Zudem hänge die Zugehörigkeit zu entsprechenden Systemen vom Arbeitsverhältnis mit einem bestimmten Arbeitgeber ab und gelte nicht für allgemein umschriebene Gruppen von Arbeitnehmern.[312] Im Unterschied zu den Leistungen der nationalen gesetzlichen Rentenversicherungssysteme erbringe der Arbeitgeber die Leistungen nämlich aufgrund des Dienstverhältnisses.[313]
Im Verfahren in Sachen „Podesta“[314] befasste sich der Gerichtshof am 25.05.2000 mit einem überbetrieblichen Zusatzrentensystem, welches zwingend für alle Arbeitnehmer galt (Pflichtmitgliedschaft) und an sozialstaatlichen Verteilungsgrundsätzen ausgerichtet war. Zwar wiederholte der EuGH seine Aussage, dass unmittelbar durch Gesetz geregelte Sozialversicherungssysteme oder -

---

[308] Ebenda.
[309] Douglas Harvey Barber ./. Guardian Royal Exchange Assurance Group; EuGH vom 17.05.1990 - Rs. C-262/88 - Barber - Slg. 1990, S. 1889 ff.
[310] Vgl. EuGH vom 17.05.1990 - Rs. C-262/88 - Barber - Slg. 1990, S. 1889 ff. (Rdnr. 30).
[311] Vgl. ebenda (Rdnr. 25).
[312] Vgl. ebenda (Rdnr. 26).
[313] Vgl. ebenda (Rdnr. 28).
[314] Jean-Marie Podesta ./. Caisse de retraite par répartition des ingénieurs cardres & assimilés (CRICA) u. a.

leistungen nicht unter den Entgeltbegriff des Art. 119 EGV fielen.[315] Gleichwohl sei dessen Anwendungsbereich vorliegend eröffnet: Maßgeblich sei nicht die Pflichtzugehörigkeit aufgrund quasigesetzlicher Regelung, sondern dass die Rente aufgrund des früheren Dienstverhältnisses gezahlt werde.[316]
Die jüngste Entscheidung vom 23.10.2003 („Schönheit u. Becker")[317] betraf die Versorgung nach deutschem Beamtenrecht und damit die Frage, ob es sich bei den Altersbezügen um „Entgelt" i. S. d. Art. 141 EG handelt. Ein solches Ruhegehalt ist nach Meinung des EuGH nicht einem gesetzlichen System der sozialen Sicherheit zuzurechnen.[318] Für den Entgeltcharakter komme es darauf an, ob das Ruhegehalt dem Betreffenden aufgrund seines Dienstverhältnisses mit seinem früheren Arbeitgeber gezahlt werde. Hierzu stellte der Gerichtshof fest: Beamte stellten eine besondere Gruppe von Arbeitnehmern dar, die sich nur aufgrund einiger Merkmale von Angehörigen anderer Berufsgruppen unterscheiden. Das Ruhegehalt hänge nach den Bestimmungen des BeamtVG von der Dienstzeit ab. Zuletzt werde das Ruhegehalt auf Grundlage der letzten Dienstbezüge berechnet. Damit seien alle notwendigen Merkmale des Entgelts i. S. d. Art. 141 EG (Art. 119 EGV) erfüllt.[319]
Im Ergebnis bleibt festzuhalten, dass eine Abgrenzung zwischen Leistungen der betrieblichen Altersversorgung und solchen der sozialen Sicherungssysteme anhand der vom EuGH ausgeprägten Kriterien mittlerweile unschwer vorgenommen werden kann.

3. Leistungen externer Versorgungsträger

Fraglich war zudem, ob finanzielle Leistungen Dritter „Entgelt" sind, wenn sie sich aus dem Dienstverhältnis ergeben und der Dritte im Namen des Arbeitgebers fungiert.
In der Rechtssache „Barber"[320] ging es um die Frage, ob Männer im gleichen Lebensalter wie Frauen Anspruch auf eine vorgezogene Altersrente haben. Die Rente wurde durch eine vom beklagten Arbeitgeber eingerichtete und finanzierte Pensionskasse erbracht. Der EuGH bestätigte, dass Leistungen der betrieblichen Altersversorgung Entgelt im Sinne des Art. 119 EGV sind. Diese Beurtei-

---

[315] Vgl. EuGH vom 25.05.2000 - Rs. C-50/99 - Podesta - Slg. 2000, S. 4039 ff. (Rdnr. 24); bestätigt durch EuGH vom 12.09.2002 - Rs. C-351/00 - Niemi - Slg. 2002, S. I-7032 ff. (Rdnr. 39).
[316] Vgl. EuGH vom 25.05.2000 - Rs. C-50/99 - Podesta - Slg. 2000, S. 4039 ff. (Rdnr. 26).
[317] Schönheit ./. Stadt Frankfurt a. M. und Becker ./. Land Hessen.
[318] Vgl. EuGH vom 23.10.2003 - Verb. Rs. C-4/02 und C-5/02 - Schönheit u. Becker - DVBl. 2004, S. 188 ff. (Rdnr. 64).
[319] Vgl. ebenda (Rdnr. 60 - 63).
[320] Douglas Harvey Barber ./. Guardian Royal Exchange Assurance Group.

lung werde nicht dadurch berührt, „dass das in Rede stehende betriebliche System treuhänderisch ausgestattet ist und von Treuhändern verwaltet wird, die vom Arbeitgeber formal unabhängig sind, da Artikel 119 auch für Vergütungen gilt, die der Arbeitgeber mittelbar zahlt“[321].

In Sachen „Coloroll“ musste sich der Gerichtshof u. a. ebenfalls mit der Frage auseinander setzen, ob Ansprüche nach Art. 119 EGV gegen Treuhänder eines Betriebsrentensystems geltend gemacht werden können, ob also rechtlich selbständige Versorgungsträger an das Lohngleichheitsgebot gebunden sind.[322] Der EuGH betonte, der Adressatenkreis des Art. 119 EGV beziehe auch Dritte ein. Die Vorschrift gelte auch für Vergütungen, welche der Arbeitgeber mittelbar über vom Arbeitgeber formal unabhängige Treuhänder zahle. Die Leistungen verlören durch diese Zahlweise nicht ihren Entgeltcharakter.[323]

Diese Rechtsprechung bestätigte der EuGH im „Fisscher“-Urteil[324]. Die Verwalter eines Betriebsrentensystems müssten alles in ihrer Zuständigkeit Liegende tun, um die Einhaltung des Gleichbehandlungsgrundsatzes sicherzustellen. Wenn ein Arbeitnehmer diesen nur gegenüber dem Arbeitgeber geltend machen könne und nicht gegenüber den Verwaltern des Systems, werde die praktische Wirksamkeit von Art. 119 EGV beträchtlich geschmälert und der Rechtsschutz stark eingeschränkt.[325] Auch in der Rechtssache „Vroege“[326] bezog der Gerichtshof neben dem Arbeitgeber den mit der betrieblichen Altersversorgung betrauten Fonds ein.[327]

Im Verfahren „van den Akker“[328] richtete sich die Klage nach Meinung des EuGH richtigerweise gegen einen Pensionsfonds niederländischen Rechts, der als juristische Person das Betriebsrentensystem des Arbeitgebers (Royal Shell Konzern) bildete.[329] Auch im Urteil „Dietz“ stellte der EuGH fest, dass ein diskriminierter Arbeitnehmer seine Ansprüche unmittelbar gegen den Verwalter

---

321 EuGH vom 17.05.1990 - Rs. C-262/88 - Barber - Slg. 1990, S. 1889 ff. (Rdnr. 29).

322 Coloroll Pension Trustees Ltd ./. James Richard Russell, D. Mangham, Gerald Robert Parker, Robert Sharp, Joan Fuller, Judith Ann Broughton und Coloroll Group plc.; EuGH vom 28.09.1994 - Rs. C-200/91 - Coloroll - NZA 1994, S. 1073 ff. (Rdnr. 24).

323 Vgl. EuGH vom 28.09.1994 - Rs. C-200/91 - Coloroll - NZA 1994, S. 1073 ff. (Rdnr. 22).

324 Geertruida Catharina Fisscher ./. Voorhuis Hengelo BV u. Stichting Bedrijfspensioenfonds voor de Detailhandel.

325 Vgl. EuGH vom 28.09.1994 - Rs. C-128/93 - Fisscher - NZA 1994, S. 1123 ff. (Rdnr. 31).

326 Anna Adriaantje Vroege ./. NCIV Instituut voor Volkshuisvesting BV u. Stichting Pensioenfonds NCIV.

327 Vgl. EuGH vom 28.09.1994 - Rs. C-57/93 - Vroege - Slg. 1994, S. 4541 ff.

328 Maria Nelleke Gerda van den Akker u. a. ./. Stichting Shell Pensioenfonds.

329 Vgl. EuGH vom 28.09.1994, Rs. C-28/93 - van den Akker - Slg. 1994, S. 4527 ff. (Rdnr. 3).

eines Betriebsrentensystems geltend machen kann, da dieser ebenso wie der Arbeitgeber zu Beachtung des Art. 119 EGV gehalten ist.[330]
Zuletzt bestätigte der EuGH 2001 seine Rechtsauffassung hinsichtlich der Anwendung auf Dritte im Fall „Menauer“[331]. Danach ist Art. 119 EGV auch auf deutsche Versorgungsträger anwendbar, die gegenüber dem Arbeitgeber nicht nur rechtlich, sondern auch wirtschaftlich selbständig sind. Seither steht fest, dass nicht nur der Arbeitgeber, sondern auch eine Pensionskasse deutschen Rechts als externer Versorgungsträger das Diskriminierungsverbot beachten muss.[332] Schaltet demnach ein Arbeitgeber zur Erfüllung seiner Versorgungszusage einen Versorgungsträger ein, so ist dieser ebenfalls bei der Leistungserbringung an Art. 119 EGV unmittelbar gebunden.[333]
Für die verbleibenden Durchführungswege deutschen Rechts liegen bislang keine Entscheidungen europäischer oder nationaler Gerichte vor. Grundsätzlich spricht vieles dafür, dass der EuGH im Streitfalle die Geltung des Art. 141 EG auch gegen Direktversicherungen und Pensionsfonds beanspruchen würde. *Steinmeyer* weist darauf hin, dass der Direktversicherung allgemeine Lebensversicherungsverträge zugrunde liegen, was im Ergebnis zu einer Geltung des Art. 141 EG auch außerhalb des Arbeitnehmerbereichs sowie zu Konflikten mit dem versicherungsrechtlichen Gleichbehandlungsgrundsatz nach § 11 Abs. 2 VAG führen könnte.[334] Hingegen sei die Unterstützungskasse trotz des formellen Ausschlusses eines Rechtsanspruchs nach § 1b Abs. 4 S. 1 BetrAVG ein „möglicher Adressat“[335] des Entgeltgleichheitsgrundsatzes, da sie nach der Rechtsprechung des BAG im Regelfall die Leistung gewähren müsse.[336]

---

[330] Francina Johanna Maria Dietz ./. Stichting Thuiszong Rotterdam; EuGH vom 24.10.1996, Rs. C-435/93 - Dietz - NZA 1997, S. 83 ff., Rdnr. 32.
[331] Hans Menauer ./. Pensionskasse für die Angestellten der Barmer Ersatzkasse V.V.a.G.
[332] Vgl. EuGH vom 09.10.2001 - Rs. C-379/99 - Menauer - NZA 2001 S. 1301 ff., Rdnr. 33; so auch BAG vom 07.09.2004 - 3 AZR 550/03 - BetrAV 2005, S. 201 ff. (Gründe B I 1).
[333] Unter ausdrücklicher Berufung auf die Entscheidung des EuGH in Sachen Menauer urteilte mittlerweile das BAG, die Pflicht zur Gleichbehandlung aus § 1b Abs. 1 S. 4 BetrAVG richte sich auch gegen eine Unterstützungskasse deutschen Rechts, deren sich der Arbeitgeber zur Erfüllung der von ihm übernommenen Versorgungsverpflichtungen bediene (BAG vom 10.12.2002 - 3 AZR 3/02 - NZA 2004, S. 321 ff. - Gründe I); vgl. dazu umfassend: Steinmeyer, BetrAV 2004, S. 436 ff.
[334] Vgl. Steinmeyer, BetrAV 2004, S. 436 ff., 438.
[335] Steinmeyer, BetrAV 2004, S. 436 ff., 438.
[336] Vgl. BAG vom 17.05.1973 - 3 AZR 381/72 - NJW 1973, S. 1946 ff. (Gründe B II 2); BAG vom 28.04.1977 - 3 AZR 300/76 - BB 1977, S. 1202 ff. (Gründe I 2a); BAG vom 17.11.1992 - 3 AZR 76/92 - NZA 1993, S. 938 ff. (Gründe II 1 und 2); BAG vom 26.08.1997 - 3 AZR 235/96 - NZA 1998, S. 817 (Gründe III 2a); BAG vom 10.12.2002 - 3 AZR 3/02 - NZA 2004, S. 321 ff. (Gründe I); Langohr-Plato, Rechtshandbuch Rdnr. 93.

4. Beiträge zur betrieblichen Altersversorgung

Fraglich war weiterhin, ob neben den Leistungen des Arbeitgebers und der externen Versorgungsträger auch die Beiträge des Arbeitgebers an die externen Versorgungsträger „Entgelt“ sind.

Der Gerichtshof befasste sich bereits 1981 in der Rechtssache „Worringham“[337] mit der Frage, ob vom Arbeitgeber gezahlte Beiträge zu betrieblichen Systemen der sozialen Sicherheit zugunsten von Arbeitnehmern Entgelt im Sinne des Art. 119 EGV sind.[338] Nach den Regelungen des streitgegenständlichen Betriebsrentensystems waren lediglich männliche Arbeitnehmer unter 25 Jahren verpflichtet, einen Beitrag in Höhe von 5 % ihres Lohnes an einen Betriebsrentenfonds zu entrichten. Der Arbeitgeber kompensierte diesen Beitrag durch einen entsprechenden Zuschlag auf den Bruttolohn. Der höhere Bruttolohn beeinflusste wiederum die Berechnung weiterer Vergünstigungen wie Abfindungen, Leistungen bei Arbeitslosigkeit, Familienbeihilfen und Krediterleichterungen.

Der EuGH ließ in dieser Entscheidung offen, ob die Beiträge des Arbeitgebers an sich bereits „Entgelt“ im Sinne des Art. 119 EGV darstellten.[339] Gleichwohl befand das Gericht, die Ungleichheit der Bruttolöhne infolge der nur Männern zugute kommenden Beitragserstattung stelle eine unzulässige Entgeltdiskriminierung dar. Mit dem höheren Bruttolohn erhielten männliche Arbeitnehmer Leistungen und soziale Vergünstigungen, von denen ihre Kolleginnen ausgeschlossen seien.[340] Eine zweifelsfreie Einordnung der dem Fonds überwiesenen Beiträge erfolgte allerdings nicht.

Der EuGH präzisierte seine Rechtsprechung wenig später in der Rechtssache „Liefting“.[341] Ausgangspunkt des Rechtsstreits war eine Besonderheit des niederländischen Alterssicherungssystems, wonach weibliche und männliche Beamte zwar das gleiche Nettogehalt erhielten. Das Bruttogehalt der männlichen Beamten konnte jedoch höher ausfallen, wenn beide Ehepartner Beamte waren. Das Gericht urteilte, dass „der von den Arbeitgebern geschuldete Beitrag zur Finanzierung von gesetzlichen Systemen der sozialen Sicherheit, bei denen

---

[337] Worringham and Humphreys ./. Lloyds Bank.

[338] Vgl. EuGH vom 11.03.1981 - Rs. 69/80 Worringham - NJW 1981, S. 2637 f. (zur ersten Frage).

[339] *Rust* argumentiert, die Beitragsleistung des Arbeitgebers sei für den Arbeitnehmer von Wert, „einmal für die Zukunft, indem dadurch eine Leistung finanziert wird, aber auch sofort, da sonst der Arbeitnehmer dafür aufkommen müsste, wodurch sein bzw. ihr Nettogehalt vermindert würde“. (Rust, in: Groeben/Schwarze, Art. 141 EG Rdnr. 409).

[340] Vgl. EuGH vom 11.03.1981 - Rs. 69/80 Worringham - NJW 1981, S. 2637 f. (zur dritten Frage).

[341] W.G.M. Liefting u. a. ./. Directie van het Academisch Ziekenhuis bij de Universiteit van Amsterdam u. a.; EuGH vom 18.09.1994 - Rs. 23/83 - Liefting - Slg. 1984, S. 3225 ff.

Arbeitnehmer und Arbeitgeber Beiträge leisten, kein Entgelt im Sinne des Artikels 119 EWG-Vertrag darstellt"[342]. Etwas anderes gelte lediglich dann, wenn der Arbeitgeber auch den Arbeitnehmeranteil einbehalte und für Rechnung des Arbeitnehmers an einen Rentenfonds überweise.
Der Gerichtshof hatte ferner im Fall „Newstead"[343] über die Frage zu befinden, ob ein Verstoß gegen Art. 119 EGV in Verbindung mit der Richtlinie 75/117/EWG vorliegt, wenn ein Arbeitgeber zwar das gleiche Bruttogehalt für Männer und Frauen gewährt, jedoch nur bei männlichen Arbeitnehmern einen Abzug in Höhe von 1,5 % des Bruttogehalts vornimmt. Dieser Abzug diente als Beitrag zugunsten eines Pensionsfonds für Witwen, den nach den Vorschriften des betreffenden Betriebsrentensystems nur Männer entrichten mussten. Im Ergebnis führte die Vorgehensweise zur Auszahlung eines niedrigeren Nettoentgelts für männliche Arbeitnehmer. Der EuGH verneinte eine Entgeltdiskriminierung zwischen Männern und Frauen, da der Anwendungsbereich des Art. 119 EGV nicht eröffnet sei.[344] Entsprechende Beiträge fielen wie Beiträge zu einem gesetzlichen System der sozialen Sicherheit in den Anwendungsbereich des Art. EGV 118 a. F.[345] Weiterhin sei das Bruttoentgelt für Männer und Frauen gleich; der Abzug führe nur zu einer Verringerung des Nettoentgelts männlicher Arbeitnehmer.[346]
Der Rechtssache „Neath"[347] lag der Finanzierungsmechanismus eines Betriebsrentensystems zugrunde, das durch Beiträge von Arbeitgeber und Arbeitnehmern gespeist wurde. Lediglich die Arbeitgeberbeiträge veränderten sich geschlechtsabhängig im Laufe der Zeit, um für die zugesagten einheitlichen Renten eine Kostendeckung zu erreichen. Aufgrund der Verwendung unterschiedlicher versicherungsmathematischer Faktoren leistete der Arbeitgeber für seine weiblichen Arbeitnehmer höhere Beiträge als für seine männlichen Arbeitnehmer. Der Gerichtshof hatte über die Frage zu befinden, ob diese Vorgehensweise mit dem Lohngleichheitsgebot vereinbar sei. Der EuGH stellte fest, die Erwartung des Arbeitnehmers richte sich auf die Verpflichtung des Arbeitgebers, eine bestimmte Leistung zu erbringen. Hingegen falle nicht unter den Begriff des Entgelts, „was sich nicht aus dieser Verpflichtung ergibt und worauf sich somit auch keine entsprechende Erwartung des Arbeitgebers richtet"[348]. Die Verpflich-

---

[342] EuGH vom 18.09.1994 - Rs. 23/83 - Liefting - Slg. 1984, S. 3225 ff. (Rdnr. 12).
[343] George Noel Newstead ./. Department of Transport and Her Majesty`s Treasury.
[344] Vgl. EuGH vom 03.12.1987 - Rs. 192/85 - Newstead - Slg. 1987, S. 4753 ff. (Rdnr. 19 ff.).
[345] Vgl. ebenda (Rdnr. 15).
[346] EuGH vom 03.12.1987 - Rs. 192/85 - Newstead - Slg. 1987, S. 4753 ff. (Rdnr. 18).
[347] David Neath ./. Hugh Steeper Ltd.
[348] EuGH vom 22.12.1993 - Rs. C-152/91 - Neath - Slg. I-6953 ff. (Rdnr. 29).

tung des Arbeitgebers erstrecke sich nicht auf die Finanzierungsmodalitäten, die zur Gewährleistung einer regelmäßigen Rentenzahlung gewählt wurden.[349]
Die Tatsache, dass der EuGH in einer Vielzahl der prominenteren Entscheidungen den Entgeltcharakter der zur Finanzierung aufgewendeten Beiträge verneinte, sollte nicht darüber hinwegtäuschen, dass eine Entscheidung des Gerichtshofs zu den meisten aktuellen Versorgungsmodellen anders ausfiele. Beitragsorientierte Modelle definieren sich zumindest auch durch Zugrundelegung eines bestimmten Aufwands; hierauf richtet sich folglich auch die Erwartung der Arbeitnehmer bzw. die Verpflichtung des Arbeitgebers. In diesen Fällen läge bereits hinsichtlich der zu erbringenden Beiträge „Entgelt" i. S. d. Art. 141 EG vor.

5. Zusammenfassung

Der EuGH sieht den Anwendungsbereich des Art. 141 EG für eine Vielzahl von Aspekten eröffnet, die im Zusammenhang mit Systemen der betrieblichen Altersversorgung stehen. „Entgelt" im europarechtlichen Sinne sind nicht allein Altersrenten, sondern auch Versorgungsleistungen, die an Hinterbliebene des Arbeitnehmers erbracht werden. Dabei kommt es nicht darauf an, ob der Arbeitgeber selbst oder ein vom Arbeitgeber eingeschalteter Dritter mit der Leistungsgewährung betraut ist. Das europäische Lohngleichheitsgebot kommt lediglich dann nicht zum Tragen, wenn der Arbeitgeber oder der externe Versorgungsträger Leistungen der gesetzlichen Sozialversicherungssysteme erbringen. Für die nicht immer einfache Abgrenzung gegenüber den Leistungen der betrieblichen Altersversorgung hat der EuGH eine Reihe von Kriterien entwickelt, die eine praktikable Differenzierung im Einzelfall ermöglichen. Weiterhin klammert der Gerichtshof die vom Arbeitgeber lediglich zur Finanzierung betrieblicher Altersversorgung aufgewendeten Beiträge vom Anwendungsbereich des Art. 141 EG aus.

IV. Zwischenergebnis

In Rechtsprechung und Schrifttum in Deutschland wurde in der Vergangenheit vielfach eine Einordnung von Arbeitgeber- und Arbeitnehmerleistung im Hinblick auf die betriebliche Altersversorgung vorgenommen. Trotz aller Unterschiede in der Bewertung lässt sich ein gemeinsamer Nenner darin feststellen, dass der Arbeitgeber Leistungen der betrieblichen Altersversorgung als Entgelt für geleistete Betriebstreue und Arbeitsleistung des Arbeitnehmers mit der Zweckbestimmung der Versorgung erbringt.

---

[349] Vgl. ebenda (Rdnr. 30).

Aus Sicht des EuGH ging es in der zitierten Vielzahl von Entscheidungen zunächst um die Klärung der Frage, ob der Anwendungsbereich der Anspruchsgrundlage des Art. 141 EG (Art. 119 EGV) eröffnet ist. Diese Klärung setzt eine Festlegung voraus, ob die jeweilige Zusagegestaltung der betrieblichen Altersversorgung mit dem europarechtlichen Entgeltbegriff in Deckung gebracht werden kann. Der Gerichtshof bejahte dies weitgehend für Leistungen der betrieblichen Alters- und Hinterbliebenenversorgung, die vom Arbeitgeber oder von externen Versorgungsträgern erbracht werden, sowie unter bestimmten Voraussetzungen für die darauf gerichteten Beiträge. Der Gerichtshof nimmt somit an, bei der betrieblichen Altersversorgung handle es sich um „Entgelt".
Für den weiteren Fortgang der Untersuchung kann festgehalten werden, dass neben der nationalen Umschreibung des Rechtscharakters von Leistungen der betrieblichen Altersversorgung auch eine europäische Dimension besteht, in der entsprechende Leistungen ohne Einschränkung als Entgelt gelten.

F) Begründungsformen betrieblicher Versorgungsansprüche

Ein Anspruch auf betriebliche Altersversorgung setzt eine entsprechende Zusage voraus. Der Gesetzgeber konkretisierte diese Voraussetzung in § 1 Abs. 1 S. 1 BetrAVG, wonach die Altersversorgung „zugesagt" sein muss.[350]

I. Einführung

Die Zusage des Arbeitgebers kann entweder auf einer kollektivrechtlicher Grundlage (Tarifvertrag, Betriebsvereinbarung, Richtlinien und Vereinbarungen nach dem Sprecherausschussgesetz), durch einen individualrechtlichen Vertrag (Einzelzusage, Gesamtzusage, vertragliche Einheitsregelung) oder aufgrund eines allgemeinen arbeitsrechtlichen Rechtsgrundsatzes (Gleichbehandlung, betriebliche Übung) erteilt werden. Die Zahlungspflicht kann ausdrücklich oder stillschweigend begründet werden. Zunächst muss jedoch die Frage geklärt werden, ob der Arbeitgeber überhaupt verpflichtet ist, eine betriebliche Versorgungszusage zu erteilen.

1. Vertragsfreiheit

Im Recht der betrieblichen Altersversorgung gilt der Grundsatz der Vertragsfreiheit. Der Arbeitgeber konnte bislang weitgehend frei darüber entscheiden, ob er überhaupt eine betriebliche Altersversorgung gewähren will, welchen Personenkreis er einbezieht, welchen Durchführungsweg er wählt und welchen Inhalt

---

[350] Vgl. Schoden, in: Betriebliche Altersversorgung Rdnr. 47.

und Umfang sie im Einzelnen haben soll.[351] Dies hat sich formal mit der Änderung des Betriebsrentengesetzes durch das AVmG[352] geändert, weil der Arbeitnehmer nun nach § 1a BetrAVG einen Anspruch auf betriebliche Altersversorgung in Form einer Entgeltumwandlung gegen seinen Arbeitgeber geltend machen kann.
Der Arbeitgeber ist hingegen nicht verpflichtet, seinen Arbeitnehmern eine arbeitgeberfinanzierte betriebliche Altersversorgung zu gewähren. *Langohr-Plato* stellt klar, das BetrAVG begründe keine Versorgungsverpflichtungen, sondern setze deren Existenz voraus.[353] Das Betriebsrentengesetz regelt somit nur die Mindeststandards, wenn Versorgungszusagen bereits erteilt wurden.

2. Form der Zusage

Die Zusage einer betrieblichen Altersversorgung bedarf keiner bestimmten Form.[354] Aus steuerlichen Gründen wird jedenfalls die unmittelbare Versorgungszusage zumeist schriftlich abgefasst, da nur so eine Berücksichtigung in der Steuerbilanz erfolgen darf. § 6a Abs. 1 Nr. 3 EStG legt fest, dass gewinnmindernde Rückstellungen nur dann gebildet werden dürfen, wenn die Pensionszusage schriftlich gegeben wird. Dabei soll die Schriftform nur der Rechtsklarheit dienen, so dass der Anspruch des einzelnen Arbeitnehmers auf betriebliche Altersversorgungsleistungen gegenüber dem Arbeitgeber unabhängig davon besteht, ob die Schriftform gewählt worden ist oder nicht.[355] Das Formerfordernis ist erfüllt, wenn z. B. der Einzelarbeitsvertrag mit der entsprechenden Betriebsrentenzusage, die Versorgungsordnung oder eine Betriebsvereinbarung schriftlich vorliegen und Art und Höhe des Pensionsanspruchs darin festgelegt sind.

---

[351] Vgl. BAG vom 10.03.1972 - 3 AZR 278/71 - AP Nr. 156 zu § 242 BGB Ruhegehalt (Gründe A I 1); BAG vom 15.05.1984 - 3 AZR 520/81 - AP Nr. 22 zu § 9 BergmVersSchG NRW (Gründe II 2); BAG vom 12.06.1975 - 3 ABR 13/74 - AP Nr. 1 zu § 87 BetrVG 1972(Gründe II B 6); 3 ABR 137/73 - AP Nr. 2 zu § 87 BetrVG 1972 (Gründe II B 3); 3 ABR 66/74 - AP Nr. 3 zu § 87 BetrVG 1972 (Gründe II B 2); Schaub, in: Arbeitsrechts-Handbuch § 81 Rdnr. 7; Schoden, in: Betriebliche Altersversorgung Rdnr.46; Blomeyer/Otto, Anh. § 1 Rdnr. 129.

[352] Gesetz zur Reform der gesetzlichen Rentenversicherung und zur Förderung eines kapitalgedeckten Altersvorsorgevermögens (Altersvermögensgesetz - AVmG) vom 26.06.2001, BGBl. I 2001, S. 1310 ff.

[353] Vgl. Langohr-Plato, Rechtshandbuch Rdnr. 140.

[354] Vgl. BAG vom 23.11.1973 - 3 AZR 33/73 - AP Nr. 3 zu § 242 Ruhegehalt-Unverfallbarkeit (Gründe I 1); Paulsen-Rist; Praxishandbuch S. 67; Schaub, in: Arbeitsrechts-Handbuch, § 81 Rdnr. 34.

[355] Vgl. Schoden, in: Betriebliche Altersversorgung, Rdnr. 48.

Außerdem ist der Arbeitgeber aufgrund des Nachweisgesetzes verpflichtet, die wesentlichen Vertragsbedingungen des Arbeitsverhältnisses schriftlich niederzulegen und dem Arbeitnehmer in unterschriebener Form auszuhändigen. Zu den gesetzlich geforderten Mindestangaben gehört dem § 2 Abs. 1 Nr. 5 NachwG auch die Zusammensetzung des Arbeitsentgelts. Leistungen der betrieblichen Altersversorgung weisen jedenfalls auch Entgeltcharakter auf und sind mithin ebenfalls auszuweisen.[356]

II. Mögliche Begründungsformen im Einzelnen

Dem Arbeitgeber steht eine Vielzahl von Möglichkeiten offen, eine Zusage auf Leistungen der betrieblichen Altersversorgung zu begründen.

1. Tarifvertrag

Ansprüche auf betriebliche Versorgungsleistungen werden gelegentlich durch Tarifvertrag begründet. Einschlägige Verbandstarifverträge fanden und finden sich für die Chemische Industrie, die Metall- und Elektroindustrie, die Bauwirtschaft, das Pressewesen und das Bäcker- und Lackierergewerbe, in der Land- und Forstwirtschaft und bei den Ersatzkassen. Überdies bestehen tarifvertragliche Regelungen hinsichtlich der Zusatzversorgung der Kirchen und des öffentlichen Dienstes.[357] Durch den in § 1a BetrAVG enthaltenen Anspruch des Arbeitnehmers auf betriebliche Altersversorgung durch Entgeltumwandlung i. V. m. dem Tarifvorbehalt des § 17 Abs. 5 BetrAVG wurde den Tarifvertragsparteien die Möglichkeit des gestaltenden Eingriffs eröffnet. Danach kann eine Umwandlung tariflicher Entgeltansprüche nur vorgenommen werden, soweit dies durch Tarifvertrag vorgesehen oder durch Tarifvertrag zugelassen ist.[358] Für die Beschäftigten der Bauindustrie wurde 2001 eine überbetriebliche Pensionskasse geschaffen.[359] Ebenfalls seit 2001 existiert mit der MetallRente ein gemeinsames Versorgungswerk der Tarifpartner IG Metall und Gesamtmetall. Weiterhin wurde in der Chemischen Industrie aufgrund des Tarifvertrags über Einmalzahlungen und Altersvorsorge vom 18.09.2001 der Chemie Pensionsfonds eingerichtet.

---

[356] Siehe auch Stiefermann, AiB 2005, S. 155 ff., 155. Zum Rechtscharakter der betrieblichen Altersversorgung siehe ausführlich oben: Zweiter Teil E II 1.

[357] Vgl. Langohr-Plato, Rechtshandbuch Rdnr. 142; Schaub, in: Arbeitsrechts-Handbuch, § 81 Rdnr. 49.

[358] Vgl. Stiefermann, AiB 2005, S. 155 ff., 158.

[359] Vgl. Engelen-Kefer, BetrAV 2000, S. 674 ff. und Stiefermann, in: GS für Blomeyer, S. 445 ff., 460, beide mit Übersichten der zum damaligen Zeitpunkt geltenden einschlägigen Tarifverträge.

Für diese Tarifverträge gilt das allgemeine Tarifvertragsrecht, d. h. insbesondere das Tarifvertragsgesetz. Danach haben alle Tarifverträge normative Wirkung, wirken also unmittelbar und zwingend zwischen den Tarifvertragsparteien (§ 4 Abs. 1 TVG), ohne jedoch Inhalt des individuellen Arbeitsvertrages zu werden. Der unter den Geltungsbereich des Tarifvertrages fallende Arbeitgeber muss gegenüber dem tarifgebundenen Arbeitnehmer keine ausdrückliche Zusage erteilen. Darüber hinaus kann durch die Allgemeinverbindlichkeitserklärung nach § 5 TVG eine Bindung an den Tarifvertrag entstehen.[360] Eine Änderung des tarifvertraglich begründeten Versorgungswerks ist nur durch Kündigung des bestehenden und Abschluss eines neuen Tarifvertrags möglich. Weiterhin sieht § 17 Abs. 3 BetrAVG die Möglichkeit vor, durch Tarifvertrag von einigen Mindestnormen des BetrAVG zu Lasten der Arbeitnehmer abzuweichen.[361]

2. Betriebsvereinbarung

Die Betriebspartner haben die Möglichkeit, durch Betriebsvereinbarung einen Anspruch auf Leistungen der betrieblichen Altersversorgung zu schaffen.
Zunächst muss die Frage einer Regelung durch Betriebsvereinbarung überhaupt zugänglich sein. Eine Sperre für den Abschluss einer Betriebsvereinbarung kann sich aus § 77 Abs. 3 BetrVG ergeben, wenn Leistungen der betrieblichen Altersversorgung im Tarifvertrag geregelt sind und der Tarifvertrag keine Öffnungsklausel enthält. Besteht ein Tarifvertrag, ist für das Mitbestimmungsrecht des Betriebsrates kein Raum.[362] Eine Betriebsvereinbarung, die gegen die Vorschrift des § 77 Abs. 3 BetrVG verstößt, ist nach § 134 BGB nichtig.
Werden auf Basis einer Betriebsvereinbarung Leistungen der betrieblichen Altersversorgung zugesagt, handelt es sich bei einer entsprechenden Versorgungseinrichtung um eine Sozialeinrichtung im Sinne des § 87 Abs. 1 Nr. 8 BetrVG. Eine solche Einrichtung muss „sozialen“ Zwecken dienen, d. h. den Arbeitnehmern des Betriebes und eventuell deren Familienangehörigen über das unmittelbare Arbeitsentgelt hinaus für die Arbeitsleistung weitere Vorteile gewähren, um ihre soziale Lage zu verbessern. Nicht entscheidend ist, welche konkreten Zwecke der Arbeitgeber mit den Sozialleistungen verfolgt und ob die finanziellen Mittel hierfür nur von ihm oder auch - zum Teil - von den Arbeit-

---

[360] Dazu: Schaub, Arbeitsrechts-Handbuch, § 81 Rdnr. 50.

[361] Hiervon kann die Berechnung der Höhe unverfallbarer Anwartschaften (§ 2 BetrAVG), die Abfindung und Übertragung betrieblicher Versorgungsanwartschaften (§§ 3, 4 BetrAVG), das Auszehrungs- und Anrechnungsverbot (§ 5 BetrAVG) sowie die Anpassungsprüfung (§ 16 BetrAVG) betroffen sein.

[362] Vgl. BAG vom 12.06.1975 - 3 ABR 13/74 - AP Nr. 1 zu § 87 BetrVG 1972(Gründe II B 7a); 3 ABR 137/73 - AP Nr. 2 zu § 87 BetrVG 1972 (Gründe II B 4a); 3 ABR 66/74 - AP Nr. 3 zu § 87 BetrVG 1972 (Gründe II B 3a); vgl. auch Perreng, AiB 2005, S. 170 ff., 170.

nehmern aufgebracht werden. Die Sozialeinrichtung bedarf weiterhin einer gewissen Institutionalisierung und Organisation. Die Mittel für die Sozialleistungen müssen vom übrigen Betriebsvermögen abgrenzbar sein (zweckgebundenes Sondervermögen).[363] Pensionskassen und Unterstützungskassen sind klassische Sozialeinrichtungen mit rechtlich verselbständigtem Vermögen.[364] Unmittelbare Versorgungszusagen und Direktversicherungen stellen kein zweckgebundenes Sondervermögen in Form einer Sozialeinrichtung dar, da eine gewisse selbständige Institutionalisierung und Organisation nicht vorliegt.[365] Nicht zu den Sozialeinrichtungen im Sinne des § 87 Abs. 1 Nr. 8 BetrVG zählen ferner Gruppen-Unterstützungskassen und Gruppen-Pensionskassen, die von mehreren Trägerunternehmen betrieben werden, da sie nicht einem Betrieb, einem Unternehmen oder einem Konzern alleine zugeordnet werden können. Gleiches gilt für Branchen-Pensionsfonds, die von mehreren Trägerunternehmen gemeinsam betrieben werden.

Bei Abschluss oder Änderung einer Betriebsvereinbarung muss zunächst geklärt werden, inwieweit der Betriebsrat zu beteiligen ist. Das erzwingbare Mitbestimmungsrecht des Betriebsrats ist auf Form und Ausgestaltung der Ruhegeldordnung beschränkt.[366] Der Arbeitgeber kann einige maßgebliche Aspekte eines Versorgungswerkes mitbestimmungsfrei entscheiden.[367] In erster Linie gilt dies für die Entscheidung des Arbeitgebers, ob er überhaupt ein Versorgungswerk einrichten bzw. ein bestehendes Versorgungswerk für neu eintretende Arbeitnehmer schließen möchte.[368] Hat sich der Arbeitgeber noch nicht für die Einführung eines Versorgungswerkes entschieden, kann der Betriebsrat eine solche Entscheidung nicht erzwingen. Sobald jedoch eine Entscheidung für ein Versorgungswerk getroffen ist, ist der Betriebsrat so rechtzeitig und sachgerecht zu informieren, dass er seine Mitbestimmungs- und Überwachungsrechte in der gebotenen Weise sorgfältig ausüben kann.[369]

Weiterhin ist der Arbeitgeber frei, den Dotierungsrahmen ohne Zustimmung des Betriebsrates zu bestimmen.[370] Zweck der freien Bestimmbarkeit des Gesamt-

---

[363] Vgl. BAG vom 12.06.1975 - 3 ABR 13/74 - AP Nr. 1 zu § 87 BetrVG 1972 – Altersversorgung (Gründe II 2 f.).

[364] Vgl. Winkelmann, in: Kittner/Zwanziger, § 82 Rdnr. 81.

[365] Vgl. Reichel/Heger Rdnr. 373.

[366] Vgl. Stiefermann, AiB 2005, S. 155 ff., 157.

[367] Zusammenfassend: Kemper, BetrAV 2002, S. 751 ff., 751; Winkelmann, in: Kittner/Zwanziger, § 82 Rdnr. 84.

[368] Vgl. BAG vom 12.06.1975 AP Nr. 1 zu § 87 BetrVG 1972 - Altersversorgung; so auch Perreng, AiB 2005, S. 170 ff., 170.

[369] Vgl. BAG vom 12.06.1975 AP Nr. 1 zu § 87 BetrVG 1972 - Altersversorgung.

[370] Vgl. BAG vom 13.07.1978 AP Nr. 5 zu § 87 BetrVG 1972 - Altersversorgung.

aufwands ist, dass der Arbeitgeber bestimmen kann, welche finanziellen Mittel er für eine Versorgungszusage aufwenden möchte.[371]
Dem Arbeitgeber steht es auch frei zu entscheiden, in welchem Durchführungsweg er Leistungen der betrieblichen Altersversorgung zusagen möchte. Die fünf verschiedenen Durchführungswege haben für den Arbeitgeber unterschiedliche finanzielle und steuerliche Auswirkungen.[372] Die Wahl eines bestimmten Durchführungsweges hat letztlich auch unmittelbare Auswirkungen auf den Dotierungsrahmen. Insofern muss der Arbeitgeber bei der Wahl des Durchführungsweges mitbestimmungsfrei entscheiden können.[373]
Nicht zuletzt kann der Arbeitgeber auch mitbestimmungsfrei den begünstigten Personenkreis bestimmen.[374] Hintergrund dieser Entscheidungsfreiheit ist, dass der Arbeitgeber durch die Festlegung des begünstigten Personenkreises den von ihm mit der Versorgungszusage personalpolitisch verfolgten Zweck realisiert.[375] Inwieweit eine Differenzierung allerdings unter dem Gesichtspunkt der Gleichbehandlung trägt, muss am konkreten Sachverhalt ermittelt werden. Bei der Entgeltumwandlung nach § 1a BetrAVG kann der Arbeitgeber den begünstigten Personenkreis anders als bei der arbeitgeberfinanzierten betrieblichen Altersversorgung nicht bestimmen. Es besteht ein individualrechtlicher Anspruch des einzelnen Arbeitnehmers.[376]
Nach § 87 Abs. 1 Nr. 8 BetrVG hat der Betriebsrat ein erzwingbares Mitbestimmungsrecht über „Form, Ausgestaltung und Verwaltung" von Sozialeinrichtungen.[377] Grundsätzlich bilden die Verteilungsgrundsätze der vom Arbeitgeber zur Verfügung gestellten gesamten Versorgungsmittel den Kernbereich der erzwingbaren Mitbestimmung. Arbeitgeber und Betriebsrat haben darüber zu wachen, dass die Behandlung von Betriebsangehörigen nach den Grundsätzen von Recht und Billigkeit erfolgt. Der Arbeitgeber darf nicht gegen den Gleichbehandlungsgrundsatz verstoßen. Sollte das der Fall sein, kann und muss der Betriebsrat tätig werden. Das Initiativrecht stößt naturgemäß an Grenzen, weil die Initiative des Betriebsrats in der Regel auf eine Ausweitung des Dotierungsrahmens gerichtet ist. Dies kann der Betriebsrat nicht verlangen. Macht er von seinem Initiativrecht Gebrauch, muss er Vorschläge unterbreiten, die den vom Arbeitgeber vorgegebenen Dotierungsrahmen berücksichtigen.[378] Betriebsrat

---

[371] Vgl. Reichel/Heger Rdnr. 364.
[372] Für Einzelheiten siehe oben: Zweiter Teil C II.
[373] Vgl. Reichel/Heger Rdnr. 365; dagegen Perreng, AiB 2005, S. 170 ff., 170, die eine Einbeziehung des Betriebsrates aus Gründen der Akzeptanz anrät.
[374] Vgl. BAG vom 12.06.1975 AP Nr. 1 zu § 87 BetrVG 1972 - Altersversorgung.
[375] Vgl. Reichel/Heger Rdnr. 366.
[376] Vgl. Kemper, BetrAV 2002, S. 751 ff., 752.
[377] Vgl. Perreng, AiB 2005, S. 170 ff., 172.
[378] Vgl. Kemper/Kisters-Kölkes, Arbeitsrechtliche Grundzüge Rdnr. 426.

und Arbeitgeber können jederzeit eine Neustrukturierung der vorgegebenen Versorgungsmittel zum Gegenstand einer Initiative machen.[379] Grundsätzlich ist der Betriebsrat jedoch nach § 80 Abs. 2 BetrVG zur Durchführung seiner Aufgaben rechtzeitig und umfassend vom Arbeitgeber zu unterrichten. Ihm sind auf Verlangen jederzeit die zur Durchführung seiner Aufgaben erforderlichen Informationen zur Verfügung zu stellen.[380] Soweit es zur ordnungsgemäßen Erfüllung der Aufgaben des Betriebsrats erforderlich ist, hat der Arbeitgeber ihm sachkundige Arbeitnehmer als Auskunftspersonen zur Verfügung zu stellen. Er hat die Vorschläge des Betriebsrats zu berücksichtigen, soweit betriebliche Notwendigkeiten nicht entgegenstehen. Darüber hinaus kann der Betriebsrat nach § 80 Abs. 3 BetrVG nach näherer Vereinbarung mit dem Arbeitgeber Sachverständige hinzuziehen, soweit dies zur ordnungsgemäßen Erfüllung seiner Aufgaben erforderlich ist.

Wird das gesetzlich zwingende Mitbestimmungsrecht nach § 87 Abs. 1 Nr. 8 bzw. Nr. 10 BetrVG vom Arbeitgeber nicht beachtet, so kann der Betriebsrat aufgrund seines Initiativrechts gemäß §§ 2a, 80 ff. BetrVG seine Rechte im Beschlussverfahren vor dem zuständigen Arbeitsgericht geltend machen. Einen gegebenenfalls bestehenden Unterlassungsanspruch kann der Betriebsrat unmittelbar im Wege einer einstweiligen Verfügung geltend machen.[381]

In materieller Hinsicht hat der Verstoß gegen das zwingende Mitbestimmungsrecht des Betriebsrats grundsätzlich die individualrechtliche Unwirksamkeit der jeweiligen Maßnahme zur Konsequenz. Dies gilt für alle Durchführungswege der betrieblichen Altersversorgung, und damit auch für rechtlich selbständige externe Versorgungseinrichtungen des Arbeitgebers.[382] Eine Ausnahme besteht lediglich im Bereich überbetrieblicher Versorgungseinrichtungen, bei denen diese Unwirksamkeit nur dann eintritt, wenn sich feststellen lässt, dass eine Beachtung des Mitbestimmungsrechts für die betroffenen Arbeitnehmer die nachteilige Änderung von Leistungsrichtlinien ganz oder teilweise verhindert hätte.[383]

3. Sprecherausschussgesetz

Der Sprecherausschuss kann mit dem Arbeitgeber gem. § 28 Abs. 1 SprAuG Richtlinien und Vereinbarungen über den Inhalt der Arbeitsverhältnisse leiten-

---

379 Vgl. BAG vom 12.06.1975 - 3 ABR 66/74 - AP Nr. 3 zu § 87 BetrVG 1972 (Gründe II B 4a).

380 Vgl. Winkelmann, in: Kittner/Zwanziger, § 82 Rdnr. 91.

381 Vgl. BAG vom 03.05.1994 - 1 ABR 24/93 - AP Nr. 23 zu § 23 BetrVG 1972 (Gründe B III 2).

382 Vgl. BAG vom 26.04.1988 - 3 AZR 168/86 - NZA 1989, S. 219 ff. (Gründe II 5).

383 Vgl. BAG vom 09.05.1989 - 3 AZR 439/88 - NZA 1989, S. 889 ff. (Gründe II 2b).

der Angestellter und damit auch über deren betrieblicher Altersversorgung treffen.[384] Nach § 28 Abs. 2 S. 1 SprAuG gilt der Inhalt der Richtlinien für die Arbeitsverhältnisse unmittelbar und zwingend, soweit dies zwischen Arbeitgeber und Sprecherausschuss vereinbart ist. Hierbei handelt es sich allerdings um keine erzwingbare Mitbestimmung, sondern um einen auf dem Grundsatz der vertrauensvollen Zusammenarbeit (§ 2 SprAuG) basierenden Gestaltungsfreiraum der Verhandlungsparteien.
Darüber hinaus hat der Arbeitgeber den Sprecherausschuss gem. § 30 Nr. 1 SprAuG rechtzeitig über Änderungen der Gehaltsgestaltung zu unterrichten und diese mit ihm zu beraten. Dieses Mitwirkungsrecht umfasst auch die Neu- und Umgestaltung betrieblicher Versorgungsregeln.

4. Einzelvertragliche Vereinbarung

Eine einzelvertragliche Vereinbarung liegt vor, wenn die Einzelheiten der Leistungserbringung direkt zwischen den beiden Vertragsparteien ausgehandelt werden.[385] Es handelt sich um einen Vertrag, der nach den allgemeinen zivilrechtlichen Grundlagen (§§ 145 ff. BGB) durch Angebot des Arbeitgebers und Annahme des versorgungsberechtigten Arbeitnehmers rechtswirksam zustande kommt. Dabei kann die Annahmeerklärung nach § 151 BGB auch stillschweigend erfolgen, da durch die Gewährung betrieblicher Versorgungsleistungen der Arbeitnehmer ausschließlich begünstigt wird.[386]
Das Vertragsangebot des Arbeitgebers braucht aber nicht in allen Einzelheiten die späteren Ruhegeldleistungen zu konkretisieren. Es genügt der erkennbar gewordene Wille des Arbeitgebers, unter bestimmten Voraussetzungen eine Betriebsrente zu zahlen. Auch eine so genannte Blankettzusage ist denkbar; in diesem Fall sagt der Arbeitgeber dem Arbeitnehmer die grundsätzliche Gewährung einer Altersversorgung zu, ohne die genauen Voraussetzungen zu konkretisieren.[387] Spätere vom Arbeitgeber bekannt gegebene Bestimmungen sind dann für die begünstigten Arbeitnehmer verbindlich, wenn sie der Billigkeit entsprechen, § 315 Abs. 3 BGB.[388]
Die Auslegung von Versorgungszusagen, die Teil des Arbeitsvertrages geworden sind, erfolgt nach den allgemeinen Regeln des BGB (§§ 133, 157, 242

[384] Vgl. Löwisch, BetrAV 1990, S. 222 ff., 222.
[385] Vgl. Paulsen-Rist, Praxishandbuch S. 67.
[386] Vgl. BAG vom 12.06.1957 - 4 AZR 5/55 - AP Nr. 24 zu § 242 BGB Ruhegehalt.
[387] Vgl. Schoden, in: Betriebliche Altersversorgung, Rdnr. 51; Schaub, in: Arbeitsrechts-Handbuch, § 81 Rdnr. 34.
[388] Vgl. BAG vom 17.05.1966 - 3 AZR 477/65 - BB 1966, S. 984 f.; BAG vom 13.03.1975 - 3 AZR 446/74 - AP Nr. 167 zu § 242 BGB Ruhegehalt (Gründe I 1a); BAG vom 23.11.1978 - 3 AZR 708/77 - AP Nr. 181 zu § 242 BGB - Ruhegehalt (Gründe 1).

BGB) unter Berücksichtigung des Arbeitnehmerschutzprinzips. Das Arbeitnehmerschutzprinzip ist zu berücksichtigen, weil betriebliche Ruhegehaltsregelungen in aller Regel nicht in echter Vertragsparität ausgehandelt werden und deswegen nicht der gerichtlichen Inhaltskontrolle unterliegen.[389]
Der Arbeitgeber muss also auf die Abfassung von Versorgungszusagen große Sorgfalt verwenden. Im Interesse des Arbeitnehmerschutzes kann der Arbeitgeber bei mehrdeutigen Verträgen an einer für ihn ungünstigen Auslegung festgehalten werden, wenn er bei seinen Arbeitnehmern das Vertrauen in eine bestimmte Regelung erweckt hat. Dies wird gemeinhin als arbeitsrechtliche Unklarheitenregel[390] bezeichnet und ist mittlerweile in § 305c Abs. 2 BGB geregelt.

5. Gesamtzusagen und vertragliche Einheitsregelungen

Diese Zusageformen kommen in der Praxis häufig vor. Da in der Regel viele Arbeitnehmer begünstigt werden sollen, verhandelt der Arbeitgeber nicht mit jedem einzelnen, sondern erlässt eine einheitliche Ruhegeld- oder Versorgungsordnung. Diese wird dann Bestandteil der einzelnen Arbeitsverträge.[391]
Die Zusagen beinhalten den Willen des Arbeitgebers, unter bestimmten Voraussetzungen allen oder einer Gruppe von Arbeitnehmern Versorgungsleistungen zu gewähren. Unter einer Gesamtzusage ist die an alle Arbeitnehmer oder einen nach abstrakten Merkmalen bestimmten Teil von ihnen in allgemeiner Form gerichtete Erklärung des Arbeitgebers zu verstehen, zusätzliche Leistungen erbringen zu wollen.[392] Der Arbeitgeber kann dies durch eine einseitige Erklärung an die Belegschaft zum Ausdruck bringen, z. B. durch Aushang am „Schwarzen Brett“, durch Rundschreiben oder auch durch einfache mündliche Bekanntgabe (z. B. im Rahmen einer Betriebsversammlung). Eine ausdrückliche Vertragsannahme durch den einzelnen Arbeitnehmer ist nach § 151 BGB nicht erforderlich.[393]

---

389 Vgl. BAG vom 26.10.1973 - 3 AZR 377/72 - AP Nr. 161 zu § 242 BGB Ruhegehalt (Gründe 4).

390 Siehe dazu: BAG vom 25.05.1973 - 3 AZR 405/72, BB 1973, 1171, BAG vom 27.01.1998 - 3 AZR 444/96; Schoden, in: Betriebliche Altersversorgung, Rdnr. 52; Schaub, in: Arbeitsrechts-Handbuch, § 81 Rdnr. 34.

391 Vgl. Stiefermann, AiB 2005, S. 155 ff., 156.

392 Vgl. BAG vom 19.05.2005 - 3 AZR 660/03 - NZA 2005, S. 889 ff. (Gründe II 3a).

393 Vgl. BAG vom 17.05.1966 - 3 AZR 477/65, BB 1966, S. 984 f.; BAG vom 12.03.1963 - 3 AZR 266/62 - NJW 1963, S. 1996; BAG vom 28.03.2003 - 3 AZR 101/02 - NZA 2004, S. 1099 ff. (Gründe B I 1a); BAG vom 19.05.2005 - 3 AZR 660/03 - NZA 2005, S. 889 ff. (Gründe II 3a); Paulsen-Rist, Praxishandbuch, Rdnr. 67; Schaub, in: Arbeitsrechts-Handbuch, § 81 Rdnr. 35.

Von einer vertraglichen Einheitsregelung spricht man, wenn Arbeitgeber und Arbeitnehmer den Vertragsinhalt nicht individuell aushandeln, sondern ihn durch Verweisung auf vom Arbeitgeber für eine Vielzahl von Verträgen vorformulierten Arbeitsbedingungen festlegen.[394] Die vertragliche Einheitsregelung ist demnach ebenso wie die Gesamtzusage eine Bündelung vieler Versorgungsvereinbarungen unter dem Dach einer einheitlichen Versorgungssystematik. Die sich hieraus ergebenden Versorgungsansprüche sind vertraglicher Natur.[395]

6. Betriebliche Übung

Ein Anspruch des Arbeitnehmers auf Betriebsrentenzahlung kann auch infolge betrieblicher Übung begründet werden; als Anspruchsgrundlage ist die betriebliche Übung in § 1b Abs. 1 S. 4 BetrAVG ausdrücklich aufgeführt.
Eine betriebliche Übung setzt eine regelmäßige Wiederholung gleichförmiger Verhaltensweisen im Betrieb voraus, die denjenigen, der sich gleichmäßig verhält, gegenüber seinen Vertragspartnern rechtlich bindet.[396] Eine entsprechende betriebliche Übung hinsichtlich der Gewährung betrieblicher Versorgungsleistungen wird dann bejaht, wenn ein verständiger Arbeitnehmer nach Treu und Glauben mit Rücksicht auf die Verkehrssitte aus dem Verhalten des Arbeitgebers schließen durfte, dass er wie andere Arbeitnehmer des Betriebes ebenfalls betriebliche Versorgungsleistungen erhalten werde.[397] In solchen Fällen finden die Bestimmungen des Betriebsrentengesetzes auch dann Anwendung, wenn keine Versorgungszusage erteilt wurde.
Dies ist z. B. dann der Fall, wenn ein Arbeitgeber jahrelang ein 13. Ruhegehalt oder Weihnachtsgeld zahlt, das in der Versorgungsordnung nicht vorgesehen ist. Die Versorgungsberechtigten erwerben dann kraft betrieblicher Übung eine entsprechende Versorgungsanwartschaft, und zwar bereits vor Eintritt des Versorgungsfalls.[398]
Die Rechtsfolgen treten aufgrund des Verpflichtungstatbestandes ein. Es ist unerheblich, ob der Arbeitgeber einen Verpflichtungswillen für die Zukunft

---

[394] Vgl. Stiefermann, AiB 2005, S. 155 ff., 156.
[395] Vgl. BAG vom 16.09.1986 - GS 1/82 - AP Nr. 17 zu § 77 BetrVG 1972 (Gründe C II 1a).
[396] Vgl. BAG vom 07.09.1982 - 3 AZR 5/80 - AP Nr. 1 zu TV Arb Bundespost § 3 (Gründe III 1a) ; BAG vom 04.09.1985 - 7 AZR 262/83 - AP Nr. 22 zu § 242 BGB Betriebliche Übung (Gründe I 2 a); BAG vom 28.03.2003 - 3 AZR 101/02 - NZA 2004, S. 1099 ff. (Gründe B I 2a).
[397] Vgl. BAG vom 29.10.1985 - 3 AZR 462/83 - AP Nr. 2 zu § 1 BetrAVG Betriebliche Übung (Gründe B I 2); BAG vom 19.05.2005 - 3 AZR 660/03 - NZA 2005, S. 889 ff. (Gründe II 4a); siehe auch Stiefermann, AiB 2005, S. 155 ff., 156.
[398] Vgl. BAG vom 30.10.1984 - 3 AZR 236/82 - AP Nr. 1 zu § 1 BetrAVG Betriebliche Übung (Gründe I 2b).

hatte. Will er bei der Gewährung von Leistungen die Entstehung einer betrieblichen Übung verhindern, dann muss er das gegenüber den Betroffenen erkennbar zum Ausdruck bringen, z. B. die Leistungen unter Freiwilligkeitsvorbehalt erbringen[399] oder die Versorgungsordnung für Neueintritte schließen.[400] Zum Teil wird auf den Charakter einer schuldrechtlichen Verpflichtung, zum Teil auch auf den Vertrauensschutzgedanken in der betrieblichen Altersversorgung verwiesen: Würden in einem Betrieb unter bestimmten Voraussetzungen Versorgungsleistungen zugesagt und gewährt, dürften auch die nicht unmittelbar begünstigten Arbeitnehmer damit rechnen, dass diese Übung fortgesetzt wird und dass sie die gleichen Vergünstigungen erhalten, sobald sie die Voraussetzungen erfüllen.[401]
Auch wenn die betriebliche Übung Rechtsgrundlage für den Betriebsrentenanspruch ist, ist der Zusagezeitpunkt der Tag des Eintritts des Arbeitnehmers in den Betrieb. Eine unverfallbare Anwartschaft entsteht somit, ohne dass eine schriftliche Versorgungszusage vorliegt, nach zehnjähriger Betriebszugehörigkeitszeit, wenn der Arbeitnehmer in diesem Zeitpunkt auch das 35. Lebensjahr vollendet hat, bzw. nach fünfjähriger Betriebszugehörigkeitszeit und Vollendung des 30. Lebensjahres, wenn die Versorgungszusage nach dem 01.01.2001 erfolgte bzw. seit dem 01.01.2001 fünf Jahre bestanden hat, § 30 f. BetrAVG.

7. Gleichbehandlungsgrundsatz

Ein Anspruch auf Leistungen der betrieblichen Altersversorgung kann sich auch unter dem Gesichtspunkt der Gleichbehandlung ergeben. Hinsichtlich dieses zentralen Aspektes der Untersuchung wird auf die Ausführungen des nachfolgenden Abschnitts[402] verwiesen.

III. Zwischenergebnis

Der Arbeitgeber verfügt über ein reichhaltiges Spektrum an Möglichkeiten, dem Arbeitnehmer eine Zusage auf Leistungen der betrieblichen Altersversorgung zu erteilen. Letztlich werden für die Frage des „Wie“ der Zusageerteilung Gesichtspunkte der Praktikabilität (Standardisierung, Anzahl der Begünstigten, etc.) entscheidend sein. Spannender dürfte indes die Frage des „Ob“ sein: Der Arbeitgeber ist - abgesehen vom Anspruch auf Entgeltumwandlung - weitge-

---

[399] Vgl. Paulsen-Rist, Praxishandbuch S. 69.
[400] Vgl. BAG vom 12.07.1968 - 3 AZR 218/67 - AP Nr. 128 zu § 242 BGB Ruhegehalt (Leitsatz 3).
[401] Vgl. Reichel/Heger Rdnr. 337; Paulsen-Rist, Praxishandbuch S. 69 f.; Schaub, in: Arbeitsrechts-Handbuch, § 81 Rdnr. 38.
[402] Zu den Schranken betrieblicher Zusagegestaltung siehe unten: Zweiter Teil G.

hend frei, ob er überhaupt eine Betriebsrente zusagt. Entscheidet er sich für die Zusage, darf er nicht willkürlich einzelne oder Gruppen von Arbeitnehmern ausgrenzen. Welche Sachgründe ggf. eine Differenzierung rechtfertigen, wird im Dritten Teil am Beispiel der geringfügig Beschäftigten und eingetragenen Lebenspartner untersucht.

G) Schranken betrieblicher Zusagegestaltung

Betriebliche Altersversorgung wird oftmals allzu pauschal dem Bereich der freiwilligen Sozialleistungen des Arbeitsgebers zugeordnet. Diese Einordnung ist sicherlich nicht falsch; sie birgt jedoch die Gefahr, dass der Entgeltcharakter der Betriebsrente in den Hintergrund gedrängt wird.[403] Bei der betrieblichen Altersversorgung handelt es sich um einen nicht unerheblichen Vergütungsbestandteil, der von Seiten des Arbeitgebers bewusst zur Mitarbeiterbindung eingesetzt wird. Hierbei bewegt sich der Arbeitgeber innerhalb eines gesetzlichen Rahmens, der die Grenzen der Gestaltungsfreiheit definiert. Nationale und europäische Bestimmungen bilden diesen rechtlichen Rahmen, der nachfolgend beschrieben werden soll. Die allgemeine Beschreibung dient als Grundlage der konkreten Prüfung im Dritten Teil der Arbeit, wenn es um die Einbeziehung geringfügig Beschäftigter in die betriebliche Altersversorgung und eingetragener Lebenspartner in die betriebliche Hinterbliebenenversorgung geht.

I. Nationale Schranken betrieblicher Zusagegestaltung

Bereits auf der Ebene des nationalen Rechts sind der Gestaltungsfreiheit des Arbeitgebers Grenzen gesetzt. Nachfolgend wird eine Darstellung der bestehenden deutschen Rechtslage vorgenommen.

1. Grundrechtsschranken

Für Versorgungszusagen gilt der Grundsatz der Vertragsfreiheit. Da die Altersversorgung eine freiwillige Sozialleistung des Arbeitgebers darstellt, ist dieser grundsätzlich in seiner Entscheidung frei, ob und unter welchen Voraussetzungen er eine betriebliche Altersversorgung gewähren will.[404] Nur für die Entgeltumwandlung hat der Gesetzgeber dem Arbeitnehmer seit 2002 einen Anspruch eingeräumt, § 1a Abs. 1 S. 1 BetrAVG.[405] Jedoch finden individualrechtliche

---

[403] Zum Rechtscharakter siehe ausführlich oben: Zweiter Teil E.
[404] So beispielsweise BAG vom 10.03.1973 - 3 AZR 278/71 - AP Nr. 156 zu § 242 BGB Ruhegehalt (Gründe A I 1) m. w. N.; Winkelmann, in: Kittner/Zwanziger, § 82 Rdnr. 77.
[405] Vgl. Meier/Recktenwald, BB 2006, S. 707 ff., 712.

Vereinbarungen ihre Grenzen in höheren Rechtsnormen.[406] Versorgungsregelungen sind wie sonstige Akte privatautonomer Rechtssetzung an die Grundrechte gebunden. Ausmaß und Begründung dieser Bindung sind umstritten und werden nachfolgend näher erörtert. Einleitend kann Inhalt und Ausmaß der Gestaltungsfreiheit auf den Punkt gebracht werden: „Das Recht, die eigenen Rechtsverhältnisse entsprechend dem eigenen Willen selbst zu gestalten, ist Teil der allgemeinen Handlungsfreiheit. Aber das Recht, Rechtsverhältnisse zu gestalten, die Folgen für andere haben, unterliegt eben auch deren Schranken."[407]

1.1 Mittelbare und unmittelbare Drittwirkung der Grundrechte

Versorgungsregelungen müssen nach der Rechtsprechung des BAG die Grundrechte der Verfassung wahren.[408] Dies gilt unabhängig davon, ob sie in einem Tarifvertrag, einer Betriebsvereinbarung oder in einer einzelvertraglichen Regelung enthalten sind.[409] Bei kollektivrechtlichen Vereinbarungen ergibt sich die unmittelbare Grundrechtsbindung aus deren normativem Charakter.[410]
Auch bei individualrechtlichen Vereinbarungen nimmt das BAG wegen der „Drittwirkung der Grundrechte" eine unmittelbare Bindung an. Hiernach wirken die Grundrechte unmittelbar auf die vertraglichen Rechtsbeziehungen ein, wenn der Grundrechtsträger zwar nicht durch den Staat, aber durch einen vom Staat geschaffenen oder tolerierten Machtträger in seiner Position gefährdet wird. Das Schrifttum lehnt die unmittelbare Drittwirkung der Grundrechte z. T. ab.[411] Bejaht wird jedoch eine mittelbare Drittwirkung der Grundrechte in der Weise, dass diese als Auslegungsregeln wertauffüllungsbedürftige Generalklauseln des Zivilrechts konkretisieren. In der Praxis führen beide Auffassungen häufig zu gleichen Ergebnissen.[412]

---

406 Vgl. Andresen/Förster/Rößler/Rühmann, Teil 7 B Rdnr. 1 ff. m. w. N.

407 Baer, ZRP 2002, S. 290 ff., 291.

408 Vgl. BAG vom 31.08.1978 - 3 AZR 313/77 - AP Nr. 1 zu § 1 BetrAVG Gleichberechtigung (Gründe III 1).

409 Vgl. BAG vom 15.01.1955 - 1 AZR 138/54 - AP Nr. 3 zu Art. 3 GG (Leitsatz 3); BAG vom 28.03.1958 - 1 AZR 336/57 - AP Nr. 28 zu Art. 3 GG (Leitsatz); BAG vom 18.10.1961 - 1 AZR 75/61 - AP Nr. 69 zu Art. 3 GG (Leitsatz 1); BAG vom 25.01.1963 - 1 AZR 122/62 - AP Nr. 77 zu Art. 3 GG; BAG vom 31.08.1978 - 3 AZR 313/77 - AP Nr. 1 zu § 1 BetrAVG Gleichberechtigung (Gründe III 1).

410 Vgl. BAG vom 15.01.1955 - 1 AZR 305/54 - AP Nr. 4 zu Art. 3 GG (Leitsätze 1 und 3); BAG vom 21.03.1974 - 4 AZR 187/72 - DB 1973, S. 1509 f. (Gründe 2a).

411 So z. B. Canaris, AcP 184 (1984), S. 201 ff., 203, m. w. N.

412 Vgl. BAG vom 31.08.1978 - 3 AZR 313/77 - AP Nr. 1 zu § 1 BetrAVG Gleichberechtigung (Gründe III 1).

1.2 Grundrechte im Einzelnen

Der Arbeitgeber muss bei seiner Zusagegestaltung verschiedene verfassungsrechtliche Vorgaben beachten. So sind Abreden nichtig, welche die Koalitionsfreiheit des Art. 9 Abs. 3 GG einschränken oder zu behindern suchen. Aus diesem Grund lehnte das BAG Differenzierungsklauseln ab, die gewerkschaftlich organisierten Arbeitnehmern höhere Versorgungsleistungen einräumen als nicht organisierten.[413] Auch verbiete es der in Art. 6 Abs. 1 GG verankerte Schutz von Ehe und Familie, in Versorgungsregelungen nachteilige Folgen an die Verheiratung eines Arbeitnehmers zu knüpfen.[414] Im Rahmen dieser Untersuchung muss die Darstellung der Grundrechtsschranken auf die Gleichbehandlungsgebote und Diskriminierungsverbote des Art. 3 GG beschränkt bleiben.

1.2.1 Art. 3 Abs. 3 GG

Zunächst ist das Diskriminierungsverbot des Art. 3 Abs. 3 GG zu beachten, wonach niemand wegen seines Geschlechts, seiner Abstammung, seiner Rasse, seiner Sprache, seiner Heimat und Herkunft[415], seines Glaubens, seiner religiösen und politischen Anschauung benachteiligt oder bevorzugt werden darf. Die Vorschrift enthält ein subjektives Grundrecht mit Abwehrcharakter gegen verbotene Ungleichbehandlungen und zugleich eine objektive Wertentscheidung.[416] Sie verpflichtet alle Träger öffentlicher Gewalt und insbesondere den Gesetzgeber des Privatrechts; entsprechende Einwirkungen werden etwa durch die Generalklauseln vermittelt.[417] Das Differenzierungsverbot richtet sich gegen Bevorzugungen und Benachteiligungen der bezeichneten Gruppen durch den Staat.[418] Nach Ansicht von *Dieterich* formuliert Art. 3 Abs. 3 GG „den Menschenwürdekern des Gleichheitssatzes“[419] und stellt ihn unter besonderen und verstärkten Schutz.

---

[413] Vgl. BAG vom 29.11.1967 - GS 1/67 - AP Nr. 13 zu Art. 9 GG.

[414] Vgl. Andresen/Förster/Rößler/Rühmann, Teil 7 B, Rdnr. 23 ff. m. w. N.

[415] Allerdings sieht § 3 Abs. 1 Satz 3 Nr. 3 BetrAVG bei Ausländern weitere Abfindungsmöglichkeiten vor als bei deutschen Arbeitnehmern, wenn Beiträge zur gesetzlichen Rentenversicherung erstattet wurden. Im Gesetzestext kommt diese Beschränkung auf ausländische Arbeitnehmer nicht eindeutig zum Ausdruck.

[416] Vgl. Starck, in: Mangoldt/Klein/Starck, Art. 3 Abs. 2 GG, Rdnr. 370; Jarass, in: Jarass/Pieroth, Art. 3, Rdnr. 115.

[417] Vgl. Jarass, in: Jarass/Pieroth, Art. 3, Rdnr. 116.

[418] Vgl. Dieterich, in: ErfKomm Art. 3 GG Rdnr. 68; Starck, in: Mangoldt/Klein/Starck, Art. 3 Abs. 2 GG, Rdnr. 378.

[419] Dieterich, in: ErfKomm Art. 3 GG Rdnr. 66; ähnlich Starck, in: Mangoldt/Klein/Starck, Art. 3 Abs. 3 GG, Rdnr. 367.

Voraussetzung ist eine Ungleichbehandlung in Abhängigkeit von bestimmten Merkmalen des Grundrechtsinhabers.[420] Die Merkmale des Art. 3 Abs. 3 S. 1 GG haben gemeinsam, dass „auf deren Vorhandensein oder Fehlen der Einzelne keinen oder nur einen begrenzten Einfluss nehmen kann“[421]. Sie dürfen nicht zum Anlass einer Differenzierung genommen werden.[422] Eine solche Differenzierung liegt vor, wenn „Personen in ihren wirtschaftlichen, ideellen oder emotionalen Interessen unmittelbar oder mittelbar berührt werden“[423]. Personen, die sich allein in den genannten Merkmalen unterscheiden, sind als „gleich“ zu behandeln.[424]
Jede Differenzierung indiziert einen Verfassungsverstoß, der seinerseits einer Rechtfertigung bedarf. Dabei muss die Differenzierung zur Lösung von Problemen notwendig sein, die ihrer Natur nach nur bei Personen der einen Gruppe auftreten können, wenn das Kriterium „das konstituierende Element des zu regelnden Lebenssachverhalts bildet“[425]. Art. 3 Abs. 3 S. 1 GG hat als spezielles Gleichheitsrecht Vorrang vor Art. 3 Abs. 1 GG und konkurriert mit dem nachfolgend beschriebenen Art. 3 Abs. 2 GG.[426]

1.2.2 Art. 3 Abs. 2 GG

Nach Art. 3 Abs. 2 GG sind Männer und Frauen gleichberechtigt. Der Gleichberechtigungssatz ist eine Konkretisierung des allgemeinen Gleichheitssatzes. Er ist zudem Grundlage des Lohngleichheitssatzes.[427] Art. 3 Abs. 2 S. 1 GG ist eines der „nachfolgenden Grundrechte“ i. S. d. Art. 1 Abs. 3 GG, die unmittelbar geltendes Recht sind.[428]
Eine Grundrechtsbeeinträchtigung ist gegeben, wenn ein Grundrechtsadressat dem Grundrechtsträger durch die geschlechtsbezogene Ungleichbehandlung einen Nachteil zufügt. Ebenfalls wird die ungleiche Begünstigung einer Person des anderen Geschlechts erfasst.[429] Dabei ist eine geschlechtsbezogene Ungleichheit notwendig, d. h. die Ungleichbehandlung muss von der Eigenschaft

---

[420] Vgl. Jarass, in: Jarass/Pieroth, Art. 3, Rdnr. 117.
[421] BVerfG vom 08.10.1997 - 1 BvR 9/97 - BVerfGE 96, S. 288 ff., 302 (Gründe C I 1a aa).
[422] Vgl. Schaub, in: Arbeitsrechts-Handbuch § 112 Rdnr. 4.
[423] Dieterich, in: ErfKomm Art. 3 GG Rdnr. 70.
[424] Vgl. Kocher, RdA 2002, S. 167 ff., 168.
[425] BVerfG vom 17.10.1957 - 1 BvL 1/57 - E 7, S. 155 ff., 171 (Gründe IV 2a a. E.).
[426] Vgl. Jarass, in: Jarass/Pieroth, Art. 3, Rdnr. 117.
[427] Vgl. Schaub, in: Arbeitsrechts-Handbuch § 112 Rdnr. 3.
[428] Vgl. Starck, in: Mangoldt/Klein/Starck, Art. 3 Abs. 2 GG, Rdnr. 319.
[429] Vgl. Jarass, in: Jarass/Pieroth, Art. 3, Rdnr. 88.

des Grundrechtsträgers als Mann oder Frau abhängen.[430] Denn Art. 3 Abs. 2 GG schützt sowohl Männer wie Frauen vor Benachteiligung.[431]
Das Grundrecht der Gleichberechtigung enthält eine objektive Wertentscheidung.[432] Zugleich schafft es ein subjektives Recht hinsichtlich des staatlichen Auftrags zur Angleichung der Lebensverhältnisse.[433] Nach Art. 3 Abs. 2 S. 2 GG wird dem Staat die Aufgabe zugewiesen, die tatsächliche Durchsetzung der Gleichberechtigung von Frauen und Männern zu fördern und auf die Beseitigung bestehender Nachteile hinzuwirken.[434] Die Bestimmung sieht allerdings selbst keine Gleichstellungsmaßnahmen vor, sondern ermächtigt lediglich dazu, solche zu entwickeln und durchzuführen.[435]
Geschlechtsspezifische Differenzierungen sind jedoch nicht grundsätzlich ausgeschlossen. Nach der früheren Rechtsprechung des BVerfG waren Regelungen, die nach dem Geschlecht unterscheiden, verfassungsgemäß, wenn biologische oder funktionale Unterschiede dies rechtfertigten. Allerdings mussten solche Unterschiede den Regelungsgegenstand so entscheidend prägen, dass vergleichbare Elemente daneben zurücktreten.[436] Das Gericht stellt jedoch mittlerweile erhöhte Anforderungen an geschlechtsspezifische Ungleichbehandlungen. Diese sind nur noch dann zulässig, „soweit sie zur Lösung von Problemen, die ihrer Natur nach nur entweder bei Männern oder bei Frauen auftreten können, zwingend erforderlich sind“[437]. Obwohl das Grundrecht selbst keinen Gesetzesvorbehalt aufweist, kann eine Ungleichbehandlung auch durch kollidierendes Verfassungsrecht gerechtfertigt sein.[438]
Nach Ansicht des BVerfG besteht der über das Diskriminierungsverbot des Art. 3 Abs. 3 GG hinausreichender Regelungsgehalt des Abs. 2 darin, „dass er ein

---

[430] Vgl. ebenda, Rdnr. 85.
[431] Vgl. BVerfG vom 31.03.1971 - 1 BvL 9/68 - BVerfGE 31, S. 1 ff., 4 (Gründe III 1); BVerfG vom 30.01.2002 - 1 BvL 23/96 - BVerfGE 104, S. 373 ff., 393 (Gründe C III 1a).
[432] Vgl. BVerfG vom 24.07.1963 - 1 BvL 30/57, 11/61 - BVerfGE 17, S. 1 ff., 27 (Gründe B V 1); BVerfG vom 21.05.1974 - 1 BvL 22/71 und 21/72 - BVerfGE 37, S. 217 ff. 259 f. (Gründe B VI).
[433] Vgl. Jarass, in: Jarass/Pieroth, Art. 3, Rdnr. 81.
[434] Vgl. Zwanziger, in: Kittner/Zwanziger, § 111 Rdnr. 43.
[435] Vgl. Kocher, RdA 2002, S. 167 ff., 169.
[436] Vgl. BVerfG vom 20.03.1963 - 1 BvR 505/59 - NJW 1963, S. 947 ff. (Gründe B I 2a).
[437] BVerfG vom 28.01.1992 - 1 BvL 1025/82, 16/83, 10/91 - NJW 1992, S. 964 ff. (Gründe C I 2); siehe auch BVerfG vom 24.01.1995 - 1 BvL 18/93 u. a. - NJW 1995, S. 1733 ff. (Gründe D I 1).
[438] Vgl. BVerfG vom 24.01.1995 - 1 BvL 18/93 und 5, 6, 7/94, 1 BvR 403, 569/94 - BVerfGE 92, S. 91 ff., 109 (Gründe D I 1).

Gleichberechtigungsgebot aufstellt und dieses auch auf die gesellschaftliche Wirklichkeit erstreckt"[439].

1.2.3 Art. 3 Abs. 1 GG

Art. 3 Abs. 1 GG bestimmt, dass alle Menschen vor dem Gesetz gleich sind. Der allgemeine Gleichheitssatz ist neben dem Rechtsstaatsprinzip zentraler Ausdruck des Gerechtigkeitsgedankens im Grundgesetz und fundamentales Rechtsprinzip.[440] Die staatsbürgerliche Gleichheit ist Grundlage der verfassten Demokratie. Gleichheit vor dem Gesetz (Rechtsanwendungsgleichheit) ist als Gegenprinzip zu ständischen Unterschieden eng mit dem modernen Begriff des Rechts und der Bindung aller Staatsgewalt an Recht und Gesetz verknüpft. Unter dem Grundgesetz bindet das Ziel materieller Gerechtigkeit sogar den parlamentarischen Gesetzgeber ebenso wie jede andere Rechtssetzung (Rechtssetzungsgleichheit). In Verbindung mit dem Sozialstaatsprinzip ist der Gleichheitssatz Grundlage und Legitimation staatlicher Bestrebung, tatsächliche gesellschaftliche Ungleichheit abzubauen (Gleichheit durch das Gesetz).
Art. 3 Abs. 1 GG gewährt dem Einzelnen in seiner Abwehrfunktion ein subjektives öffentliches Recht gegen den Staat auf Gleichbehandlung. Gesetzgebung, Rechtsprechung und Verwaltung sind nach Art. 1 Abs. 3 GG an ihn gebunden.[441]
Art. 3 Abs. 1 GG ist vor allem dann verletzt, wenn eine Gruppe von Normadressaten im Vergleich zu anderen Normadressaten anders behandelt wird, obwohl zwischen beiden Gruppen keine Unterschiede von solcher Art und solchem Gewicht bestehen, dass sie die ungleiche Behandlung rechtfertigen könnten.[442] Maßgeblicher Bezugspunkt für die Prüfung eines Verstoßes gegen den Gleichheitssatz ist also die Frage, ob eine Personengruppe gegenüber einer anderen ohne hinreichend sachlichen Grund unterschiedlich behandelt wird.[443] Das Gleichbehandlungsgebot verbietet auch eine willkürliche Gruppenbildung.[444]

---

439 BVerfG vom 28.01.1992 - 1 BvL 1025/82, 16/83, 10/91 - NJW 1992, S. 964 ff. (Gründe C I 2); siehe auch BVerfG vom 24.01.1995 - 1 BvL 18/93 u. a. - NJW 1995, S. 1733 ff. (Gründe D I 1).
440 Vgl. BVerfG vom 31.05.1988 - 1 BvL 22/85 - NJW 1988, S. 3258 ff. (Gründe C II 2).
441 Vgl. Schaub, in: Arbeitsrechts-Handbuch § 112 Rdnr. 2.
442 Vgl. BVerfG vom 07.10.1980 - 1 BvL 50 und 89/79, 1 BvR 240/79 - NJW 1981, S. 271 ff. (Gründe B II 1); BVerfG vom 31.05.1988 - 1 BvL 22/85 - NJW 1988, S. 3258 ff. (Gründe C II 1).
443 Vgl. BVerfG vom 31.05.1988 - 1 BvL 22/85 - NJW 1988, S. 3258 ff. (Gründe C II 1).
444 Vgl. Kocher, RdA 2002, S. 167 ff., 168.

Die Tarifvertragsparteien sind unmittelbar an den Gleichheitssatz der Verfassung gebunden.[445] Obwohl Tarifverträge nicht Ausübung öffentlicher Gewalt i. S. v. Art. 1 Abs. 3 GG sind[446], ist die autonome Rechtsetzungsmacht der Tarifvertragsparteien dennoch an Art. 3 Abs. 1 GG gebunden; es handelt sich um eine ungeschriebene Grenze der Tarifautonomie.[447] Den Tarifvertragsparteien gebührt allerdings ebenso wie dem Gesetzgeber ein weiter Gestaltungsfreiraum und eine Einschätzungsprärogative in Bezug auf die sachlichen Gegebenheiten und betroffenen Interessen. Das folgt aus Art. 9 Abs. 3 GG, der Staatsferne gewährleistet und Tarifzensur verbietet. Entsprechende Zurückhaltung ist bei der gerichtlichen Kontrolle von Tarifverträgen am Maßstab des Art. 3 Abs. 1 GG geboten. Den Tarifvertragsparteien sind gegebenenfalls Differenzierungen erlaubt, die der arbeitsrechtliche Gleichbehandlungsgrundsatz dem einzelnen Arbeitgeber verwehrt.[448]

Betriebsvereinbarungen sind dagegen nicht unmittelbar an den Gleichheitssatz aus Art. 3 Abs. 1 GG gebunden.[449] Gleiches gilt für die Einigungsstellen als privatrechtliche, innerbetriebliche Schlichtungsstellen, selbst dann, wenn ihre Beschlüsse bindend und Grundlage für Eingriffe in grundrechtsgeschützte Bereiche sind.[450] Für die Betriebsvereinbarungen ergibt sich eine Gleichbehandlungspflicht der Betriebspartner z. B. aus § 75 BetrVG. Dies gilt insbesondere im Hinblick auf Rasse, ethnische Herkunft, Abstammung oder sonstige Herkunft, Religion oder Weltanschauung, Behinderung, Alter, politische oder gewerkschaftliche Betätigung oder Einstellung, Geschlecht oder sexuelle Identität.[451]

Die Arbeitsvertragsparteien selbst sind als Grundrechtsträger nicht Grundrechtsadressaten, also nicht unmittelbar in allen Bereichen des Arbeitsrechts an Art. 3 Abs. 1 GG gebunden.[452] Der Arbeitnehmer genießt aber im Verhältnis zum Arbeitgeber gleichartigen Schutz durch den arbeitsrechtlichen Gleichbehand-

---

445 Vgl. BAG vom 07.03.1995 - 3 AZR 282/94 - NZA 1996, S. 48 ff. (Gründe B II 2a) ; BAG vom 04.04.2000 - 3 AZR 729/98 - NZA 2002, S. 917 ff. (Gründe III 2); Blomeyer/Otto, Anh. § 1 Rdnr. 32; Zwanziger, in: Kittner/Zwanziger, § 111 Rdnr. 3.

446 Vgl. Dieterich, in: ErfKomm Einl. GG Rdnr. 47 ff.

447 Vgl. Dieterich, in: ErfKomm Art. 3 GG Rdnr. 26.

448 Vgl. BAG vom 10.03.1982 – 4 AZR 540/79 - AP Nr. 47 zu § 242 BGB Gleichbehandlung (Leitsatz 3 und Gründe).

449 Vgl. BVerfG vom 23.04.1986 - 2 BvR 487/80 - AP Nr. 28 zu Art. 2 GG (zu B I der Gründe).

450 Vgl. BAG vom 27.05.1986 - 1 ABR 48/84 - AP Nr. 15 zu § 87 BetrVG Überwachung (Gründe II 2 b).

451 Vgl. dazu auch Blomeyer/Otto, Anh. § 1 Rdnr. 32.

452 Vgl. Kocher, RdA 2002, S. 167 ff., 168.

lungsgrundsatz. Dieser wird allerdings inhaltlich durch den allgemeinen Gleichheitssatz des Art. 3 Abs. 1 GG bestimmt.[453]

2. Allgemeiner arbeitsrechtlicher Gleichbehandlungsgrundsatz

Beim arbeitsrechtlichen Gleichbehandlungsgrundsatz handelt es sich um ein arbeitsrechtliches Leitprinzip von außerordentlicher Tragweite. Den Stellenwert dieses Grundsatzes aus Sicht des Arbeitnehmers beschrieb *Hilger* besonders plastisch mit dem Satz, es gebe „wenig Dinge, die das Gerechtigkeitsgefühl des Arbeitnehmers so sehr kränken wie der Verdacht oder gar die Gewissheit, schlechter als ein Arbeitskollege behandelt zu werden“[454].
Der Grundsatz der Gleichbehandlung kommt als Anspruchsgrundlage für die Zahlung einer Betriebsrente in Betracht, wenn der Arbeitgeber einer bestimmten Gruppe von Arbeitnehmern Betriebsrentenzusagen gemacht hat bzw. Betriebsrenten zahlt und der Arbeitnehmer hiervon nicht betroffen ist.

2.1 Dogmatische Herleitung

Eine einheitliche gesetzliche Verankerung des Gleichheitsgrundsatzes besteht nicht. Vielmehr findet er sich als allgemeiner Rechtsgedanke sowohl in positivrechtlicher, als auch in ungeschriebener Form. Der arbeitsrechtliche Gleichbehandlungsgrundsatz ist gewohnheitsrechtlich anerkannt.
Das RAG entwickelte den Gleichbehandlungsgrundsatz aus der „auf Grund tatsächlicher Handhabung aus der Betriebsgemeinschaft [...] erwachsende Ordnung“[455], d. h. das tatsächliche Gemeinschaftsleben des Betriebes sollte den Inhalt des einzelnen Arbeitsverhältnisses beeinflussen können.
Zum Teil wird unterstützend auf die Gerechtigkeitsidee verwiesen. Damit wird üblicherweise der hohe Rang des arbeitsrechtlichen Gleichbehandlungsgrundsatzes begründet. Fraglich erscheint in diesem Zusammenhang die Horizontalwirkung von Art. 3 Abs. 1 GG im Arbeitsrecht. Das BAG führt zur Begründung des arbeitsrechtlichen Gleichbehandlungsgrundsatzes auch Art. 3 GG an, ohne

[453] Vgl. BAG vom 28.07.1992 - 3 AZR 173/92 - AP Nr. 18 zu § 1 BetrAVG Gleichbehandlung (Gründe B I 2a); BAG vom 15.11.1994 - 5 AZR 682/93 - AP Nr. 121 zu § 242 Gleichbehandlung (Gründe I 1).
[454] Hilger, RdA 1975, S. 32 ff., 32.
[455] RAG vom 19.01.1938 - RAG 153/37 - ARS 33, S. 172 ff. (Gründe 1 a. E.).

jedoch entscheidend darauf abzustellen.[456] Der allgemeine Gleichbehandlungsgrundsatz ist jedoch nicht identisch mit dem Gleichheitssatz des Art. 3 GG.[457] Vertreter des Schrifttums sehen die Basis des Gleichbehandlungsgrundsatzes im Gleichheitssatz des Art. 3 Abs. 1 GG, im Gleichberechtigungsgebot des Art. 3 Abs. 2 GG und im Benachteiligungsverbot des Art. 3 Abs. 3 GG. Er gehöre zu den grundlegenden Bestandteilen der verfassungsmäßigen Ordnung und sei im besonderen Maße Ausdruck der materiellen Gerechtigkeit.[458] Zum Teil wird auch auf die zunehmende Verankerung in zivilrechtlichen Generalklauseln hingewiesen.[459]

2.2 Inhalt und Reichweite

Das BAG betont in einer Reihe von Entscheidungen zur Gewährung freiwilliger Leistungen, der arbeitsrechtliche Gleichbehandlungsgrundsatz verbiete den sachwidrigen Ausschluss einzelner oder Gruppen von Arbeitnehmern bei der Abgrenzung der Voraussetzungen freiwilliger Leistungen[460]. Allgemeiner formuliert entspricht dies der Aussage, der arbeitsrechtliche Gleichbehandlungsgrundsatz „verwehrt es dem Arbeitgeber, einzelne Arbeitnehmer oder Gruppen von Arbeitnehmern ohne sachlichen Grund von allgemein begünstigenden Regelungen im Arbeitsverhältnis auszunehmen und willkürlich schlechter zu stellen"[461]. Umgekehrt entnimmt das BAG dem arbeitsrechtlichen Gleichbehandlungsgrundsatz die positive Verpflichtung des Arbeitgebers, Gleiches

---

[456] Vgl. BAG vom 15.11.1994 - 5 AZR 682/93 - AP Nr. 121 zu § 242 BGB Gleichbehandlung (Gründe I 1); BAG vom 31.08.1978 - 3 AZR 313/77 - AP Nr. 1 zu § 1 BetrAVG Gleichberechtigung (Gründe III); siehe auch Kocher, RdA 2002, S. 167 ff., 168.

[457] Vgl. BAG vom 30.09.1970 - 4 AZR 343/69 - AP Nr. 34 zu § 242 Gleichbehandlung.

[458] Vgl. Schumann, DB 1999, S. 2637 ff, 2637; Kuppel, BB 2000, S. 2150 ff., 2151.

[459] Vgl. Schiek, Differenzierte Gerechtigkeit, S. 119.

[460] Vgl. BAG vom 11.09.1974 - 5 AZR 667/73 - AP Nr. 39 zu § 242 BGB Gleichbehandlung (Gründe I 1); BAG vom 31.08.1978 - 3 AZR 313/77 - AP Nr. 1 zu § 1 BetrAVG Gleichberechtigung (Gründe III 1); BAG vom 09.09.1981 - 5 AZR 1182/79 - AP Nr. 117 zu Art. 3 GG (Gründe B I 2); BAG vom 30.01.1982 3 AZR 214/80 - AP Nr. 54 zu § 242 BGB Gleichbehandlung (Gründe II 1a); BAG vom 14.01.1986 - 3 AZR 456/84 - AP Nr. 5 zu § 1 BetrAVG Gleichbehandlung (Gründe II 1).

[461] BAG vom 04.02.1981 - 4 AZR 967/78 - AP Nr. 45 zu § 242 BGB Gleichbehandlung; vgl. auch BAG vom 11.09.1985 - 7 AZR 371/83 - AP Nr. 76 zu § 242 BGB Gleichbehandlung (Gründe II 1); BAG vom 03.06.1987 - 4 AZR 44/87 - AP Nr. 58 zu § 1 TVG; BAG vom 15.10.1992 - 6 AZR 349/91 - AP Nr. 19 zu § 17 BAT (Gründe II 2a); BAG vom 06.10.1993 - 10 AZR 450/92 - AP Nr. 107 zu § 242 BGB Gleichbehandlung (Gründe II 2a).

gleich und Ungleiches entsprechend seiner Eigenart verschieden zu behandeln.[462]
Zwingende Voraussetzung des Gleichbehandlungsgrundsatzes ist eine vergleichbare Lage mehrerer Arbeitnehmer. Um dies beurteilen zu können, muss eine Gruppenbildung möglich sein. Bereits die Gruppenbildung als solche muss sachlichen Kriterien entsprechen.[463] Auch einzelne Arbeitnehmer innerhalb einer Gruppe dürfen nicht willkürlich schlechter gestellt werden.[464]
Für eine Gruppenbildung ist das Bestehen einer bestimmten Ordnung erforderlich, die über individuelle Verhältnisse hinaus für alle oder eine Gruppe von Arbeitnehmern gilt.[465] Ist die Existenz einer bestimmten Ordnung oder Regel nicht nachweisbar, besteht keine Pflicht zur Gleichbehandlung.[466] Nicht maßgebend ist allein das quantitative Verhältnis von Begünstigten und Benachteiligten.[467]
Der Arbeitnehmer hat nämlich keinen Anspruch darauf, dass der Arbeitgeber eine umfassende und lückenlose Regelung aufstellt.[468] Der Grundsatz gilt also nicht, wenn aufgrund der Vertragsfreiheit nur einzelne individuelle Vereinbarungen geschlossen werden, da die Begünstigung einzelner Arbeitnehmer zulässig ist.[469] Im Ergebnis ist der Gleichbehandlungsgrundsatz daher im Bereich der Vergütung nur beschränkt anwendbar, weil der Grundsatz der Vertragsfreiheit

---

462 Vgl. BAG vom 08.04.1986 - 3 AZR 611/84 - AP Nr. 78 zu § 242 BGB Gleichbehandlung (Gründe II 2b); BAG vom 11.11.1986 - 3 ABR 74/85 - AP Nr. 4 zu § 1 BetrAVG Gleichberechtigung (Gründe B 2a); BAG vom 27.07.1988 - 5 AZR 244/87 - AP Nr. 83 zu § 242 BGB Gleichbehandlung (Gründe II 1).
463 Vgl. BAG vom 12.11.1991 - 3 AZR 489/90 - AP Nr. 17 zu § 1 BetrAVG (Gründe 3b); BAG vom 19.08.1992 - 5 AZR 513/91 - AP Nr. 102 zu § 242 BGB Gleichbehandlung (Gründe II 3a); BAG vom 20.07.1993 - 5 AZR 52/93 - AP Nr. 11 zu § 1 BetrAVG Gleichbehandlung (Gründe 2b); BAG vom 25.04.1995 - 3 AZR 446/94 - NZA 1996, S. 84 ff. (Gründe B II 2); Blomeyer/Otto, Anh. § 1 Rdnr. 44; Langohr-Plato, MDR 1992, S. 838.
464 Vgl. BAG vom 18.03.2003 - 3 AZR 172/02 - AP Nr. 53 zu § 16 BetrAVG (Gründe C 1).
465 Vgl. Schaub, in: Arbeitsrechts-Handbuch § 112 Rdnr. 22; vgl. auch Langohr-Plato, MDR 1992, S. 838; Doetsch BetrAV 1997, S. 25 ff.
466 Vgl. BAG vom 28.04.1982 - 7 AZR 1139/79 - NJW 1982, S. 2687 f. (Gründe I 2b); BAG vom 15.11.1994 - 5 AZR 682/93 - NZA 1995, S. 939 f. (Gründe I 1b), zum Thema der freiwilligen Gehaltserhöhung; LAG Köln vom 22.06.1983 - 7 Sa 25/83 - BB 1983, S. 1415 f. (Gründe II 2c).
467 Vgl. BAG vom 27.07.1988 - 5 AZR 244/87 - AP Nr. 83 zu § 242 BGB Gleichbehandlung (Gründe II 2c).
468 Vgl. BAG vom 15.11.1994 - 5 AZR 682/93 - NZA 1995, 939 f. (Gründe I 1b).
469 Vgl. BAG vom 12.06.90 - 3 AZR 166/89 - NZA 1990, S. 973 f. (Gründe I 2); BAG vom 12.11.1991 - 3 AZR 489/90 - AP Nr. 17 zu § 1 BetrAVG Gleichbehandlung (Gründe 3); BAG vom 28.07.1992 - 3 AZR 173/92 - AP Nr. 18 zu § 1 BetrAVG Gleichbehandlung (Gründe B I 2 a. E.).

Vorrang hat.[470] Wenn der Arbeitgeber, was ihm die Vertragsfreiheit gewährleistet, einzelne Arbeitnehmer besser stellt, können daraus andere Arbeitnehmer keinen Anspruch auf Gleichbehandlung herleiten. Das Gebot der Gleichbehandlung greift erst dann ein, wenn der Arbeitgeber nach einem bestimmten und generalisierenden Prinzip Leistungen gewährt.[471]
Der Gleichbehandlungsgrundsatz schützt nicht vor der Ungleichbehandlung von Arbeitnehmern allgemein, sondern verbietet, dass ein Arbeitgeber einzelne Arbeitnehmer willkürlich und aus sachfremden Gründen gegenüber anderen in vergleichbarer Lage schlechter stellt.[472] Das BAG redet synonym zu „nicht sachlich gerechtfertigter Ungleichbehandlung" von willkürlicher, sachwidriger oder sachfremder Differenzierung.[473] Die Anforderungen an einen die Ungleichbehandlung rechtfertigenden Grund sind vielfältig und hängen von den Besonderheiten des zugrunde liegenden Sachverhalts ab. Oftmals ergeben sich die Differenzierungskriterien in erster Linie aus dem Zweck, den der Arbeitgeber mit der Leistung verfolgt.[474] Die Ungleichbehandlung verschiedener Arbeitnehmergruppen bei freiwilligen Leistungen ist nach Auffassung des BAG nur dann mit dem arbeitsrechtlichen Gleichbehandlungsgrundsatz vereinbar, wenn die Unterscheidung nach dem Zweck der Leistung gerechtfertigt ist.[475] Bei der Zweckbestimmung haben die Vertragsparteien einen weiten Gestaltungsspielraum. Dabei müssen Differenzierungsgründe auf vernünftigen und einleuchtenden Erwägungen beruhen und dürfen gegen keine verfassungsrechtlichen oder sonstigen übergeordneten Wertentscheidungen verstoßen. Ob der Arbeitgeber

---

[470] Vgl. BAG vom 10.04.1973 - 4 AZR 180/72 - AP Nr. 38 zu § 242 BGB Gleichbehandlung (Gründe 2); BAG vom 27.07.1988 - 5 AZR 244/87 - AP Nr. 83 zu § 242 BGB Gleichbehandlung (Gründe II 2b).
[471] Vgl. BAG vom 19.06.2001 - 3 AZR 557/00 - NZA 2001, S. 557 ff. (Gründe II 3); BAG vom 27.07.1988 - 5 AZR 244/87 - AP Nr. 83 zu § 242 BGB Gleichbehandlung (Gründe II 2b).
[472] Vgl. BAG vom 03.04.1957 - 4 AZR 644/54 - AP Nr. 4 zu § 242 BGB Gleichbehandlung.
[473] Vgl. BAG vom 10.03.1982 - 4 AZR 540/79 - AP Nr. 47 zu § 242 BGB Gleichbehandlung; BAG vom 31.03.1982 - 4 AZR 1099/79 - AP Nr. 64 zu §§ 22 BAT 1975; BAG vom 27.07.1988 - 5 AZR 244/87 - AP Nr. 83 zu § 242 BGB Gleichbehandlung (Gründe II 1).
[474] Vgl. BAG vom 05.03.1980 - 5 AZR 881/78 - AP Nr. 44 zu § 242 BGB Gleichbehandlung (Gründe II 2); BAG vom 08.03.1995 - 5 AZR 869/93 - AP Nr. 123 zu § 242 BGB Gleichbehandlung (Gründe II 1); BAG vom 25.10.1994 - 3 AZR 149/94 - AP Nr. 40 zu § 2 BeschFG 1985 (Gründe II 3c cc [5]).
[475] Vgl. BAG vom 05.03.1980 - 5 AZR 881/78 - AP Nr. 44 zu § 242 BGB Gleichbehandlung (Gründe II 2); BAG vom 10.03.1982 - 4 AZR 540/79 - AP Nr. 47 zu § 242 BGB Gleichbehandlung; BAG vom 20.07.1993 - 3 AZR 52/93 - AP Nr. 11 zu § 1 BetrAVG Gleichbehandlung (Gründe 2c); BAG vom 09.12.1997 - 3 AZR 661/96 - NZA 1998, S. 1173 ff. (Gründe B I); BAG vom 17.02.1998 - 3 AZR 783/96 - NZA 1998, S. 762 ff. (Gründe I).

die zweckmäßigste und gerechteste Lösung gewählt hat, entzieht sich hingegen einer gerichtlichen Überprüfung.[476]
Im Bereich der betrieblichen Altersversorgung müssen die Versorgungsregelungen die behauptete Zweckbestimmung auch tatsächlich widerspiegeln. Nur dann besteht eine Ordnung in dem geltend gemachten Sinn, der Ungleichbehandlungen sachlich rechtfertigen kann.[477] Der betrieblichen Altersversorgung darf somit kein Zweck untergeschoben werden. Die Zweckbestimmung muss vielmehr objektiv vorliegen, also in der Versorgungsregelung zum Ausdruck kommen.[478] Grundsätzlich kann der Arbeitgeber mit seiner Versorgungszusage auch mehrere Zwecke verfolgen.[479]
Eine detaillierte Prüfung derjenigen Sachgründe, die eine Ungleichbehandlung im Bereich der betrieblichen Alters- und Hinterbliebenenversorgung rechtfertigen können, findet sich im dritten Teil der Arbeit.

3. Normen des einfachen Rechts

Weiterhin finden sich auf einfachgesetzlicher Ebene zahlreiche Vorschriften, die sachwidrigen Ungleichbehandlungen von Arbeitnehmern entgegenstehen.

3.1 § 75 Abs. 1 BetrVG

Arbeitgeber und Betriebsrat haben nach der Neufassung des § 75 Abs. 1 BetrVG[480] „darüber zu wachen, dass alle im Betrieb tätigen Personen nach den Grundsätzen von Recht und Billigkeit behandelt werden, insbesondere, dass jede Benachteiligung von Personen aus Gründen ihrer Rasse oder wegen ihrer ethnischen Herkunft, ihrer Abstammung oder sonstigen Herkunft, ihrer Nationalität, ihrer Religion oder Weltanschauung, ihrer Behinderung, ihres Alters, ihrer politischen oder gewerkschaftlichen Betätigung oder Einstellung oder wegen ihres Geschlechts oder ihrer sexuellen Identität unterbleibt."
Daraus ergibt sich sowohl eine Überwachungspflicht als auch ein Überwachungsrecht. Arbeitgeber und Betriebsrat müssen zusammenwirken, um Verstöße zu verhindern. Sie müssen sich um Abhilfe bemühen, wenn die hier genann-

---

[476] Vgl. BAG vom 18.09.2001 - 3 AZR 656/00 - AP Nr. 179 zu § 242 BGB Gleichbehandlung (Gründe 2a).
[477] Vgl. BAG vom 09.12.1997 - 3 AZR 661/96 - NZA 1998, S. 1173 ff. (Gründe B II 2a).
[478] So Doetsch, BetrAV 1997, S. 25 ff., 26.
[479] Vgl. BAG vom 17.02.1998 - 3 AZR 783/96 - NZA 1998, S. 762 ff. (Gründe I); BAG vom 09.12.1997 - 3 AZR 661/96 - NZA 1998, S. 1173 ff. (Gründe B II 2a).
[480] In der Fassung des Gesetzes zur Umsetzung europäischer Richtlinien zur Verwirklichung des Grundsatzes der Gleichbehandlung vom 14.08.2006, BGBl. I S. 1897 ff., 1908.

ten Grundsätze verletzt sind.[481] Die Betriebspartner sind jedoch auch jeder für sich zur Überwachung verpflichtet. Aus der Überwachungspflicht folgt weiterhin das Gebot, dass sich Arbeitgeber und Betriebsrat in ihrem Verhalten von Rechts- und Billigkeitsgründen und der Achtung der Persönlichkeit leiten lassen.[482] *Richardi* zufolge ergeben sich aus der Vorschrift „immanente Schranken der betriebsverfassungsrechtlichen Regelungskompetenz, und sie setzt Maßstäbe für die Ausübung der Mitbestimmung“[483].

Die Vorschrift erfasst zunächst ausschließlich alle in abhängiger Tätigkeit im Betrieb beschäftigten Personen[484], nicht jedoch die noch nicht und die nicht mehr dem Betrieb angehörigen Beschäftigten wie Arbeitsplatzbewerber und Pensionäre. Dies gilt allerdings nicht uneingeschränkt. Soweit im Rahmen betriebsverfassungsrechtlicher Aufgaben Regelungen getroffen werden, die auch oder gerade diesen Personenkreis ansprechen, sind die Grundsätze des § 75 BetrVG zu beachten. Darunter fallen auch Regelungen über die betriebliche Altersversorgung oder andere Sozialleistungen[485] zugunsten von Betriebsrentnern.[486]

Die Vorschrift erweitert das Gebot der vertrauensvollen Zusammenarbeit um eine dritte Dimension, indem er die Pflichten der Betriebspartner im Verhältnis zu den im Betrieb tätigen Personen festlegt.[487] Die Bestimmung ist jedoch keine individualrechtliche Vorschrift. Weder enthält die Vorschrift eine Rechtsgrundlage für eine Billigkeitskontrolle einzelvertraglicher Abreden, noch grenzt sie ab, ob und inwieweit der Gleichbehandlungsgrundsatz im Einzelarbeitsverhältnis gilt.[488]

§ 75 Abs. 1 S. 1 BetrVG wiederholt im Wesentlichen Art. 3 Abs. 2 und 3 und Art. 9 Abs. 3 GG für die Ordnung des Betriebs. Die Vorschrift ist deshalb eine grundrechtskonkretisierende Norm.[489]

---

[481] Vgl. Kania, in: ErfKomm, § 75 BetrVG Rdnr. 4; Richardi, in: Richardi Betriebsverfassungsgesetz § 75 Rdnr. 5.

[482] Vgl. Fitting § 75 Rdnr. 16; Richardi, in: Richardi Betriebsverfassungsgesetz § 75 Rdnr. 3.

[483] Richardi, in: Richardi Betriebsverfassungsgesetz § 75 Rdnr. 1.

[484] Dazu zählen einerseits alle Arbeitnehmer i. S. d. § 5 Abs.1 BetrVG, also auch Auszubildende, Aushilfskräfte oder Leiharbeitnehmer. Andererseits werden darüber hinaus auch andere im Betrieb tätige Schutzbedürftige, wie etwa Fremdfirmenarbeitnehmer („Montage“) erfasst.

[485] Beispielsweise die (anteilige) Gewährung von Weihnachtsgeld oder betrieblicher Sonderzahlung. Zur Abgrenzung sonstiger Sozialleistungen von Leistungen der betrieblichen Altersversorgung siehe oben: Zweiter Teil B II.

[486] Vgl. Fitting § 75 Rdnr. 13.

[487] Vgl. Richardi, in: Richardi Betriebsverfassungsgesetz § 75 Rdnr. 1; Kania, in: ErfKomm, § 75 BetrVG Rdnr. 1.

[488] Vgl. Richardi, in: Richardi Betriebsverfassungsgesetz § 75 Rdnr. 9.

[489] Vgl. ebenda, Rdnr. 15.

Der Grundsatz von Recht und Billigkeit hat zum Gegenstand, dass die Ansprüche aller im Betrieb tätigen Personen erfüllt werden, und dass die sämtliche Rechtsgestaltung der Gerechtigkeit und der Billigkeit entspricht.[490] Dazu zählt auch die Pflicht zur Gleichbehandlung.[491] Die Gleichbehandlungspflicht wird besonders dadurch konkretisiert, dass jede unterschiedliche Behandlung wegen der im Gesetz besonders genannten Unterscheidungsmerkmale zu unterbleiben hat.[492]
Die Behandlung nach den Grundsätzen des Rechts meint die Einhaltung des bestehenden Rechts, was die Wertungen des Grundgesetzes, das arbeitsrechtliche Gewohnheits- und Richterrecht einschließlich der Grundsätze des Vertrauensschutzes und der Verhältnismäßigkeit, die Tarifverträge und Betriebsvereinbarungen sowie die sonstigen Arbeitsbedingungen und die betriebliche Ordnung umfasst.[493] In Konkretisierung des Gleichbehandlungsgrundsatzes enthält die Vorschrift eine Aufzählung von Kriterien, die für sich allein niemals eine unterschiedliche Behandlung der Betriebsangehörigen rechtfertigen können (absolute Differenzierungsverbote). Daraus folgt u. a. das Verbot, einen Arbeitnehmer wegen der genannten Merkmale bei der Einbeziehung in ein betriebliches Versorgungswerk sowie hinsichtlich Inhalt und Umfang der gewährten Versorgungsleistungen zu benachteiligen.[494]
Vereinbarungen zwischen Arbeitgeber und Betriebsrat, die gegen § 75 Abs. 1 BetrVG verstoßen, sind nichtig.[495] Werden die Vorgaben der Bestimmung verletzt, hat dies zunächst auf betriebsverfassungsrechtlicher Ebene Folgen für Arbeitgeber und Betriebsrat. Ob sich aus einer Verletzung auch individualrechtliche Konsequenzen für den einzelnen Arbeitnehmer ergeben, ist umstritten.[496]

3.2 § 1b Abs. 1 S. 4 BetrAVG

§ 1b Abs. 1 S. 4 BetrAVG stellt die auf den Grundsätzen der betrieblichen Übung oder Gleichbehandlung beruhende Versorgungsverpflichtung derjenigen

---

[490] Vgl. Kania, in: ErfKomm, § 75 BetrVG Rdnr. 1; Richardi, in: Richardi Betriebsverfassungsgesetz § 75 Rdnr. 11.
[491] Vgl. BAG vom 19. 04. 1983 - 1 AZR 498/81 - AP Nr. 124 zu Art. 3 GG (Gründe II); BAG vom 28. 04. 1993 - 10 AZR 222/92 - AP Nr. 67 zu § 112 BetrVG 1972 (Gründe II 2b); BAG vom 31.07.1996 - 10 AZR 45/96 - AP Nr. 67 zu § 112 BetrVG 1972 (Gründe II 2a); BAG vom 12. 11.2002 - 1 AZR 58/02 - AP Nr. 159 zu § 112 BetrVG 1972 (Gründe III 1).
[492] Vgl. Richardi, in: Richardi Betriebsverfassungsgesetz § 75 Rdnr. 13.
[493] Vgl. Kania, in: ErfKomm; § 75 BetrVG Rdnr. 5.
[494] Vgl. Reichel/Heger Rdnr. 344.
[495] Vgl. Kania, in: ErfKomm, § 75 BetrVG Rdnr. 12.
[496] Bejahend: Kania, in: ErfKomm, § 75 BetrVG Rdnr. 12; ablehnend: Richardi, in: Richardi Betriebsverfassungsgesetz § 75 Rdnr. 46 ff.

aus einer ausdrücklichen Versorgungszusage gleich.[497] Die Vorschrift hat deklaratorischen Charakter.[498] Sie fügt die arbeitsrechtlich anerkannten Rechtsgrundlagen in das System der Unverfallbarkeitsregelung ein.[499]
Die Bestimmung ist im Zusammenhang der steuerrechtlichen Vorschrift des § 6a Abs. 1 S. 2 EStG a. F. zu sehen. Das Steuerrecht stand ursprünglich einer Rückstellung für Zusagen aufgrund des Gleichbehandlungsgrundsatzes entgegen.[500] Dem begegnete das Betriebsrentengesetz mit der ausdrücklichen Anerkennung als gleichwertige Rechtsgrundlage.
Das BAG betont, nach § 1b Abs. 1 S. 4 sei „der Gleichbehandlungsgrundsatz eine selbständige, betriebsrentenrechtliche Anspruchsgrundlage, wenn der Verstoß gegen diesen Grundsatz nur dadurch zu beseitigen ist, dass die begünstigende Regelung auch auf die benachteiligten Arbeitnehmer angewandt wird“[501]. *Schumann* zufolge wäre der allgemeine arbeitsrechtliche Gleichbehandlungsgrundsatz heranzuziehen, wenn er nicht in § 1b Abs. 1 S. 4 BetrAVG aufgenommen wäre.[502] In Anbetracht der Vielzahl möglicher Anspruchsgrundlagen und mangels eigenständigen Regelungsgehalts kommt der Regelung keine übermäßige Bedeutung zu.

3.3 § 4 TzBfG

Nach § 4 Abs. 1 TzBfG darf der Arbeitgeber einen teilzeitbeschäftigten Arbeitnehmer nicht wegen der Teilzeitarbeit gegenüber vollzeitbeschäftigten Arbeitnehmern unterschiedlich behandeln, es sei denn, dass sachliche Gründe eine unterschiedliche Behandlung rechtfertigen.[503] Damit konkretisiert die Bestimmung das Gebot der Gleichbehandlung für den Bereich der Teilzeitarbeit. Zweck der Vorschriften ist es, zum Schutz der befristet oder in Teilzeit beschäftigten Arbeitnehmer Diskriminierungen auszuschließen, die Gleichbehandlung mit Vollzeit- und unbefristet beschäftigten Arbeitnehmern zu sichern, die Qualität der Arbeit zu verbessern und Teilzeitarbeit zu fördern.[504] Die Vorschrift regelt sektoral ein Teilanwendungsgebiet des arbeitsrechtlichen Gleichbehandlungsgrundsatzes, geht jedoch nicht über diesen hinaus.[505] Da überwiegend

---

[497] Vgl. Höfer, § 1b Rdnr. 2770.
[498] Vgl. K/K/B/B/P-Kemper, § 1 Rdnr. 133.
[499] Vgl. Steinmeyer, in: ErfKomm, § 1b BetrAVG, Rdnr. 35; vgl. auch BAG vom 23.04.2002 - 3 AZR 224/01 - AP Nr. 22 zu § 1 BetrAVG Berechnung (Gründe B III 1).
[500] Ausführlich: Blomeyer/Otto § 1b Rdnr. 153.
[501] BAG vom 23.04.2002 - 3 AZR 268/01 - AP Nr. 54 zu § 1 BetrAVG Gleichbehandlung (Gründe B 1); vgl. auch BAG vom 25.04.1995 - 3 AZR 446/94 - AP Nr. 25 zu § 1 BetrAVG Gleichbehandlung (Gründe B II 1).
[502] Vgl. Schumann, DB 1999, S. 2637 ff., 2637.
[503] Vgl. Mayer, in: Kittner/Zwanziger, § 140 Rdnr. 40.
[504] Vgl. Preis, in: ErfKomm; § 4 TzBfG Rdnr. 4.
[505] Vgl. Müller-Glöge, in: Münchener Kommentar, § 4 TzBfG Rdnr. 17.

Frauen in Teilzeit arbeiten, kann durch § 4 Abs. 1 TzBfG auch eine mittelbare Diskriminierung aufgrund des Geschlechts verhindert werden. § 4 TzBfG ist zwingend; auch die Tarifvertragsparteien dürfen nicht hiervon abweichen.[506]
Teilzeitbeschäftigt ist nach der Definition des § 2 Abs. 1 TzBfG ein Arbeitnehmer, dessen regelmäßige Wochenarbeitszeit kürzer ist als die regelmäßige Wochenarbeitszeit eines vergleichbaren vollzeitbeschäftigten Arbeitnehmers des Betriebs. Die Vorschrift findet ebenso Anwendung innerhalb der Gruppe der Teilzeitbeschäftigten, da sie auch die Ungleichbehandlung von Beschäftigten in unterschiedlichem Teilzeitumfang untereinander verbietet.[507]
Einem teilzeitbeschäftigten bzw. befristet beschäftigten Arbeitnehmer ist Arbeitsentgelt oder einer andere teilbare geldwerte Leistung mindestens in dem Umfang zu gewähren, der dem Anteil seiner Arbeitszeit an der Arbeitszeit eines vergleichbaren vollzeitbeschäftigten Arbeitnehmers bzw. dem Anteil seiner Beschäftigungsdauer am Bemessungszeitraum entspricht, § 4 Abs. 1 S. 2 und Abs. 2 S. 2 TzBfG. Durch die ausdrückliche Regelung des „Pro-rata-temporis"-Grundsatzes wird eine anteilige Leistungsgewährung zugunsten der genannten Mitarbeitergruppen sichergestellt.[508]
Wird eine Ungleichbehandlung mit anderen Gründen als mit der Dauer der Arbeitszeit begründet, liegt keine Ungleichbehandlung wegen Teilzeitarbeit vor.[509] Daher muss zunächst geprüft werden, ob die Ungleichbehandlung kausal wegen der Teilzeitarbeit erfolgt. Kann dies bejaht werden, muss die sachliche Rechtfertigung hinterfragt werden. Eine Ungleichbehandlung wegen der Teilzeitarbeit ist immer dann zu bejahen, wenn Anknüpfungspunkt für eine Differenzierung die Dauer der Arbeitszeit ist.[510] Zunächst kommt es zur Feststellung der Ungleichbehandlung auf eine korrekte Vergleichsgruppenbildung an. Verlangt ein teilzeitbeschäftigter Arbeitnehmer die Gleichbehandlung mit einem vollzeitbeschäftigten Arbeitnehmer, so setzt das voraus, dass die Arbeitnehmer vergleichbar sind.[511] Dabei ist für eine Vergleichbarkeit nicht erforderlich, dass eine Identität der gesamten Arbeitsbedingungen vorliegt. Es reicht aus, wenn ein gemeinsamer Bezugspunkt der betrieblichen Ordnung oder ein vom Arbeitgeber aufgestelltes System beide Arbeitnehmergruppen erfasst.

---

506 Vgl. BAG vom 24.05.2000 - NZA 2001, S. 216 ff. (Gründe II 2a) zu § 2 Abs. 1 BeschFG.
507 Vgl. BAG vom 29.08.1989 - 3 AZR 370/88 - NZA 1990, S. 37 f. (Gründe B) zu § 2 Abs. 1 BeschFG
508 Vgl. Preis, in: ErfKomm; § 4 TzBfG Rdnr. 8.
509 Vgl. Müller-Glöge, in: Münchener Kommentar, § 4 TzBfG Rdnr. 26.
510 Vgl. BAG vom 29.01.1992 - 5 AZR 518/90 - AP Nr. 18 zu § 2 BeschFG 1985 (Gründe B II 3 b); BAG vom 12.06.1996 - 5 AZR 960/94 - AP Nr. 4 zu § 611 BGB Werkstudent (Gründe II 2).
511 Vgl. BAG vom 09.02.1989 - 6 AZR 174/87 - AP Nr. 4 zu § 2 BeschFG 1985 (Gründe II 5 c).

Nur aus sachlichen Gründen kann eine unterschiedliche Behandlung von Teilzeitkräften gerechtfertigt sein, z. B. Arbeitleistung, Qualifikation, Berufserfahrung oder unterschiedliche Arbeitsplatzanforderungen. Welche Sachgründe eine Ungleichbehandlung im Einzelnen rechtfertigen können, bleibt der Prüfung im Dritten Teil der Untersuchung vorbehalten.[512]

4. Allgemeines Gleichbehandlungsgesetz (AGG)

Das Allgemeine Gleichstellungsgesetz (AGG) trat am 18.08.2006 als Teil des Gesetzes zur Umsetzung europäischer Richtlinien zur Verwirklichung des Grundsatzes der Gleichbehandlung[513] in Kraft. Im Einzelnen dient das Gesetz der Umsetzung der Richtlinie 2000/43/EG „zur Anwendung des Gleichbehandlungsgrundsatzes ohne Unterschied der Rasse oder der ethnischen Herkunft"[514], der Richtlinie 2000/78/EG „zur Festlegung eines einheitlichen Rahmens für die Verwirklichung der Gleichbehandlung in Beschäftigung und Beruf"[515], der Richtlinie 2000/73/EG „zur Verwirklichung des Grundsatzes der Gleichbehandlung von Männern und Frauen hinsichtlich des Zugangs zur Beschäftigung, zur Berufsbildung und zum beruflichen Aufstieg sowie in Bezug auf die Arbeitsbedingungen"[516] sowie der Richtlinie 2004/113/EG „zur Verwirklichung des Grundsatzes der Gleichbehandlung von Männern und Frauen beim Zugang zu und bei der Versorgung mit Gütern und Dienstleistungen"[517]. Das Gesetz hat grundsätzliche Bedeutung im Hinblick auf Benachteiligungen wegen der Merkmale Rasse, ethnische Herkunft, Geschlecht oder Weltanschauung, Behinderung, Alter oder sexuelle Identität, vgl. § 1 AGG.
Eine ausführliche Darstellung des AGG findet sich im Dritten Teil anlässlich der Prüfung einer Diskriminierung „verpartnerter" Arbeitnehmer aus Gründen ihrer sexuellen Identität.[518]

II. Europarechtliche Schranken betrieblicher Zusagegestaltung

Versorgungszusagen deutscher Arbeitgeber müssen zudem europäischen Maßstäben genügen.

---

[512] Zu den Sachgründen siehe unten: Dritter Teil A II .Eine detaillierte Aufzählung findet sich zudem bei Preis, in: ErfKomm § 4 TzBfG Rdnr. 59, bei Müller-Glöge, Münchener Kommentar, § 4 TzBfG Rdnr. 31 ff., sowie bei Fitting § 75 BetrVG Rdnr. 37 ff.
[513] Vom 14.08.2006, BGBl. I S. 1897 ff.
[514] Vom 29.06.2000, ABl. EG L 180/22.
[515] Vom 27.11.2000, ABl. EG L 303/16.
[516] Vom 23.09.2002, ABl. EG L 269/15.
[517] Vom 13.12.2004, ABl. EU L 373/37.
[518] Siehe unten: Dritter Teil B II.

1. Europäisches Entgeltgleichheitsgebot (Art. 141 EG)

Die Vorschrift ist systematisch dem primären Gemeinschaftsrecht zuzuordnen und hat in der Hierarchie des Gemeinschaftsrechts obersten Rang. Primäres Gemeinschaftsrecht wird von den Mitgliedstaaten durch Ratifikation der zuständigen Gesetzgebungsorgane begründet.[519] Der Gerichtshof geht davon aus, dass Art. 141 EG eine spezifische Ausprägung des Grundsatzes der Gleichbehandlung darstellt, der zu den in der Gemeinschaft geschützten Grundrechten gehört.[520] Die Vorschrift stellt somit eine Art soziales Grundrecht auf Gemeinschaftsebene dar. Art. 141 Abs. 1 EG lautet: „Jeder Mitgliedstaat stellt die Anwendung des Grundsatzes des gleichen Entgelts für Männer und Frauen bei gleicher und gleichwertiger Arbeit sicher."

1.1 Anwendungsbereich

Der persönliche Anwendungsbereich geht über die rein zwischenstaatliche Ebene hinaus. Adressat des europäischen Entgeltgleichheitsgebots sind zunächst die Mitgliedstaaten. Daraus lässt sich allerdings nicht ableiten, der einzelne Arbeitnehmer könne auf dieser Grundlage keine Rechtsansprüche geltend machen. Das Entgeltgleichheitsgebot gilt vielmehr für Arbeitnehmer unabhängig vom Status ihrer Beschäftigung, einschließlich der öffentlich Bediensteten und Beamten.[521] Weiterhin entfaltet die Norm auch horizontale Wirkung. Es erstreckt sich auf Tarifverträge, die Betriebspartner bei der Schaffung betrieblicher Normen sowie auf Verträge zwischen Privatpersonen.[522] Dabei begründet Art. 141 EG im Verhältnis zwischen Arbeitgeber und Arbeitnehmer über die unmittelbare Wirkung eine Anspruchsgrundlage.[523] Die Norm verleiht dem einzelnen Arbeitnehmer ein subjektives Recht auf gleiches Entgelt, auf das er sich vor den

---

[519] Vgl. Mayer, in: Kittner/Zwanziger, § 157 Rdnr. 19.

[520] Vgl. EuGH vom 13.01.2004 - Rs. C-256/01 - Allonby - NZA 2004, S. 201 ff. (Rdnr. 65); EuGH vom 10.02.2000 - Rs. C-270 und C-271/97 - Sievers und Schrage - AP Nr. 18 zu Art. 119 EG-Vertrag (Rdnr. 57); vgl. auch Andresen/Förster/Rößler/Rühmann, Teil 7 B Rdnr. 145; Coen, in: Lenz/Borchardt, Art. 141 Rdnr. 3.

[521] Vgl. EuGH vom 21. 5. 1985 - Rs. 248/83 - Slg. 1985, S. 1459 ff. (Rdnr. 16); EuGH vom 28.09.1994- Rs. C-7/93 - Beune - Slg. S. 4471 ff. (Rdnr. 42 ff.); EuGH vom 02.10.1997 - Rs. C-1/95 - Gerster - AP Nr. 5 zu EG-Vertrag Art. 119 (Rdnr. 19); Vgl. Bieback, in: Fuchs, Art. 141 EG Rdnr. 13.

[522] Vgl. EuGH vom 08.04.1976 - Rs. 43/75 - Defrenne II - Slg. 1976, S. 455 ff. (Rdnr. 38/39); EuGH vom 27.06.1990 - C-33/89 - Kowalska - Slg. 1990, S. I-2591 ff. (Rdnr. 12); EuGH vom 07.02.1991 - Rs. C-184/89 - Nimz - Slg. 1991, S. I-297 ff. (Rdnr. 11); Eichenhofer, in: Streinz, Art. 141 EG Rdnr. 7.

[523] Vgl. Bieback, in: Fuchs, Art. 141 EG Rdnr. 11; Krebber, in: Calliess/Ruffert, Art. 141 Rdnr. 15; Körner, NZA 2004, S. 760 ff., 762 f.

innerstaatlichen Gerichten berufen kann.[524] Die Gerichte wiederum sind verpflichtet, Art. 141 EG heranzuziehen und den Schutz der Rechte sicherzustellen, die diese Bestimmung dem einzelnen verleiht.[525] Damit ist Art. 141 EG in Deutschland als einem Mitgliedstaat der Europäischen Gemeinschaft unmittelbar geltendes Recht.[526]
Der sachliche Anwendungsbereich der Norm ist aufgrund der weit gefassten Definition des Arbeitsentgelts in Art. 141 Abs. 2 EG erheblich. Nach Art. 141 Abs. 2 EG sind unter „Entgelt" die üblichen Grund- oder Mindestlöhne sowie alle sonstigen Vergütungen zu verstehen, die der Arbeitgeber aufgrund des Dienstverhältnisses dem Arbeitnehmer mittelbar oder unmittelbar in bar oder in Sachleistungen zahlt.[527] Im Hinblick auf Leistungen oder Beiträge der betrieblichen Altersversorgung wurde an anderer Stelle bereits eine umfassende Abgrenzung vorgenommen.[528]

1.2 Diskriminierungsverbot

Art. 141 EG verbietet Entgeltregelungen, bei denen die Höhe des Entgelts unmittelbar vom Geschlecht der Arbeitnehmer abhängt (unmittelbare Diskriminierung). Ebenso sind aber auch Entgeltregelungen verboten, durch die eine Arbeitnehmergruppe mittelbar benachteiligt wird. Ungleichbehandlungen aufgrund der sexuellen Ausrichtung werden hingegen nicht erfasst. In diesem Zusammenhang können aufgrund Art. 13 EG Richtlinien verabschiedet werden.[529]

1.2.1 Unmittelbare Diskriminierung

Eine unmittelbare Diskriminierung ist gegeben, wenn eine Ungleichbehandlung direkt anhand eines vorgegebenen Merkmals erfolgt. Bei der unmittelbaren Diskriminierung wird direkt das im Normtext selbst verbotene Kriterium verwendet.[530] So liegt eine unmittelbare Diskriminierung i. S. d. Art. 141 EG (Art. 119 EGV) vor, wenn Frauen und Männer aufgrund ihres Geschlechts unter-

---

[524] Vgl. EuGH vom 17.05.1990 - Rs. C-262/88 - Barber - Slg. 1990, S. 1889 ff. (Rdnr. 39); Coen, in: Lenz/Borchardt, Art. 141 Rdnr. 2; Mayer, in: Kittner/Zwanziger, § 157 Rdnr. 68.
[525] EuGH vom 11.03.1981 - Rs. 69/80 - Worringham - NJW 1981, S. 2637 f. (zur dritten Frage).
[526] So auch BAG vom 20.11.1990 - 3 AZR 613/89 - NZA 1991, S. 635 ff. (Gründe II 1); BAG vom 07.09.2004 - 3 AZR 550/03 - BetrAV 2005, S. 201 ff. (Gründe B I 1); siehe ferner Vgl. Bieback, in: Fuchs, Art. 141 EG Rdnr. 4 ff.
[527] Dazu grundlegend: Rust, in: Groeben/Schwarze, Art. 141 EG Rdnr. 379 ff.
[528] Siehe oben: Zweiter Teil E III.
[529] Vgl. Krebber, in: Calliess/Ruffert, Art. 141 Rdnr. 36.
[530] Vgl. Bieback, in: Fuchs, Art. 141 EG Rdnr. 48.

schiedlich behandelt werden.[531] Dabei muss ausdrücklich anhand des Geschlechts des Betroffenen unterschieden oder an Tatsachen angeknüpft werden, die nur eine Umschreibung des Geschlechts bedeuten.[532] Ein Mitgliedstaat verstößt gegen das Entgeltgleichheitsgebot, wenn er entsprechende Regelungen schafft oder gelten lässt.

1.2.2 Mittelbare Diskriminierung

Das Primärrecht enthält keine Umschreibung der mittelbaren Diskriminierung. Der EuGH hat in einer Vielzahl von Entscheidungen den Begriff der mittelbaren Diskriminierung umrissen.[533]
Eine mittelbare Diskriminierung liegt demnach vor, wenn die Anwendung scheinbar neutraler Kriterien ohne sachliche Rechtfertigung einen wesentlich höheren Anteil der Angehörigen eines Geschlechts benachteiligt.[534] Bei der mittelbaren Diskriminierung wird die ungleiche Behandlung von Männern und Frauen gerade nicht durch eine Anknüpfung unmittelbar an das Geschlecht veranlasst. Die Unterscheidung wirkt sich jedoch im Ergebnis deutlich zum Nachteil eines Geschlechtes aus.[535] Ob ein Differenzierungsmerkmal deutlich mehr Frauen als Männer nachteilig trifft, kann nur durch den Vergleich zweier Gruppen positiv festgestellt werden.[536] Das zahlenmäßige Missverhältnis muss bei einer geschlechtsneutral formulierten Regelung in seiner Benachteiligungswirkung gerade auf geschlechtsspezifischen Gründen beruhen. Dabei reicht eine objektive Diskriminierung aus; eine weitergehende Diskriminierungsabsicht des Arbeitgebers ist nicht erforderlich.[537]

---

[531] Vgl. Krebber, in: Calliess/Ruffert, Art. 141 Rdnr. 40.
[532] Vgl. EuGH vom 08.11.1990 - Rs. C-177/88 - NZA 1991, S. 171 ff. (Rdnr. 12); EuGH vom 03.02.2000 - Rs. C-207/98 - NZA 2000, S. 255 ff.(Rdnr. 20); Bieback, in: Fuchs, Art. 141 EG Rdnr. 49; Schlachter, in: ErfKomm § 611a BGB Rdnr. 12; Schlachter, NZA 1995, S. 393 ff., 395; Eichenhofer, in: Streinz, Art. 141 EG Rdnr. 15.
[533] Vgl. EuGH vom 13.05.1986 - Rs. 170/84 - Bilka - NZA 1986, S. 599 f. (Rdnr. 31); siehe auch BAG vom 14.10.1986 - 3 AZR 66/83 - AP Nr. 11 zu Art. 119 EWG-Vertrag (Gründe II 3a); BAG vom 23.01.1990 - 3 AZR 58/88 - NZA 1990, S. 778 ff.(Gründe B II 2a); BAG vom 14.03.1989 - 3 AZR 490/87 - NZA 1990, S. 25 ff. (Gründe II 2a); vgl. auch Bieback, in: Fuchs, Art. 141 EG Rdnr. 51 ff.; Coen, in Lenz/Borchardt, Art. 141 Rdnr. 18 m. w. N.; Andresen/Förster/Rößler/Rühmann, Teil 7 B Rdnr. 307.
[534] Vgl. EuGH vom 10.03.2005 - Rs. C-196/02 - Nikoloudi - NZA 2005, S. 807 ff. (Rdnr. 44).
[535] Vgl. Schlachter, NZA1995, S. 393 ff., 396; Bieback, in: Fuchs, Art. 141 EG Rdnr. 62 ff.
[536] Vgl. Schlachter, NZA1995, S. 393 ff., 396; Bieback, in: Fuchs, Art. 141 EG Rdnr. 68 ff.
[537] Vgl. Wank, RdA 1985, S. 1 ff., 21; Pfarr, NZA 1986, S. 585 ff., 586.

Das Institut der mittelbaren Diskriminierung ermöglicht es somit, „aus bestimmten faktischen Gegebenheiten auf das Vorliegen einer Diskriminierung zu schließen“[538].

1.3 Rechtfertigung

Eine unterschiedliche Behandlung kann durch Faktoren sachlich gerechtfertigt sein, die nichts mit einer Diskriminierung aufgrund des Geschlechts zu tun haben.[539]

Eine mittelbare Diskriminierung kann nur dann gerechtfertigt sein, wenn mit der Anwendung des neutralen Kriteriums ein wichtiges Ziel verfolgt wird, welches erhaltenswert ist und eine im Vergleich zum Gleichheitsgrundsatz vorrangige Berücksichtigung rechtfertigt.[540] Die unterschiedliche Behandlung muss einem wirklichen Bedürfnis des Unternehmens dienen und für die Erreichung dieses Ziels geeignet und erforderlich sein.[541] Hat ein Mitgliedstaat selbst die Diskriminierung verursacht, muss das gewählte Mittel einem notwendigen Ziel der mitgliedstaatlichen Sozialpolitik dienen.[542] Nach Auffassung des Gerichtshofs können in diesem Zusammenhang auch Haushaltserwägungen eine Geschlechtsdiskriminierung nicht rechtfertigen, da andernfalls Anwendung und Tragweite des Gemeinschaftsrechts „je nach dem Zustand der Staatsfinanzen der Mitgliedstaaten variieren könnten“[543].

Nach Auffassung des EuGH muss das nationale Gericht prüfen, ob objektive Gründe zur Rechtfertigung einer Ungleichbehandlung vorliegen. Allerdings könne der Gerichtshof, „der dem nationalen Gericht sachdienliche Antworten zu erteilen hat“[544], Hinweise geben, die eine Entscheidung ermöglichen.[545] Der

---

[538] Krebber, in: Calliess/Ruffert, Art. 141 Rdnr. 43.

[539] Vgl. EuGH vom 13.07.1989 - Rs. 171/88 - Rinner-Kühn, NZA 1990, S. 437 f. (Rdnr. 12); EuGH vom 31.05.1995 - Rs. C-400/93 - AP Nr. 68 zu Art. 119 EWG-Vertrag (Rdnr. 43); EuGH vom 10.03.2005 - Rs. C-196/02 - Nikoloudi - NZA 2005, S. 807 ff. (Rdnr. 47); EuGH vom 26.06.2001 - Rs. C-381/99 - Brunnhofer - NZA 2001, S. 883 ff. (Rdnr. 65); vgl. auch Bieback, in: Fuchs, Art. 141 EG Rdnr. 78 ff.; Mayer, in: Kittner/Zwanziger, § 157 Rdnr. 71.

[540] Vgl. Coen, in: Lenz/Borchardt, Art. 141 Rdnr. 22.

[541] Vgl. EuGH vom 13.05.1986 - Rs. 170/84 - Bilka - NZA 1986, S. 599 f. (Rdnr. 37); EuGH vom 26.06.2001 - Rs. C-381/99 - Brunnhofer - NZA 2001, S. 883 ff. (Rdnr. 67).

[542] Vgl. EuGH vom 13.07.1989 - Rs. 171/88 - Rinner-Kühn, NZA 1990, S. 437 f. (Rdnr. 11 ff.); EuGH vom 06.04.2000 - Rs. C-226/98 - Jörgensen - AP Nr. 21 zu EWG-Richtlinie Nr. 76/207 (Rdnr. 41); vgl. auch Bieback, in: Fuchs, Art. 141 EG Rdnr. 83 m. w. N.

[543] EuGH vom 23.10.2003 - Verb. Rs. C-4/02 und C-5/02 - Schönheit u. Becker - DVBl. 2004, S. 188 ff. (Rdnr. 85); siehe auch EUGH vom 10.03.2005 - Rs. C-196/02 - Nikoloudi - NZA 2005, S. 807 ff. (Rdnr. 53).

[544] EuGH vom 10.03.2005 - Rs. C-196/02 - Nikoloudi - NZA 2005, S. 807 ff. (Rdnr. 49).

Gerichtshof hat diese Hinweise in der Vergangenheit vielfach gegeben. Zu den einzelnen Gründen, die nach Auffassung des EuGH eine mittelbare Diskriminierung durch den Arbeitgeber rechtfertigen können, wird auf die Ausführungen im Rahmen der Teilzeitbeschäftigung verwiesen.[546]
Unklar ist allerdings bislang, ob sich bei einer unmittelbaren Diskriminierung die Rechtfertigungsproblematik überhaupt stellen kann.[547] Zum Teil wird angenommen, dass Art. 141 EG bei unmittelbarer Diskriminierung ein absolutes Diskriminierungsverbot statuiert, das auch bei bestehenden Unterschieden gilt.[548] *Krebber* schränkt ein, die Rechtfertigung einer unmittelbaren Diskriminierung dürfte „praktisch nur in Ausnahmefällen denkbar"[549] sein. Allerdings stehe die Ablehnung der Rechtfertigung einer unmittelbaren Diskriminierung auch im Widerspruch zu den in Richtlinien geregelten Fällen der Geschlechtsdiskriminierung, in denen ausdrücklich die Möglichkeit der Rechtfertigung unmittelbarer Diskriminierungen anerkannt sei.[550]

2. Richtlinien

Art. 141 EG (Art. 119 EGV) wird ergänzt durch mehrere vom Rat der Europäischen Gemeinschaften beschlossene Richtlinien. Richtlinien nach Art. 249 Abs. 3 EGV gehören dem sog. sekundären Gemeinschaftsrecht an. Darunter sind alle Rechtsakte zu verstehen, die von den Gemeinschaftsorganen im Rahmen der ihnen zugewiesenen Kompetenzen erlassen wurden. Dazu zählen neben den Richtlinien die Verordnungen sowie die unverbindlichen Empfehlungen.[551] Richtlinien sind ein Instrument indirekter bzw. kooperativer zweistufiger Rechtssetzung. Sie schreiben dem Empfänger, einem einzelnen oder allen Mitgliedstaaten, das zu erreichende Ziel vor, überlassen ihm jedoch die Wahl der Vorgehensweise, wie dieses Ziel erreicht werden soll.[552]

---

545 Siehe EuGH vom 22.12.2005 - Rs. C-144/04 - Mangold - NZA 2005, S. 1345 ff. (Rdnr. 75); EuGH vom 26.06.2001 - Rs. C-381/99 - Brunnhofer - NZA 2001, S. 883 ff. (Rdnr. 65); EuGH vom 30.03.1993 - Rs. C-328/91 - Thomas u. a. - Slg. 1993, I-1247 (Rdnr. 13); EuGH vom 11.09.2003 - Rs. C-77/02 - Steinicke - Slg. 2003, I-9027 (Rdnr. 59).
546 Siehe unten: Dritter Teil A I 3.2.
547 Vgl. Coen, in: Lenz/Borchardt, Art. 141 Rdnr. 25.
548 Vgl. Körner, NZA 2004, S. 760 ff., 764.
549 Krebber, in: Calliess/Ruffert, Art. 141 Rdnr. 61.
550 Vgl. Krebber, in: Calliess/Ruffert, Art. 141 EG, Rdnr. 61.
551 Vgl. Mayer, in: Kittner/Zwanziger, § 157 Rdnr. 21.
552 Vgl. Schmidt, in: Groeben/Schwarze, Art. 249 EG Rdnr. 38.

Nachfolgend sollen diejenigen Richtlinien benannt werden, die in der Vergangenheit Einfluss auf die betriebliche Altersversorgung hatten.[553]

Die Richtlinie 75/117/EWG (Entgeltrichtlinie) zur Angleichung der Rechtsvorschriften der Mitgliedstaaten über die Anwendung des Grundsatzes des gleichen Entgelts für Männer und Frauen vom 10.02.1975[554] betrifft unmittelbar die Entgeltgleichheit. Ihr Ziel besteht darin, die Durchsetzbarkeit von Rechten nach Art. 141 EG (Art. 119 EGV) zu verbessern und die einzelstaatlichen Rechtsvorschriften in Bezug auf die Anwendung des Grundsatzes der gleichen Entgelts anzunähern.[555] Art. 1 der Richtlinie gibt die Richtung vor, wonach „insbesondere [...] dann, wenn zur Festlegung des Entgelts ein System beruflicher Einstufung verwendet wird, dieses System auf für männliche und weibliche Arbeitnehmer gemeinsamen Kriterien beruhen und so beschaffen sein [muss], dass Diskriminierungen auf Grund des Geschlechts ausgeschlossen werden."

Ziel der Richtlinie 76/207/EG (Gleichbehandlungsrichtlinie) vom 09.02.1976[556] ist nach ihrem Art. 1 Abs. 1, dass „in den Mitgliedstaaten der Grundsatz der Gleichbehandlung von Männern und Frauen hinsichtlich des Zugangs zur Beschäftigung, einschließlich des Aufstiegs, und des Zugangs zur Berufsbildung sowie in Bezug auf die Arbeitsbedingungen und in Bezug auf die soziale Sicherheit [...] verwirklicht wird". Die Richtlinie ergänzt Art. 141 EG (Art. 119 EGV) im Hinblick auf die sonstigen Arbeitsbedingungen und betrifft die arbeitsrechtliche Seite des Gleichbehandlungsgrundsatzes. In Art. 2 wurden erstmalig unmittelbare und mittelbare Diskriminierung, Belästigung sowie Anweisung zur Diskriminierung benannt. Die Richtlinie wurde durch die Richtlinie 2002/73/EG vom 23.09.2002[557] geändert.

Die Richtlinie 79/7/EWG (Sozialschutzrichtlinie) zur „schrittweisen Verwirklichung des Grundsatzes der Gleichbehandlung von Männern und Frauen im Bereich der sozialen Sicherheit" vom 19.12.1978[558] zielt auf den Grundsatz der Gleichbehandlung von Männern und Frauen bei den gesetzlichen Systemen der sozialen Sicherheit zum Schutz gegen die Risiken Krankheit, Invalidität, Alter, Arbeitsunfall, Berufskrankheit und Arbeitslosigkeit sowie bei den Sozialhilfere-

---

[553] Für eine ausführliche Darstellung siehe Rust in: Groeben/Schwarze, Art. 141 EG, Rdnr. 27 ff., 64 ff.; Andresen/Förster/Rößler/Rühmann, Teil 7 B Rdnr. 147 ff.; Coen, in: Lenz/Borchardt, Art. 141 Rdnr. 32 ff.

[554] ABl. EG 1975 L 45/19.

[555] 3. und 4. Erwägungsgrund der Richtlinie 75/117/EWG.

[556] „Zur Verwirklichung des Grundsatzes der Gleichbehandlung von Männern und Frauen hinsichtlich des Zugangs zur Beschäftigung, zur Berufsbildung und zum beruflichen Aufstieg sowie in Bezug auf die Arbeitsbedingungen", ABl. EG 1976 L 39/40.

[557] ABl. EG 2002 L 269/15.

[558] ABl. EG 1979 L 6/24.

gelungen ab. Im Gegensatz zu Art. 141 EG (Art. 119 EGV) betrifft die Richtlinie ausdrücklich die gesetzlichen Sozialversicherungssysteme.
Maßgeblich für den Bereich der betrieblichen Altersversorgung war und ist die Richtlinie 86/378/EWG (Betriebsrentenrichtlinie 1986) „Verwirklichung des Grundsatzes der Gleichbehandlung von Männern und Frauen bei den betrieblichen Systemen der sozialen Sicherheit“ vom 24.07.1986[559]. Die Vorgaben des europäischen Richtliniengebers in der Richtlinie 86/378/EWG waren allerdings durch die Entscheidungen des EuGH in der Rechtssache „Barber“ sowie den Folgeentscheidungen weitgehend außer Kraft gesetzt worden. Mit der Richtlinie 96/97/EG[560](Betriebsrentenrichtlinie 1996) wurde die Richtlinie 86/378/EWG abgeändert. Die Richtlinie 96/97/EG unterscheidet zwischen Systemen mit Beitrags- und solchen mit Leistungszusagen. Art. 6 Abs. 1 lit. h) und i). Art. 6 Abs. 1 lit. h) der Richtlinie lässt wie die ursprüngliche Betriebsrentenrichtlinie die Gewährung unterschiedlicher Leistungsniveaus zu, wenn sie aufgrund versicherungstechnischer Berechnungsfaktoren notwendig ist. Diese sind im Fall von „Systemen mit Beitragszusage“ je nach Geschlecht unterschiedlich.[561] Bei Beitragszusagen darf die Leistung unterschiedlich hoch sein, da hier nur der Finanzierungsaufwand geschuldet ist.[562] Ist eine bestimmte Leistung zugesagt, so muss diese für Männer und Frauen grundsätzlich gleich hoch sein, auch wenn für die Leistung an die Frau angesichts durchschnittlich höherer Lebenserwartung ein höherer Finanzierungsaufwand erforderlich ist.[563] Seither sind bei Systemen mit Leistungszusagen, die durch Kapitalansammlung finanziert werden, unterschiedlich hohe Beitragsleistungen erlaubt. Dieselbe Differenzierung zwischen Systemen mit Leistungs- und Beitragszusagen ist in Art. 6 Abs. 1 lit. i) für die Beitragsseite vorgesehen. Die Unterscheidung in Beitrags- und Leistungszusagen spielt heute u. a. für die Frage der Zulässigkeit von sog. Unisex-Tarifen eine Rolle.
Durch die Richtlinie 2006/54/EG des europäischen Parlaments und des Rates vom 05.07.2006 „zur Verwirklichung des Grundsatzes der Chancengleichheit und Gleichbehandlung von Männern und Frauen in Arbeits- und Beschäftigungsfragen“[564] wurden einige der vorstehend genannten Richtlinien und Ände-

---

[559] ABl. EG 1986 L 225/40.
[560] Richtlinie 96/97/EG vom 20.12.1996 zur Änderung der Richtlinie 86/378/EWG zur Verwirklichung des Grundsatzes der Gleichbehandlung von Männern und Frauen bei den betrieblichen Systemen der sozialen Sicherheit, ABl. EG1997 L 46/20.
[561] Vgl. Hanau/Arteaga, Teil C Rdnr. 271.
[562] Vgl. Steinmeyer, NZA 2004, S. 1257 ff., 1260.
[563] Vgl. Steinmeyer, NZA 2004, S. 1257 ff., 1260.
[564] ABl. EU 2006 L 204/23.

rungsrichtlinien zusammengefasst.[565] Die Artikel 5 bis 13 der Richtlinie 2006/54/EG haben die „Gleichbehandlung in betrieblichen Systemen der sozialen Sicherheit“ zum Gegenstand, betreffen somit u. a. die betriebliche Altersversorgung nach deutschem Recht. Für die vorliegende Untersuchung ergeben sich aus diesen Bestimmungen allerdings keine neuen Gesichtspunkte. Für die hier maßgebliche Frage der Gleichbehandlung von Männern und Frauen in Bezug auf die „Arbeitsbedingungen einschließlich des Entgelts“ (Art. 1 S. 2 lit. b der Richtlinie) ist bereits der übergeordnete Art. 141 EG einschlägig. Auf eine nähere Darstellung der Richtlinie wird daher verzichtet.
Maßgeblichen Einfluss auf das gesamte deutsche Arbeitsrecht haben derzeit die Richtlinie 2000/78/EG des Rates vom 28.06.2000 „zur Festlegung des allgemeinen Rahmens für die Verwirklichung der Gleichbehandlung in Beschäftigung und Beruf“[566] sowie deren Umsetzung durch das „Gesetz zur Umsetzung europäischer Richtlinien zur Verwirklichung des Grundsatzes der Gleichbehandlung“[567]. Die Richtlinie 2000/78/EG wendet sich gegen Diskriminierungen aufgrund der Religion oder Weltanschauung, einer Behinderung, des Alters und der sexuellen Ausrichtung. Im Dritten Teil der Untersuchung wird u. a. der Frage nachgegangen, ob ein Arbeitnehmer aufgrund dieser Richtlinie verlangen kann, dass sein eingetragener Lebenspartner wie ein Ehepartner von der betrieblichen Hinterbliebenenversorgung abgesichert wird.[568]

III. Verhältnis nationales Recht - Gemeinschaftsrecht

Vorstehend wurden die nationalen und europarechtlichen Schranken der betrieblichen Zusagegestaltung in allgemeiner Form dargestellt. Im Dritten Teil der Untersuchung finden diese Schranken dann konkret Anwendung, wenn es um die Einbeziehung geringfügig Beschäftigter in die betriebliche Altersversorgung bzw. eingetragener Lebenspartner in die betriebliche Hinterbliebenenversorgung geht. In diesem Zusammenhang ist vorab zu klären, in welchem Verhältnis die einzelnen Rechtsnormen zueinander stehen, wenn ihre Anwendung zu unterschiedlichen Ergebnissen führt.
Die Frage des Vorrangs des Gemeinschaftsrechts ist weitgehend geklärt. Nachfolgend sollen die grundlegenden Positionen von EuGH und BVerfG zur Frage des Rangverhältnisses kurz umrissen werden.

---

565 Nach Anhang 1 zur Richtlinie 2006/54/EG werden folgende Richtlinien aufgehoben: 75/117/EWG, 76/207/EWG, 2002/73/EG, 86/378/EWG, 96/97/EG, 97/80/EG und 98/52/EG.
566 ABl. EG 2000 L 303/16.
567 Vom 14.08.2006, BGBl. I S. 1897 ff.
568 Siehe dazu unten: Dritter Teil B II.

Der EuGH geht davon aus, dass die Mitgliedstaaten mit Unterzeichnung des Vertrages ihre Souveränitätsrechte beschränkt haben. Das Gericht stellt dazu fest: „Es würde dem Wesen dieser Rechtsordnung widersprechen, wenn es den Mitgliedstaaten gestattet wäre, Maßnahmen zu ergreifen und aufrecht zu erhalten, welche die praktische Wirksamkeit des Vertrages beeinträchtigen könnten“[569]. Dieser Grundsatz gilt für den Vertrag selbst und für alle auf seiner Grundlage ergangenen Rechtsakte.[570] Daher geht Gemeinschaftsrecht - jedenfalls nach Auffassung des EuGH - dem nationalen Recht vor. Nach Auffassung des Gerichts „kann es die Gültigkeit einer Gemeinschaftshandlung nicht berühren, wenn geltend gemacht wird, die Grundrechte [...] oder die Strukturprinzipien der nationalen Verfassung seien verletzt“[571].
Zur Frage des Vorrangs des Gemeinschaftsrechts äußerte sich auch das BVerfG in einer Reihe von Entscheidungen, die an dieser Stelle nur oberflächlich benannt werden sollen. Im sog. „Solange I“-Beschluss befand das Gericht, das Gemeinschaftsrecht könne am Grundrechtskatalog des Grundgesetzes gemessen werden, „solange der Integrationsprozess der Gemeinschaft nicht so weit fortgeschritten ist, dass das Gemeinschaftsrecht auch einen von einem Parlament beschlossenen und in Geltung stehenden formulierten Katalog von Grundrechten enthält, der dem Grundrechtskatalog des Grundgesetzes adäquat ist“[572]. Im sog. „Solange II“-Beschluss entwickelte das BVerfG seine Aussage dahingehend weiter, es werde seine Gerichtsbarkeit über das abgeleitete Gemeinschaftsrecht nicht mehr ausüben, „solange die Europäischen Gemeinschaften [...] einen wirklichen Schutz der Grundrechte gegenüber der Hoheitsgewalt der Gemeinschaften generell gewährleisten“[573]. Bis heute hält das BVerfG an dieser Rechtsprechung fest, sieht jedoch seine Aufgabe in der Gewährung des Grundrechtsschutzes in einem „Kooperationsverhältnis“ zum EuGH.[574]
In der Regel geht das Bundesverfassungsgericht jedoch davon aus, dass Rechtsakten des Gemeinschaftsrechts im Falle des Widerspruchs zu innerstaatlichem Recht auch vor deutschen Gerichten der Anwendungsvorrang zukommt.[575] Dieser Anwendungsvorrang beruhe „auf einer ungeschriebenen Norm des primären Gemeinschaftsrechts, der durch die Zustimmung zu den Gemeinschaftsverträgen in Verbindung mit Art. 24 Abs. 1 GG der innerstaatliche Rechtsan-

[569] EuGH vom 13.02.1969 - Rs. 14/68 - Walt Wilhelm - Slg. 1968, S. 1 ff. (Rdnr. 6).
[570] Vgl. Schmidt, in: Groeben/Schwarze, Art. 249 EG Rdnr. 2.
[571] EuGH vom 17.12.1970 - Rs. 11/70 - Internationale Handelsgesellschaft mbH - Slg. 1970, S. 1125 ff. (Rdnr. 3).
[572] BVerfG vom 29.05.1974 - 2 BvL 52/71 - BVerfGE 37, S. 271 ff. (Gründe B I 7c a. E.).
[573] BVerfG vom 22.10.1986 - 2 BvR 197/83 - BVerfGE 73, S. 339 ff., (Leitsatz 2).
[574] Vgl. BVerfG vom 12.10.1993 - 2 BvR 2134, 2159/92 - BVerfGE 89, S. 155 ff. (Gründe B 2b); BVerfG vom 07.06.2000 - 2 BvL 1/97 - NJW 2000, S. 3124 ff. (Gründe B II 2b).
[575] Vgl. BVerfG vom 08.04.1987 - 2 BvR 687/85 - BVerfGE 75, S. 223 ff., 244.

wendungsbefehl erteilt worden ist"[576]. Das BVerfG vertritt in ständiger Rechtsprechung die Auffassung, dass der EuGH gesetzlicher Richter i. S. des Art. 101 Abs. 1 S. 2 GG ist und es einen Entzug des gesetzlichen Richters darstellen kann, wenn ein nationales Gericht seiner Pflicht zur Anrufung des EuGH im Wege des Vorabentscheidungsverfahrens nicht nachkommt.[577] Ein letztinstanzliches nationales Gericht muss grundsätzlich seiner Vorlagepflicht nachkommen, „wenn zu einer entscheidungserheblichen Frage des Gemeinschaftsrechts einschlägige Rechtsprechung der EuGH noch nicht vorliegt oder wenn eine vorliegende Rechtsprechung die entscheidungserhebliche Frage möglicherweise noch nicht erschöpfend beantwortet hat"[578].

Zusammenfassend kann festgehalten werden, dass das Gemeinschaftsrecht die einschlägigen deutschen Vorschriften zumindest ergänzt; im Kollisionsfall wird von einem Vorrang des Gemeinschaftsrechts auszugehen sein. Ist die Vereinbarkeit einer nationalen Regelung mit dem Gemeinschaftsrecht zweifelhaft, hat das nationale Gericht zur Klärung den EuGH anzurufen.

IV. Zwischenergebnis

Im vorangehenden Abschnitt wurden die rechtlichen Schranken betrieblicher Altersversorgung dargestellt. Viele der dargestellten Gleichbehandlungsgebote und Diskriminierungsverbote sind inhaltsgleich und führen in der Prüfung der konkreten Versorgungszusage zum selben Ergebnis. Auf eine nähere Darstellung des Verhältnisses der Bestimmungen zueinander wird im Rahmen dieser Untersuchung verzichtet. Gleichwohl bestehen insbesondere in Anwendung und Anforderungen europäischer und nationaler Vorschriften erhebliche Unterschiede. Was in der Vergangenheit nach deutschem Recht zulässig war, mag im Zuge europäischer Entwicklungen künftig nicht mehr tragbar sein. Auf diesen Gesichtspunkt wird im nachfolgenden Dritten Teil einzugehen sein.

---

[576] BVerfG vom 08.04.1987 - 2 BvR 687/85 - BVerfGE 75, S. 223 ff., 244; siehe auch: BVerfG vom 28.01.1992 - 1BvR 1025/82, 1 BvL 16/83 und 10/91 - BVerfGE 85, S. 191 ff., 204; BVerfG vom 09.06.1971 - 2 BvR 225/69 - BVerfGE 31, S. 145 ff., 173 f.

[577] Vgl. BVerfG vom 19.11.2003 - 2 BvR 1476/01 - FamRZ 2004, S. 524 ff. (Gründe II 4).

[578] BVerfG vom 09.01.2001 - 1 BvR 1036/99 - NJW 2001, S. 1267 f. (Gründe II 2a); vgl. auch BVerfG vom 31.05.1990 - 2 BvL 12, 13/88, 2 BvR 1436/87 - DVBl. 1990, S. 984 ff. (Gründe C II 1b).

Dritter Teil: Geringfügig Beschäftigte und eingetragene Lebenspartner

Mit der Entscheidung des Arbeitgebers für die Erteilung einer Versorgungszusage geht seit jeher das Bestreben einher, manche Arbeitnehmer in größerem Umfang zu versorgen als andere. Im Extremfall wird so einer Gruppe ein beachtliches Leistungsniveau gewährt, während einer anderen von vornherein der Zugang zum betrieblichen Versorgungssystem verwehrt wird. Dafür mag in den seltensten Fällen die Absicht des Arbeitgebers maßgeblich sein, die ausgeschlossene Arbeitnehmergruppe zielgerichtet zu benachteiligen. Vielmehr dürfte einer entsprechenden Differenzierung meist die Überlegung zugrunde liegen, die zur Verfügung stehenden Finanzmittel auf diejenigen Arbeitnehmer zu verteilen, die aus Sicht des Arbeitgebers besonders förderungswürdig erscheinen. *Picker* stellt in diesem Zusammenhang fest: „Freiheitlichen Gesellschafts- und Wirtschaftssystemen sind „Diskriminierungen“ systemimmanent!“[579] Ob diese Einschätzung so zutrifft, mag dahinstehen - ihre Prüfung ist jedenfalls nicht Gegenstand der vorliegenden Arbeit.
Aufgabe des Rechts sollte in diesem Zusammenhang sein, den Rahmen für ein Höchstmaß an gestalterischer Freiheit zu schaffen und dort steuernd einzugreifen, wo die Freiheit anderer durch Diskriminierung beeinträchtigt wird. Der Dritte Teil untersucht das Spannungsfeld zwischen freier Zusagengestaltung und unzulässiger Benachteiligung an den konkreten Beispielen geringfügig Beschäftigter in der betrieblichen Altersversorgung sowie eingetragener Lebenspartner in der betrieblichen Hinterbliebenenversorgung.

A) Geringfügig Beschäftigte - Zugang zur betrieblichen Altersversorgung?

Geringfügige Beschäftigung spielt in der gesamtgesellschaftlichen Betrachtung eine nicht unerhebliche Rolle. Mittlerweile basiert die Existenzsicherung großer gesellschaftlicher Gruppen auf den so genannten „Minijobs“. Sicherlich dienen Gelegenheitsjobs vielen Schülern und Studenten als zusätzliche Einkommensquelle neben Eltern und Ausbildungsförderung. Indes darf nicht übersehen werden, dass viele Haushalte wirtschaftlich auf geringfügige Beschäftigungsverhältnisse angewiesen sind. Gründe hierfür sind u. a. das mangelnde Angebot adäquater Vollzeitarbeitsplätze und die entsprechende Nachfragesituation, die Verdrängung gesellschaftlich Schwächerer durch orts- und betreuungsungebunde Arbeitnehmer sowie das stagnierende Entgeltniveau (auch hinsichtlich des „Hauptverdieners“). Vor diesem Hintergrund überrascht es nicht, dass die betriebliche Altersversorgung aus Sicht des Arbeitssuchenden in den Hintergrund

---

579 Picker, JZ 2003, S. 540 ff., 544.

gedrängt wird. Wer nur kurzfristig hinzuverdienen will oder hofft, nicht langfristig auf den Minijob angewiesen zu sein, wird die Frage nach Alterssicherung eher ausblenden. Diese an sich nachvollziehbare Haltung steht allerdings in diametralem Gegensatz zur mittlerweile weithin bekannten Notwendigkeit zusätzlicher Vorsorge zur Vermeidung von Altersarmut.
In diesem Zusammenhang steht die Frage, ob geringfügig Beschäftigten unter rechtlichen Gesichtspunkten einen Anspruch auf Einbeziehung in betriebliche Versorgungswerke haben, wenn Vollzeitbeschäftigten oder Teilzeitbeschäftigten mit höherem Beschäftigungsgrad entsprechende Zusagen erteilt werden.

I. Geringfügig Beschäftigte - Sichtweise des EuGH

Der EuGH beschäftigte sich in der Vergangenheit mehrfach mit Fragestellungen, die Teilzeitbeschäftigte betrafen. Ungeklärt ist auf europäischer Ebene bislang allerdings die Behandlung von lediglich geringfügig Beschäftigten im Sinne des § 8 SGB IV unter dem Aspekt des europäischen Lohngleichheitsgebots. Eine geringfügige Beschäftigung im Sinne des § 8 Abs. 1 SGB IV n. F. liegt vor, wenn das Arbeitsentgelt aus dieser Beschäftigung regelmäßig im Monat 400 Euro nicht übersteigt bzw. die Beschäftigung innerhalb eines Jahres auf längstens zwei Monate oder 50 Arbeitstage begrenzt ist.
Zwar urteilte der Gerichtshof etwa im „Bilka“-Urteil, der vollständige Ausschluss von Teilzeitbeschäftigten aus der betrieblichen Altersversorgung sei allgemein unzulässig, es sei denn, das Unternehmen lege dar, dass dies auf Faktoren beruhe, die objektiv gerechtfertigt sind und nichts mit einer Diskriminierung aufgrund des Geschlechts zu tun haben.[580] Daraus lässt sich indes kein allgemeiner Maßstab für die Frage herleiten, ob der Ausschluss einer Personengruppe rechtens ist, die ihre Beschäftigung lediglich während weniger Wochenstunden ausübt. Nachfolgend wird herausgearbeitet, nach welchen Kriterien der EuGH eine Ungleichbehandlung geringfügig Beschäftigter im Besonderen und sonstiger Teilzeitbeschäftigter im Allgemeinen beurteilt.

1. Geringfügig Beschäftigte

Der EuGH setzte sich bislang in drei grundlegenden Entscheidungen mit geringfügig Beschäftigten auseinander.

[580] Vgl. EuGH vom 13.05.1986, Rs. 170/84 - Bilka - NZA 1986, S. 586 f. (Rdnr. 31).

1.1 Entscheidung des EuGH vom 13.07.1989 („Rinner-Kühn")

Die Entscheidung betraf die Frage der Lohnfortzahlung im Krankheitsfall. Inhaltlich stand mit § 1 Abs. 3 Nr. 2 LFZG eine deutsche Gesetzesbestimmung auf dem Prüfstand, die Arbeiter mit einer regelmäßigen wöchentlichen Arbeitszeit von bis zu 10 oder monatlich bis zu 45 Stunden von der Lohnfortzahlung ausnahm. Der Gerichtshof urteilte, dass ein Ausschluss geringfügig beschäftigter Arbeiter als mittelbare Diskriminierung gegen das europäische Lohngleichheitsgebot des Art. 119 EGV verstößt.[581]
Der EuGH wandte auf diese gesetzliche Norm die Vorgehensweise an, die er in der „Bilka"-Entscheidung für ein betriebliches Versorgungssystem entwickelt hatte.[582] Der Mitgliedstaat musste darlegen, dass die gewählten Mittel einem notwendigen Ziel seiner Sozialpolitik dienen und für die Erreichung dieses Ziels geeignet und erforderlich sind.
Die von der Bundesrepublik vorgetragenen objektiven Kriterien und Tatsachen konnten die unterschiedliche Behandlung nicht rechtfertigen. Die Bundesregierung vertrat die Ansicht, Arbeitnehmer, die wöchentlich weniger als zehn oder monatlich weniger als 45 Arbeitsstunden leisteten, „seien nicht in einem anderen Arbeitnehmern vergleichbaren Maße in den Betrieb eingegliedert und ihm verbunden"[583]. Diese Erwägungen stellten nach Auffassung des Gerichtshofs jedoch lediglich verallgemeinernde Aussagen zu bestimmten Kategorien von Arbeitnehmern dar. Ihnen ließen sich keine objektiven Kriterien entnehmen, die nichts mit einer Diskriminierung aufgrund des Geschlechts zu tun haben.[584]
Das BAG schloss sich dieser Rechtsprechung an und orientierte sich auch inhaltlich an der Begründung des EuGH.[585]

1.2 Entscheidung des EuGH vom 09.09.1999 („Krüger")[586]

In der Rechtssache „Krüger" musste sich der Gerichtshof mit der Frage auseinandersetzen, inwieweit der Ausschluss geringfügig Beschäftigter i. S. v. 8 SGB IV von tariflich gewährten Sonderzuwendungen (Weihnachtsgratifikation) mit Art. 119 EGV vereinbar ist. Der Arbeitgeber verweigerte die Zahlung der Zuwendung unter Berufung auf § 3 lit. n BAT. Danach sind geringfügig Beschäftigte vom Geltungsbereich des BAT ausgenommen.

---

581 Vgl. EuGH vom 13.07.1989 - Rs. 171/88 - Rinner-Kühn, NZA 1990, S. 437 f. (Rdnr. 16).
582 Vgl. ebenda (Rdnr. 11 f.).
583 Ebenda (Rdnr. 13).
584 Vgl. ebenda (Rdnr. 14).
585 Vgl. BAG vom 09.10.1991 - 5 AZR 598/90 - NZA1992, S. 259 ff. (Gründe II).
586 Andrea Krüger ./. Kreiskrankenhaus Ebersberg.

Der EuGH kam zum Ergebnis, es liege eine mittelbare Lohndiskriminierung aufgrund des Geschlechts vor.[587] Denn prozentual waren von dieser Ausnahme erheblich mehr Frauen als Männer betroffen (über 90 %). Der Gerichtshof stellte sich gegen die Argumentation des Arbeitgebers, durch den tarifvertraglichen Ausschluss von geringfügig Beschäftigten werde ein sozial- und beschäftigungspolitisches Ziel verfolgt, welches objektiv keinen Anhaltspunkt für eine Geschlechterdiskriminierung biete. Zur Begründung führte das Gericht aus, es handle sich „weder um eine Maßnahme, die der nationale Gesetzgeber im Rahmen seines Ermessens getroffen hat, noch um einen tragenden Grundsatz des deutschen Systems der sozialen Sicherheit“[588]. Deshalb könne für einen privaten Arbeitgeber das Argument des billigenswerten sozial- und beschäftigungspolitischen Ziels - im Gegensatz zur nachstehend beschriebenen Rechtsprechung in Sachen „Nolte“ - nicht greifen.

1.3 Entscheidung des EuGH vom 14.12.1995 („Nolte“)[589]

Die Entscheidung betraf die Frage des Ausschlusses geringfügig Beschäftigter im Sinne von § 8 SGB IV a. F. von der gesetzlichen Rentenversicherungspflicht. Der Gerichtshof befasste sich mit der Frage, ob dieser Ausschluss gegen Art. 4 Abs. 1 der Richtlinie 79/7/EWG vom 19.12.1978 zur „schrittweisen Verwirklichung des Grundsatzes der Gleichbehandlung von Männern und Frauen im Bereich der sozialen Sicherheit“[590] verstößt und ob hierin eine mittelbare Diskriminierung von Frauen liegt.[591] Im Gegensatz zu den beiden vorstehend besprochenen Entscheidungen in Sachen „Rinner-Kühn“ und „Krüger“ betraf die streitgegenständliche Richtlinie ausschließlich die gesetzlichen Systeme der sozialen Sicherheit. Prüfungsmaßstab war somit in diesem Falle gerade nicht Art. 141 EG bzw. Art. 119 EGV.

Der Gerichtshof gelangte zum Ergebnis, der Ausschluss sei im Hinblick auf die Sozialschutzrichtlinie rechtmäßig. Der EuGH billigte den Vortrag der deutschen Regierung, die Herausnahme der geringfügig Beschäftigten aus der Pflichtversicherung entspreche einem „Strukturprinzip des deutschen Sozialversicherungssystems“[592] und es bestehe eine „soziale Nachfrage nach geringfügigen Beschäf-

---

[587] Vgl. EuGH vom 09.09.1999 - Rs. C-281/97 - Krüger - NZA 1999, S. 1151 f. (Rdnr. 30).

[588] Ebenda (Rdnr. 29).

[589] Inge Nolte ./. Landesversicherungsanstalt Hannover; vgl. ebenso die nahezu inhaltsgleiche Entscheidung des EuGH im Fall Ursula Megner und Hildegard Scheffel ./. Innungskrankenkasse Vorderpfalz, nunmehr Innungskrankenkasse Rheinhessen-Pfalz vom 14.12.1995 - Rs. C-444/93, NZA 1996, S. 131 ff.

[590] ABl. EG 1979 L 6/24.

[591] Vgl. EuGH vom 14.12.1995 - Rs. C-317/93 - Nolte, NZA 1996, S. 129 ff.

[592] Ebenda (Rdnr. 29).

tigungen"[593]. Weiterhin würden wegfallende Beschäftigungsverhältnisse nicht durch versicherungspflichtige Arbeitsplätze ersetzt. Es werde vielmehr „zu einer Vermehrung illegaler Beschäftigungsformen (Schwarzarbeit) und einer Zunahme von Umgehungstatbeständen (z. B. Scheinselbständigkeit) kommen"[594]. Nach Auffassung des Gerichtshofs liegt damit keine europarechtlich unzulässige mittelbare Diskriminierung vor. Zur Begründung führt der EuGH aus, der Gesetzgeber könne in vertretbarer Weise davon ausgehen, dass die fraglichen Rechtsvorschriften erforderlich seien, um ein sozialpolitisches Ziel zu erreichen, das mit einer Diskriminierung wegen des Geschlechts nichts zu tun habe. Dies gelte selbst dann, wenn die Regelung erheblich mehr Frauen als Männer betreffe.[595] Der EuGH räumte somit den Mitgliedstaaten bei der Festlegung ihrer sozialpolitischen Ziele ein weites Ermessen ein.[596]

1.4 Zwischenergebnis

Der EuGH äußerte sich in der Vergangenheit lediglich punktuell zu Fragestellungen, welche die Gruppe der geringfügig Beschäftigten betreffen. Dabei ging es einerseits um mögliche Verstöße gegen das europäische Lohngleichheitsgebot, andererseits um den Ausschluss geringfügig Beschäftigter aus den gesetzlichen Sicherungssystemen. Der Gerichtshof traf - stark vereinfacht - folgende Aussage: Abgesehen von der unzureichenden sachlichen Rechtfertigung in der Rechtssache Rinner-Kühn[597] billigte der Gerichtshof den Mitgliedstaaten bei der Verfolgung sozialpolitischer Zielsetzungen einen weiten Ermessenspielraum zu.[598] Dies umfasst auch eine Ungleichbehandlung geringfügig Beschäftigter. Allerdings könne der einzelne Arbeitgeber im Hinblick auf den Entgeltgleichheitsgrundsatz nicht wie ein Mitgliedstaat Wertentscheidungen zur Erreichung sozialpolitischer Ziele treffen.[599] Offen blieb hingegen bislang, ob sich der Arbeitgeber überhaupt wirksam auf Sachgründe zur Ungleichbehandlung geringfügig Beschäftigter berufen kann - und wenn ja, auf welche. Vor diesem Hintergrund soll nachfolgend auf die weitaus umfangreichere Rechtsprechung des EuGH zu den mehr als nur geringfügig beschäftigten Teilzeitkräften zurückgegriffen werden.

---

[593] Ebenda (Rdnr. 31).
[594] Ebenda (Rdnr. 32).
[595] Vgl. ebenda (Rdnr. 36).
[596] Vgl. Mayer, in: Kittner/Zwanziger, § 157 Rdnr. 74.
[597] Vgl. EuGH vom 13.07.1989 - Rs. 171/88 - Rinner-Kühn, NZA 1990, S. 437 f. (Rdnr. 13).
[598] Vgl. EuGH vom 14.12.1995 - Rs. C-317/93 - Nolte, NZA 1996, S. 129 ff. (Rdnr. 36).
[599] Vgl. EuGH vom 09.09.1999 - Rs. C-281/97 - Krüger - NZA 1999, S. 1151 f. (Rdnr. 29).

2. Mittelbare Entgeltdiskriminierung sonstiger Teilzeitkräfte

Wesentlich häufiger musste sich der EuGH bislang mit der Frage befassen, ob der Ausschluss sonstiger Teilzeitbeschäftigter von der betrieblichen Altersversorgung gegen das europäische Entgeltgleichheitsgebot verstößt. Dabei handelte es sich mehrheitlich um unterhälftig, aber mehr als geringfügig Beschäftigte. Bezeichnenderweise erging die erste Entscheidung des Gerichtshofs zur Frage des Ausschlusses von Teilzeitkräften anlässlich einer Versorgungsbestimmung, die nicht ausdrücklich Arbeitnehmerinnen von Leistungen der betrieblichen Altersversorgung ausnahm.

In der „Bilka"-Entscheidung des EuGH vom 13.05.1986[600] ging es um geschlechtsbezogene Diskriminierung von Teilzeitkräften. Fraglich war, ob die Personalpolitik eines deutschen Kaufhausunternehmens, die den Ausschluss von Teilzeitbeschäftigten von betrieblichen Versorgungsleistungen vorsah, eine durch Art. 119 EGV verbotene Diskriminierung darstellt. Die beklagte Firma Bilka Kaufhaus GmbH gewährte ihren Mitarbeitern aufgrund einer Versorgungsordnung Leistungen der betrieblichen Altersversorgung, wenn sie von einer Betriebszugehörigkeit von 20 Jahren mindestens 15 Jahre als Vollzeitbeschäftigte tätig waren. Zwar war die die betreffende Versorgungsregelung geschlechtsneutral formuliert, tatsächlich betraf sie jedoch eine wesentlich größere Anzahl Frauen als Männer. Die Klägerin erfüllte diese Voraussetzung aufgrund eines vorzeitigen Wechsels von einem Vollzeit- auf ein Teilzeitarbeitsverhältnis nicht.

Der EuGH beantwortete die Frage unter Bezugnahme auf sein Urteil in der Rechtssache Jenkins.[601] In dieser Entscheidung ging es um die Frage, ob eine Lohnpolitik mit Art. 119 EGV vereinbar ist, wenn für Teilzeitarbeit ein niedrigerer Stundenlohn festgesetzt wird als für Vollzeitarbeit. Der EuGH bejahte in der Jenkins-Entscheidung einen Verstoß gegen Art. 119 EGV mit der Begründung, das Lohngleichheitsgebot verbiete auch eine indirekte Diskriminierung. Diese liege objektiv vor, wenn rein statistisch feststellbar ist, dass ein Unterscheidungsmerkmal wesentlich mehr Frauen als Männer nachteilig trifft. Ein unterschiedliches Entgelt für Vollzeitarbeitnehmer und Teilzeitarbeitnehmer stelle eine verbotene Diskriminierung dar, wenn es in Wirklichkeit nur ein indirektes Mittel dafür ist, das Lohnniveau der Teilzeitarbeitnehmerinnen aus dem Grund zu senken, weil diese Arbeitnehmergruppe ausschließlich oder überwiegend aus weiblichen Personen besteht.[602]

---

[600] Bilka-Kaufhaus GmbH ./. K. Weber v. Hartz.

[601] Vgl. EuGH vom 31.03.1981 - Rs. 96/80 - Jenkins - AP Nr. 2 zu Art. 119 EWG-Vertrag.

[602] Vgl. EuGH vom 31.03.1981 - Rs. 96/80 - Jenkins - AP Nr. 2 zu Art. 119 EWG-Vertrag (zu den Fragen 1 - 3).

In der „Bilka“-Entscheidung urteilte der Gerichtshof nunmehr, dass die Differenzierung hinsichtlich des Lohnes aus der Rechtssache „Jenkins“ mit der Differenzierung hinsichtlich der Betriebsrente vergleichbar sei, da eine solche Rente unter den Begriff der Vergütung falle.[603] Somit verletze das beklagte Kaufhausunternehmen Art. 119 EGV a. F., wenn diese Maßnahme wesentlich mehr Frauen als Männer treffe. Dies gelte nicht, wenn das Unternehmen darlegen könne, dass die Maßnahme auf Faktoren beruhe, die objektiv gerechtfertigt sind und nichts mit einer Diskriminierung aufgrund des Geschlechts zu tun haben.[604]

In einer weiteren Entscheidung ebenfalls zur mittelbaren Diskriminierung aus dem Jahre 1997 („Magorrian“)[605] ging es u. a. um die Zahlung von Zusatzleistungen durch ein berufliches Versorgungssystem, die nur dann gewährt wurden, wenn der betreffende Arbeitnehmer bei Eintritt in den Ruhestand Vollzeitarbeitnehmer war. Die Klägerinnen - zunächst Vollzeit- und später Teilzeitkräfte - verlangten unter Berufung auf Art. 119 EGV die Gewährung der Zusatzleistungen für ihre Dienstzeiten nach dem 08.04.1976[606]. Das nationale Gericht hatte mit Zwischenurteil festgestellt, dass der Ausschluss von Teilzeitbeschäftigten eine nicht gerechtfertigte mittelbare Diskriminierung aufgrund des Geschlechts darstellt. Offen war geblieben, ab welchem Zeitpunkt die Dienstzeit teilzeitbeschäftigter Arbeitnehmer, die aufgrund ihres Geschlechts mittelbar diskriminiert worden sind, für die Berechnung der ihnen zustehenden Zusatzleistungen zu berücksichtigen ist. Der EuGH stellte klar, dass die Dienstzeit mittelbar diskriminierter Teilzeitbeschäftigter ab dem Tag des Erlasses des Urteils „Defrenne II“ für die Berechnung der ihnen zustehenden Zusatzleistungen zu berücksichtigen sei.[607] Ab diesem Zeitpunkt sei erstmals die unmittelbare Wirkung des Art. 119 EGV anerkannt worden.[608]

Zuletzt bestätigte der Gerichtshof in der Rechtssache „Schröder“[609] seine Rechtsprechung zur mittelbaren Diskriminierung teilzeitbeschäftigter Arbeitnehmer.[610] Der EuGH bekräftigte indes nochmals, die Möglichkeit, sich auf die

---

[603] Vgl. EuGH vom 13.05.1986 - Rs. 170/84 - Bilka - NZA 1986, S. 599 f. (Rdnr. 27).

[604] Vgl. ebenda (Rdnr. 31).

[605] Vgl. EuGH vom 11.12.1997 - Rs. C-246/96 - NZA 1998 - S. 361 ff.: Mary Teresa Magorrian und Irene Patricia Cunningham ./. Eastern Health and Social Services Board, Department of Health and Social Services.

[606] Datum der Entscheidung „Defrenne II“.

[607] Vgl. EuGH vom 11.12.1997 - Rs. C-246/96 - NZA 1998, S. 361 ff. (Rdnr. 35).

[608] Vgl. ebenda (Rdnr. 30).

[609] Lilli Schröder ./. Deutsche Telekom AG als Rechtsnachfolgerin der Deutschen Bundespost Telekom.

[610] Vgl. EuGH vom 10.02.2000 - C-50/96 - Lilli Schröder - AP Nr. 14 zu § 1 BetrAVG Teilzeit, Rdnr. 29.

unmittelbare Wirkung der Vorschrift zu berufen, sei zeitlich auf den Zeitraum nach der Verkündung des Urteils „Defrenne II" beschränkt.[611]

3. Mittelbare Entgeltdiskriminierung geringfügig Beschäftigter

In der betrieblichen Altersversorgung liegt bei Regelungen, die Teilzeitbeschäftigte gleich welchen Umfangs ganz oder teilweise von Versorgungsleistungen ausschließen, die Frage nach einer mittelbaren Diskriminierung von Frauen nahe. Denn Teilzeitbeschäftigung ist typischerweise Frauenarbeit, die im Zusammenhang mit den von Frauen ausgeübten Familienaufgaben und der typischen Rollenverteilung unserer Gesellschaft steht.[612] *Hanau/Preis* formulierten: „Wer heute eine Regelung trifft, die Teilzeitarbeitnehmer benachteiligt, muss wissen, dass er damit mittelbar Frauen benachteiligt."[613]
Im Folgenden wird ausführlich begründet, dass die Ungleichbehandlung geringfügig Beschäftigter im Lichte der bisherigen Rechtsprechung des EuGH eine mittelbare Diskriminierung weiblicher Arbeitnehmer darstellt.

3.1 Auswirkung zu Lasten eines Geschlechts

Voraussetzung für die Annahme einer mittelbaren Diskriminierung ist, dass eine Maßnahme zwar neutral formuliert ist, jedoch tatsächlich einen viel höheren geschlechtsspezifischen Prozentsatz benachteiligt.[614]
Das BMGS verzeichnete für das Kalenderjahr 2004 in Deutschland 40,606 Mio. Erwerbspersonen, davon 22,526 Mio. Männer (55,6 %) und 18,08 Mio. Frauen (44,5 %).[615] Auch nach Angaben des Statistischen Bundesamtes belief sich der Anteil der Frauen unter den Erwerbstätigen im Jahre 2004 auf 45 %.[616] Von den 26,524 Mio. sozialversicherungspflichtig Beschäftigten in Deutschland waren 2004 14,541 Mio. Männer (54,8 %) und 11,983 Mio. Frauen (45,2 %).[617] Betrachtet man hingegen den jeweiligen Anteil an Voll- und Teilzeitbeschäftigten, ergeben sich geschlechtsspezifisch deutlich unterschiedliche Ergebnisse: Die Quote der männlichen abhängig Erwerbstätigen in Teilzeit betrug 6,2 % gegen-

---

[611] Vgl. ebenda, Rdnr. 41.
[612] Vgl. Andresen/Förster/Rößler/Rühmann, Teil 7 B Rdnr. 316.
[613] Hanau/Preis, ZfA 1988, S. 177 ff., 194.
[614] Zu den Voraussetzungen der mittelbaren Diskriminierung siehe oben: Zweiter Teil G II 1.2.2.
[615] Vgl. BMGS, Arbeits- und Sozialstatistik 2005, Tabelle 2.3.
[616] Vgl. Statistisches Bundesamt, Mikrozensus 2004, S. 43.
[617] Vgl. BMGS, Arbeits- und Sozialstatistik 2005, Tabelle 2.6 A.

über einer Teilzeitquote der Frauen von 42,1 %.[618] Frauen stellten 85 % aller Teilzeitbeschäftigten in abhängiger Beschäftigung (6,1 Mio.).[619]
Ähnlich fallen die Zahlen bei einer spezifischen Betrachtung der geringfügig Beschäftigten aus: Zum 31.12.2005 verzeichnete die Minijob-Zentrale der Deutschen Rentenversicherung einen Bestand von insgesamt 6,417 geringfügig Beschäftigten.[620] Darin enthalten waren 6,309 Mio.[621] geringfügig entlohnte[622] Beschäftigte in 6,706 geringfügig entlohnten Beschäftigungsverhältnissen[623]. Mit 63,9 % sind deutlich mehr Frauen als Männer geringfügig entlohnt beschäftigt.[624] Dabei ist fraglich, in welchem Ausmaß eine ungleiche Betroffenheit vorliegen muss, damit von einer mittelbaren Diskriminierung ausgegangen werden kann.[625] Der EuGH setzt allgemein voraus, dass entweder „ein erheblich niedrigerer Prozentsatz weiblicher als männlicher Arbeitnehmer die nach der streitigen Vorschrift erforderliche Voraussetzung“[626] erfüllen kann, oder aber „ein geringerer, aber über einen langen Zeitraum hinweg fortbestehender und relativ konstanter Abstand zwischen männlichen und weiblichen Arbeitnehmern“[627] besteht. Ein lediglich marginaler Unterschied in der Betroffenheit dürfte vor dem Hintergrund rein statistischer Zufälligkeiten nicht ausreichen.[628]
Anhand der Belegschaftsstruktur des konkreten Betriebes oder Unternehmens muss somit geprüft werden, ob von der geschlechtsneutral formulierten Regelung erheblich mehr Frauen als Männer betroffen sind. In einzelnen Branchen dürfte dies vielfach der Fall sein: In Privathaushalten werden derzeit zu 93,3 % Frauen geringfügig entlohnt.[629] Geringfügig Beschäftigte finden sich insgesamt

---

618 Vgl. Statistisches Bundesamt, Mikrozensus 2004, Tabellenanhang, Tabelle 20.
619 Vgl. Statistisches Bundesamt, Mikrozensus 2004, S. 44.
620 Vgl. Deutsche Rentenversicherung, Geringfügige Beschäftigung, S. 6.
621 Vgl. ebenda.
622 Die Deutsche Rentenversicherung verwendet im Rahmen ihrer Quartalsberichte den Begriff der „geringfügig entlohnt Beschäftigten“. Darunter fallen nicht die geringfügig entlohnten Beschäftigten in Privathaushalten, die über das Haushaltsscheckverfahren gemeldet werden, siehe Deutsche Rentenversicherung, Geringfügige Beschäftigung, S. 5, Fußnote 1.
623 Vgl. Deutsche Rentenversicherung, Geringfügige Beschäftigung, S. 12; der höhere Wert ist durch Mehrfachbeschäftigung bedingt.
624 Vgl. Deutsche Rentenversicherung, Geringfügige Beschäftigung, S. 8.
625 Vgl. Bieback, in: Fuchs, Art. 141 EG Rdnr. 73 ff.
626 EuGH vom 09.02.1999 - Rs. C-167/97 - Seymour-Smith - Slg. 1999, S. I-623 ff. (Rdnr. 60).
627 Ebenda (Rdnr. 61).
628 Vgl. Bieback, in: Fuchs, Art. 141 EG Rdnr. 75.
629 Vgl. Deutsche Rentenversicherung, Geringfügige Beschäftigung, S. 21, Diagramm 12 und Anhang, Tabelle 9.

vornehmlich in den Einzelbranchen Reinigungsdienstleistungen, Gesundheitswesen, Gastgewerbe und Einzelhandel.[630]
Im Rahmen des Geltungsbereichs einer Versorgungsordnung ist somit zu prüfen, ob prozentual deutlich mehr Frauen als Männer von einem Ausschluss von Leistungen der betrieblichen Altersversorgung betroffen sind. So sollte diese Frage insbesondere in Unternehmen der genannten Branchen aufgeworfen werden, also beispielsweise in Alten- und Pflegeheimen, Hotel- und Freizeiteinrichtungen oder Supermärkten. Liegt im konkreten Fall eine überdurchschnittlich hohe Quote weiblicher Beschäftigter vor, so ist zu fragen, ob die Ungleichbehandlung durch objektive Gründe gerechtfertigt werden kann.

3.2 Rechtfertigung der Diskriminierung

Unklar ist bislang allerdings, welchen Maßstab der EuGH zur Rechtfertigung einer Ungleichbehandlung anlegen würde.
Was die geringfügig Beschäftigten anbelangt, verwehrte der EuGH in der Rechtssache „Krüger" dem Arbeitgeber eine Berufung auf Ziele, deren Verfolgung den Mitgliedstaaten vorbehalten bleibt.[631] Der Gerichtshof äußerte sich hingegen noch nicht dazu, ob sich der Arbeitgeber möglicherweise auf andere sachliche Gründe berufen kann, die eine Ungleichbehandlung geringfügig Beschäftigter rechtfertigen können. Insbesondere stellt sich die Frage, ob die zur mittelbaren Diskriminierung von Teilzeitkräften[632] getroffenen Aussagen ebenso auf die Untergruppe der geringfügig Beschäftigten übertragbar sind.
Bereits in der Rechtssache Bilka führte der Gerichtshof aus, eine mittelbare Diskriminierung könne dadurch gerechtfertigt sein, dass die Maßnahme einem „wirklichen Bedürfnis des Unternehmens"[633] dient, möglichst wenige Teilzeitkräfte zu beschäftigen. Weiterhin müssten die zu diesem Zweck gewählten Mittel zur Erreichung dieses Ziels geeignet und erforderlich sein.
Der beklagte Arbeitgeber hatte vorgetragen, der Einsatz von Vollzeitarbeitskräften sei mit geringeren Personalnebenkosten verbunden und während der gesamten Ladenöffnungszeiten möglich. Zudem lehnten es Teilzeitbeschäftigte in der Regel ab, am späten Nachmittag und an Sonnabenden zu arbeiten. Der Gerichtshof erklärte dazu lediglich, es sei Sache des vorlegenden Gerichts festzustellen, ob und inwieweit die Gründe, die ein Arbeitgeber zur Rechtfertigung einer Lohnpolitik anführt, den oben genannten Kriterien genügten.[634] Dieser Äuße-

---

[630] Vgl. Deutsche Rentenversicherung, Geringfügige Beschäftigung, S. 9.
[631] Vgl. EuGH vom 09.09.1999 - Rs. C-281/97 - Krüger - NZA 1999, S. 1151 f. (Rdnr. 30).
[632] Siehe oben: Dritter Teil A I 2.
[633] EuGH vom 13.05.1986 - Rs. 170/84 - Bilka - NZA 1986, S. 599 f. (Rdnr. 37); siehe aktuell auch EuGH vom 26.06.2001 - Rs. C-381/99 - Brunnhofer - NZA 2001, S. 883 ff. (Rdnr. 67).
[634] Vgl. EuGH vom 13.05.1986 - Rs. 170/84 - Bilka - NZA 1986, S. 599 f. (Rdnr. 36).

rung lässt sich zumindest nicht entnehmen, die vom Arbeitgeber angeführten Gründe schieden von vornherein aus. Fraglich bleibt indes, ob ein nationales Gericht derart pauschale Einschätzungen angesichts der Vorgaben aus Luxemburg billigen würde.[635]
Darüber hinaus gab der EuGH in der Vergangenheit auch generelle Hinweise, unter welchen Kriterien eine Ungleichbehandlung von Arbeitnehmergruppen jenseits der Teilzeitbeschäftigten gerechtfertigt sein könne: So seien nach den Umständen des Einzelfalls Differenzierungen aufgrund des Erfahrungswissens und der Dauer der Betriebszugehörigkeit zulässig, da die Betriebszugehörigkeit ein Gradmesser für Erfahrung und Qualität der Arbeitsleistung darstellt.[636] Für die Höhe des Entgelts könne weiterhin auf Anpassungsfähigkeit des Arbeitnehmers an unterschiedliche Arbeitszeiten und Arbeitsorte sowie verschiedene Berufsausbildungen abgestellt werden, wenn es auf diese Merkmale bei der Ausführung der übertragenen Aufgaben gerade ankommt.[637] Weiterhin dürfe der Arbeitgeber die persönlichen Fähigkeiten eines Arbeitnehmers im Vergleich zu einem Kollegen berücksichtigen, „selbst wenn bei Beginn des Beschäftigungsverhältnisses davon ausgegangen worden sein sollte, dass sie gleiche oder gleichwertige Arbeit verrichten"[638]. Auch könne die mit der Verrichtung der Arbeit verbundene Beanspruchung eine unterschiedliche Behandlung rechtfertigen.[639]

3.3 Stellungnahme

Wendet man den vom EuGH für Teilzeitkräfte vorgegebenen Maßstab nunmehr auf die geringfügig Beschäftigten an, so wird nicht ersichtlich, inwieweit der lediglich graduell geringere Arbeitsumfang zu einer völlig anderen Beurteilung führen sollte.
Das Gericht stellt für eine Ungleichbehandlung auf objektiv messbare Kriterien ab und erteilt nicht belegbaren Behauptungen zum unterschiedlichen Arbeitsverhalten von Teilzeitkräften eine Absage. Allenfalls die besondere Belastung, die Fähigkeiten und das Erfahrungswissen könnten somit eine Bevorzugung der mehr als geringfügig Beschäftigten rechtfertigen. Der Arbeitgeber müsste somit vortragen und ggf. beweisen, dass die Gruppe der geringfügig Beschäftigten allgemein weniger belastet, schlechter qualifiziert und/oder unerfahren ist. Diese

---

[635] Dies lehnte das BAG ab in seiner Entscheidung vom 14.10.1986 - 3 AZR 66/83 - AP Nr. 11 zu Art. 119 EWG-Vertrag.
[636] Vgl. EuGH vom 07.02.1991 - Rs. C-184/89 - Nimz - Slg. 1991, S. I-297 ff. (Rdnr. 14).
[637] Vgl. EuGH vom 17.10.1989 - Rs. 109/88 - Danfoss - NZA 1990, S. 772 ff. (Rdnr. 25).
[638] EuGH vom 26.06.2001 - Rs. C-381/99 - Brunnhofer - NZA 2001, S. 883 ff. (Rdnr. 77).
[639] Vgl. EuGH vom 01.07.1986 - Rs. 237/85 - Rummler - AP Nr. 13 zu Art. 119 EWG-Vertrag (Rdnr. 24).

Nachweise dürften je nach Art der auszuführenden Tätigkeit schwer zu führen sein. Dies gilt insbesondere dann, wenn geringfügig Beschäftigte über einen längeren Zeitraum vergleichbare Tätigkeiten wie Vollzeitkräfte ausüben und der einzige Unterschied im zeitlichen Umfang der Arbeitsleistung liegt. Mit steigendem beruflichen Anforderungsprofil könnte ein entsprechender Nachweis eher gelingen: Kann beispielsweise eine Tätigkeit nur mit besonderem Wissen oder aufgrund langjähriger Erfahrung ausgeübt werden, könnte ein Ausschluss geringfügig Beschäftigter insbesondere dann gerechtfertigt sein, wenn diese nur kurzfristig eingesetzt werden und daher die erforderliche Qualifikation nicht erreichen.

Ein anderes Ergebnis lässt sich auch nicht aus den wenigen Urteilen ableiten, die seitens des Gerichtshofs zur mittelbaren Diskriminierung geringfügig Beschäftigter ergingen. Diesen Urteilen lässt sich allenfalls entnehmen, dass der EuGH den Mitgliedstaaten hinsichtlich der geringfügig Beschäftigten einen weiteren Ermessensspielraum einräumt, als dies gegenüber anderen Teilzeitbeschäftigten der Fall war.

Zwar liegt hierin eine indirekte Anerkennung der Besonderheiten geringfügiger Beschäftigungsverhältnisse vor dem Hintergrund einer gesamtgesellschaftlichen Nachfrage. Andererseits bezieht sich diese Anerkennung ausschließlich auf die Ungleichbehandlung im Rahmen der gesetzlichen Rentenversicherung und im Hinblick auf den Prüfmaßstab der Sozialschutzrichtlinie 79/7/EWG vom 19.12.1978[640]. Der einzelne Arbeitgeber kann sich dieses Argument hinsichtlich einer Zusage auf betriebliche Altersversorgung nicht zueigen machen. Was bleibt, ist die Feststellung, dass der EuGH hohe Anforderungen an mögliche Rechtfertigungsgründe stellt. Rein wirtschaftliche Erwägungen und weniger als handfeste Gründe der Personalplanung scheiden aus. Angesichts zunehmend flexiblerer Arbeitszeiten, Gleitzeit und Job-Sharing wird es zunehmend schwer darzustellen, warum ein „wirkliches Bedürfnis“ an der vorrangigen Beschäftigung von Vollzeitkräften besteht.

4. Zwischenergebnis

Die bisherige Rechtsprechung des EuGH gibt keine Auskunft darüber, ob ein Arbeitgeber geringfügig Beschäftigte von Zusagen der betrieblichen Altersversorgung ausnehmen darf. Denn der Gerichtshof hat sich bislang noch nicht festgelegt, welche Sachgründe generell eine Ungleichbehandlung dieses Personenkreises rechtfertigen können. Mangels anderer Anhaltspunkte kann somit lediglich auf die Beurteilung des EuGH zu den mehr als nur geringfügig beschäftigten Teilzeitkräften zurückgegriffen werden. Der Spielraum für eine

[640] ABl. EG 1979 L 6/24.

Ungleichbehandlung dieser Arbeitnehmergruppe ist eng. Gleichwohl ist nicht ausgeschlossen, dass sich vereinzelt ein Arbeitgeber auch im Hinblick auf die bei ihm geringfügig Beschäftigten auf sachliche Gründe berufen kann, welche die Ungleichbehandlung plausibel machen.
Im Ergebnis bleibt festzuhalten, dass jedenfalls von Seiten des EuGH eine umfassende Klärung der Rechtsfrage noch aussteht. Es ist durchaus vorstellbar, dass der EuGH im Entscheidungsfall diejenigen hohen Anforderungen stellt, die er bereits mehrfach bei den übrigen Teilzeitkräften in Ansatz gebracht hat. Eine endgültige Entscheidung hierüber bleibt abzuwarten.

II. Mehr als geringfügig Beschäftigte - Rechtslage in Deutschland

Nach Ansicht von *Schumann* kann die Rechtsprechung zum Komplex der Teilzeitbeschäftigten in der betrieblichen Altersversorgung „als gesichert und abgeschlossen betrachtet werden“[641]. Es besteht weitgehend Einigkeit darüber, dass Teilzeitbeschäftigte in betriebliche Versorgungswerke aufzunehmen sind. Die lediglich geringfügig Beschäftigten bleiben an dieser Stelle ausgeklammert und werden nachfolgend gesondert behandelt.

1. Sichtweise der Rechtsprechung

Die Rechtsprechung wurde maßgeblich durch den EuGH beeinflusst; auf die Darstellung der Rechtsprechung des Gerichtshofs wird verwiesen.[642]
Nach früherer Auffassung des BAG konnten Teilzeitbeschäftigte ohne weiteres von der Altersversorgung ausgenommen werden. Dem BAG-Urteil vom 01.06.1978 lag ein Sachverhalt zugrunde, wonach eine Arbeitnehmerin ihre Versorgungsanwartschaft verloren hatte, weil sie nach 13 Jahren und damit vor Erfüllung ihrer in Vollzeit abzuleistenden 20-jährigen Wartezeit in Teilzeitbeschäftigung gewechselt hatte. Das Gericht billigte damals eine entsprechende Regelung in der Versorgungsordnung. Es seien keine Anhaltspunkte erkennbar, die es rechtfertigten, die getroffene Abgrenzung als unbillig zu werten. Die Klägerin habe der insoweit klaren Regelung in der Versorgungsordnung entnehmen können, dass sie mit einer Teilzeitbeschäftigung die Wartezeit nicht erfüllen könne.[643] Die Aufgabe der Vollbeschäftigung entspreche außerdem dem Interesse der Klägerin. Diese dürfe nach den Vorschriften zur gesetzlichen

---

[641] Schumann, DB 1999, S. 2637 ff., 2637.
[642] Siehe oben: Dritter Teil A I 2 und 3.2.
[643] Vgl. BAG vom 01.06.1978 - 3 AZR 79/77 - BB 1979, S. 1403 f. (Gründe I 2b).

Rentenversicherung neben der bereits in Anspruch genommenen Sozialrente nur ein begrenztes Arbeitseinkommen beziehen.[644]
In der Folgezeit verwarf das Gericht seine frühere Rechtsprechung und forderte im Hinblick auf den allgemeinen Gleichheitsgrundsatz grundsätzlich einen sachlichen Grund für die Unterscheidung.[645] Fraglich war nur, wie ein sachlicher Grund beschaffen sein musste, der eine Differenzierung rechtfertigen kann.
In einer Entscheidung aus dem Jahre 1982 deutete das BAG an, dass sich im Hinblick auf den Gleichbehandlungsgrundsatz sachliche Gründe für eine Differenzierung aus der besonderen Interessenlage der Vertragsparteien ergeben könnten, wenn „eine Teilzeitbeschäftigung allein im Interesse des Arbeitnehmers liegt, während dem Arbeitgeber wegen der Eigenart der betrieblichen Verhältnisse daran gelegen sein muss, durch Entgeltanreize die Vollbeschäftigung zu fördern."[646]
Später präzisierte das Gericht seine Aussage dahingehend, dass allein das Interesse des Arbeitgebers an einer Ausweitung der Arbeitszeit für den Ausschluss von der betrieblichen Altersversorgung nicht ausreiche. Eine Differenzierung könne gerade nicht mit dem unterschiedlichen Arbeitspensum der Teilzeit- und Vollzeitbeschäftigten gerechtfertigt werden.[647] Das Gericht fügt vielmehr an, die geringere Arbeitszeit könne „sogar zu qualitativ und quantitativ besseren Arbeitsleistungen führen"[648].
Eine objektive Rechtfertigung ist nach mittlerweile ständiger Rechtsprechung des BAG nur dann anzuerkennen, wenn das vom Unternehmen gewählte Mittel zur Erreichung des mit der Differenzierung gewollten Zwecks einem „wirklichen Bedürfnis des Unternehmens dient und für die Erreichung des Ziels geeignet und erforderlich ist."[649] In einer weiteren Entscheidung des BAG findet sich im Leitsatz die Formulierung, die Differenzierung müsse einem „unabweisbaren Bedürfnis des Unternehmens"[650] dienen.

---

644 Vgl. ebenda (Gründe I 2b).
645 Vgl. BAG vom 06.04.1982 - 3 AZR 134/79 - AP Nr. 1 zu § 1 BetrAVG Gleichbehandlung (Gründe III 1b); BAG vom 25.10.1994 - 3 AZR 149/94 - AP Nr. 40 zu § 2 BeschFG 1985 (Gründe II 1).
646 BAG vom 06.04.1982 - 3 AZR 134/79 - AP Nr. 1 zu § 1 BetrAVG Gleichbehandlung (Gründe III 1b).
647 Vgl. BAG vom 25.10.1994 - 3 AZR 149/94 - AP Nr. 40 zu § 2 BeschFG 1985 (Gründe II 3 c cc).
648 BAG vom 25.10.1994 - 3 AZR 149/94 - AP Nr. 40 zu § 2 BeschFG 1985 (Gründe II 3 c cc).
649 BAG vom 14.10.1986 - 3 AZR 66/83 - AP Nr. 11 zu Art. 119 EWG-Vertrag (Gründe II 3b); siehe auch BAG vom 14.03.1989 - 3 AZR 490/87 - NZA 1990, S. 25 ff. (Gründe II 3a); BAG vom 23.01.1990 - 3 AZR 58/88 - NZA 1990, S. 778 ff. (Gründe B II 3a).
650 BAG vom 14.03.1989 - 3 AZR 490/87 - NZA 1990, S. 25 ff. (Leitsatz 4).

Der Ausschluss teilzeitbeschäftigter Arbeitnehmern von Leistungen der betrieblichen Altersversorgung bedarf also sachlicher Gründe. Das BAG stellte jedoch klar, dass nicht jeder sachliche Grund auch eine mittelbare Diskriminierung der weiblichen Beschäftigten rechtfertige.[651] So sei Art. 3 Abs. 2 GG nur dann nicht verletzt, „wenn die biologische oder funktionale Verschiedenheit das zu ordnende Lebensverhältnis so entscheidend prägt, dass etwa vergleichbare Elemente daneben vollkommen zurücktreten“[652]. Nach Auffassung des Gerichts kann somit auf körperlich bedingte Unterschiede abgestellt werden, wenn diese alle anderen Gesichtspunkte in den Hintergrund treten lassen.
Wenig überzeugt zeigte sich das BAG vom Vorbringen eines Arbeitgebers, Teilzeitbeschäftigte könnten keine Führungsaufgaben übernehmen und keine Kunden binden. Der Umfang der Kundenbindung durch einen Arbeitnehmer hänge wesentlich von der Arbeitszeitgestaltung ab. Ebenso wenig überzeuge die Begründung, „Teilzeitbeschäftigte identifizierten sich nicht mit dem Unternehmen und wollten in Verkaufsspitzenzeiten oder zu ungünstigen Verkaufszeiten nicht arbeiten“[653]. Das Gericht folgte dieser Argumentation nicht.
Fraglich ist nach der Negativabgrenzung des BAG, welche sachlichen Gründe eine Differenzierung rechtfertigen könnten. Nach Ansicht des Gerichts müssen sachliche Gründe, die eine Ungleichbehandlung von Teilzeitkräften gestatten, „etwa auf Arbeitsleistung, Qualifikation, Berufserfahrung oder unterschiedlichen Anforderungen am Arbeitsplatz beruhen“[654].
Weiterhin erscheint die Einbeziehung von Kostengesichtspunkten in die Überlegungen über Teilnahme oder Ausschluss von Teilzeitbeschäftigten jedenfalls nicht ausgeschlossen. Das Gericht verlangt jedoch, dass „bei einem Kosten-Nutzenvergleich [...] alle Kostenfaktoren miteinander verglichen werden“[655]. Der beklagte Arbeitgeber hatte lediglich die Kosten der Teilzeitbeschäftigten aufgelistet und war den Vergleich mit den Kosten der Vollzeitbeschäftigung schuldig geblieben. Der Argumentation des BAG ist zu entnehmen, dass wirtschaftliche Gründe für eine Ungleichbehandlung von Teilzeitbeschäftigten zwar nicht von vornherein ausscheiden, jedoch stichhaltig belegt werden müssten.
Das BAG sieht somit lediglich einen geringen Spielraum für die Rechtfertigung einer Ungleichbehandlung. Angesichts der zahlreichen Entscheidungen des Gerichts bleibt fraglich, in welcher Weise ein Ausschluss von Teilzeitkräften von der betrieblichen Altersversorgung einem „wirklichen“ oder sogar „unabweisbaren“ Bedürfnis des Arbeitgebers dienen kann.

---

[651] BAG vom 20.11.1990 - 3 AZR 613/89 - NZA 1991 S. 635 ff. (Gründe II 4b).
[652] Ebenda.
[653] BAG vom 23.01.1990 - 3 AZR 58/88 - NZA 1990, S. 778 ff. (Gründe B II 3b).
[654] BAG vom 25.10.1994 - 3 AZR 149/94 - AP Nr. 40 zu § 2 BeschFG 1985 (Gründe II 3 c cc); vgl. auch BAG vom 28.07.1992 - 3 AZR 173/92 - NZA 1993, S. 215 ff. (Gründe B I 2a).
[655] BAG vom 14.03.1989 - 3 AZR 490/87 - NZA 1990, S. 25 ff. (Gründe II 3b a. E.).

2. Sichtweise der Literatur

Ein genereller Ausschluss von Teilzeitbeschäftigten aus der betrieblichen Altersversorgung wird auch im Schrifttum für unzulässig gehalten.[656] *Andresen/Förster/Rößler/Rühmann* stellen klar, allein die eingeschränkte Arbeitsleistung von Teilzeitbeschäftigten könne gegenüber Vollzeitbeschäftigten nicht den völligen Ausschluss von Leistungen der betrieblichen Altersversorgung rechtfertigen.[657]

Ansätze für eine Differenzierung finden sich lediglich vereinzelt hinsichtlich der Frage der Kostenbelastung durch Teilzeitarbeit.

Einige Vertreter des Schrifttums greifen den Gedanken des BAG auf, wonach höhere Kosten der Teilzeitbeschäftigung im Gegenzug einen Ausschluss von Leistungen der betrieblichen Altersversorgung rechtfertigen könnten. *Langohr-Plato* hält einen Ausschluss von Teilzeitbeschäftigten für zulässig, „wenn hierdurch eine generelle und geschlechtsunabhängige Reduzierung der Teilzeitarbeit vor dem Hintergrund unverhältnismäßig hoher Personal- und Allgemeinkosten erreicht werden soll"[658]. Auch nach *Andresen/Förster/Rößler/Rühmann* können sich sachliche Gründe für eine Differenzierung aus personalpolitischen Gründen dann ergeben, wenn Betriebszweck und Arbeitsorganisation auf Vollzeitarbeitnehmer ausgerichtet sind und die Teilzeitbeschäftigung zu einer höheren Kostenbelastung beim Arbeitgeber führt. Die Autoren schränken indes ein, angesichts der Tatsache, dass Teilzeitbeschäftigung in der Regel für den Arbeitgeber nicht nur Nachteile, sondern auch Vorteile bringe, müsse der Arbeitgeber im Einzelnen für sein Unternehmen nachweisen, dass die Beschäftigung von Teilzeitarbeitnehmern bei ihm zu organisatorischen oder finanziellen Nachteilen führe.[659]

Auch *Wank* ist der Auffassung, ein pauschaler Hinweis auf eine erhöhte Kostenbelastung durch Teilzeitarbeit sei nicht ausreichend. Vielmehr müsse der Arbeitgeber einen konkreten Nachweis erbringen, „warum gerade für dieses Unternehmen unter Abwägung aller Umstände und unter Berücksichtigung aller Kostenvorteile die Beschäftigung von Teilzeitarbeitnehmern im Gesamtergebnis zu organisatorischen oder finanziellen Nachteilen führt"[660].

Die meisten Vertreter des Schrifttums machen somit eine Ungleichbehandlung von Teilzeitkräften vom konkreten Nachweis der Nachteiligkeit ihrer Beschäftigung für den Arbeitgeber abhängig. Die Forderung nach einem generellen Aus-

---

[656] Vgl. Kemper/Kisters-Kölkes Rdnr. 84; Reichel/Heger, Arbeitsrechtliche Grundzüge Rdnr. 67.

[657] Vgl. Andresen/Förster/Rößler/Rühmann, Teil 7 B Rdnr. 113.

[658] Vgl. Langohr-Plato, MDR 1992, S. 838 ff., 839.

[659] Vgl. Andresen/Förster/Rößler/Rühmann, Teil 7 B Rdnr. 116.

[660] Wank RdA 1985, S. 1 ff., 18.

schluss wegen der Teilzeittätigkeit als solcher dürfte eine Einzelmeinung bleiben.

3. Stellungnahme

Zwischen BAG und Schrifttum herrscht weitgehende Einigkeit darüber, dass ein genereller Ausschluss von Teilzeitkräften von betrieblichen Versorgungsleistungen unzulässig ist. Eine gleichwohl vorgenommene Differenzierung bedarf der sachlichen Rechtfertigung, die grundsätzlich nur bei biologisch bedingten Unterschieden von überragender Relevanz oder objektiv messbaren Kriterien wie Arbeitsleistung oder Berufserfahrung angenommen werden kann. Diskutiert wird zudem, ob wirtschaftliche Erwägungen, die auf den Kosten der Teilzeitarbeit als solcher beruhen, nur im Ausnahmefall eine Ausgrenzung rechtfertigen. Dies wird nur im Ausnahmefall möglich sein, da Entgelt und Zusatzleistungen i. d. R. nur in einem dem Beschäftigungsgrad entsprechenden Umfang erbracht werden.[661] Der Arbeitgeber müsste somit konkret beziffern können, inwieweit Teilzeitarbeitnehmer eine zusätzliche Kostenbelastung bedeuteten. Ein solcher Nachweis könnte etwa dann gelingen, wenn der Arbeitgeber für Teilzeitkräfte insgesamt mehr Arbeitsplätze einrichten muss, als dies bei einer ausschließlichen Beschäftigung von Vollzeitkräften erforderlich wäre. Eine zeitliche Teilung eines Vollzeitarbeitsplatzes auf zwei Teilzeitkräfte oder eine Rotation von Teilzeitkräften auf wegen Urlaubs oder Krankheit vakante Arbeitsplätze müsste ausgeschlossen sein. Im Regelfall wird der Arbeitgeber die Anzahl der Arbeitsplätze nicht proportional zur Kopfzahl der Beschäftigten erhöhen, sondern diese zunächst auf die vorhandenen Plätze verteilen.

4. Zwischenergebnis

Die Frage der Einbeziehung von Teilzeitkräften in betriebliche Versorgungswerke ist weitgehend beantwortet. Umso erstaunlicher ist, dass eine vergleichbar umfassende Rechtsprechung des BAG zu den geringfügig Beschäftigten nicht vorliegt. Wie nachfolgend gezeigt wird, hat sich das Gericht bislang lediglich mit Versorgungsansprüchen geringfügig Beschäftigter mit mehreren Beschäftigungsverhältnissen sowie im Rahmen von Gesamtversorgungssystemen befasst.

---

[661] Zur anteiligen Leistungsgewährung siehe ausführlich unten: Dritter Teil A V 2.1.

III. Geringfügig Beschäftigte mit mehreren Beschäftigungsverhältnissen

Weitgehende Einigkeit herrscht von jeher darüber, dass gesetzlich rentenversicherungspflichtigen Arbeitnehmern Zugang auch zu betrieblichen Versorgungswerken gewährt werden muss.

Dies kann unter bestimmten Voraussetzungen auch auf geringfügig Beschäftigte zutreffen. Liegen mehrere entgelt- oder zeitgeringfügige bzw. nebeneinander geringfügige und nicht geringfügige Beschäftigungen vor, so sind diese nach § 8 Abs. 2 SGB IV zusammenzurechnen.[662] Ergibt sich durch die Zusammenrechnung verschiedener geringfügiger Beschäftigungsverhältnisse gemäß § 8 Abs. 2 SGB IV eine Versicherungspflicht in der gesetzlichen Rentenversicherung, so ist dem BAG zufolge der Arbeitnehmer auch in das betriebliche Versorgungswerk zu integrieren.[663] Das Gericht verwies auf die für mehrfach geringfügig Beschäftigte bestehende gesetzliche Grundsicherung.[664] Dadurch bestehe kein begründeter Anlass, entsprechende Arbeitnehmer von betrieblichen Versorgungsleistungen auszuschließen. Wer als Teilzeitbeschäftigter bei verschiedenen Arbeitgebern Anspruch auf Teilnahme an der gesetzlichen Rentenversicherung habe, könne nicht von der Zusatzversorgung ausgeschlossen werden, weil er im einzelnen Arbeitsverhältnis die Geringfügigkeitsgrenze nicht überschreite.[665] Eine Verfassungsbeschwerde der Deutschen Post AG gegen die rückwirkende Gleichstellung teilzeitbeschäftigter Arbeitnehmer bei der betrieblichen Altersversorgung nahm das Bundesverfassungsgericht mangels Erfolgsaussicht nicht zur Entscheidung an.[666]

IV. Gesamtversorgung und sonstige Versorgungsmodelle

Jenseits der Mehrfachbeschäftigung ist die Frage der Einbeziehung geringfügig beschäftigter Arbeitnehmer in betriebliche Versorgungssysteme von Seiten der deutschen Rechtsprechung hingegen noch nicht abschließend geklärt.[667] Das

---

[662] Die Zusammenrechnung mehrerer geringfügiger Beschäftigungsverhältnisse entspricht dem Ziel der Vermeidung einer weiteren Erosion der Beitragsgrundlagen der Sozialversicherung, vgl. Boecker, NZA 1999, S. 393 ff., 394. Nähere Erläuterungen bei Seewald, in: KassKomm, SGB IV, § 8 Rdnr. 22 ff.

[663] Vgl. BAG vom 16.03.1993 - 3 AZR 389/92 - NZA 1993 S. 991 f. (Gründe 3c).

[664] Vgl. BAG vom 27.02.1996 - 3 AZR 886/94 - NZA 1996, S. 992 ff. (Gründe B II); zustimmend: Andresen/Förster/Rößler/Rühmann, Teil 7 B, Rdnr. 129; Winkelmann, in: Kittner/Zwanziger, § 82 Rdnr. 64.

[665] Vgl. BAG vom 16.03.1993 - 3 AZR 389/92 - NZA 1993 S. 991 f. (Gründe 3b).

[666] Vgl. BVerfG vom 19.05.1999 - 1 BvR 263/98 - NZA 1999, S. 815 ff. (Gründe 2).

[667] Vgl. Langohr-Plato, Rechtshandbuch Rdnr. 818; Andresen/Förster/Rößler/Rühmann, Teil 7 B Rdnr. 128; Doetsch, BetrAV 1997, S. 25 ff., 28; K/K/B/B/P-Kemper, § 1 Rdnr.146.

BAG ließ zunächst offen, ob ein Ausschluss geringfügig Beschäftigter, bei denen kraft gesetzlicher Regelung keine Sozialversicherungspflicht besteht, von betrieblichen Versorgungswerken zu rechtfertigen ist.[668]
Der für Fragen der betrieblichen Altersversorgung zuständige dritte Senat befasste sich mit der Frage der geringfügig Beschäftigten bislang maßgeblich im Zusammenhang mit sog. Gesamtversorgungssystemen. Inhalt und Funktionsweise von Gesamtversorgungssystemen werden unmittelbar nachfolgend erläutert. Das Gericht lehnte mehrfach einen Versorgungsanspruch von Arbeitnehmern unterhalb der Geringfügigkeitsgrenze des § 8 SGB IV ab, wenngleich der Arbeitgeber allen anderen Arbeitnehmern eine Betriebsrente zugesagt hatte.
Offen blieb hingegen bislang, ob das BAG seine einschlägige Rechtsprechung auch auf Arbeitnehmer ausdehnen würde, die Ansprüche auf Leistungen aus Systemen betrieblicher Altersversorgung geltend machen, die nicht auf dem Prinzip der Gesamtversorgung basieren. Im Zweiten Teil der Arbeit[669] wurde bereits eine Vielzahl von Versorgungsmodellen beschrieben, von denen die Gesamtversorgungssysteme nur eine denkbare Gestaltungsform darstellen. Das BAG betont bislang die Geltung seiner Rechtsprechung nur für eben diese Gesamtversorgungssysteme.[670] Hingegen erklärte das LAG Düsseldorf im Jahre 1999 (ohne dass es für die Entscheidung darauf angekommen wäre), der vom BAG gebilligte Ausschluss geringfügig beschäftigter Arbeitnehmer gelte „nicht ausschließlich für den Fall der Ausgestaltung der betrieblichen Altersversorgung als Gesamtversorgungssystem und erst recht nicht ausschließlich für solche Fallgestaltungen im öffentlichen Dienst“[671]. Zum besseren Verständnis wird nachfolgend zunächst die Funktionsweise von Gesamtversorgungssystemen allgemein erörtert. Anschließend wird die bereits angesprochene Rechsprechung des BAG zur Einbeziehung geringfügig Beschäftigter in die Gesamtversorgung kritisch hinterfragt.

1. Gesamtversorgungssysteme allgemein

Gesamtversorgungssysteme sind als Unterfall im Bereich der Leistungszusagen einzuordnen. Im Vordergrund steht hier ausschließlich die Leistung, nicht jedoch der für die Finanzierung dieser Leistung erforderliche Aufwand. Hinsichtlich der Ermittlung der Leistungshöhe knüpfen Gesamtversorgungssysteme an

[668] Vgl. BAG vom 23.01.1990 - 3 AZR 58/88 - NZA 1990 S. 778 ff. (Gründe B II 3c).
[669] Siehe dazu: Zweiter Teil D.
[670] Wörtlich: „Jedenfalls eine als Gesamtversorgungssystem ausgestaltete Zusatzversorgung muss den im rentenversicherungsrechtlichen Sinne geringfügig Beschäftigten nicht gewährt werden“; BAG vom 27.02.1996 - 3 AZR 886/94 - AP Nr. 28 zu § 1 BetrAVG Gleichbehandlung (Gründe B III 3b aa).
[671] LAG Düsseldorf vom 10.02.1999 - 17 Sa 809/98 - DB 1999, S. 2170 f. (Gründe B I 2).

eine gemeinsame Betrachtung der Versicherungsleistungen aus der gesetzlichen Rentenversicherung und der betrieblichen Altersversorgung als ergänzender Leistung an. Beispielsweise sagt der Arbeitgeber unter Berücksichtigung der individuellen Ansprüche aus der gesetzlichen Rentenversicherung eine Versorgung i. H. v. 75 % des letzten Bruttogehalts zu. Die betriebliche Altersversorgung hat dabei die Funktion, die Versorgungslücke zwischen dem zuletzt bezogenem Einkommen und den Leistungen aus der gesetzlichen Rentenversicherung aufzufüllen.[672]
Der Gesetzgeber hat Gesamtversorgungssysteme mittlerweile im Betriebsrentengesetz indirekt anerkannt: Das Auszehrungsverbot des § 5 Abs. 1 BetrAVG stellt die Höhe der Betriebsrente von negativen Einflüssen durch eine - wohl eher theoretische - Erhöhung der Sozialversicherungsrente frei.[673] Das Anrechnungsverbot des § 5 Abs. 2 BetrAVG bezieht sich ausdrücklich nur auf Versorgungsbezüge, die auf eigenen Beiträgen des Versorgungsempfängers beruhen. Weitere Renten und Versorgungsbezüge können nach Satz 2 der Vorschrift angerechnet werden. Das bedeutet, der Gesetzgeber geht ausweislich der zwei vorstehend genannten Regelungen davon aus, dass eine Gesamtbetrachtung von Betriebsrente und anderen Einkünften konzeptionell erfolgen kann; der Arbeitnehmer soll vor daraus resultierenden Einflüssen geschützt werden.

1.1 Verbreitung von Gesamtversorgungssystemen

Gesamtversorgungssysteme finden sich heute vorwiegend in Branchen, die dem öffentlichen Dienst nahe stehen. Auch Versorgungsanrechte, die gegenüber einer Zusatzversorgungseinrichtung des öffentlichen Dienstes bestehen[674], stellen betriebliche Altersversorgung im Sinne des BetrAVG dar (§ 18 BetrAVG). Die aufgeführten Altersleistungen werden von besonderen Versorgungsanstalten (auch Zusatzversorgungseinrichtungen genannt) ausbezahlt. Es handelt sich hierbei z. B. um die „Versorgungsanstalt des Bundes und der Länder“ in Karlsruhe (VBL). Diese ist für die Zusatzversorgung der Arbeitnehmer des Bundes, der Verwaltungen und Betriebe der Länder sowie der Stadt Bremen und für bestimmte kommunale Arbeitnehmer zuständig, soweit diese Arbeitnehmer unter den Geltungsbereich des BAT oder des BMT-G fallen.[675]

---

672 Vgl. Langohr-Plato, Rechtshandbuch Rdnr. 168 f.; Paulsen-Rist, Praxishandbuch, S. 60.
673 Vgl. Andresen/Förster/Rößler/Rühmann, Teil 11 A Rdnr. 35; siehe auch Winkelmann, in: Kittner/Zwanziger, § 85 Rdnr. 7.
674 Vgl. § 2 des Gesetzes zur Sicherstellung der Leistungen der Zusatzversorgungsanstalten des öffentlichen Dienstes vom 21. 12. 1971 (BGBl. I S. 2077).
675 Weiterhin bestehen zahlreiche kommunale Zusatzversorgungseinrichtungen, die in der „Vereinigung der kommunalen Arbeitgeberverbände“ zusammengeschlossen sind. Für den Bereich der ehemaligen Bundesbahn existiert die „Bundesbahn-Versicherungsanstalt“ (BVA)

Weiterhin sind in einer Vielzahl älterer Versorgungsbestimmungen privater Arbeitgeber Gesamtversorgungszusagen anzutreffen. Diese Zusagen spielen regelmäßig auch dann eine Rolle, wenn Arbeitnehmer frühzeitig mit unverfallbaren Anwartschaften ausgeschieden sind, einen geschützten Besitzstand aus einer Altzusage haben oder die Ablösung der alten Versorgungsbestimmungen fehlerhaft und damit rechtlich unwirksam war.

1.2 Unterfälle der Gesamtversorgung

Die Praxis kennt sog. „Anrechnungssysteme“ und „Limitierungssysteme“.[676]

1.2.1 Anrechnungssysteme

Bei Anrechnungssystemen sagt der Arbeitgeber eine die gesetzliche Rente übersteigende Betriebsrente zu, auf welche Leistungen der gesetzlichen Rentenversicherung und eventuell auch andere Versorgungsleistungen angerechnet werden.[677] Die Höhe der tatsächlich zu zahlenden Betriebsrente ist unmittelbar abhängig von der Höhe der anzurechnenden anderweitigen Versorgungsleistung.[678]
Der zugesagte Betrag, der sich im Allgemeinen nach den betrieblichen Leistungen des Arbeitnehmers richtet (Dauer der Betriebszugehörigkeit, Höhe des letzten Arbeitsentgelts), ist nur ein Rechnungsposten. Zugesagt ist nur die Differenz zwischen den zuvor definierten anderweitigen Bezügen und einem bestimmten Prozentsatz des letzten Einkommens.[679] Die Obergrenze besteht in der zugesagten Gesamtversorgung. Die Untergrenze der zugesagten Betriebsrenten bildet das übrige Ruhestandseinkommen. Es umfasst - ganz oder teilweise - die Sozialrente, gegebenenfalls weitere Betriebsrenten, Unfallrenten, Einkünfte aus anderen Arbeitsverhältnissen während des Ruhestands, Einkünfte aus Lebensversicherungen, Kapital und gewerblicher Tätigkeit.[680]

---

in Frankfurt, für den der Bundespost die „Versorgungsanstalt der Deutschen Bundespost“ (VAP) in Stuttgart. Für die Privateisenbahnen ist die „Pensionskasse Deutscher Eisenbahnen und Straßenbahnen“ in Köln zuständig.

[676] Vgl. Schmidt/Alt, BB 2006, S. 296 ff., 296.

[677] Vgl. Winkelmann, in: Kittner/Zwanziger, § 85 Rdnr. 5; Blomeyer/Otto, Anh. § 1 Rdnr. 212; Blomeyer, DB 1982, S. 952 ff., 952.

[678] Vgl. Andresen/Förster/Rößler/Rühmann, Teil 6 Rdnr. 96.

[679] Vgl. Blomeyer/Otto, Anh. § 1 Rdnr. 212.

[680] Vgl. Rechtliche Bedenken diesbezüglich erörtert weiterführend: Blomeyer, DB 1982, S. 952 ff.

1.2.2 Limitierungssysteme

Bei einem Limitierungssystem wird vertraglich festgelegt, dass die betriebliche Versorgungsleistung zusammen mit der Sozialversicherungsrente einen bestimmten Prozentsatz (z. B. 75 %) des letzten Brutto- oder Nettogehalts nicht übersteigen darf.[681] Die Betriebsrente wird effektiv nur dann gekürzt, wenn sie unter Zusammenrechnung mit der Sozialversicherungsrente den jeweiligen Grenzwert der Versorgungsordnung übersteigt. Auf diese Weise wird nur die Versorgungslücke, d.h. die Differenz zwischen der Obergrenze und den anderweitigen Ruhestandseinkünften, abgedeckt.[682]

1.3 Vor- und Nachteile von Gesamtversorgungssystemen

Gesamtversorgungssysteme sind umstritten und werden mittlerweile - wenn irgend möglich - durch anderweitig konzipierte Zusagen abgelöst. Grund hierfür ist in erster Linie die Gefahr, dass Gesamtversorgungssysteme den Arbeitgeber bis an die Grenze der finanziellen Leistungsfähigkeit belasten können.

1.3.1 Arbeitnehmersicht

Der Vorteil liegt eindeutig auf Seiten des Arbeitnehmers, der im Versorgungsfall eine relativ hohe Absicherung erhält. Ferner tritt angesichts der bekannten Entwicklungen in der gesetzlichen Rentenversicherung ein weiterer Gesichtspunkt in den Vordergrund: Die zunehmende Verschlechterung in der Leistungshöhe wird durch entsprechend höhere betriebliche Versorgungsleistungen kompensiert. Insoweit erweisen sich solche Systeme als resistent gegenüber gesetzlichen Einschränkungen.
Dennoch stellen sich Gesamtversorgungssystemen z. T. auch aus personalpolitischen Gründen als problematisch dar: Im Einzelfall führt die Berechnungsweise dazu, dass niedrigere Rentenleistungen aus der gesetzlichen Rentenversicherung durch höhere Betriebsrentenzahlungen kompensiert werden. Demgegenüber erhalten diejenigen Arbeitnehmer einen geringeren Betriebsrentenanteil innerhalb ihrer Gesamtversorgung, die einen höherwertigen und besser entlohnten Arbeitsplatz besetzen und eine längere Dienstzeit aufweisen.[683] Dies kann von

---

681 Vgl. Langohr-Plato, Rechtshandbuch Rdnr. 172; Andresen/Förster/Rößler/Rühmann Teil 6 Rdnr. 97; Winkelmann, in: Kittner/Zwanziger, § 85 Rdnr. 6.
682 Vgl. Blomeyer, DB 1982, S. 952 ff., 953.
683 Vgl. Paulsen-Rist, Praxishandbuch S. 60.

den Arbeitnehmern als Verstoß gegen die Leistungsgerechtigkeit empfunden werden.[684]

1.3.2 Arbeitgebersicht

Der Arbeitgeber hingegen ist mit dem vollen Nachfinanzierungsrisiko belastet. Dies wird dann akut, wenn die bei Erteilung der Versorgungszusage prognostizierten Werte der anzurechnenden bzw. zu berücksichtigenden Sozialversicherungsrente niedriger ausfallen als erwartet. Jeder vom Gesetzgeber vorgenommene Eingriff in das gesetzliche Sozialversicherungssystem führte in der Vergangenheit zu einer Absenkung der gesetzlichen Rentenhöhe. Damit ist die Höhe der betrieblichen Versorgungslasten in erheblichem Maße fremdbestimmt und unterliegt nicht der unternehmerischen Entscheidung. Jeder Euro, den der Arbeitnehmer aus der gesetzlichen Rentenversicherung erhält, muss bei einem Gesamtversorgungssystem vom Arbeitgeber übernommen werden. Die vom Unternehmen nicht beeinflussbaren Kosten führen somit zu einer erheblichen Kalkulationsunsicherheit.[685] Der Arbeitgeber wird zum „Ausfallbürgen für die gesetzliche Grundsicherung“[686]. Kritisiert wird zudem, Gesamtversorgungsmodelle würden aufgrund ihrer Abhängigkeit von externen Faktoren dem Entgeltgedanken betrieblicher Altersversorgung nicht im vollen Umfange gerecht.[687] Zudem sind Gesamtversorgungssysteme aufgrund der vorstehend beschriebenen Abhängigkeit verwaltungs- und damit kostenintensiv.

1.4 Zwischenergebnis

Die einseitige Risikoverteilung und die Gefahr einer erheblichen finanziellen Mehrbelastung für den Arbeitgeber haben Gesamtversorgungssysteme inhaltlich disqualifiziert, wenngleich nicht verschwinden lassen. Es mag vor allem an der Vielzahl entsprechender Zusagen in der Vergangenheit liegen, dass sich das BAG in seinen Entscheidungen zu den geringfügig Beschäftigten bislang vornehmlich mit dieser Spielart der betrieblichen Altersversorgung auseinandersetzte.

---

[684] Vgl. Andresen/Förster/Rößler/Rühmann, Teil 6 Rdnr. 107.

[685] Vgl. Ahrend/Förster/Rühmann, § 1 BetrAVG Rdnr. 69.

[686] Ahrend/Förster/Rühmann, § 1 BetrAVG Rdnr. 69; siehe auch Schmidt/Alt, BB 2006, S. 296 ff., 296.

[687] Vgl. Rühmann, in: Münchener Kommentar, § 1587a BGB, Rdnr. 323; Andresen/Förster/Rößler/Rühmann, Teil 6 Rdnr. 108.

2. Gesamtversorgungssysteme: Rechtsprechung des BAG

Im vorangegangenen Abschnitt wurden Konzeption und Funktionsweise von Gesamtversorgungssystemen erläutert. Nach der Rechtsprechung des BAG können Arbeitnehmer mit solchen Gesamtversorgungszusagen, die unterhalb der Geringfügigkeitsgrenze des § 8 SGB IV beschäftigt werden, keine Leistungen der betrieblichen Altersversorgung beanspruchen.[688] Das BAG stützt seine Auffassung in mehreren Entscheidungen im Wesentlichen auf vier Hauptargumente. Diese werden nachfolgend herausgearbeitet.

2.1 Wertung des Gesetzgebers im Sozialversicherungsrecht

Das BAG verweist zur Begründung seines Standpunkts auf die Wertung des Gesetzgebers im Sozialversicherungsrecht. Die Zusatzversorgung im öffentlichen Dienst werde im Rahmen eines Gesamtversorgungssystems gewährt und ergänze die Grundsicherung aus der gesetzlichen Rentenversicherung: „Sie steht nicht losgelöst neben ihr, sondern ist mit ihr verzahnt."[689] Hingegen verfügten geringfügig Beschäftigte gerade nicht über eine solche Grundsicherung. Daher dürfe bei der Entscheidung für den Ausschluss geringfügig Beschäftigter auf die sozialversicherungsrechtliche Rechtslage abgestellt werden: Der Normgeber sei „nicht verpflichtet, sozialversicherungsrechtliche Wertentscheidungen durch teilweise Umgestaltung der betrieblichen Altersversorgung zu korrigieren"[690].
§ 8 SGB IV und die vorausgegangenen Vorschriften hätten geringfügige Beschäftigungen von der gesetzlichen Rentenversicherungspflicht ausgenommen. Diese sozialversicherungsrechtlichen Regelungen enthielten keine europarechtlich unzulässige mittelbare Diskriminierung der Frauen.[691] Insbesondere sei der Arbeitgeber nicht verpflichtet, die fehlende Sozialversicherungsrente von geringfügig Beschäftigten durch eine betriebliche Altersversorgung zu ersetzen. Die vom Sozialgesetzgeber angenommene geringere Schutzbedürftigkeit von geringfügig Beschäftigten dürfe sich auch auf die betriebliche Altersversorgung auswirken.[692]

---

[688] Wörtlich: „Jedenfalls eine als Gesamtversorgungssystem ausgestaltete Zusatzversorgung muss den im rentenversicherungsrechtlichen Sinne geringfügig Beschäftigten nicht gewährt werden"; BAG vom 27.02.1996 - 3 AZR 886/94 - AP Nr. 28 zu § 1 BetrAVG Gleichbehandlung (Gründe B III 3b aa).
[689] BAG vom 27.02.1996 - 3 AZR 886/94 - AP Nr. 28 zu § 1 BetrAVG Gleichbehandlung (Gründe B III 3b bb).
[690] Ebenda.
[691] Unter Hinweis auf vorstehend erläuterte Entscheidung des EuGH vom 14.12.1995 - Rs. C-317/93 - Nolte, NZA 1996, S. 129 ff.
[692] Vgl. BAG vom 22.02.2000 - 3 AZR 845/98 - NZA 2000, S. 659 ff. (Gründe III 2c).

2.2 Versorgungszweck: Verbesserung der Grundsicherung

Im Zusammenhang der geringfügigen Beschäftigung beruft sich das BAG auf den vermeintlichen Versorgungszweck der Zusage. Dieser bestehe - vereinfacht dargestellt - in der Verbesserung einer ohnehin schon bestehenden Grundsicherung und könne bei geringfügig Beschäftigten nicht erreicht werden.[693]

Das Gericht stellt zwar zunächst fest, betriebliche Altersversorgung habe nach ständiger Rechtsprechung des Senats nicht nur Versorgungs-, sondern auch Entgeltcharakter. Allerdings sei „Entgeltcharakter nicht gleichbedeutend mit Proportionalität“[694]. Die Versorgungsleistungen müssten „nicht dem Umfang der Arbeitsleistung und der Dauer des Arbeitsverhältnisses entsprechen“[695].

Das BAG begründet die Ungleichbehandlung wie folgt: Maßgeblich für die Frage der Leistungsgewährung an geringfügig Beschäftigte sei der Versorgungszweck, den der Arbeitgeber den Rentenleistungen beigemessen habe. Der Versorgungszweck bestehe vorliegend darin, „den durch die gesetzliche Grundversorgung gesicherten Lebensstandard im Alter aufzubessern“[696]. Gegenleistung für die im aktiven Arbeitsverhältnis erbrachte Arbeitsleistung und Betriebstreue sei gerade die Verbesserung der wirtschaftlichen Existenzsicherung im Alter auf ein bestimmtes über die gesetzliche Grundsicherung hinausgehendes Niveau. Dieser Leistungszweck sei nicht erreichbar, wenn der Arbeitnehmer während der Beschäftigung gar keine gesetzliche Rente - also keine Grundsicherung - erdient: „Eine "Gleichbehandlung" solcher Arbeitnehmer mit denjenigen, deren gesetzliche Rente durch die Zusatzversorgung aufgebessert wird, würde den von den Tarifvertragsparteien im Rahmen der Tarifautonomie verbindlich gesetzten Leistungszweck verändern.“[697] Der Ausschluss geringfügig Beschäftigter aus der Zusatzversorgung widerspreche somit nicht der Ergänzungsfunktion der betrieblichen Altersversorgung im öffentlichen Dienst, sondern trage ihr Rechnung.[698]

---

693 Vgl. BAG vom 12.03.1996 - 3 AZR 993/94 - NZA 1996 S. 939 ff. (Gründe C II 1).

694 BAG vom 27.02.1996 - 3 AZR 886/94 - AP Nr. 28 zu § 1 BetrAVG Gleichbehandlung (Gründe B III 3b bb).

695 Ebenda.

696 BAG vom 12.03.1996 - 3 AZR 993/94 - NZA 1996 S. 939 ff. (Gründe C II 1).

697 Ebenda.

698 Vgl. BAG vom 27.02.1996 - 3 AZR 886/94 - AP Nr. 28 zu § 1 BetrAVG Gleichbehandlung (Gründe B III 3b), BAG vom 22.02.2000 - 3 AZR 845/98 - NZA 2000, S. 659 ff. (Gründe III 2c).

2.3 Wirtschaftliche Bedeutung

Zur weiteren Begründung führt das BAG an, geringfügig Beschäftigte stellten ihrem Arbeitgeber typischerweise lediglich einen so kleinen Teil ihrer Arbeitskraft zur Verfügung, „dass die Arbeitsleistung sowohl für den Arbeitnehmer als auch für den Arbeitgeber wirtschaftlich von lediglich untergeordneter Bedeutung“[699] sei.

2.4 Verwaltungsaufwand und Kosten

Weiterhin stellt das Gericht fest, bei geringfügigen Beschäftigungen im Sinne des § 8 SGB IV stünden Verwaltungsaufwand und Abwicklungskosten einer Zusatzversorgung zu den zu erwartenden Versorgungsleistungen in „keinem ausgewogenen Verhältnis“[700].

Das LAG Düsseldorf widerspricht hingegen dem Einwand unverhältnismäßig hoher Verwaltungskosten: „Das Lohngleichheitsgebot kommt nicht nur für den Fall gleich hoher „Nebenkosten“ des Arbeitgebers zum Tragen.“[701] Gleichwohl schloss sich das Gericht den tragenden Erwägungen der vorangegangenen höchstrichterlichen BAG-Rechtsprechung an.

2.5 Zwischenergebnis

Das BAG stützt seine Argumentation zum Ausschluss der geringfügig Beschäftigten von betrieblichen Gesamtversorgungssystemen auf vier Säulen: Die Wertung des Gesetzgebers in der gesetzlichen Rentenversicherung, wonach geringfügig Beschäftigte keinen Anspruch erwerben, müsse auch in der betrieblichen Altersversorgung berücksichtigt werden. Daher könne bei geringfügig Beschäftigten auch der eigentliche Versorgungszweck, nämlich die Verbesserung der gesetzlichen Grundsicherung, nicht erreicht werden. Die zu erwartende Versorgungsleistung sei wirtschaftlich ohnehin unbedeutend. Hingegen verursache die Verwaltung unverhältnismäßig hohe Kosten. Nachfolgend wird zu prüfen sein, wie tragfähig diese Argumente sind.

---

699 BAG vom 27.02.1996 - 3 AZR 886/94 - AP Nr. 28 zu § 1 BetrAVG Gleichbehandlung (Gründe B III 3b bb).

700 Ebenda.

701 LAG Düsseldorf vom 10.02.1999 - 17 Sa 809/98 - DB 1999, S. 2170 f. (Gründe B I 2).

3. Sichtweise des Schrifttums und Stellungnahme

Die Rechtsprechung des BAG zu den geringfügig Beschäftigten in den Gesamtversorgungssystemen des öffentlichen Dienstes ist im Schrifttum auf ein geteiltes Echo gestoßen. Die einschlägigen Argumente lassen sich - ebenso wie diejenigen des BAG - in bestimmte Gruppen unterteilen:

3.1 Wertungen des Gesetzgebers im Sozialversicherungsrecht

Kritisch wird die Begründung des BAG gewürdigt, der Arbeitgeber könne Wertentscheidungen des Sozialversicherungsrechts für den Bereich der betrieblichen Altersversorgung übernehmen. Hierauf wird im Folgenden eingegangen.

3.1.1 Übertragbarkeit sozialversicherungsrechtlicher Wertungen?

Zunächst muss bereits die Frage aufgeworfen werden, ob Wertentscheidungen des Sozialversicherungsrechts überhaupt im Arbeitsrecht berücksichtigt werden können.

3.1.1.1 Sichtweise des Schrifttums

Zahlreiche Vertreter des Schrifttums lehnen grundsätzlich eine Übertragbarkeit sozialversicherungsrechtlicher Wertungen ab.
So widersprechen *Reichel/Hess* der Argumentation des BAG, der versorgungsverpflichtete Arbeitgeber könne sich die Wertungen des Sozialversicherungsrechts zueigen machen.[702] Durch die Befreiung des Arbeitgebers von den gesetzlichen Lohnnebenkosten solle einer sozialen Nachfrage nach geringfügiger Beschäftigung entsprochen werden. Mit dieser Begründung lasse sich hingegen nicht die Herausnahme aus einem betrieblichen Versorgungswerk rechtfertigen; der Arbeitgeber honoriere durch entsprechende Leistungen die Arbeitsleistung und Betriebstreue der Mitarbeiter: „Beschäftigungspolitische Zwecke will und kann er regelmäßig nicht verfolgen."[703] Der Arbeitgeber korrigiere durch eine Leistungsgewährung auch keine sozialversicherungsrechtlichen Wertentscheidungen, da es sich um „zwei voneinander grundsätzlich unabhängige Versorgungssysteme"[704] handle. *Kuppel* stellt ergänzend heraus, der Arbeitgeber könne

---

[702] Vgl. Reichel/Hess, BetrAV 2001, S. 529 ff., 530.
[703] Ebenda, 531.
[704] Ebenda.

sich nicht auf allgemeinpolitische Zielsetzungen berufen, sondern nur auf betriebsbezogene Gründe.[705]

Beduhn lehnt es ab, geringfügig Beschäftigte von der betrieblichen Altersversorgung auszunehmen, weil diese auch in der gesetzlichen Rentenversicherung keine Ansprüche erwürben. Eine solche „Pauschalbegründung" werde „denjenigen nicht gerecht, die eine geringfügige Beschäftigung nur vorübergehend ausüben und aufgrund ihrer persönlichen Erwerbsbiographie sehr wohl gesetzliche Rentenanwartschaften erdient haben"[706].

Gegen eine Übertragbarkeit der Grundsätze gibt *Langohr-Plato* ferner Folgendes zu bedenken: Die Rechtsprechung habe in der Vergangenheit „die jeweiligen Regelungen in der nationalen gesetzlichen Rentenversicherung in Bezug auf betriebsrentenrechtliche Rahmenbedingungen sowohl bei der Einführung der Witwerrente als auch im Zusammenhang mit der Vereinheitlichung der Altersgrenzen ausdrücklich als nicht berücksichtigungsfähig bewertet"[707]. Fraglich sei, warum nun für die Frage der geringfügig Beschäftigten die sozialversicherungsrechtlichen Besonderheiten im öffentlichen Dienst maßgeblich sein sollten.

3.1.1.2 Sichtweise von BAG und EuGH an anderer Stelle

In der Tat ist fraglich, ob sich der Arbeitgeber sozialversicherungsrechtliche Wertungen zueigen machen kann. Die Frage drängt sich insbesondere deshalb auf, weil BAG und EuGH eine Übertragung an anderer Stelle ablehnen, wie nachfolgend gezeigt wird.

Das Argument des BAG, sozialversicherungsrechtliche Wertentscheidungen des Gesetzgebers seien auch für den Bereich der Betriebsrenten zu berücksichtigen, überrascht. An anderer Stelle erklärt das BAG nämlich, Erwägungen zur gesetzlichen Rentenversicherung ließen sich nicht undifferenziert auf die betriebliche Altersversorgung übertragen. In seiner Entscheidung zur Witwerversorgung bewertete das BAG die Grundentscheidung in der gesetzlichen Rentenversicherung für die Bestimmung betriebsrentenrechtlicher Rahmenbedingungen ausdrücklich als nicht berücksichtigungsfähig.[708]

Das Gericht musste sich mit der Rechtsprechung des BVerfG aus dem Jahre 1975 auseinandersetzen.[709] Darin hatte das BVerfG eine unterschiedliche Behandlung von Männern und Frauen in der gesetzlichen Hinterbliebenenversorgung übergangsweise bis 1985 für zulässig erachtet. Das BVerfG hatte den

---

[705] Vgl. Kuppel, BB 2000, S. 2150 ff., 2152.

[706] Beduhn, AuR 1996, S. 485 ff., 48.

[707] Langohr-Plato, Rechtshandbuch Rdnr. 819.

[708] Vgl. BAG vom 05.09.1989 - 3 AZR 575/88 - NZA 1990, S. 271 ff. (Gründe II 1).

[709] Vgl. BVerfG vom 12.03.1975 - 1 BvL 15 u. 19/71, 32/73, 1 BvR 297 u. 315/71, 407/72, 37/73 - NJW 1975, S. 919 ff.

Gesetzgeber aufgefordert, durch eine Neuregelung dem sich wandelnden Erwerbsverhalten der Frauen Rechnung zu tragen und eine in der Zukunft zu erwartende Ungleichbehandlung zu vermeiden.
Das BAG[710] hingegen lehnte für die Betriebsrenten eine Ungleichbehandlung für einen Übergangszeitraum wie im Falle der gesetzlichen Renten ab. Die streitgegenständlichen Materien seien nicht vergleichbar. Anders als in der gesetzlichen Rentenversicherung werde nicht in einem „komplexen System differenzierter Beitragspflichten ein Bedarf der vorangegangenen Generation gedeckt“[711]. Leistungen der betrieblichen Altersversorgung seien in erster Linie eigener Lohn des berechtigten Arbeitnehmers, den er als Gegenleistung für die im Arbeitsverhältnis erbrachte Betriebstreue erhalte. Der Arbeitnehmer erwerbe für sich selbst und gegebenenfalls zugunsten seiner Hinterbliebenen Versorgungsansprüche, die im Versorgungsfall zu erfüllen seien.[712] Bei der betrieblichen Altersversorgung stehe die Frage der Lohngleichheit im Mittelpunkt. Diese sei allerdings nicht Gegenstand der Prüfung durch das BVerfG.[713] In der betrieblichen Altersversorgung gehe es ferner nicht um die künftig notwendig werdende Anpassung eines Regelungssystems an die Sozialentwicklung, sondern um die Herstellung eines rechtmäßigen, durch Verfassung und europäisches Recht gebotenen Zustands. Das BAG selbst erläutert somit in dieser Entscheidung strukturelle und konzeptionelle Unterschiede der zwei verschiedenen Säulen der Alterssicherung und fordert die Beachtung des Entgeltgleichheitsgrundsatzes.
Auch der EuGH machte bereits in der „Barber“-Entscheidung[714] deutlich, dass der einzelne Arbeitgeber an höherrangiges Recht gebunden ist und sich nicht auf gesetzliche Wertungen des Sozialversicherungsrechts berufen kann. Der Gerichtshof betonte die grundlegenden Unterschiede zwischen gesetzlicher Rentenversicherung und betrieblichen Versorgungswerken. In der gesetzlichen Rentenversicherung sei das Lohngleichheitsgebot wegen des sozialen Charakters des Versorgungssystems nicht zu beachten, wohl aber bei den Betriebsrenten. Der EuGH verwies darauf, dass sich private Betriebsrentensysteme entweder aus einer Vereinbarung der Sozialpartner oder aus einer einseitigen Entscheidung des Arbeitgebers ergeben. Sie würden ohne staatliche Unterstützung vollständig vom Arbeitgeber oder aber von Arbeitgeber und Arbeitnehmer finanziert. Alleiniger Maßstab sei somit der europäische Entgeltgleichheitsgrundsatz. Ein Verstoß gegen das Diskriminierungsverbot liege selbst dann vor,

[710] Vgl. BAG vom 05.09.1989 – 3 AZR 575/88 – AP Nr. 8 zu § 1 BetrAVG.
[711] BAG vom 05.09.1989 – 3 AZR 575/88 – AP Nr. 8 zu § 1 BetrAVG (Gründe II 1b).
[712] Vgl. ebenda.
[713] Vgl. ebenda.
[714] Vgl. EuGH vom 17.05.1990 - Rs. C-262/88 - Barber - Slg. 1990, S. 1889 ff.

wenn dies der Regelung im nationalen gesetzlichen Altersrentensystem entspreche.[715]
Zur Übertragung sozialversicherungsrechtlicher Wertentscheidung äußerte sich der EuGH noch an anderer Stelle: In der Rechtssache „Krüger" kam der Gerichtshof zum Ergebnis, der einzelne Arbeitgeber könne nicht wie ein Mitgliedstaat Wertentscheidungen zur Erreichung sozialpolitischer Ziele treffen.[716] Der Arbeitgeber sei vielmehr an den Grundsatz der Entgeltgleichheit gebunden. Der EuGH steht somit einer Übertragung sozialversicherungsrechtlicher Wertentscheidungen ablehnend gegenüber.

3.1.1.3 Stellungnahme

In Anbetracht der zitierten höchstrichterlichen Entscheidungen ist *Langohr-Plato* zuzustimmen. Mit der gesetzlichen Rentenversicherung auf der einen und der betrieblichen Altersversorgung auf der anderen Seite liegen zwei grundsätzlich unterschiedliche Alterssicherungssysteme vor. Richtig ist zwar, dass beide Systeme die Versorgung von Arbeitnehmern oder deren Hinterbliebenen zum Gegenstand haben, die mit Eintritt eines biometrischen Risikos aus dem Erwerbsleben ausscheiden. Allerdings unterscheiden sich die jeweiligen Sicherungssysteme in ihren Anwendungsbereichen, Leistungsvoraussetzungen und Finanzierungsverfahren grundsätzlich. Entscheidend ist vor allem, dass das Lohngleichheitsgebot im Bereich der gesetzlichen Sozialversicherung keine Anwendung findet.
Im Ergebnis bleibt festzuhalten, dass Wertungen des Gesetzgebers im Sozialversicherungsrecht nicht ohne weiteres in den Bereich der betrieblichen Altersversorgung übertragen werden dürfen. Gründe, warum dies für die Gruppe der geringfügig Beschäftigten anders sein sollte, sind nicht ersichtlich. Die vom BAG vertretene Auffassung zum Ausschluss geringfügig Beschäftigter von der betrieblichen Gesamtversorgung ist mithin abzulehnen.

3.1.2 Abweichendes Ergebnis infolge veränderter Rechtslage

Doch selbst wenn man mit dem BAG im Hinblick auf die geringfügig Beschäftigten ausnahmsweise eine Übertragung sozialversicherungsrechtlicher Wertentscheidungen für zulässig hält, führt dies zu keinem anderen Ergebnis: Seit einer Änderung der Rechtslage lassen sich die vermeintlichen Wertentscheidungen dem Gesetz so nicht mehr entnehmen.

---

[715] Vgl. ebenda (Rdnr.35).
[716] Vgl. EuGH vom 09.09.1999 - Rs. C-281/97 - Krüger - NZA 1999, S. 1151 f. (Rdnr. 29).

3.1.2.1 Veränderte Rechtslage

Durch das Gesetz zur Neuregelung der geringfügigen Beschäftigungsverhältnisse vom 24.03.1999[717] weitete der Gesetzgeber mit Wirkung vom 01.04.1999 die Sozialversicherungspflicht auf den überwiegenden Anteil der so genannten geringfügigen Beschäftigungsverhältnisse aus.[718] Die Vorschrift wurde zum April 2003 nochmals angepasst und in ihrem Anwendungsbereich ausgeweitet.[719]

Eine geringfügige Beschäftigung im Sinne der Neufassung des § 8 Abs. 1 SGB IV liegt vor, wenn das Arbeitsentgelt aus dieser Beschäftigung regelmäßig im Monat 400 Euro nicht übersteigt bzw. die Beschäftigung innerhalb eines Jahres auf längstens zwei Monate oder 50 Arbeitstage begrenzt ist.

Das SGB VI unterscheidet seit der Neuregelung zwischen „geringfügig versicherungspflichtig beschäftigt" und „geringfügig versicherungsfrei beschäftigt". Die Versicherungsfreiheit für geringfügig beschäftigte Personen ist in § 5 Abs. 2 S. 1 Nr. 1 SGB VI geregelt: Nach dieser Vorschrift sind Personen, die eine geringfügige Beschäftigung im Sinne des § 8 Abs. 1 Nr. 1 SGB IV ausüben, in dieser Beschäftigung versicherungsfrei.[720] Arbeitnehmer können allerdings nach § 5 Abs. 2 S. 2 SGB VI auf die Versicherungsfreiheit in der Rentenversicherung verzichten. Sie haben somit die Möglichkeit, die bis dahin dem Grunde nach bestehende Versicherungspflicht zu „aktivieren" bzw. wiederherzustellen.[721] Ein solcher Verzicht muss schriftlich gegenüber dem Arbeitgeber erklärt werden.[722]

Für beide Gruppen der geringfügig Beschäftigten ist der Arbeitgeber nach § 172 Abs. 3 S. 1 SGB VI[723] zur Zahlung eines Pauschalbeitrags von 15 % des Entgelts an die gesetzliche Rentenversicherung verpflichtet.[724] Für den vom Arbeitgeber für beide Gruppen von geringfügig Beschäftigten an die gesetzliche Rentenversicherung zu zahlenden Pauschalbetrag von 15 %, erwirbt der versicherungsfrei Beschäftigte nach Erfüllung der fünfjährigen Wartezeit nur einen Anspruch auf Regelaltersrente aus der gesetzlichen Rentenversicherung entspre-

---

717 BGBl I 1999, S. 388 ff.

718 Vgl. Ackermann, NZA 2000, S. 465 ff., 465; Boecken, NZA 1999, S. 393 ff., 393.

719 Vgl. die seit 01.04.2003 gültigen Fassung nach Art. 2 Nr. 3 des Zweiten Gesetzes für moderne Dienstleistungen am Arbeitsplatz vom 23. 12. 2002 (BGBl. I, S. 4621ff.).

720 Vgl. Boecken, NZA 1999, S. 393 ff., 397.

721 Vgl. Gürtner, in: KassKomm, SGB VI, § 5 Rdnr. 28c; Schaub, in: Arbeitsrechts-Handbuch § 43 Rdnr. 52.

722 Vgl. Boecken, NZA 1999, S. 393 ff., 399; Grintsch, in: Kreikebohm, SGB VI, § 5 Rdnr. 20; Gürtner, in: KassKomm, SGB VI, § 5 Rdnr. 28c.

723 In der Fassung des Haushaltbegleitgesetzes 2006 vom 29.06.2006, BGBl. I S. 1402 ff., 1405.

724 Vgl. Hanau, NZA 2006, S. 809 ff., 809; Ackermann, NZA 2000, S. 465 ff., 467.

chend den „Zuschlägen an Entgeltpunkten für Arbeitsentgelt aus geringfügiger versicherungsfreier Beschäftigung“ (§ 76b SGB VI)[725]. Darin ist eine Anwartschaft auf Hinterbliebenenleistungen nach Erfüllung der Wartezeit (§ 52 Abs. 2 SGB VI) und sonstiger Leistungsvoraussetzungen in den aus der geringfügigen Beschäftigung für die Altersrente erworbenen „Zuschlägen an Entgeltpunkten“ bereits enthalten. Hingegen erwirbt der Arbeitnehmer zunächst keinen Anspruch auf weitere Leistungen, etwa bei Berufs- und Erwerbsunfähigkeit (§§ 43 ff. SGB VI), vorgezogene Altersrente oder Rehabilitation (§§ 9 ff. SGB VI).[726]
Der Verzicht auf die Rentenversicherungsfreiheit verpflichtet den Arbeitnehmer zur Zahlung der Differenz zwischen dem fünfzehnprozentigen Arbeitgeberanteil und dem vollen Beitrag von derzeit 19,5 %.[727] Im Gegenzug erwirbt der Arbeitnehmer volle Leistungsansprüche in der gesetzlichen Rentenversicherung.[728] Hat der geringfügig versicherungspflichtig Beschäftigte den Arbeitgeberanteil zur vollen Beitragszahlung aufgestockt (§§ 168 Abs. 1 Nr. 1 i. V. m. § 163 Abs. 8 SGB VI), handelt es sich um vollwertige Beiträge, für die nach den allgemeinen Vorschriften Entgeltpunkte zu ermitteln sind und jeder Monat der geringfügigen Beschäftigung als Pflichtbeitrag bei der Wartezeitberechnung berücksichtigt wird.[729] Weiterhin erwirbt der geringfügig Beschäftigte Ansprüche auf das volle Leistungsspektrum der Rentenversicherung, d.h. auf Rehabilitation, Rente wegen Berufs- und Erwerbsunfähigkeit, vorgezogene Alterrente und Rentenberechnung nach Mindesteinkommen.

3.1.2.2 Folgerungen des Schrifttums

Vertreter des Schrifttums ziehen aus der vorstehend beschriebenen Reform der Regelungen zur gesetzlichen Rentenversicherungspflicht Schlüsse auf die Stellung der geringfügig Beschäftigten in der betrieblichen Altersversorgung.
Ackermann bringt vor, die bisherige gesetzgeberische Entscheidung, der Aufbau verhältnismäßig geringer Alterssicherung sei verzichtbar, könne nach der Neuregelung des § 5 Abs. 2 S. 2 SGB VI nicht mehr unbesehen zur Rechtfertigung eines Ausschlusses herangezogen werden.[730] Verzichte ein geringfügig Beschäftigter auf seine Versicherungsfreiheit, könne er eine Grundrente erwerben. *Fodor* gibt zu bedenken, dass mittlerweile auch in den Fällen des § 8 SGB IV

---

[725] Dies setzt allerdings voraus, dass der Arbeitgeber seinen Beitragsanteil tatsächlich an den Rentenversicherungsträger gezahlt hat; vgl. Gürtner, in: KassKomm, SGB VI, § 76b Rdnr. 3.
[726] Dazu näher: Boecken, NZA 1999, S. 393 ff., 398.
[727] Vgl. zur Rechtslage bis einschließlich 30.06.2006 Ruland, in: Maydell/Ruland, C 16, Rdnr. 88; Boecken, NZA 1999, S. 393 ff., 399.
[728] Vgl. Grintsch, in: Kreikebohm, SGB VI, § 5 Rdnr. 24.
[729] Vgl. Kreikebohm, SGB VI, § 76b Rdnr. 3; Ackermann, NZA 2000, S. 465 ff., 468.
[730] Vgl. Ackermann, NZA 2000, S. 465 ff., 468.

eine Grundsicherung aus der gesetzlichen Rentenversicherung vorliege und die betriebliche Altersversorgung für geringfügig Beschäftigten eine Ergänzungsfunktion übernehmen könne. Eine Korrektur sozialversicherungsrechtlicher Wertentscheidungen liege somit nicht mehr vor.[731] Daraus leitet *Kuppel* ab, das Argument der Ungleichbehandlung aufgrund fehlender Zweckerzielung könne nur noch in den Fällen greifen, in denen der Arbeitnehmer keine Erklärung zugunsten der gesetzlichen Rentenversicherungspflicht abgebe.[732]

3.1.2.3 Stellungnahme

Wie bereits im vorangegangenen Abschnitt ausgeführt, lassen sich sozialversicherungsrechtliche Wertentscheidungen zur gesetzlichen Rentenversicherung ohnehin nicht auf betriebliche Versorgungseinrichtungen übertragen.[733] Wer dennoch mit dem BAG - jedenfalls wie in dessen Entscheidung zu den geringfügig Beschäftigten - der Auffassung ist, auch der einzelne Arbeitgeber dürfe in der betrieblichen Zusagegestaltung Wertungen des Sozialversicherungsrechts berücksichtigen, gerät seit der gesetzlichen Neuregelung des SGB VI in argumentative Schwierigkeiten. Denn durch die Einbeziehung geringfügiger Beschäftigter liegt nun auch in den Fällen des § 8 SGB IV eine Grundsicherung in der gesetzlichen Rente vor. Auch für diese Personengruppe kann die betriebliche Altersversorgung folglich eine Grundsicherung übernehmen. Daher geht auch die Frage, ob eine unzulässige Ausgrenzung geringfügig Beschäftigter generell vorliegt oder nur dann, wenn der einzelne Arbeitnehmer auf seine Versicherungsfreiheit verzichtet, am Kern des Problems vorbei: Durch den Verzicht auf die Versicherungsfreiheit nach § 5 Abs. 2 S. 2 SGB VI erhält der Arbeitnehmer lediglich Zugang zu einem weiteren Leistungsspektrum der gesetzlichen Rentenversicherung. Grundsätzlich sind jedoch beide Gruppen, also die „geringfügig versicherungspflichtig Beschäftigten" und die „geringfügig versicherungsfrei Beschäftigten", zumindest von der Grundversorgung des SGB VI erfasst. Das Argument, der Arbeitgeber sei nicht verpflichtet, sozialversicherungsrecht-

---

[731] Vgl. Fodor, DB 1999, S. 800 ff., 802. Allerdings sei hinsichtlich des Leistungsspektrums bei geringfügig Beschäftigten zwischen „versicherungspflichtig" und „versicherungsfrei" zu unterscheiden. Den geringfügig versicherungspflichtig Beschäftigten stehe prinzipiell das ganze Leistungsspektrum der gesetzlichen Rentenversicherung einschließlich Hinterbliebenen- und Invaliditätsleistungen offen. Dem müsse sich im Falle der Einbeziehung in die betriebliche Altersversorgung auch der Arbeitgeber anschließen. Hingegen müsse der Arbeitgeber geringfügig versicherungsfrei Beschäftigten nur eine Anwartschaft auf Alters- und ggf. Hinterbliebenenrente zugestehen. Betriebliche Invalidenrenten müsse der Arbeitgeber geringfügig versicherungsfrei Beschäftigten nicht gewähren.

[732] Vgl. Kuppel, BB 2000, S. 2150 ff., 2152.

[733] Siehe oben: Dritter Teil A IV 3.1.1.

liche Wertentscheidungen zu korrigieren, ist durch das Gesetz zur Neuregelung der geringfügigen Beschäftigungsverhältnisse[734] hinfällig geworden.
Gestützt wird diese Überlegung durch die Tatsache, dass geringfügig Beschäftigte, die nach § 5 Abs. 2 S. 2 SGB VI auf ihre Versicherungsfreiheit verzichten, von ihrem Arbeitgeber die Umwandlung von Vergütungsbestandteilen in eine Zusage auf betriebliche Altersversorgung verlangen können.[735] Denn Arbeitnehmer, die in der gesetzlichen Rentenversicherung pflichtversichert sind, haben nach § 17 Abs. 1 S. 3 i. V. m. § 1a BetrAVG einen gesetzlichen Anspruch auf Entgeltumwandlung.[736] Das Gesetz stellt ausdrücklich nur auf die Pflichtversicherung in der gesetzlichen Rentenversicherung ab, vgl. §§ 1 - 6 SGB VI. Einen Anspruch auf Entgeltumwandlung können Vollzeitbeschäftigte, Teilzeitbeschäftigte, befristet Beschäftigte oder arbeitnehmerähnliche Personen geltend machen- sofern nur das Merkmal der Pflichtversicherung erfüllt ist. Eine statusbezogene Ausgrenzung geringfügig Beschäftigter ist hingegen nicht möglich. Ein Ergebnis, wonach geringfügig Beschäftigte zwar einen Rechtsanspruch hätten, betriebliche Altersversorgung durch Entgeltumwandlung zu betreiben, jedoch zulässigerweise von der arbeitgeberfinanzierten Altersversorgung ausgeschlossen werden dürften, wäre wenig überzeugend.

3.2 Versorgungszweck: Verbesserung der gesetzlichen Grundsicherung

Kritisch muss auch das Argument des BAG gewürdigt werden, bei der Zusatzversorgung gehe es darum, „den durch die gesetzliche Grundversorgung gesicherten Lebensstandard im Alter aufzubessern"[737].

3.2.1 Sichtweise des Schrifttums

Beduhn kritisiert, es sei nicht einzusehen, dass bei geringfügig Beschäftigten einseitig die „Versorgungs-Ergänzungsfunktion" dem Entgeltcharakter der betrieblichen Altersversorgung vorgezogen werde: „Denn auch die niedrigsten Lohngruppen würden nicht mit der Begründung ausgeschlossen, ihre geringen Rentenanwartschaften gefährdeten die Stabilität der Sozialversicherung oder könnten durch eine Betriebsrente kaum aufgebessert werden"[738]. Für Versor-

---

[734] Vom 24.03.1999, BGBl. I 1999, S. 388.
[735] Vgl. Kemper/Kisters-Kölkes, Rdnr. 445; Blomeyer/Otto, § 17 Rdnr. 143; Höfer Rdnr. 2611.
[736] Vgl. Blomeyer/Otto, § 1a Rdnr. 3; Andresen/Förster/Rößler/Rühmann, Teil 7 B Rdnr. 129; Höfer Rdnr. 2608.
[737] BAG vom 12.03.1996 - 3 AZR 993/94 - NZA 1996 S. 939 ff. (Gründe C II 1).
[738] Beduhn, AuR 1996, S. 485 ff., 487; im Ergebnis auch Schoden, in: Betriebliche Altersversorgung, Rdnr. 58.

gungsleistungen außerhalb eines Gesamtversorgungssystems weist *Schumann* darauf hin, dass der betrieblichen Altersversorgung als zweiter und damit tragender Säule unseres Versorgungssystems „nicht nur eine Ergänzungsfunktion beizumessen“[739] sei. Auch *Doetsch* hält den Ausschluss geringfügig beschäftigter Mitarbeiter für problematisch, wenn Versorgungssysteme die Gewährung eines zusätzlichen Entgelts bezwecken.[740]

3.2.2 Stellungnahme

Das BAG beruft sich zur Rechtfertigung der Ungleichbehandlung auf den Versorgungszweck der Zusage. Dieser bestehe in der Verbesserung einer ohnehin schon bestehenden Grundsicherung und könne bei geringfügig Beschäftigten nicht erreicht werden.[741] Der Ausschluss geringfügig Beschäftigter trage dieser Ergänzungsfunktion Rechnung.[742]
Die rechtliche Bewertung des BAG ist der besonderen Natur der Gesamtversorgungssysteme geschuldet und zumindest nicht verallgemeinerungsfähig. Denn grundsätzlich muss anhand der konkreten Versorgungszusage differenziert werden, ob der Arbeitgeber den Schwerpunkt der betrieblichen Altersversorgung eher auf die Abgeltung der Arbeitsleistung und Betriebstreue legt oder ganz pauschal eine Versorgung des Arbeitnehmers im Auge hat. Die Kriterien, nach denen sich die Schwerpunktsetzung einer Zusage feststellen lassen, wurden bereits im Zweiten Teil besprochen.[743]
Dem BAG ist insoweit zuzustimmen, dass Gesamtversorgungssysteme in besonderer Weise den Versorgungscharakter der Betriebsrente betonen. Gesamtversorgungssysteme knüpfen bei der Ermittlung der Leistungshöhe an eine kumulierte Betrachtung der Versicherungsleistungen aus der gesetzlichen Rentenversicherung und der betrieblichen Altersversorgung als ergänzender Leistung an. Auf diese Weise wird erreicht, dass der Arbeitnehmer unabhängig von der Höhe sonstiger Einkünfte auf einem gleich bleibenden Versorgungsniveau abgesichert wird.
Zugleich kann jedoch nicht vollständig ausgeblendet werden, dass betriebliche Versorgungsleistungen zumindest auch zur Abgeltung der Arbeitsleistung und Betriebstreue erbracht werden. Dies ist in der Rechtsprechung und bei den meisten Vertretern des Schrifttums völlig unstrittig; lediglich die Schwerpunkt-

---

[739] Schumann, DB 1999, S. 2637 ff., 2638.
[740] Vgl. Doetsch, in: FS für Kemper, S. 91 ff., 101.
[741] Siehe BAG vom 12.03.1996 - 3 AZR 993/94 - NZA 1996 S. 939 ff. (Gründe C II 1).
[742] Vgl. BAG vom 27.02.1996 - 3 AZR 886/94 - AP Nr. 28 zu § 1 BetrAVG Gleichbehandlung (Gründe B III 3b); BAG vom 22.02.2000 - 3 AZR 845/98 - NZA 2000, S. 659 ff. (Gründe III 2c).
[743] Siehe oben: Zweiter Teil E II 1.3.

setzung auf Entgelt- oder Versorgungscharakter fällt im Einzelfall unterschiedlich aus.[744] Die Rechtsprechung des BAG zur Gesamtversorgung geringfügig Beschäftigter überrascht insoweit, als das Gericht entgegen seiner ständigen Rechtsprechung zum „Doppelcharakter“ durch eine übermäßige Betonung der vermeintlichen Versorgungsergänzungsfunktion jeglichen Entgeltcharakter der betrieblichen Altersversorgung überlagert. Mit seiner Aussage, Entgeltcharakter sei „nicht gleichbedeutend mit Proportionalität“[745] relativiert das Gericht den Gleichbehandlungsgrundsatz im Hinblick auf geringfügig Beschäftigte im öffentlichen Dienst in unzulässigem Umfang.
Zudem muss ernsthaft die Frage aufgeworfen werden, ob ein sachwidriger Versorgungszweck überhaupt eine Diskriminierung rechtfertigen kann. Dieser Versorgungszweck besteht nach Ansicht des BAG darin, „den durch die gesetzliche Grundversorgung gesicherten Lebensstandard im Alter aufzubessern“[746]. Wie problematisch dieser Versorgungszweck ist, zeigt sich anhand einer Hilfsüberlegung: Alternativ könnte ein Arbeitgeber ausschließlich diejenigen Arbeitnehmer im Alter versorgen, die überhaupt Leistungen der gesetzlichen Rentenversicherung beziehen. Ausgeschlossen wären dann beispielsweise diejenigen Vollzeitarbeitnehmer, welche schlichtweg die fünfjährige allgemeine Wartezeit nach § 50 Abs. 1 SGB VI nicht erfüllt haben, oder langjährige ausländische Arbeitnehmer, die sich die Beiträge zur gesetzlichen Rentenversicherung wegen der Rückkehr ins nichteuropäische Ausland nach § 210 Abs. 1 Nr. 1 SGB VI erstatten lassen. Zur Begründung der Ungleichbehandlung könnte der Arbeitgeber unter Hinweis auf die Argumentation des BAG anführen, dass auch in diesen Fällen eine Verbesserung der gesetzlichen Grundversorgung nicht erreicht werde. Es erscheint allerdings überaus fraglich, ob das BAG den Versorgungszweck in diesem Zusammenhang billigen würde.
Im Übrigen ist *Schumann* zuzustimmen, dass der betrieblichen Altersversorgung mittlerweile nicht mehr lediglich eine Ergänzungsfunktion zukommt. Mit zunehmender Berechtigung muss angesichts des sinkenden Leistungsniveaus der gesetzlichen Rentenversicherung mittlerweile von der Ersetzungsfunktion der Zweiten und Dritten Säule der Alterssicherung gesprochen werden. Bereits im Jahr 2003 machte die gesetzliche Rente lediglich 66 % des Bruttoeinkommensvolumens der Bevölkerung ab 65 Jahren aus. Leistungen anderer Alterssicherungssysteme trugen immerhin bereits zu 21 % zum Gesamtvolumen bei.[747] Ist der sich abzeichnende Paradigmenwechsel erst einmal vollzogen, wird der

[744] Siehe oben: Zweiter Teil E II 1.1 und 1.2.
[745] BAG vom 27.02.1996 - 3 AZR 886/94 - AP Nr. 28 zu § 1 BetrAVG Gleichbehandlung (Gründe B III 3b bb).
[746] BAG vom 12.03.1996 - 3 AZR 993/94 - NZA 1996 S. 939 ff. (Gründe C II 1).
[747] Vgl. BMAS, Rentenversicherungsbericht 2005, S. 25, Übersicht A6.

Versorgungszweck einer Aufbesserung der Grundsicherung kaum mehr Zustimmung finden können. Vielmehr bedeutet dann der Ausschluss einer Arbeitnehmergruppe von der betrieblichen Altersversorgung die Verweigerung eines maßgeblichen Versorgungsbestandteils.
Der Argumentation des BAG kann bereits für die Gesamtversorgungssysteme kaum gefolgt werden. Berücksichtigt man mit dem Gericht jedoch den vermeintlichen besonderen Versorgungszweck dieser spezifischen Altersversorgungsmodelle, so können die diesbezüglich angestellten Erwägungen jedenfalls nicht auf alle anderen Versorgungsmodelle übertragen werden. Denn nur Gesamtversorgungssysteme berücksichtigen zur Ermittlung der Leistungshöhe die gesetzliche Rentenversicherung. Das Argument der fehlenden Grundsicherung spielt für alle anderen Versorgungsmodelle somit keine Rolle.

3.3 Wirtschaftliche Bedeutung

Kontrovers wird auch das Argument des BAG diskutiert, der Ausschluss geringfügig Beschäftigter von der Versorgung sei dadurch gerechtfertigt, dass die Tätigkeit „wirtschaftlich von lediglich untergeordneter Bedeutung“[748] sei.

3.3.1 Sichtweise des Schrifttums

Blomeyer/Otto halten den Ausschluss von geringfügig Beschäftigten von betrieblichen Versorgungsleistungen jedenfalls dann für gerechtfertigt, wenn eine adäquate Versorgung des Arbeitnehmers sichergestellt oder die aus der Nebentätigkeit resultierende Versorgung nicht nennenswert sei.[749]
Nach Auffassung von *Ahrend/Förster/Rühmann* ist hingegen ein genereller Ausschluss der geringfügig Beschäftigten nicht gerechtfertigt.[750] Es widerspreche der materiellen Gerechtigkeit, die Arbeitsleistung und Betriebstreue geringfügig Beschäftigter nicht zu honorieren. Auch sei ein Monatsverdienst von € 400 nicht von untergeordneter Bedeutung. Außerdem hätten geringfügig Beschäftigte bei der heutigen Lage auf dem Arbeitsmarkt nicht ohne weiteres die Möglichkeit, ein zweites Arbeitsverhältnis einzugehen, in dem sie eine Anwartschaft auf Versorgungsleistungen erwerben könnten.[751]
Hinsichtlich des Arguments einer anderweitigen Versorgung rügt *Beduhn*, es gäbe keinen Erfahrungssatz, dass ausschließlich nebenberuflich tätige Teilzeit-

---

[748] BAG vom 27.02.1996 - 3 AZR 886/94 - AP Nr. 28 zu § 1 BetrAVG Gleichbehandlung (Gründe B III 3b bb).
[749] Vgl. Blomeyer/Otto, Anh. § 1 Rdnr. 75.
[750] Vgl. Ahrend/Förster/Rühmann, § 1 BetrAVG Rdnr. 127.
[751] Vgl. Ahrend/Förster/Rühmann, § 1 BetrAVG Rdnr. 127; Schumann, DB 1999, S. 2637 ff., 2638.

beschäftigte anderweitig sozial abgesichert sind. Vielmehr sei denkbar, „dass die Haupttätigkeit so schlecht bezahlt wird, dass die Teilzeitbeschäftigung zur Sicherung des Lebensstandards notwendig ist“[752]. Umgekehrt könnten Vollzeitbeschäftigte andere regelmäßige Einkommen wie z. B. Zinserträge oder Mieteinnahmen haben und so sozial abgesichert sein. Auch nach Auffassung von *Reichel/Hess* überzeugt das Argument einer untergeordneten wirtschaftlichen Bedeutung nicht: Während die Beschäftigung für den Arbeitnehmer ggf. als Beitrag zum Unterhalt wirtschaftlich entscheidend sei, spare mancher Arbeitgeber durch den Einsatz geringfügig Beschäftigter Lohnnebenkosten und eröffne sich flexiblere Möglichkeiten des Arbeitseinsatzes.[753]
Saunders ist der Auffassung, bei Versorgungsbezügen herrsche das Vergütungselement bzw. der Entgeltcharakter vor, „welcher dem Argument, ausreichend versorgt zu sein, als sachfremd entgegensteht“[754]. Auch *Griebeling/Griebeling* sind der Auffassung, die betriebliche Altersversorgung sei ein zusätzliches Entgelt, welches nicht mit der Begründung versagt werden könne, der Arbeitnehmer sei anderweitig sozial abgesichert.[755]
Fodor ergänzt im Hinblick auf die veränderte Rechtslage, nach der neuerlichen gesetzlichen Einbeziehung der geringfügig Beschäftigten in die gesetzliche Rentenversicherung bestehe auch bei dieser Gruppe ein weitergehender Versorgungsbedarf.[756]

3.3.2 Stellungnahme

Die Begründung des BAG zum Ausschluss geringfügig Beschäftigter aus wirtschaftlichen Gesichtspunkten vermag angesichts der veränderten Rechtslage und der tatsächlichen gesellschaftlichen Verhältnisse nicht zu überzeugen.

3.3.2.1 Gesellschaftliche Wirklichkeit

Das Gericht ging in seiner Entscheidung davon aus, geringfügig Beschäftigte stellten ihrem Arbeitgeber nur einen so unerheblichen Teil ihrer Arbeitskraft zur Verfügung, dass dieser nur als „wirtschaftlich von lediglich untergeordneter

[752] Beduhn, AuR 1996, S. 485 ff., 485.
[753] Vgl. Reichel/Hess, BetrAV 2001, S. 529 ff., 531; die Autoren benennen als Beispiel für die gewonnene Flexibilität den Einsatz einer großen Anzahl von Arbeitnehmern im Zeitungszustelldienst zu bestimmten Tageszeiten.
[754] Saunders, in: FS für Kemper, S. 405 ff., 408.
[755] Vgl. Griebeling/Griebeling, Rdnr. 154.
[756] Vgl. Fodor, DB 1999, S. 800 ff. 802.

Bedeutung“[757] bezeichnet werden könne. Seit der Neufassung des § 8 Abs. 1 SGB IV kann im Rahmen einer geringfügigen Beschäftigung mittlerweile ein Entgelt von monatlich 400 Euro erzielt werden. Ob dieser Betrag in den Augen des Einzelnen als wirtschaftlich unbedeutend erscheint, kann zunächst dahinstehen: Jedenfalls kann gesamtgesellschaftlich kaum mehr von einer wirtschaftlich untergeordneten Bedeutung der geringfügigen Beschäftigung gesprochen werden. Denn die Gruppe der geringfügig Beschäftigten nimmt konstant zu. Wie bereits zuvor dargestellt wurde, beläuft sich die Zahl der geringfügig Beschäftigten in Deutschland mittlerweile auf ca. 6,5 Mio.[758] Es darf bezweifelt werden, dass das BAG im Jahre 1996 dieses Volumen vor Augen hatte, als es von einer untergeordneten wirtschaftlichen Bedeutung solcher Beschäftigungsverhältnisse ausging.

Weiterhin wurde bereits oben gezeigt, dass deutlich mehr Frauen als Männer geringfügig beschäftigt sind – mit wirtschaftlichen Konsequenzen auch für die Alterssicherung. Eine deutlich unterschiedliche Versorgungsquote zwischen Männern und Frauen besteht selbst dann, wenn man die Betrachtung nicht lediglich auf geringfügig Beschäftigte beschränkt: Im März 2003 verfügten bundesweit 44 % der Männer und 39 % der Frauen über eine Anwartschaft auf betriebliche Altersversorgung.[759] Lediglich 35 % aller Beschäftigten mit Anwartschaften sind Frauen.[760] Nach Ansicht von *Kerschbaumer/Veit* ist dies darauf zurückzuführen, dass Frauen wegen der oft unterbrochenen Erwerbsbiographien und der immer noch geringeren Entgelte einen kleineren finanziellen Spielraum zum Aufbau einer zusätzlichen Altersversorgung haben.[761] In Anbetracht des sinkenden Leistungsniveaus der gesetzlichen Rentenversicherung werden so insbesondere Frauen von Altersarmut betroffen sein.

Vor diesem Hintergrund hilft die These von *Blomeyer/Otto* nicht weiter, ein Ausschluss sei gerechtfertigt, wenn eine adäquate Versorgung des Arbeitnehmers sichergestellt sei. In der Regel kann der Arbeitgeber eben nicht davon ausgehen, dass die Gruppe der geringfügig Beschäftigten anderweitig sozial abgesichert ist. Ein dahingehender Erfahrungssatz - hier ist *Beduhn* zuzustimmen - existiert schlechthin nicht. Zu vermuten ist, dass die Vertreter der gegenteiligen Auffassung von einem Familienbild ausgehen, demzufolge die Ehefrau neben Haushalt und Kindern das Familieneinkommen aufbessert, während der Ehemann als Hauptverdiener mit seinem Einkommen eine entsprechende Altersversorgung für beide aufbaut. Diese familiäre Situation mag sicherlich bei

[757] BAG vom 27.02.1996 - 3 AZR 886/94 - AP Nr. 28 zu § 1 BetrAVG Gleichbehandlung (Gründe B III 3b bb).
[758] Zu den genauen Zahlen siehe oben: Dritter Teil A I 3.1.
[759] Vgl. Infratest Sozialforschung, Situation und Entwicklung der bAV, Tabelle 1-3a, S. 21.
[760] Vgl. ebenda, S. 7.
[761] Vgl. Kerschbaumer/Veit, AiB 2002, S. 85 ff., 85.

zahlreichen 400-Euro-Kräften zugrunde liegen; verallgemeinerungsfähig ist sie gleichwohl nicht.
Vor dem Hintergrund des Gleichbehandlungsgebots wäre ein Ausschluss der gesamten Gruppe der geringfügig Beschäftigten nur dann denkbar, wenn generell davon ausgegangen werden könnte, dass diese Arbeitnehmer in der Regel anderweitig abgesichert sind. Eine Differenzierung kann jedenfalls unter dem Gesichtspunkt der gesicherten Versorgung nicht vorgenommen werden, da dieser vermeintliche Sachgrund de facto nicht gegeben ist.

3.3.2.2 Abweichende Rechtsprechung des BAG

Das Argument des BAG, geringfügig Beschäftigte dürften wegen des wirtschaftlich unbedeutendem Umfangs ihrer Beschäftigung von der betrieblichen Altersversorgung ausgenommen werden, überrascht. An anderer Stelle macht sich das Gericht für die Belange von Arbeitnehmern stark, die ihr Haupteinkommen in einem anderen Arbeitsverhältnis erwirtschaften. Auch für diese Arbeitnehmer kann das durch die Nebentätigkeit erzielte Einkommen „wirtschaftlich lediglich von untergeordneter Bedeutung“ sein.
Das BAG hielt es zunächst in seiner Rechtsprechung zur Mehrfachbeschäftigung für unzulässig, „Arbeitnehmer allein deshalb aus einem betrieblichen Versorgungswerk auszunehmen, weil sie in einem zweiten Arbeitsverhältnis stehen“[762]. Das Gericht begründet seine Entscheidung maßgeblich mit Erwägungen, die sich auf den Entgeltcharakter der Betriebsrente beziehen. So sei es sachlich nicht gerechtfertigt, die Gewährung des in Form der Altersversorgung bestehenden zusätzlichen Entgelts davon abhängig zu machen, ob der Arbeitnehmer seine Arbeitsleistungen und seine Betriebstreue in einem Erst- oder in einem Zweitarbeitsverhältnis erbringt[763]: „Weder eine hauptberufliche Existenzsicherung noch eine hieraus resultierende Altersversorgung sind sachliche Gründe, einen nebenberuflich tätigen Arbeitnehmer schlechter zu bezahlen als einen vergleichbar tätigen vollzeitbeschäftigten Arbeitnehmer.“[764] So sei es beispielsweise unzulässig, in öffentlichen Schlachthöfen tätige Tierärzte von Versorgungsleistungen auszuschließen, falls sie keine Stundenvergütung für mindestens 1000 Stunden im Jahr erhalten.[765]
An anderer Stelle urteilte das BAG, die unterschiedliche Behandlung lasse sich „nicht damit rechtfertigen, dass unterhälftig beschäftigte Arbeitnehmer typi-

---

[762] BAG vom 22.11.1994 - 3 AZR 349/94 - NZA 1995, S. 733 ff. (Leitsatz).
[763] Vgl. BAG vom 22.11.1994 - 3 AZR 349/94 - NZA 1995, S. 733 ff. (Gründe B III 3); BAG vom 09.10.1996 - 5 AZR 338/95 - NZA 1997, S. 728 ff. (Gründe I 2).
[764] BAG vom 09.10.1996 - 5 AZR 338/95 - NZA 1997, S. 728 ff. (Gründe I 2a).
[765] BAG vom 13.05.1997 - 3 AZR 66/96 - NZA 1997, S. 1294 ff. (Gründe B II 2b).

scherweise anderweitig versorgt und nicht auf eine anteilige Zusatzversorgung angewiesen seien“[766]. Gerade in den Fällen, in denen die Teilzeitarbeit der wirtschaftlichen Existenzsicherung dient, bestehe in der Regel ein erheblicher Versorgungsbedarf.
Fraglich ist, ob diese Erwägungen auf den Bereich der geringfügig Beschäftigten übertragbar sind. Dafür spricht, dass auch geringfügig Beschäftigte lediglich einen kleinen Teil ihrer Arbeitszeit bei einem Arbeitgeber verbringen. Begreift man Leistungen der betrieblichen Altersversorgung vornehmlich als Entgelt[767], so kann es auch im Falle der geringfügig Beschäftigten keine Rolle spielen, ob diese infolge von Mehrfachbeschäftigung bei einem anderen Arbeitgeber ein weiteres Einkommen erzielen. Eine hinreichende soziale Absicherung oder eine anderweitig bestehende Versorgung ist als Argument grundsätzlich ungeeignet, einer Arbeitnehmergruppe von der betrieblichen Altersversorgung auszuschließen.
Gemessen an den Grundsätzen, die das BAG zur Frage der Mehrfachbeschäftigung entwickelte, könnte dann auch geringfügig Beschäftigten eine Versorgungszusage nicht mit der Begründung versagt werden, es bestehe eine anderweitige Existenzsicherung. Der Unterschied beider Konstellationen besteht nämlich lediglich darin, dass diese für irrelevant befundene anderweitige Versorgung bei den Mehrfachbeschäftigen auf dem Hauptberuf beruht, während bei den geringfügig Beschäftigten auf eine vermeintliche Sicherung durch den Ehepartner verwiesen wird. Die Herkunft einer Anwartschaft auf Betriebsrente kann indes keine Rolle spielen. Will man mit dem BAG hauptberuflich anderweitig abgesicherten Arbeitnehmern eine Versorgung auch im Zweitarbeitsverhältnis zusprechen, muss dies konsequenterweise auch für geringfügig Beschäftigte gelten, die einen vergleichbar geringen Teil ihrer Arbeitsleistung erbringen. Demgegenüber wird für die Mehrfachbeschäftigten vereinzelt auf eine alternative Begründungsmöglichkeit hingewiesen, mit der sich auch das gegenteilige Ergebnis rechtfertigen lasse. Wenn man statt der Abgeltung der Arbeitsleistung den Aspekt der Belohnung und Förderung der Betriebstreue ins Zentrum rücke, sei ebenso ein Grund für eine Ausklammerung zu finden gewesen: Arbeitnehmer, die in einem Zweitarbeitsverhältnis stünden, werde der Arbeitgeber in aller Regel nicht derart intensiv an sein Unternehmen binden können und wollen, als dies bei nur ihm selbst in einem Hauptarbeitsverhältnis verpflichteten Arbeitnehmer der Fall sei.[768] Diese Überlegungen zeigten, dass bei der zweckorientierten Betrachtungsweise des BAG je nach Benennung des Zwecks unterschiedliche Ergebnisse produziert werden könnten.

---

[766] BAG vom 07.03.1995 - 3 AZR 282/94 - NZA 1996, S. 48 ff. (Gründe B II 2d ee).
[767] Zum Rechtscharakter der Arbeitgeberleistung siehe oben: Zweiter Teil E II 1.
[768] Vgl. Franzen, SAE 1999, S. 34 ff. 36.

Diese Argumentation vermag indes nicht zu überzeugen; stellt man auf die Belohnung und Förderung der Betriebstreue ab, so führt dies zu keinem anderen Ergebnis: Weder mehrfach noch geringfügig Beschäftigte sind in irgendeiner Weise mehr oder weniger betriebstreu als entsprechende Vollzeitarbeitnehmer. Sie erbringen ihre Betriebstreue lediglich in zeitlich geringerem Umfang. Dies hat zur Folge, dass ein Anspruch lediglich anteilig in Höhe des jeweiligen Beschäftigungsgrades besteht.[769] Wer beispielsweise bei einer Vollzeittätigkeit von 35 Wochenstunden durchgängig sieben Stunden wöchentlich arbeitet, erwürbe einen Versorgungsanspruch, der mit dem Faktor 7/35 zu quotieren wäre, mithin in Höhe von 20 Prozent einer vollumfänglichen Versorgung. Wenig sachgerecht erscheint es hingegen, dem so Beschäftigten einen Versorgungsanspruch unter Hinweis auf die Betriebstreue gänzlich zu versagen.

3.4 Verwaltungsaufwand und Kosten

Diskutiert wird weiterhin das Argument des BAG, die Verwaltung von Anwartschaften geringfügig Beschäftigter stünde zu den zu erwartenden Versorgungsleistungen in „keinem ausgewogenen Verhältnis"[770]. Da in Geldsachen bekanntlich die Gemütlichkeit aufhört[771], muss auch dieses Argument einer eingehenden Prüfung unterzogen werden.

3.4.1 Sichtweise des Schrifttums

So hält *Doetsch* das Interesse des Unternehmers an einem leicht verwaltbaren Versorgungssystem bzw. an überschaubaren, niedrigen Verwaltungskosten für einen sachlichen Differenzierungsgrund.[772] Nach Meinung von *Kirchner* verliert eine Versorgung geringfügig Beschäftigter ihren Sinn, „wenn die Aufrechterhaltung unverfallbarer Versorgungsanwartschaften zur Entstehung späterer Mini-Renten bei den Betroffenen und zu einem unverhältnismäßig hohen Verwaltungsaufwand bei Arbeitgebern bzw. ihren Versorgungskassen führt" [773]. Die Verwaltung von Renten in minimaler Höhe verursachten dann höhere Kosten,

---

[769] Siehe dazu ausführlich unten Dritter Teil A V 2.1.

[770] BAG vom 27.02.1996 - 3 AZR 886/94 - AP Nr. 28 zu § 1 BetrAVG Gleichbehandlung (Gründe B III 3b bb).

[771] So der Abgeordnete David Justus Ludwig Hansemann am 08.06.1847 im Preußischen Vereinigten Landtag.

[772] Vgl. Doetsch, in: FS für Kemper, S. 91 ff., 97 f.; Doetsch, BetrAV 1997, S. 25 ff., 26; ähnlich Höfer, Anmerkung zu BAG vom 22.11.1994 - 3 AZR 349/94 - AP Nr. 24 zu § 1 BetrAVG Gleichbehandlung (Nr. 2.4).

[773] Kirchner, Rückwirkungsproblematik S. 67.

als die Rente wert sei; oftmals überstiegen die Verwaltungskosten die Nettokosten der Rente.[774]

Andresen/Förster/Rößler/Rühmann schlagen vor diesem Hintergrund vor, es müsse aus Gründen der Verwaltungsvereinfachung zulässig sein, eine Sonderregelung für die Altersversorgung von geringfügig Beschäftigten zu wählen oder die fehlende Altersversorgung über eine zielgerichtete Sondervergütung zu kompensieren.[775] *Doetsch* plädiert im Hinblick auf die Verwaltungskosten von laufenden Renten dafür, bei Unterschreitung eines bestimmten Rentenbetrags anstelle einer lebenslangen Rente eine wertgleiche Kapitalzahlung zu gewähren.[776]

Hingegen kritisieren *Reichel/Hess*, hinsichtlich der Verwaltungskosten seien konkrete Zahlen noch nicht vorgetragen. Die Autoren verweisen auf die Möglichkeit des EDV- Einsatzes.[777] Ebenso lehnen *Ahrend/Förster/Rühmann* den Hinweis auf unverhältnismäßig hohe Abwicklungs- und Verwaltungskosten im Hinblick auf ein EDV-gestütztes Abrechnungswesen ab.[778] *Reichel/Hess* betonen weiterhin, der angeblich unverhältnismäßige Verwaltungsaufwand habe „den Gesetzgeber nicht davon abgehalten, die Rentenversicherungspflicht für geringfügig Beschäftigte auszuweiten und auch dieser Arbeitnehmergruppe im Rahmen des Altersvermögensgesetzes einen Anspruch auf Einführung einer betrieblichen Altersversorgung durch Gehaltsumwandlung einzuräumen“[779]. *Schumann* gibt zu bedenken, der Arbeitgeber könne für geringfügig Beschäftigte einen Durchführungsweg wählen, bei dem eine mögliche Rückabwicklung weniger kostenaufwendig als bei der Direktversicherung ist.[780]

3.4.2 Stellungnahme

Das BAG billigte an anderer Stelle[781] grundsätzlich, dass der Arbeitgeber in gewissem Umfang auch den Verwaltungsaufwand berücksichtigen darf. Im Hinblick auf den administrativen Aufwand hielt das BAG auch eine pauschalie-

---

[774] Vgl. Höfer, ART Rdnr. 707.

[775] Vgl. Andresen/Förster/Rößler/Rühmann, Teil 7 B Rdnr. 129.

[776] Vgl. Doetsch, in: FS für Kemper, S. 91 ff., 105; Doetsch, BetrAV 1997, S. 25 ff., 29. Der Autor geht von internen Verwaltungskosten von 80 - 110 EUR pro Rentner durch die Verwaltung laufender Rentenleistungen aus.

[777] Vgl. Reichel/Hess, BetrAV 2001, S. 529 ff., 531.

[778] Vgl. Ahrend/Förster/Rühmann, § 1 BetrAVG Rdnr. 127; Schumann, DB 1999, S. 2637 ff., 2638.

[779] Reichel/Hess, BetrAV 2001, S. 529 ff., 531; vgl. auch Fodor, DB 1999, S. 800 ff., 802.

[780] Vgl. Schumann, DB 1999, S. 2637 ff., 2638; siehe auch Ahrend/Förster/Rühmann, § 1 BetrAVG Rdnr. 127.

[781] Vgl. BAG vom 05.10.1993 - 3 AZR 695/92 - NZA 1994, S. 315 ff.

rende Gruppenbildung in Form einer Unterteilung in voll-, überhalbzeitig und unterhalbzeitig Beschäftigte für zulässig. Diese Vereinfachung sei mit dem arbeitsrechtlichen Gleichbehandlungsgrundsatz und dem europäischen Lohngleichheitsgebot vereinbar.[782] Einen vollständigen Ausschluss einer Arbeitnehmergruppe aus Gründen der Verwaltungsvereinfachung billigte das Gericht indes nicht. Dies wäre auch schwer vorstellbar: Der EuGH urteilte in anderem Zusammenhang mittlerweile, dass Kostengesichtspunkte und Haushaltserwägungen eines Mitgliedstaates eine Geschlechtsdiskriminierung nicht rechtfertigen können.[783]

Abgesehen von der rechtlichen Würdigung sprechen jedoch auch praktische Gründe gegen die Anerkennung des Arguments eines unmäßigen Verwaltungsaufwands. Die Debatte wurde inzwischen von der Realität der Personalpraxis überholt. Eine zeitgemäße Personalverwaltung ist ohne Einsatz der gängigen EDV-Programme schlichtweg nicht mehr vorstellbar. Zwar ist die Verwendung von Personaldatenblättern in Papierform auch weiterhin denkbar; gleiches gilt für eine manuelle Entgeltabrechnung über Lohnstreifen. Unternehmen, auf deren Personalbereich bzw. Lohnbuchhaltung die vorstehenden Beschreibungen zutreffen, dürften allerdings ohnehin ihren wirtschaftlichen Zenit überschritten haben. Relevanz könnte die Frage lediglich für Arbeitgeber haben, die wegen der geringen Zahl ihrer Arbeitnehmer auf den überdimensionierten Einsatz technischer Mittel verzichten. In diesen Fällen verblasst das Argument des unverhältnismäßig hohen Verwaltungsaufwands allerdings: Wer ohnehin nur für drei Arzthelferinnen oder fünf Einzelhandelskaufleute Leistungen der betrieblichen Altersversorgung zusagt, wird deren Verwaltung und Leistungserbringung kaum selbst vornehmen. In der Regel wird der Arbeitgeber in diesen Fällen auf eine mittelbare Versorgungszusage bzw. einen externen Durchführungsweg[784] zurückgreifen. Für den externen Versorgungsträger ist der „befürchtete“ Verwaltungsaufwand Bestandteil der angebotenen Dienstleistung.

Selbstverständlich sollten die hierfür anfallenden Kosten bereits bei der Wahl des Durchführungsweges berücksichtigt werden. Insoweit ist *Schumann* zuzustimmen, dass sich eine Direktversicherung in diesem Zusammenhang als wenig geeignet erweist.[785] Die Aussage lässt sich dahingehend ergänzen, dass im Hinblick auf die geringfügig Beschäftigten auch von verwaltungsintensiven Versorgungsmodellen Abstand genommen werden sollte. Zwar gibt es durchaus Ge-

---

[782] Vgl. BAG vom 05.10.1993 - 3 AZR 695/92 - NZA 1994, S. 315 ff. (Gründe II 1), im Falle einer Direktversicherung.

[783] Vgl. EuGH vom 23.10.2003 - Verb. Rs. C-4/02 und C-5/02 - Schönheit u. Becker - DVBl. 2004, S. 188 ff. (Rdnr. 85); EUGH vom 10.03.2005 - Rs. C-196/02 - Nikoloudi - NZA 2005, S. 807 ff. (Rdnr. 53).

[784] Siehe dazu: Zweiter Teil C I 2.

[785] Vgl. Schumann, DB 1999, S. 2637 ff., 2638.

sichtspunkte, die beispielsweise für den Durchschnittsgehaltsplan oder die Gesamtversorgungszusage sprechen.[786] Die verwaltungstechnischen Haken und Ösen dieser Modelle, nämlich Erfassung aller Entgeltdaten im laufenden Arbeitsverhältnis (Durchschnittsgehaltsplan) bzw. aller sonstigen Bezüge im Ruhestand (Gesamtversorgungszusage), schlagen besonders dann zu Buche, wenn es lediglich um eine kleine Betriebsrente geht.

Weiterhin besteht grundsätzlich die Möglichkeit, Kleinstanwartschaften durch Kapitalzahlungen abzufinden. Nach § 3 Abs. 2 BetrAVG dürfen unverfallbare Anwartschaften und laufende Leistungen ohne Zustimmung des Arbeitnehmers abgefunden werden, wenn der monatliche Rentenbetrag 1% bzw. der Kapitalbetrag zwölf Zehntel der monatlichen Bezugsgröße nach § 18 SGB IV nicht übersteigt. Somit dürfen im Jahre 2006 Monatsrenten bis € 24,50 bzw. Kapitalleistungen bis € 2.940 zustimmungsfrei abgefunden werden.

Das Argument, man müsse durch den Ausschluss den unverhältnismäßigen Verwaltungskosten entgegenwirken, die Kleinstanwartschaften und die daraus entstehenden Minirenten verursachen, verfängt mithin nicht. Es steht dem Arbeitgeber frei, entsprechende Ansprüche im vom Gesetzgeber für zulässig erachteten Umfang abzufinden. Scheidet eine Abfindung wegen der Höhe aus, darf zulässigerweise ohnehin nicht mehr von einer „Kleinstanwartschaft“ oder „Minirente“ gesprochen werden. Dem steht die insoweit eindeutige Bewertung des Gesetzgebers entgegen, der die Abfindung von Betriebsrenten in dieser Höhe nicht zulässt.

Fraglich ist zudem, ob sich der befürchtete unverhältnismäßig hohe Verwaltungsaufwand in der Praxis überhaupt realisiert. Bislang blieb der Gesichtspunkt völlig unbeachtet, dass auch geringfügig Beschäftigte die gesetzlichen Unverfallbarkeitsfristen und betrieblichen Wartezeiten[787] erfüllen müssen, um Leistungen der betrieblichen Altersversorgung zu erhalten. Für die gesetzliche Unverfallbarkeit von Anwartschaften ist nach § 1b Abs. 1 S. 1 BetrAVG u. a. erforderlich, dass die Versorgungszusage zum Zeitpunkt der Beendigung des Arbeitsverhältnisses fünf Jahre bestand. Eine Vielzahl der vorübergehenden Aushilfstätigkeiten wird indes einen Zeitraum von fünf Jahren nicht überdauern. Die Furcht davor, eine Vielzahl von Gelegenheitsarbeitnehmern mit Kleinstanwartschaften kostenintensiv verwalten zu müssen, ist bereits aufgrund der gesetzlichen Unverfallbarkeitsfrist unbegründet.

Hinzu kommt, dass mittels betrieblicher Wartezeiten diejenigen Fälle ausgefiltert werden können, in denen der Versorgungsfall zwar nach Erfüllung der

---

[786] Zu den einzelnen Versorgungsmodellen siehe oben: Zweiter Teil D.

[787] Zu Wartezeiten allgemein siehe: Ahrend/Förster/Rühmann, § 1b Rdnr. 17 f.; Blomeyer/Otto, Anhang § 1b Rdnr. 158 ff.; Höfer, ART Rdnr. 832 ff.; Winkelmann, in: Kittner/Zwanziger, § 84 Rdnr. 29 ff.; Kemper/Kisters-Kölkes Rdnr. 137 f.

gesetzlichen Unverfallbarkeitsfrist, jedoch vor Erreichen der betrieblichen Wartezeit eintritt. Zwar kann eine anspruchsausschließende Wartezeit nach § 1b Abs. 1 S. 5 BetrAVG auch nach Beendigung des Arbeitsverhältnisses erfüllt werden. Leistungen müssen jedoch dann nicht erbracht werden, wenn der in der Zusage definierte Versorgungsfall bereits eingetreten ist. Beträgt beispielsweise die betriebliche Wartezeit zehn Jahre, so muss der Arbeitgeber keine Leistungen erbringen, wenn ein nach fünf Jahren unverfallbar ausgeschiedener Anwärter vor Ablauf der vollständigen Zehnjahresfrist verstirbt oder erwerbsgemindert wird. Somit tragen letztlich auch betriebliche Wartezeiten dazu bei, langfristige Verwaltungsumfänge für geringfügig Beschäftigte zu vermeiden. Anstelle einer Versorgungsordnung, die möglicherweise unzulässig geringfügig Beschäftigte von der Versorgung ausnimmt, sollte zur Begrenzung des Verpflichtungsumfangs ggf. eine Wartezeitregelung in Erwägung gezogen werden.
Übersehen wird weiterhin, dass hinsichtlich sämtlicher Arbeitnehmer ohnehin ein Verwaltungsaufwand besteht: Jeder Arbeitgeber führt unabhängig von der Frage der betrieblichen Altersversorgung die Personaldaten seiner Arbeitnehmer. Diese beinhalten zwangsläufig auch einen oder mehrere Eintrittsstichtage des Arbeitnehmers.[788] Ein zusätzlicher, versorgungsspezifischer Verwaltungsaufwand hinsichtlich der unverfallbaren Anwartschaften kann mithin erst dann entstehen, wenn die gesetzliche Unverfallbarkeitsfrist erfüllt ist.

3.5 Zwischenergebnis

Im vorangegangenen Abschnitt wurden die vom BAG verwendeten Argumente für einen Ausschluss geringfügig Beschäftigter kritisch hinterfragt. Die Untersuchung kam zum Ergebnis, dass eine Übertragung sozialversicherungsrechtlicher Wertungen ausscheidet und infolge der veränderten Rechtslage eine Ungleichbehandlung ohnehin nicht mehr rechtfertigen könnte. Auch der vermeintliche Zweck der Versorgungszusage, der ausschließlich in der Verbesserung einer Grundsicherung bestehe, konnte nicht überzeugen. Weiterhin wurde der Standpunkt des Gerichts widerlegt, eine Differenzierung sei wegen der geringen wirtschaftlichen Bedeutung für die Betroffenen oder der hohen Verwaltungskosten angezeigt. Im Ergebnis bleibt festzuhalten, dass der Argumentation des BAG erhebliche Bedenken entgegenstehen.
Sachliche Gründe, die einen Ausschluss geringfügig Beschäftigter aus dem spezifischen Versorgungsmodell der Gesamtversorgungssysteme rechtfertigen

---

[788] Üblicherweise müssen mehrere rechnerische Eintrittsstichtage geführt werden. Beispielsweise sind Dienstzeiten des Vorarbeitgebers nach § 613a Abs. 1 S. 1 BGB oder Bundeswehrzeiten nach §§ 6, 12 ArbPlSchG bzw. § 8 SVG im Hinblick auf die Berechnung gesetzlicher Schutzfristen anzurechnen.

könnten, sind nicht ersichtlich. Daher ist eine Übertragung der wenig überzeugenden Argumente des BAG auf andere Versorgungsmodelle ausgeschlossen. Denn wie gezeigt werden konnte, kommt dort der Entgeltcharakter der betrieblichen Altersversorgung eher noch stärker zum Tragen.

4. Alternative Rechtfertigungsmöglichkeiten

Fraglich ist, ob sich der Ausschluss geringfügig Beschäftigter unabhängig vom Versorgungsmodell sachlich rechtfertigen lässt, wenn sich der Arbeitgeber alternativ auf anderweitig von BAG und Schrifttum entwickelte Differenzierungsgründe beruft. Für die geringfügig Beschäftigten und eine Reihe weiterer Fallgruppen stellten das BAG und Vertreter des Schrifttums weitere Grundsätze zur Rechtfertigung einer Differenzierung innerhalb der Belegschaft auf. Die jeweilige Ungleichbehandlung knüpfte auch in diesen Fällen im weitesten Sinne an die Stellung des Arbeitnehmers im Betrieb bzw. die Zugehörigkeit zu einer bestimmten Beschäftigtengruppe an.

4.1 Niedrige Qualifikation und Abgrenzbarkeit innerhalb der Belegschaft

Zusätzlich zu den bereits vom BAG vorgetragenen Argumenten wird im Schrifttum diskutiert, ob geringfügig Beschäftigte bereits aufgrund ihrer Sonderrolle innerhalb der Gesamtbelegschaft von Leistungen der betrieblichen Altersversorgung ausgenommen werden dürften.

4.1.1 Sichtweise des Schrifttums

Kirchner verweist darauf, dass geringfügig Beschäftigte häufig Hilfsdienste übernähmen, die von sonstigen Arbeiten im Betrieb objektiv abgrenzbar seien. Die „andere Tätigkeit“ sei ein hinreichend sachlicher Differenzierungsgrund hinsichtlich der Vergütung in Form von Altersversorgung.[789]
Doetsch hält zwar den generellen Ausschluss von geringfügig beschäftigten Mitarbeitern für problematisch. Andererseits sei der Ausschluss zulässig bei „ungelernten Mitarbeitern, Aushilfsmitarbeitern oder sonstigen Mitarbeitern, an denen auf dem Arbeitsmarkt ein Überangebot besteht und die jederzeit ohne erhebliche Einarbeitungskosten ersetzt werden können“[790]. Dadurch könne „zum

[789] Vgl. Kirchner, Rückwirkungsproblematik S. 93; so auch Höfer, Anmerkung zu BAG vom 22.11.1994 - 3 AZR 349/94 - AP Nr. 24 zu § 1 BetrAVG Gleichbehandlung (Nr. 2.4).
[790] Doetsch, in: FS für Kemper, S. 91 ff., 101; Doetsch, BetrAV 1997, S. 25 ff. 28.

Ausdruck gebracht werden, dass eine langjährige Betriebstreue dieser Mitarbeiter nicht gefördert bzw. belohnt werden soll." [791]
Reichel/Hess bemängeln hingegen, dass „geringfügig Beschäftigte nur Hilfsfunktionen wahrnehmen, ist bereits zweifelhaft und kann zudem durch den starken Anstieg der geringfügig Beschäftigten in der Berufswelt widerlegt werden"[792]. Dem Argument einer mangelnden Integration geringfügig Beschäftigter aufgrund der geringen Stundenzahl hält *Kuppel* entgegen, diese lasse sich prorata-temporis berücksichtigen; ein gänzlicher Ausschluss sei hingegen nicht gerechtfertigt.[793]

4.1.2 Stellungnahme

Die Behauptung, geringfügig Beschäftigte nähmen lediglich Hilfsfunktionen wahr und seien so leicht innerhalb der Belegschaft abzugrenzen, ist schlicht falsch. Es handelt sich vielmehr um eine unzulässige Pauschalierung, die faktisch nicht belegt werden kann. Vielmehr zeigen die Erhebungen der Deutschen Rentenversicherung, dass geringfügige Beschäftigung in unterschiedlicher Intensität in sämtlichen Branchen und Wirtschaftszweigen vorzufinden ist. Geringfügig Beschäftigte finden sich vornehmlich in den Einzelbranchen Reinigungsdienstleistungen (470.193), Gesundheitswesen (396.238), Gastgewerbe (389.826), Facheinzelhandel (368.172) und sonstiger Einzelhandel (246.788).[794]
In Branchen, in denen geringfügige Beschäftigung einen Großteil der Belegschaft ausmachen, kann ohnehin von reinen Hilfstätigkeiten keine Rede sein: Mitarbeiter eines Reinigungsunternehmens oder eines Gastronomiebetriebes werden sich hinsichtlich ihrer Aufgabenverteilung oder Qualifikation nicht von anderen Teilzeit- oder Vollzeitkräften unterscheiden lassen. Umgekehrt ist auch bei „anspruchsvolleren" Tätigkeiten eine Ausübung ausschließlich durch Vollzeitkräfte nicht zwingend. Wird beispielsweise eine studentische Hilfskraft wegen Ihrer Fähigkeiten zur Bearbeitung komplexer Aufgaben eingesetzt, besteht der maßgebliche Unterschied gegenüber anderen Mitarbeitern einzig im zeitlichen Umfang der Beschäftigung - die fachliche Qualifikation kann indes kaum abgesprochen werden.
Kann eine konsequente Abgrenzung der Tätigkeiten von geringfügig und nicht geringfügig Beschäftigten nicht vorgenommen werden, so ist im Ergebnis auch eine klare Gruppenbildung nach sachlichen Kriterien nicht möglich.[795]

---

[791] Ebenda.
[792] Reichel/Hess, BetrAV 2001, S. 529 ff., 531.
[793] Vgl. Kuppe, BB 2000, S. 2150 ff., 2152.
[794] Vgl. Deutsche Rentenversicherung, Geringfügige Beschäftigung, S. 9.
[795] Im Hinblick auf den arbeitsrechtlichen Gleichbehandlungsgrundsatz siehe oben Zweiter Teil G I 2.2.

4.2 Bindung an das Unternehmen

In einer Reihe von Entscheidungen hielt es das BAG nicht für gleichbehandlungswidrig, wenn die Beschränkung einer Versorgungsordnung nur solche Arbeitnehmer begünstigt, die der Arbeitgeber aus einleuchtenden Gründen enger an das Unternehmen binden will. Es sei allgemein üblich und habe sich bewährt, qualifizierte Arbeitnehmer, die für das Unternehmen besonders bedeutsam und wertvoll sind, mit Hilfe von Versorgungszusagen stärker zu binden als die übrige Belegschaft. Der Arbeitgeber dürfe bei der betrieblichen Altersversorgung danach differenzieren, welche Bedeutung die Arbeitsleistung für ihn hat und welche Position der Arbeitnehmer im Betrieb einnimmt.[796]

4.2.1 Ausgangssituation

Die betreffende Versorgungsordnung differenzierte zwischen Mitarbeitern in leitender Position und im Außendienst (Pharmareferenten) einerseits sowie Mitarbeitern im Innendienst andererseits. Nach Meinung des Gerichts gab es für den Arbeitgeber gute Gründe, gerade die Mitarbeiter im Außendienst länger an das Unternehmen zu binden. Dieses Ziel dürfe er mit Zusagen auf Leistungen der betrieblichen Altersversorgung verfolgen. Die Mitarbeiter im Außendienst müssten zeit- und kostenaufwendig geschult werden. Außerdem hänge der Umsatz des Arbeitgebers von den persönlichen Kontakten der Mitarbeiter im Außendienst ab. Neben speziellem Fachwissen und der Erfahrung trügen insbesondere die persönlichen Kontakte dieser Mitarbeiter zu Ärzten und Krankenhäusern wesentlich zum Umsatz und damit zum Erfolg des Unternehmens bei. Die Mitarbeiter in leitender Position verfügten über Fachwissen und Erfahrung, die nicht so leicht ersetzt werden können.

In einer weiteren Entscheidung deutet das BAG jedoch an, dass sich gegebenenfalls auch das gegenteilige Ergebnis rechtfertigen lasse: Aufgrund der geringeren Bindung der Außendienstmitarbeiter an die innerbetriebliche Organisation könne auch ein geringeres Interesse an fortdauernder Betriebstreue bestehen, welches unter Umständen eine Differenzierung rechtfertigen könne.[797]

Auch für den Bereich der Führungskräfte entschied das BAG, der Arbeitgeber könne Leistungen der betrieblichen Altersversorgung auf einen Personenkreis beschränken, den er wegen seiner Bedeutung für das Unternehmen in besonde-

---

[796] Vgl. BAG vom 17.02.1998 - 3 AZR 783/96 - AP Nr. 37 zu § 1 BetrAVG Gleichbehandlung (Gründe I); BAG vom 25.05.2004 - 3 AZR 15/03 - VersR 2005, S. 668 ff. (Gründe II 2a).

[797] BAG vom 25.02.1999 - 3 AZR 285/98 - Gründe B II 3a (nicht amtlich veröffentlicht, abrufbar über juris).

rem Maße entlohnen und an das Unternehmen binden will.[798] Eine solche Versorgungsordnung verletze weder den Gleichbehandlungsgrundsatz, das verfassungsrechtliche Gleichberechtigungsgrundsatz des Art. 3 Abs. 2 GG noch das europarechtliche Lohngleichheitsgebot aus Art. 119 EGV[799]. Dies gelte auch dann, wenn diese Versorgungsordnung unverhältnismäßig mehr Männer als Frauen begünstige, weil Frauen nur in geringer Anzahl als Führungskräfte im Unternehmen vertreten seien.[800] Es stehe dem Arbeitgeber frei, anhand objektiver Kriterien den von den betrieblichen Versorgungsleistungen begünstigten Mitarbeiterkreis zu bestimmen.[801] Eine entsprechende Gruppenbildung sei selbst dann gerechtfertigt, wenn sie sich bei Männern und Frauen ungleich auswirke.[802] *Doetsch* zufolge ist weiterhin nicht zu beanstanden, dass nur Arbeitnehmer mit einer Barvergütung oberhalb eines bestimmten Schwellenwertes eine Versorgungszusage erhalten. Die Höhe des Entgelts sei ein „geeigneter Indikator für die Wichtigkeit der Position aus Arbeitgebersicht“[803].

4.2.2 Stellungnahme

Weitgehende Einigkeit besteht darin, dass der Arbeitgeber leitende Führungskräfte und - je nach Begründung - Mitarbeiter im Außen- oder Innendienst durch eine Altersversorgungszusage bevorzugen darf, wenn er ein besonderes nachvollziehbares Interesse an der Unternehmensbindung dieser Mitarbeiter hat. Bezweifelt werden muss allein, ob die von *Doetsch* vorgeschlagene Entgelthöhe

[798] Vgl. Andresen/Förster/Rößler/Rühmann, Teil 7 B Rdnr. 87.

[799] Vgl. BAG vom 11.11.1986 – 3 ABR 74/85 - AP Nr. 4 zu § 1 BetrAVG Gleichberechtigung (Gründe B 2 und 3).

[800] An dieser Stelle gibt das Gericht zu bedenken, es könne sich möglicherweise um eine mittelbare Diskriminierung handeln. Es erscheine auffällig, wenn nur eine einzige Frau die Voraussetzungen der Versorgungsordnung erfüllen kann, obwohl die Belegschaft zu fast einem Drittel aus weiblichen Mitarbeitern besteht. Indes sei es gerichtsbekannt und keine Besonderheit im Betrieb der Antragsgegnerin, dass die Zahl der Frauen in Aufstiegspositionen weitaus geringer ist als ihr Anteil an der Gesamtbelegschaft. Die Ursachen seien noch kaum geklärt, könnten jedoch vielfach mit einer Benachteiligung wegen des Geschlechts zusammenhängen. Allerdings dürften die Betriebspartner bei der Abgrenzung des von einer Betriebsrentenzusage begünstigten Personenkreises von einer rechtmäßigen Beförderungspraxis ausgehen, siehe BAG vom 11.11.1986 – 3 ABR 74/85 - AP Nr. 4 zu § 1 BetrAVG Gleichberechtigung (zu B 3 der Gründe).

[801] Vgl. BAG vom 11.11.1986 – 3 ABR 74/85 - AP Nr. 4 zu § 1 BetrAVG Gleichberechtigung.

[802] Vgl. BAG vom 11.11.1986 – 3 ABR 74/85 - AP Nr. 4 zu § 1 BetrAVG Gleichberechtigung (zu B 3b); zustimmend: Hanau/Preis, ZfA 1988, S. 177 ff., 197; Andresen/Förster/Rößler/Rühmann, Teil 7 B Rdnr. 158, Rdnr. 326.

[803] Doetsch, in: FS für Kemper, S. 91 ff. 99.

ein geeignetes Kriterium für die „Wichtigkeit der Position" ist. Immer noch fallen die Durchschnittsverdienste in Deutschland je nach Geschlecht des Arbeitnehmers unterschiedlich hoch aus. Der durchschnittliche Bruttomonatsverdienst betrug im Jahr 2004 für Arbeiter € 2.596 und für Arbeiterinnen € 1.925[804], für männliche Angestellte € 3.771 und für weibliche Angestellte € 2.672[805]. Wegen der Gefahr der mittelbaren Diskriminierung weiblicher Arbeitnehmer sollte von einer solchen Differenzierung Abstand genommen und stattdessen auf Inhalt und Bedeutung des konkreten Arbeitsverhältnisses abgestellt werden. Dies ist nach einhelliger und richtiger Auffassung nicht zu beanstanden.

Fraglich ist allerdings, ob sich die von BAG und Literatur für zulässig befundenen Differenzierungsmerkmale auf die Gruppe der geringfügig Beschäftigten übertragen lassen.

Gegen eine pauschale Übertragung der Grundsätze spricht, dass das Führungskräften und Außen- bzw. Innendienstmitarbeitern unterstellte besondere Fachwissen einem geringfügig Beschäftigten nicht ohne weiteres abgesprochen werden kann. Geringfügig Beschäftigte erbringen ihre Arbeitsleistung lediglich in einem zeitlich geringeren Umfang. Ein genereller Erfahrungssatz, wonach geringfügig Beschäftigte grundsätzlich über eine schlechtere Ausbildung, einen geringeren Erfahrungsschatz oder minderwertige Qualifikationen verfügten, existiert nicht. Exemplarisch sei darauf verwiesen, dass viele studentische Hilfskräfte gegenüber ihren Kollegen im 400-Euro-Nebenjob eine vergleichsweise gute Ausbildung aufweisen. Mütter, die ihre Arbeitszeit aus Gründen der Kinderbetreuung auf einen geringfügigen Umfang reduzieren, verlieren dadurch nicht das Fachwissen, über welches sie zuvor als Vollzeitarbeitnehmerinnen verfügten. Folglich kann ein Ausschluss geringfügig Beschäftigter nicht mit der Behauptung begründet werden, geringfügig Beschäftigte verfügten generell nicht über das Fachwissen, welches eine besondere Bindung an das Unternehmen rechtfertigen könnte.

Ein Ausschluss geringfügig Beschäftigter wäre allenfalls dann denkbar, wenn diese Arbeitnehmer im Allgemeinen nicht in den Genuss aufwendiger Schulungs- und Weiterbildungsmaßnahmen kommen, die ihrerseits ein besonders Interesse des Arbeitgebers am längerfristigen Verbleib des Arbeitnehmers im Unternehmen rechtfertigen. In diesem Falle wäre indes zu hinterfragen, ob bereits der generelle Ausschluss von Qualifizierungsmaßnahmen mit dem Gleichbehandlungsgrundsatz vereinbar ist.

Zweifelhaft ist weiterhin, ob man auf die persönlichen Kontakte des Mitarbeiters abstellen kann, die im Falle der Außendienstmitarbeiter entscheidend zum Un-

---

804 Vgl. BMGS, Arbeits- und Sozialstatistik 2005, Tabelle 5.3 (Produzierendes Gewerbe).

805 Vgl. BMGS, Arbeits- und Sozialstatistik 2005, Tabelle 5.5 (Produzierendes Gewerbe, Handel, Instandhaltung und Reparatur, Kredit- und Versicherungsgewerbe).

ternehmenserfolg beitragen. Die Frage, in welchem Umfang ein Arbeitnehmer zu Aufbau und Pflege von persönlichen Kontakten in der Lage ist, hängt maßgeblich von der dafür aufgewendeten Arbeitszeit ab. So ist ein geringfügig beschäftigter Außendienstarbeiter zweifelsohne ebenso in der Lage, im Rahmen seiner geringeren zeitlichen Möglichkeiten Kontakte zu pflegen und damit dem Vertriebsinteresse seines Arbeitgebers zu genügen.

4.3 Möglichkeit der Eigenvorsorge durch sonstiges Entgelt

Ein wesentliches Kriterium für oder gegen die Einbeziehung einer Belegschaftsgruppe könnte ferner deren Fähigkeit sein, aufgrund des höheren sonstigen Entgelts Eigenvorsorge zu betreiben. Letztlich handelt es sich hierbei wiederum auch um ein bedarfsorientiertes Argument. Wer in der Lage ist, jenseits des für alle anderen Arbeitnehmer bestehenden Systems der betrieblichen Alterssicherung eine eigene Versorgung aufzubauen, soll nicht zwingend Zugang zur betrieblichen „Grundversorgung" haben.

4.3.1 Sichtweise des BAG

In seiner Entscheidung zur Unzulässigkeit von Differenzierung zwischen Arbeitern und Angestellten stellte das BAG fest, der Arbeitgeber könne eine Arbeitnehmergruppe von der betrieblichen Altersversorgung ausschließen, die ein erheblich höheres Einkommen als die in das Versorgungswerk einbezogene Gruppe erzielt. Zur Begründung führte das Gericht an, in einem solchen Fall sei die benachteiligte Gruppe in der Lage, sich selbst eine angemessene Versorgung im Alter zu schaffen. Weil bei einem Teil der Angestellten anfangs relativ wenig verdient werde, könnten angesichts der anfangs relativ niedrigen Sozialversicherungsbeiträge höhere Versorgungslücken entstehen. Der Arbeitgeber könne „aus sozialen Gründen nur schlechter verdienenden Arbeitnehmern einen Anspruch auf betriebliche Altersversorgung einräumen, weil sie nicht in vergleichbarer Weise zur Eigenversorgung in der Lage sind"[806]. Allerdings müsse sich aus der Versorgungsordnung selbst - und nicht wie im zu entscheidenden Fall aus der formellen Stellung als Arbeiter oder Angestellter - eine Differenzierung nach dem Versorgungsbedarf ergeben: „Nur in seltenen Ausnahmefällen kann eine solche statusbezogene Kennzeichnung als Kürzel für eine dahinter stehende sachlich gerechtfertigte Unterscheidung sein."[807]
Hinsichtlich der Differenzierung zwischen Arbeitnehmern im Außen- und Innendienst hielt es das BAG in einer früheren Entscheidung zunächst für unzuläs-

[806] BAG vom 10.12.2002 - 3 AZR 3/02 - NZA 2004, S. 321 ff. (Gründe IV 2b).
[807] Ebenda (Gründe IV 1).

sig, Arbeitnehmer im Außendienst deshalb von der betrieblichen Altersversorgung auszuschließen, weil diese ein höheres Entgelt als die Arbeitnehmer im Innendienst erhielten. Die Möglichkeit der Außendienstmitarbeiter, mit ihren Provisionen selbst Rücklagen für das Alter zu schaffen, könne eine unterschiedliche Behandlung nicht rechtfertigen. Der Ausschluss von Leistungen der betrieblichen Altersversorgung könne nicht „durch eine gute Bezahlung ausgeglichen"[808] werden. Fixum und Provision seien Entgelt und Gegenleistung für die von den Außendienstmitarbeitern erbrachten Leistungen. Ihre Vergütung hätten diese Arbeitnehmer mit ihren Leistungen verdient.[809]

In einer späteren Entscheidung vollzog das BAG die Abkehr von den zuvor statuierten Grundsätzen. Ein Ausschluss aus der Altersversorgung könne damit gerechtfertigt werden, dass der Außendienstmitarbeiter ein erheblich höheres Einkommen als ein Innendienstmitarbeiter habe und dadurch zur Eigenvorsorge in der Lage sei.[810]

In einer weiteren Entscheidung aus dem Jahre 1999 bestätigte das BAG diese Rechtsprechung und erklärte, ein Arbeitgeber könne in einer betrieblichen Versorgungsregelung einen typischerweise unterschiedlichen Versorgungsbedarf einzelner Arbeitnehmergruppen ungleich behandeln. Er könne eine Arbeitnehmergruppe von der betrieblichen Altersversorgung ausschließen, die ein erheblich höheres Einkommen als die in das Versorgungswerk einbezogene Gruppe erziele. Die benachteilige Gruppe sei in einem solchen Fall in der Lage, sich selbst eine angemessene Versorgung zu verschaffen. Der Arbeitgeber könne hingegen aus sozialen Gründen nur schlechter verdienenden Arbeitnehmern einen Zusatzversorgungsanspruch einräumen, die nicht in vergleichbarer Weise zu Eigenversorgung in der Lage seien.[811]

---

[808] BAG vom 20.07.1993 - 3 AZR 52/93 - AP Nr. 11 zu § 1 BetrAVG Gleichbehandlung (Gründe 3b).

[809] Die Entscheidung des BAG wurde im Schrifttum zum Teil heftig kritisiert. *Lieb* bemängelte, die „platte Behauptung" des BAG, der Ausschluss von Leistungen der betrieblichen Altersversorgung könne nicht durch gute Bezahlung ausgeglichen werden, sei evident unrichtig (Lieb, ZfA 1996, S. 319 ff., 325; siehe dazu auch Franzen, SAE 1999, S. 34 ff., 35). Vielmehr könne der Arbeitgeber den Arbeitnehmer auch durch höhere Bezahlung in die Lage versetzen, Eigenvorsorge zu betreiben. Darüber hinaus sei Zweck der Zusagen von Leistungen letztlich gar nicht die Altersversorgung selbst; die Altersversorgung sei vielmehr nur ein Mittel zur Verwirklichung eines weitergehenden Zwecks, nämlich die zusätzlichen Honorierung der Leistungen der Arbeitnehmer (Lieb, ZfA 1996, S. 319 ff., 324).

[810] Vgl. BAG vom 09.12.1997 - 3 AZR 661/96 - AP Nr. 40 § 1 BetrAVG Gleichbehandlung (Gründe B II 2b bb).

[811] Vgl. BAG vom 25.02.1999 - 3 AZR 285/98 - Gründe B II 3b aa (nicht amtlich veröffentlicht, abrufbar über www.juris.de).

4.3.2 Sichtweise der Literatur

Auch *Ahrend/Förster/Rühmann* gehen davon aus, dass als sachlicher Grund auch unterschiedliche Verdienstmöglichkeiten in Betracht kommen. Dies sei der Fall, wenn nur Arbeitern eine übertarifliche Bezahlung gewährt wird oder Angestellte eine Vergütung für Überstunden im Gegensatz zu Arbeitern lediglich ausnahmsweise erhielten.[812] Bei einem Ausgleich derartiger Benachteiligungen durch Differenzierung in der Altersversorgung sei jedoch ein enger Maßstab anzulegen. Andererseits sei es zulässig, „wenn außergewöhnliche Belastungen, die in der Regelentlohnung keine Berücksichtigung gefunden hätten, durch eine zusätzliche Vergütung in Form einer erhöhten Altersversorgung ausgeglichen werden“[813].

Ähnlich argumentieren *Andresen/Förster/Rößler/Rühmann* im Hinblick auf Versorgungsmodelle, die Führungskräfte ausklammern. Nach Auffassung der Autoren rechtfertigt allein die Zugehörigkeit zur Gruppe der außertariflichen oder leitenden Angestellten in der Regel keinen vollständigen Ausschluss von der betrieblichen Altersversorgung. Denkbar sei jedoch eine relative Ungleichbehandlung in dem Sinne, dass die dieser Gruppe vorenthaltenen Leistungen durch andere Entgeltformen kompensiert werden.[814]

Nach Meinung von *Griebeling/Griebeling* darf der Arbeitgeber entsprechend einem unterschiedlichen Versorgungsbedarf einzelne Arbeitnehmergruppen verschieden behandeln, so z. B. eine Arbeitnehmergruppe von der Versorgung ausschließen, die ein erheblich höheres Einkommen als die in das Versorgungswerk einbezogene Gruppe erzielt. Denn die „benachteiligte“ Gruppe sei in einem solchen Fall in der Lage, sich aufgrund des höheren Gehalts eine eigene Versorgung im Alter zu verschaffen.[815] Auch *Franzen* betont, der Arbeitgeber könne als sachliches Differenzierungskriterium auch den typischen Versorgungsbedarf heranziehen. Dieser sei bei Mitarbeitern mit höherem Einkommen niedriger, weil diese über eigenständige Möglichkeiten verfügten, autonome Eigenvorsorge zu betreiben.[816]

4.3.2 Stellungnahme

Geringfügig Beschäftigte sind in Anbetracht ihrer übersichtlichen Einkommensverhältnisse regelmäßig nicht in der Lage, in nennenswertem Umfang Eigenvor-

[812] Vgl. Ahrend/Förster/Rühmann, § 1 BetrAVG Rdnr. 132.
[813] Ebenda, Rdnr. 133.
[814] Vgl. Andresen/Förster/Rößler/Rühmann, Teil 7 B Rdnr. 88.
[815] Vgl. Griebeling/Griebeling Rdnr. 127; so auch Doetsch, in: FS für Kemper, S. 91 ff., 98.
[816] Vgl. Franzen, SAE 1999, S. 34 ff., 35.

sorge zu betreiben. Folglich können sie auch nicht unter Hinweis auf eine solche Möglichkeit von der betrieblichen Altersversorgung ausgeschlossen werden. Unabhängig von der rechtlichen Bewertung des Rechtfertigungsgrundes stehen seiner Anwendung bereits die tatsächlichen Gegebenheiten entgegen.

4.4 Zwischenergebnis

Im Ergebnis wurde bereits festgestellt, dass die vom BAG in der Vergangenheit vorgetragenen Argumente für den Ausschluss geringfügig Beschäftigter nicht mehr tragen. Doch auch die alternativ herangezogenen Rechtfertigungsmöglichkeiten zur Ungleichbehandlung geringfügig Beschäftigter können nicht überzeugen: Weder sind geringfügig Beschäftigte generell aufgrund ihrer Qualifikation oder der ausgeübten Hilfsdienste innerhalb der Belegschaft klar abgrenzbar, noch besteht ein rechtlich billigenswertes Interesse des Arbeitgebers an der Bindung aller anderen Mitarbeiter an das Unternehmen. Weiterhin verfügen geringfügig Beschäftigte regelmäßig nicht über die Möglichkeit, durch sonstiges Entgelt Eigenvorsorge zu betreiben. Ein Ausschluss geringfügig Beschäftigter scheidet somit sowohl hinsichtlich der vom BAG bereits in Augenschein genommenen Gesamtversorgungssysteme, als auch im Hinblick auf alle anderen Versorgungsmodelle aus.

V. Folgen für die betriebliche Altersversorgung

Die Ungleichbehandlung geringfügig Beschäftigter ist sachlich nicht zu rechtfertigen. Welche Folgen ergeben sich hieraus? Muss der Arbeitgeber geringfügig Beschäftigten wie Vollzeit- oder sonstigen Teilzeitkräften Leistungen der betrieblichen Altersversorgung gewähren, und wenn ja, in welchem Umfang und ab welchem Zeitpunkt?

1. Unwirksamkeit gleichheitswidriger Regelungen

Verstößt eine betriebliche Versorgungsordnung gegen den Gleichbehandlungsgrundsatz, weil sie teilzeitbeschäftigte Arbeitnehmer von der Versorgung ausschließt, so ist nicht die gesamte Versorgungsordnung, sondern nur die ausschließenden, diskriminierenden Bestimmungen nichtig.[817] Die Nichtigkeit führt

---

[817] Vgl. BAG vom 14.10.1986 - 3 AZR 66/83 - AP Nr. 11 zu Art. 119 EWG-Vertrag (Gründe III 1a); BAG vom 23.01.1990 - 3 AZR 58/88 - NZA 1990, S. 778 ff. (Gründe B III 1); BAG vom 14.03.1989 - 3 AZR 490/87 - NZA 1990, S. 25 ff. (Gründe III 1); Andresen/Förster/Rößler/Rühmann, Teil 7 B Rdnr. 44; Langohr-Plato, Rechtshandbuch Rdnr. 790; K/K/B/B/P-Kemper, § 1 Rdnr. 133; Körner, NZA 2004, S. 760 ff., 766.

nicht gem. § 139 BGB zur Unwirksamkeit der Versorgungsordnung insgesamt, wenn es um Regelungen geht, die zum Schutz der Arbeitnehmer korrigiert werden müssen.[818] Dies hat zur Konsequenz, dass an die Stelle der gleichheitswidrigen Versorgungsvereinbarung die gesetzliche Regelung tritt.[819] Ist die Ausnahme von einer Grundregel unwirksam, so gilt die Grundregel.[820]
Dass an die Stelle einer unwirksamen Vereinbarung die gesetzliche Regelung tritt, hilft für betriebliche Versorgungsregelungen in der Regel wenig, da es z. B. einen gesetzlich normierten Anspruch auf betriebliche Witwenrente nicht gibt.[821] Die entstehende Regelungslücke im Vertragswerk muss somit im Wege der ergänzenden Vertragsauslegung geschlossen werden.[822] Im Ergebnis ist die ohne sachlichen Grund benachteiligte Arbeitnehmergruppe so zu behandeln wie die begünstigten Arbeitnehmer.[823] Der benachteiligte Mitarbeiter hat hierauf einen Erfüllungs- bzw. Verschaffungsanspruch.[824]
Dies gilt auch auf der Ebene europäischen Rechts, obwohl Art. 141 Abs. 1 EG selbst keine Angaben über die Rechtsfolgen der Entgeltdiskriminierung enthält. Der Füllung dieser Regelungslücke hat sich der EuGH in ständiger Rechtsprechung angenommen. Die Herstellung der Lohngleichheit kann nach Auffassung des Gerichthofs zunächst grundsätzlich nur durch Anpassung nach oben erreicht werden.[825] In der Rechtssache „Evrenopoulos“[826] betonte der Gerichtshof, die

[818] Vgl. BAG vom 31.08.1978 - 3 AZR 313/77 - AP Nr. 1 zu § 1 BetrAVG Gleichberechtigung (Gründe III 3a); BAG - vom 04.10.1978 - 5 AZR 886/77 - AP Nr. 11 zu § 611 BGB Anwesenheitsprämie (Gründe 4); BAG vom 09.09.1981 - 5 AZR 1182/79 - AP Nr. 117 zu Art. 3 GG (Gründe B I 4); BAG vom 14.10.1986 - 3 AZR 66/83 - AP Nr. 11 zu Art. 119 EWG-Vertrag (Gründe III 1a); BAG vom 05.09.1989 - 3 AZR 575/88 - AP Nr. 8 zu § 1 BetrAVG (Gründe I 2); BAG vom 09.12.1997 - 3 AZR 661/96 - NZA 1998, S. 1173 ff. (Gründe III).
[819] Vgl. BAG vom 05.09.1989 - 3 AZR 575/89 - NZA 1990, S. 271 ff. (Gründe I 2).
[820] Vgl. BAG vom 23.01.1990 - 3 AZR 58/88 - NZA 1990, S. 778 ff. (Gründe B III 1); BAG vom 14.03.1989 - 3 AZR 490/87 - NZA 1990, S. 25 ff. (Gründe III 1); BAG vom 31.08.1978 - 3 AZR 313/77 - AP Nr. 1 zu § 1 BetrAVG Gleichberechtigung (Gründe III 3b).
[821] Vgl. Andresen/Förster/Rößler/Rühmann, Teil 7 B Rdnr. 44.
[822] Vgl. Schaub, in: Arbeitsrechts-Handbuch § 112 Rdnr. 27 ff.; Andresen/Förster/Rößler/Rühmann, Teil 7 B Rdnr. 44.
[823] Vgl. BAG vom 11.09.1974 - 5 AZR 667/73 - AP Nr. 39 zu § 242 BGB Gleichbehandlung (Gründe I 1c); BAG vom 09.09.1981 - 5 AZR 1182/79 - AP Nr. 117 zu Art. 3 GG (Gründe B I 4); BAG vom 30.11.1982 - 3 AZR 214/80 - AP Nr. 54 zu § 242 BGB Gleichbehandlung (Gründe II 1a); BAG vom 09.12.1997 - 3 AZR 661/96 - NZA 1998, S. 1173 ff. (Gründe III); Andresen/Förster/Rößler/Rühmann, Teil 7 B, Rdnr. 45.
[824] Vgl. BAG vom 05.03.1980 - 5 AZR 881/78 - AP Nr. 44 zu § 242 BGB Gleichbehandlung; BAG vom 10.01.1989 - 3 AZR 308/87 - DB 1989, S. 1472; BAG vom 28.07.1992 - 3 AZR 173/92 - NZA 1993, S. 215 ff. (Gründe B II 1).
[825] Vgl. EuGH vom 07.02.1991 - Rs. C-184/89 - Nimz - Slg. 1991, S. I-297 ff. (Rdnr. 21); EuGH vom 27.06.1990 - Rs. C-33/89 - NZA 1990, S. 771 f. (Rdnr. 20); EuGH vom

Beachtung des Art. 119 EGV könne nur dadurch sichergestellt werden, „dass den Angehörigen der benachteiligten Gruppe dieselben Vergünstigungen gewährt werden, wie sie den Angehörigen der bevorzugten Gruppe zustehen"[827]. Für die geringfügig Beschäftigten bedeutet dies, dass sie in die betrieblichen Versorgungswerke aufzunehmen sind. Der Arbeitgeber ist bei einer Verletzung des Gleichbehandlungsgrundsatzes verpflichtet, den betroffenen teilzeitbeschäftigten Mitarbeitern nachträglich eine gleichwertige Altersversorgung zu verschaffen. Kann der Arbeitnehmer nach den allgemeinen Satzungsbestimmungen der Versorgungseinrichtung nicht aufgenommen oder nachversichert werden, muss der Arbeitgeber für diese Altersversorgung im Sinne einer unmittelbaren Versorgungszusage selbst eintreten.[828] Der Arbeitgeber haftet auch für eine gleichheitswidrige tarifvertragliche Regelung, „denn in diesen Fällen hat der Arbeitgeber den zuständigen Arbeitgeberverband zum Aushandeln kollektiver Regelungen legitimiert und muss sich diese Regelungen zurechnen lassen"[829]. Hat der Arbeitgeber einen externen Versorgungsträger eingeschaltet, so kann der Arbeitnehmer direkt gerichtlich gegen den Arbeitgeber vorgehen, wenn sich die Zahlungsansprüche nicht direkt aus der Leistungsordnung des Versorgungsträgers herleiten lassen. Dies entspricht nach Auffassung des BAG dem „Gebot der Effektuierung von Diskriminierungsverboten"[830].

2. Leistungsumfang

Fraglich ist weiterhin, in welcher Höhe der einzelne geringfügig Beschäftigte eine Versorgungszusage erwarten kann.

2.1 Anteilige Leistungsgewährung

Der Arbeitgeber hat die Möglichkeit, bei der Leistungshöhe entsprechend des Beschäftigungsgrades zu differenzieren. Das Pro-rata-temporis-Prinzip ist in § 4 Abs. 1 S. 2 TzBfG ausdrücklich festgeschrieben. Danach ist dem Arbeitnehmer das Arbeitsentgelt oder eine andere teilbare geldwerte Leistung anteilig zumin-

---

01.07.1993 - Rs. C 154/92 - Van Cant - Slg. 1993, S. I-3811 ff. (Rdnr. 22). Hingegen warnt *Lelley* ausdrücklich vor einer finanziellen Mehrbelastung der Arbeitgeber durch eine Ausweitung von Versorgungszusagen auf geringfügig Beschäftigte (Lelley, NZA 2000, S. 405 ff., 407).

[826] Dimosia Epicheirisi Ilektrismou (DEI) ./. Efthimios Evrenopoulos.

[827] EuGH vom 17.04.1997 - Rs. C-147/95 - Evrenopoulos - Slg. 1997, S. 2057 ff. (Rdnr. 42).

[828] Vgl. BAG vom 28.07.1992 - 3 AZR 173/92 - NJW 1993, S. 874 ff. (Gründe B II 1); BAG vom 07.03.1995 - 3 AZR 282/94 - NZA 1996 S. 48 ff. (Gründe B III 2).

[829] Körner, NZA 2004, S. 760 ff., 766.

[830] BAG vom 07.09.2004 - 3 AZR 550/03 - BetrAV 2005, S. 201 ff. (Gründe B II).

dest in dem Umfang zu gewähren, der seinem Anteil an der Arbeitszeit eines Vollzeitbeschäftigten entspricht.[831] Eine am tatsächlichen Beschäftigungsgrad orientierte Versorgungsleistung ist nach Meinung des BAG grundsätzlich nicht zu beanstanden. Teilzeitbeschäftigte Arbeitnehmer können demnach lediglich eine ihrem zeitlichen Anteil der Arbeitsleistung an der Vollzeit entsprechende Teilversorgung verlangen.[832] Das bedeutet, die Höhe der Versorgungsleistungen kann entsprechend der geringeren Arbeitsleistung eines Teilzeitbeschäftigten gegenüber der eines Vollzeitbeschäftigten herabgesetzt werden.[833] Entsprechend können Halbtagskräfte bei längerer Dienstzeit die gleiche Leistung wie Vollzeitkräfte bei kürzerer Dienstzeit erwerben.[834]

Im Hinblick auf den administrativen Aufwand einer solchen, nach dem individuellen Beschäftigungsgrad berechneten Versorgungsleistung, billigt das BAG auch eine Gruppenbildung. An anderer Stelle hält das Gericht eine Unterteilung in voll-, überhalbzeitig und unterhalbzeitig Beschäftigte für vereinbar mit dem arbeitsrechtlichen Gleichbehandlungsgrundsatz und dem europäischen Lohngleichheitsgebot.[835] Die Bildung einer weiteren Gruppe der geringfügig Beschäftigten dürfte somit aller Voraussicht nach Bestand haben.

Auch der EuGH stimmt einer zeitanteiligen Leistungsgewährung grundsätzlich zu. Allerdings betont der Gerichtshof in einer aktuellen Entscheidung, die geminderte Arbeitsleistung infolge Teilzeitbeschäftigung dürfe nicht zu einer überproportionalen Kürzung des Ruhegehalts führen.[836] Der Arbeitgeber muss also ein besonderes Augenmerk darauf richten, dass in seiner Versorgungsordnung keine Schieflage entsteht. Eine solche könnte etwa dann gegeben sein, wenn für alle Arbeitnehmer ein relativ bescheidener Sockelbetrag gewährt wird, der sodann je nach Arbeitsleistung um unproportional hohe Steigerungsbeträge erhöht wird.[837]

---

[831] Vgl. Müller-Glöge, in: Münchener Kommentar, § 4 TzBfG Rdnr. 5.

[832] Vgl. BAG vom 27.07.1988 - 5 AZR 244/87 - AP Nr. 83 zur § 242 BGB Gleichbehandlung (Gründe II); BAG vom 05.10.1993 - 3 AZR 695/92 - AP Nr. 20 zu § 1 BetrAVG Lebensversicherung; BAG vom 25.10.1994 - 3 AZR 149/94 - AP Nr. 40 zu § 2 BeschFG 1985 (Gründe III 1); BAG vom 03.11.1998 - 3 AZR 432/97 - NZA 1999, S. 999 ff. (Gründe I 2); so auch Fodor, DB 1999, S. 800 ff., 802; Mayer, in: Kittner/Zwanziger, § 140 Rdnr. 79.

[833] Vgl. Andresen/Förster/Rößler/Rühmann, Teil 7 B, Rdnr. 114; so auch K/K/B/B/P-Kemper, § 1 Rdnr. 144; Schaub, BB 1990, S. 1069 ff, 1070; Wank, RdA 1985, S. 1 ff., 16

[834] Vgl. Höfer, ART Rdnr. 780, wonach einer Halbtagskraft nach 30 Dienstjahren derselbe Betrag wie einer Vollzeitkraft nach 15 Dienstjahren zu gewähren sei.

[835] Vgl. BAG vom 05.10.1993 - 3 AZR 695/92 - NZA 1994, S. 315 ff. (Gründe II 1), im Falle einer Direktversicherung.

[836] Vgl. EuGH vom 23.10.2003 - Verb. Rs. C-4/02 und C-5/02 - Schönheit u. Becker - DVBl. 2004, S. 188 ff. (Rdnr. 93).

[837] Hingegen dürften angemessene Steigerungsbeträge für Arbeitnehmer mit Einkommen oberhalb der Beitragsbemessungsgrenze in der gesetzlichen Rentenversicherung zulässig sein.

2.2 Aufnahmezeitpunkt und Rückwirkung

Weiterhin stellt sich die Frage, ab welchem Zeitpunkt geringfügig Beschäftigte Aufnahme in ein betriebliches Versorgungssystem verlangen können.

Der EuGH nimmt an verschiedenen Stellen eine Begrenzung der Rückwirkung vor.[838] Zwar stelle die Rückwirkung gerichtlicher Entscheidungen den Regelfall dar und sei für in der Vergangenheit liegende Zeiträume nur ausnahmsweise zu beschränken, doch entwickelte der Gerichtshof Ausnahmen zu dieser Grundregel.[839] So können grundsätzlich keine Ansprüche für den Zeitraum vor dem 08.04.1976 geltend gemacht werden, da der EuGH in seiner zu diesem Zeitpunkt verkündeten Entscheidung „Defrenne II" erstmalig die anspruchsbegründende Wirkung des Art. 119 EGV anerkannte.[840] In der Rechtssache „Barber" fixierte der EuGH anlässlich diskriminierender Altersgrenzen den Stichtag des 17.05.1990 für die Geltendmachung von Ansprüchen. Dies setze jedoch voraus, dass die Betroffenen auf eine dem Gemeinschaftsrecht zu entnehmende Rechtslage vertrauen durften, die sich im Nachhinein als unzutreffend erweist.[841] Es ist dem Arbeitnehmer jedoch nicht verwehrt, sich auf nationale Vorschriften zu berufen, die ihm einen früheren Anspruch gewähren.[842]

Das BAG geht in ständiger Rechtsprechung grundsätzlich von einer unbegrenzten Rückwirkung seiner Entscheidungen in der betrieblichen Altersversorgung aus.[843] Entscheidendes Kriterium für eine Rückwirkungsbegrenzung ist nach Ansicht des Gerichts ein entgegenstehender Vertrauenstatbestand auf Seiten des

---

Eine sachliche Rechtfertigung besteht hier unter dem Gesichtspunkt, dass im Versorgungsfall eine weitaus größere Versorgungslücke entsteht, die der Arbeitgeber unter Bedarfsgesichtspunkten in der betrieblichen Altersversorgung berücksichtigen darf.

838 Eine Übersicht findet sich bei Bieback, in: Fuchs, Art. 141 EG Rdnr. 169.

839 Vgl. EuGH vom 17.05.1990 - Rs. C-262/88 - Barber - Slg. 1990, S. 1889 ff. (Rdnr. 41 ff.); EuGH vom 28.09.1994 - Rs. C-57/93 - Vroege - Slg. 1994, S. 4541 ff. (Rdnr. 21); EuGH vom 28.09.1994 - Rs. C-128/93 - Fisscher - AP Nr. 56 zu Art. 119 EWG-Vertrag (Rdnr. 28); EuGH vom 11.12.1997 - Rs. C-246/96 - NZA 1998, S. 361 ff. (Rdnr. 30).

840 Vgl. EuGH vom 08.04.1976 - Rs. 43/75 - Defrenne II - Slg. 1976, S. 455 ff. (Rdnr. 74/75).

841 Vgl. EuGH vom 17.05.1990 - Rs. C-262/88 - Barber - Slg. 1990, S. 1889 ff. (Rdnr. 45).

842 Vgl. EuGH vom 10.02.2000 - Rs. C-50/96 - Lilli Schröder - NZA 2000, S. 313 ff. (Rdnr. 50).

843 Vgl. BAG vom 14.10.1986 - 3 AZR 66/83 - NZA 1987, S. 445 ff. (Gründe III 2); BAG vom 05.09.1989 - 3 AZR 575/88 - NZA 1990, S. 271 ff. (Gründe II 2); BAG vom 23.01.1990 - NZA 1990, S. 778 ff. (Gründe B III 2); BAG vom 20.11.1990 - 3 AZR 613/89 - AP Nr. 8 zu § 1 BetrAVG Gleichberechtigung (Gründe VI); BAG vom 05.10.1993 - 3 AZR 695/92 - AP Nr. 20 zur § 1 BetrAVG Lebensversicherung (Gründe B I 5); BAG vom 07.03.1995 - 3 AZR 282/94 - NZA 1996, S. 48 ff. (Gründe IV).

Arbeitgebers.[844] Das BAG urteilte anhand eines konkreten Falles, der Arbeitgeber habe in Anbetracht von Rechtslage, Rechtsprechung und Schrifttum nicht davon ausgehen können, dass eine mittelbare Diskriminierung wenigstens zeitweilig hingenommen wird. Zudem wäre nicht einmal im Falle einer Änderung der Rechtsprechung ein schutzwürdiger Vertrauenstatbestand entstanden, da Gerichte nicht an eine feststehende Rechtsprechung gebunden seien.[845] Auch das BVerfG schloss sich dieser Sichtweise mittlerweile an.[846]

In einer die Zusatzversorgung des öffentlichen Dienstes betreffenden Entscheidung urteilte das BAG, die Teilzeitkräfte seien so zu stellen, als wären sie während der gesamten Zeit ihrer mehr als geringfügigen Beschäftigung in den jeweiligen Versorgungsanstalten versichert gewesen. Die Gleichstellung auch für länger zurückliegende Zeiten widerspreche nicht dem Rechtsstaatsprinzip des Art. 20 Abs. 3 GG.[847] Weder sei ein hinreichend schützenswertes Vertrauen begründet worden, noch führe die uneingeschränkte Anwendung des Gleichheitssatzes zu einer unzumutbaren wirtschaftlichen Überforderung der Arbeitgeberinnen.[848] Die gegen dieses Urteil eingelegte Verfassungsbeschwerde nahm das BVerfG nicht zur Entscheidung an. Zur Begründung verwies das Gericht darauf, der EuGH habe bereits entschieden, dass die Beschränkung der Wirkung des „Barber"-Urteils auf die Zeit nach dem 17.05.1990 sich nicht auf den Ausschluss Teilzeitbeschäftigter von einem System der betrieblichen Altersversorgung beziehe.[849]

Auch im Schrifttum wird überwiegend eine rückwirkende Einbeziehung geringfügig Beschäftigter befürwortet. Lediglich die zeitliche Reichweite der Erstreckung ist umstritten.

Reichel/Hess gehen davon aus, „dass der Arbeitgeber die geringfügig beschäftigten Arbeitnehmer von Beginn an gleich behandeln und in das Versorgungswerk mit einbeziehen muss"[850]. Mangels dahingehender Rechtsprechung oder einer ausdrücklichen gesetzlichen Regelung bestehe kein schützenswertes Vertrauen auf den Ausschluss dieser Gruppe. Nach Auffassung von *Fodor* ist eine rückwirkende Aufnahme von geringfügig Beschäftigten in betriebliche Versor-

---

[844] Vgl. BAG vom 23.01.1990 - NZA 1990, S. 778 ff. (Gründe B III 2); BAG vom 20.11.1990 - 3 AZR 613/89 - AP Nr. 8 zu § 1 BetrAVG Gleichberechtigung (Gründe VI).

[845] Vgl. BAG vom 20.11.1990 - 3 AZR 613/89 - AP Nr. 8 zu § 1 BetrAVG Gleichberechtigung (Gründe VI 2); siehe auch BAG vom 07.03.1995 - 3 AZR 282/94 - NZA 1996, S. 48 ff. (Gründe IV 2d).

[846] Vgl. BVerfG vom 28.09.1992 - 1 BvR 496/87 - NZA 1993, S. 213 ff. (Gründe 2b).

[847] Vgl. BAG vom 07.03.1995 - 3 AZR 282/94 - NZA 1996, S. 48 ff. (Gründe IV 1).

[848] Vgl. ebenda (Gründe IV 2).

[849] Vgl. BVerfG vom 05.08.1998 - 1 BvR 264/98 - AP Nr. 56 zu Art. 101 GG (Gründe III 2b).

[850] Reichel/Hess, BetrAV 2001, S. 529 ff., 532; so auch zuvor Schumann, DB 1999, S. 2637 ff., 2639

gungswerke für die Zeit vor dem 01.04.1999 - dem Zeitpunkt der gesetzlichen Neuregelung - zumindest für Gesamtversorgungssysteme nicht geboten. Bis zu diesem Zeitpunkt habe das BAG im Ausschluss der 630-Mark-Jobs keinen Verstoß gegen Art. 3 Abs. 1 GG gesehen.[851] Auch *Ackermann* hält den Zeitpunkt der Änderung der objektiven Rechtslage durch den Gesetzgeber zum 01.04.1999 für den Gleichstellungsanspruch für maßgeblich.[852]

2.3 Begrenzung durch den Dotierungsrahmen?

Fraglich ist, ob der Arbeitgeber anführen kann, einer rückwirkenden Einbeziehung geringfügig Beschäftigter stehe der begrenzte finanzielle Rahmen der freiwillig gewährten betrieblichen Altersversorgung entgegen. Dieser sei infolge der in der Vergangenheit erfolgten Verteilung auf die übrigen Arbeitnehmer bereits ausgeschöpft.
Die Rechtsprechung lässt dieses Argument nicht gelten: Soweit der vom Arbeitgeber für die betriebliche Altersversorgung zur Verfügung gestellte Dotierungsrahmen ausgeweitet wird, nimmt dies das BAG im Interesse der Wahrung des Gleichbehandlungsgrundsatzes in Kauf.[853] Rückwirkende Belastungen muss der Arbeitgeber als zumutbar hinnehmen.[854] Dem Argument einer unübersehbaren finanziellen Belastung der Arbeitgeber begegnet das BAG mit dem Hinweis auf die zweijährige Verjährungsfrist nach § 196 Abs. 1 Nr. 8 und 9 BGB a. F.[855] Hier befindet sich das BAG im Einklang mit der Rechtsprechung des EuGH: Auch nach Rechtsprechung des Gerichtshofs sind die wirtschaftliche Lage und die erhebliche finanzielle Mehrbelastung des Arbeitgebers ohne Belang. Zwar bezieht der EuGH auch die praktischen Auswirkungen seiner Entscheidung mit ein. Dies dürfe indes nicht soweit gehen, dass „die Objektivität des Rechts gebeugt und seine zukünftige Anwendung unterbunden wird, nur weil eine Gerichtsentscheidung für die Vergangenheit gewisse Auswirkungen haben kann“[856]. Sofern die Mittel des Betriebsrentensystems für die rückwirkende Leistungsgewährung nicht ausreichten, stelle dies nur ein Problem des nationalen Rechts dar, das auf die Auslegung des Gemeinschaftsrechts keine Auswirkungen habe.[857] Im Ergebnis muss der Arbeitgeber in finanzieller Hinsicht für

---

[851] Vgl. Fodor, DB 1999, S. 800 ff., 803.
[852] Vgl. Ackermann, NZA 2000, S. 465 ff., 469.
[853] Vgl. BAG vom 14.10.1986 - 3 AZR 66/83 - NZA 1987, S. 445 ff. (Gründe III); BAG vom 05.09.1989 - 3 AZR 575/88 - NZA 1990, S. 271 ff. (Gründe II 2).
[854] Vgl. BAG vom 07.03.1995 - 3 AZR 282/94 - NZA 1996, S. 48 ff. (Gründe B IV).
[855] Vgl. BAG vom 05.09.1989 - 3 AZR 575/88 - NZA 1990, S. 271 ff. (Gründe I 1).
[856] EuGH vom 08.04.1976 - Rs. 43/75 - Defrenne II - Slg. 1976, S. 455 ff. (Rdnr. 71/73).
[857] Vgl. EuGH vom 28.09.1994 - Rs. C-200/91 - Coloroll - NZA 1994, S. 1073 ff. (Rdnr. 42).

den gleichbehandlungswidrigen Ausschluss einzelner Arbeitnehmergruppen in der Vergangenheit einstehen.

Huep lehnt die mangelnde Begrenzung der Rückwirkung im Hinblick auf die Folgen für den Arbeitgeber entschieden ab: „Das Risiko der Blüten, die das verfassungsrechtlich umfassend angelegte Gleichheitsgebot an arbeitsrechtliche Diskriminierungstatbestände mit der Zeit austrieb, wurde den betroffenen Versorgungsschuldnern auferlegt.“[858]

Andresen/Förster/Rößler/Rühmann geben zu, der Dotierungsrahmen als betriebswirtschaftliche Maßgröße der finanziellen Mittel, die der Arbeitgeber für die betriebliche Altersversorgung bereitstellen will, umfasse gerade nicht die zu Unrecht ausgeschlossenen Mitarbeiter.[859] Eine rechtlich fehlerhafte Ausgestaltung der Versorgungszusage könne zu Ansprüchen von Arbeitnehmern führen, die ursprünglich vom Arbeitgeber nicht intendiert waren. Diese nachträgliche, rechtlich notwendige Ausweitung des Verpflichtungsumfangs könne allerdings dazu führen, dass der Arbeitgeber das Gesamtniveau seiner Zusagen für die Zukunft senke.[860]

2.4 Stellungnahme

Eine dem Gemeinschaftsrecht zu entnehmende Regelung, wonach geringfügig Beschäftigte gegenüber sonstigen Teilzeitkräften ungleich behandelt werden dürften, bestand zu keinem Zeitpunkt. Somit konnte ein nach Auffassung des EuGH schützenswertes Vertrauen nicht entstehen, da es bereits am Anknüpfungspunkt für eine Rückwirkungsbegrenzung fehlt. Auch nach den Prüfkriterien des BAG liegt ein Vertrauenstatbestand nicht vor. Insbesondere konnte die ohnehin nur auf die Gesamtversorgung bezogene Rechtsprechung des BAG kein schützenswertes Vertrauen dahingehend begründen, die Rechtsprechung werde auch künftig einen generellen Ausschluss geringfügig Beschäftigter billigen.

Dies gilt auch im Hinblick auf die Regelungen zur geringfügigen Beschäftigung in der Fassung vor dem 01.04.1999. Der Gesetzgeber hat an dieser Stelle lediglich Sonderregelungen für den Bereich der gesetzlichen Sozialversicherung getroffen. Die Befugnis des nationalen Gesetzgebers, solche Maßnahmen zur Verfolgung sozialpolitischer Ziele zu ergreifen, hat der EuGH zutreffend bestätigt.[861] Allerdings konnte zu keinem Zeitpunkt ein schützenswertes Vertrauen darauf begründet werden, der einzelne Arbeitgeber könne die sozialpolitische

---

858 Huep, RdA 2001, S. 325, 326.

859 Vgl. Andresen/Förster/Rößler/Rühmann, Teil 7 B Rdnr. 47.

860 Vgl. Preis, in: ErfKomm, § 612 BGB Rdnr. 69.

861 Vgl. EuGH vom 14.12.1995 - Rs. C-317/93 - Nolte, NZA 1996, S. 129 ff. (Rdnr. 36).

Wertentscheidung des Gesetzgebers unbesehen auch für die Gestaltung seiner Versorgungszusage übernehmen.
Einer rückwirkenden Einbeziehung geringfügig Beschäftigter steht auch nicht der begrenzte Dotierungsrahmen entgegen. Könnte sich der Arbeitgeber darauf berufen, der finanzielle Rahmen der von ihm finanzierten betrieblichen Altersversorgung sei für die Vergangenheit bereits ausgeschöpft, liefe der Gleichbehandlungsanspruch der diskriminierten Arbeitnehmergruppe ins Leere. Die Entgeltgleichheit für geringfügig Beschäftigte würde auf eine moralische Anerkennung beschränkt.

2.5 Reaktionsmöglichkeiten des Arbeitgebers

Die kompromisslose Haltung der Rechsprechung mag rechtlich einwandfrei und moralisch richtig sein. Zugleich ist sie im Hinblick auf die finanzielle Mehrbelastung des Arbeitgebers praxisfern. Die Gegenreaktion ist bereits absehbar: Es bleibt dem Arbeitgeber unbenommen, das Versorgungsniveau für alle Berechtigten für die Zukunft gleichmäßig um genau denjenigen Anteil zu senken, der seiner finanziellen Mehrbelastung aufgrund der Einbeziehung der geringfügig Beschäftigten für die Vergangenheit entspricht. Denkbar wäre auch, bestehende Versorgungswerke für Neueintritte zu schließen und ab einem bestimmten Stichtag gänzlich auf Versorgungszusagen zu verzichtet. Im schlechtesten Fall wird der Arbeitgeber seine Haltung gegenüber der ursprünglich freiwillig gemeinten Sozialleistung angesichts der aufgezwungenen Mehrbelastung gänzlich neu überdenken. Zu Recht verweist *Picker* auf die Schwierigkeiten, Vorstellungen von Antidiskriminierungen effektiv in die Wirklichkeit umzusetzen: „Vielmehr lassen die Realitäten, namentlich bei Eingriffen in den Markt, das „Gute“ oft zum „Gutgemeinten“ zusammenschrumpfen, das in unserer öden, aber eben wirklichen Welt bekanntlich nicht selten das Schlechte bedeutet.“[862]
Ohnehin bestehen vielerorts Bedenken gegenüber der verwaltungs- und kostenintensiven betrieblichen Altersversorgung. Diejenigen Arbeitgeber, die sich zwischen Dezember 2001 und Juni 2004 gegen die Einführung einer betrieblichen Altersversorgung entschieden, nannten als Gründe hierfür u. a. die schlechte wirtschaftliche Lage (39 %), die hohen Kosten für den Betrieb (39 %) und den zu hohen Aufwand für eine zu komplizierte Materie (19 %).[863] Lediglich dem Rechtsanspruch des Arbeitnehmers auf Entgeltumwandlung[864] kann sich der Arbeitgeber nicht entziehen.

[862] Picker, JZ 2003, S. 540 ff., 541.
[863] Vgl. BMAS, Alterssicherungsbericht 2005, S. 190, Tabelle D.2.12.
[864] Siehe oben: Zweiter Teil D III.

Mit dieser Konsequenz wäre indes niemandem gedient. Die Notwendigkeit einer zusätzlichen betrieblichen Altersversorgung wurde bereits im Zweiten Teil der Untersuchung ausführlich belegt.[865] Einschnitte in die freiwillige arbeitgeberfinanzierte Betriebsrente liefen dieser Notwendigkeit diametral zuwider.
Daher sollte eine Senkung des Versorgungsniveaus für die Zukunft oder eine Abschaffung der betrieblichen Altersversorgung nur der letztmögliche Schritt sein. Der Arbeitgeber muss zwischen der mit einer solchen Maßnahme verbundenen negativen Kommunikationswirkung und der finanziellen Mehrbelastung abwägen. Dabei sollte er ein entscheidendes Ziel der betrieblichen Alterversorgung im Auge behalten: Die betriebliche Altersversorgung trägt entscheidend zur Außenwirkung als attraktiver Arbeitgeber bei. Auch die Bedeutung für die Bindung vorhandener Mitarbeiter kann nicht überschätzt werden.
Zudem kann mit Hilfe der betrieblichen Altersversorgung ein Spielraum für künftig notwendige Personalanpassungsmaßnahmen geschaffen werden: In Zeiten der Anhebung der Altersgrenzen in der gesetzlichen Rentenversicherung und Abschlägen bei vorzeitiger Inanspruchnahme von Leistungen wird kaum ein Arbeitnehmer zum vorzeitigen Austritt zu bewegen sein, wenn er nicht über Reserven einer zusätzlichen Alterssicherung verfügt.[866] Gerade die Kombination zwischen betrieblicher Altersversorgung und Arbeitszeitkonten kann hier das aus Arbeitgebersicht notwendige Maß an Flexibilität sicherstellen.
Daher sollte vor einer Entscheidung zunächst die Mehrbelastung ggf. unter Heranziehung eines versicherungsmathematischen Gutachtens ermittelt werden. In Unternehmen mit einem geringen Anteil an geringfügig Beschäftigten oder mit hoher Fluktuation der Mitarbeiter[867] wird sich der Dotierungsrahmen nur unerheblich erhöhen. Diese Feststellung könnte zur Akzeptanz der rechtlich gebotenen Ausweitung des Kreises der Versorgungsberechtigten beitragen.

3. Zwischenergebnis

Versorgungsbestimmungen des Arbeitgebers, die geringfügig Beschäftigte von der betrieblichen Altersversorgung ausschließen, sind nichtig. Geringfügig Beschäftigte haben einen Erfüllungs- bzw. Verschaffungsanspruch auf Gewährung von Versorgungsleistungen, die ihrem Anteil an der Arbeitszeit eines Vollzeitbeschäftigten entsprechen. Der Anspruch kann unbegrenzt für vergangene Zeiträume geltend gemacht werden; eine Begrenzung der Rückwirkung findet auch nicht vor dem Hintergrund eines bereits ausgeschöpften Dotierungs-

---

[865] Siehe oben: Zweiter Teil A III.
[866] Vgl. Batz, in: FS für Kemper, S. 1 ff., 3.
[867] Lediglich kurzfristig beschäftigte Aushilfen erfüllen i. d. R. die gesetzliche Unverfallbarkeitsfrist nach § 1b Abs.1 S. 1 BetrAVG nicht.

rahmens statt. Dem Arbeitgeber bleibt jedoch freigestellt, auf die dadurch verursachte finanzielle Mehrbelastung mit einer Senkung des Versorgungsniveaus für die Zukunft zu reagieren.

VI. Prozessuale Fragen

Für Rechtsstreitigkeiten zwischen Arbeitnehmer und Arbeitgeber aus dem Bereich der betrieblichen Altersversorgung sind die Arbeitsgerichte zuständig. Das folgt aus § 2 Abs. 1 Nr. 3c ArbGG, wonach Streitigkeiten aus dem Arbeitsverhältnis und aus dessen Nachwirkungen den Arbeitsgerichten zugewiesen sind.[868] Soweit allerdings nicht Arbeitnehmer i. S. d. § 17 Abs. 1 S. 2 BetrAVG Rechtsstreitigkeiten mit dem Arbeitgeber oder PSVaG führen, ist wegen der nach § 5 ArbGG allgemeinen Nichteinbeziehung dieser Beschäftigten in die Arbeitsgerichtsbarkeit die Zuständigkeit der ordentlichen Gerichte gegeben.[869] Allerdings können die Parteien nach § 2 Abs. 4 ArbGG die Zuständigkeit der Gerichte für Arbeitssachen vereinbaren, beispielsweise weil sie dort die größere Kompetenz für die komplexe Materie der betrieblichen Altersversorgung vermuten.[870] Für den Rechtsweg kommt es entscheidend darauf an, welche Rechtsbeziehung für die Versorgungszusage bestimmend war.[871] Für Streitigkeiten zwischen Versorgungsberechtigten oder deren Hinterbliebenen und dem PSVaG sind die Arbeitsgerichte zuständig, § 2 Abs. 1 Nr. 5 ArbGG.

Aufgrund der in § 46 Abs. 2 ArbGG enthaltenen Verweisung auf die ZPO richtet sich die örtliche Zuständigkeit nach den §§ 12 bis 37 ZPO. Bei Klagen gegen den PSVaG mit Sitz in Köln ist gemäß §§ 12 und 13 ZPO das ArbG Köln bzw. das LG Köln örtlich zuständig.[872]

Für die Berechnung des Streitwerts einer auf Rentenzahlung gerichteten Klage ist der dreifache Jahresbetrag der begehrten Leistung maßgeblich, wenn nicht der Gesamtbetrag der geforderten Leistungen geringer ist, § 42 Abs. 3 S. 1 GKG n. F. bzw. § 12 Abs. 7 S. 2 ArbGG a. F.[873] Bei einer Feststellungsklage muss gegenüber der entsprechenden Leistungsklage ein Abschlag von 20 % angesetzt werden.[874]

---

[868] Vgl. Höfer, § 13 Rdnr. 5057; siehe auch Küpper, in: FS für Kemper, S. 273 ff., 274.

[869] Vgl. BGH vom 25.09.1989 - II ZR 259/88 - NJW 1990, S. 49 ff.; LAG Düsseldorf vom 28.02.1977 - 16 Sa 1040/76 - DB 1977, S. 779 f.; Blomeyer/Otto, § 7 Rdnr. 295 und 304; Höfer, § 13 Rdnr. 5061

[870] Vgl. Küpper, in: FS für Kemper, S. 273 ff., 274.

[871] Vgl. BAG vom 27.10.1960 - 5 AZR 578/59 - BB 1961, S. 98 (Leitsatz).

[872] Vgl. LG Stuttgart vom 07.04.1977 - 21 O 73/77 - BB 1977, S. 752; Andresen/Förster/Rößler/Rühmann, Teil 13 B Rdnr. 1100.

[873] Vgl. Blomeyer/Otto, § 7 Rdnr. 303 und 310.

[874] Vgl. BAG 18.04.1961 - 3 AZR 313/59 - NJW 1961, S. 1788 f.

Im Hinblick auf die Frage des gesetzlichen Insolvenzschutzes kann für den Arbeitnehmer ein Interesse daran bestehen, dass ein Urteil aus dem Rechtsstreit zwischen Arbeitgeber und Arbeitnehmer auch Wirkung gegenüber dem PSVaG entfaltet. Prozessual sind hierfür die Streitgenossenschaft nach §§ 59 ff. ZPO oder die Streithilfe nach §§ 66 ff. ZPO zielführend.[875]
Da der Versorgungsanspruch der Hinterbliebenen das rechtliche Schicksal des Versorgungsanspruchs des Arbeitnehmers teilt, erstreckt sich die Rechtskraft der Entscheidung auch auf die Hinterbliebenen.[876]

VII. Ergebnis

Geringfügig Beschäftigten ist Zugang zur betrieblichen Altersversorgung zu gewähren.
Dies gilt nicht nur im Bereich der Gesamtversorgungssysteme, zu denen bereits Entscheidungen des BAG vorliegen. Vielmehr muss davon ausgegangen werden, dass ein Ausschluss geringfügig Beschäftigter generell, also nicht nur im Bereich der Zusatzversorgung, unzulässig ist.
Wie vorstehend gezeigt werden konnte, tragen die Argumente des Gerichts spätestens seit Änderung der sozialversicherungsrechtlichen Vorgaben für geringfügig Beschäftigte nicht mehr. Weiterhin war festzustellen, dass die Begründung des BAG zur wirtschaftlichen Bedeutung der Altersversorgung für den geringfügig beschäftigten Arbeitnehmer sowie zu unverhältnismäßigen Verwaltungsaufwand nicht überzeugen kann. Spezielle Erwägungen über die Zweckbestimmung der Zusatzversorgung greifen ohnehin nicht, wenn es um betriebliche Altersversorgung geht, die gerade keine Zusatzversorgung darstellt.
Auch die alternativ erwogenen Rechtfertigungsmöglichkeiten einer Differenzierung führen nicht weiter. Weder das Interesse des Arbeitgebers an einer Bindung aller anderen Arbeitskräfte an das Unternehmen, noch die Möglichkeit, durch anderweitiges Entgelt eine eigenständige Altersversorgung aufzubauen, können einen Ausschluss geringfügig Beschäftigter rechtfertigten.
Im Ergebnis bleibt festzuhalten, dass es viele Gründe geben mag, geringfügig Beschäftigten den Zugang zu Leistungen der betrieblichen Altersversorgung zu verwehren. Rechtlich tragfähig sind diese Gründe allerdings nicht.

---

[875] Weiterführend dazu: Blomeyer, § 7 Rdnr. 306 ff.
[876] Vgl. BAG vom 12.06.1990 - 3 AZR 524/88 - AP Nr. 10 zu § 1 BetrAVG Hinterbliebenenversorgung (Gründe II 2).

B) Hinterbliebenenversorgung eingetragener Lebenspartner?

Hinterbliebenenleistungen werden aus Anlass des Todes des Arbeitnehmers gewährt. Die Hinterbliebenenversorgung beruht auf dem Arbeitsverhältnis des verstorbenen Arbeitnehmers und trägt seinem Interesse an einer angemessenen Versorgung seiner Familienangehörigen Rechnung. Diesem Interesse des Arbeitnehmers steht das finanzielle Interesse des Arbeitgebers an einer Begrenzung seiner Versorgungslasten gegenüber.[877] In diesem Spannungsfeld müssen die Interessen beider Seiten in Einklang gebracht werden.

Betriebliche Versorgungszusagen umfassten in der Vergangenheit üblicherweise Leistungen an die Witwe des Arbeitnehmers oder den Witwer der Arbeitnehmerin sowie die ehelichen, für ehelich erklärten, an Kindes statt angenommenen oder nicht ehelichen Kinder. Die Hinterbliebenenversorgung kann allerdings auch Leistungen an hinterbliebene Lebensgefährten oder Lebenspartner i. S. d. LPartG vorsehen. Seit dem 01.08.2001 haben zwei Personen des gleichen Geschlechts in Deutschland die Möglichkeit, eine eingetragene Lebenspartnerschaft nach dem Lebenspartnerschaftsgesetz zu führen. In der Praxis sind solche Versorgungszusagen (noch) selten. Dies ist darauf zurückzuführen, dass sich betriebliche Altersversorgungsmodelle oftmals am Leistungskatalog der gesetzlichen Rentenversicherung orientieren. Eine Versorgung gleichgeschlechtlicher Lebenspartner war darin in der Vergangenheit nicht vorgesehen.

Allerdings wird der ausschließliche Versorgungsanspruch des hinterbliebenen Ehepartners zusehends durch die gesellschaftliche Realität entwertet. Doppelverdienerfamilien mit oder ohne Kinder, Partnerschaften ohne Trauschein, gleichgeschlechtliche Lebensgemeinschaften mit oder ohne Legitimation einer eingetragenen Lebenspartnerschaft sind heute selbstverständlich.

Nach eigenen Erhebungen des Lesben- und Schwulenverbands in Deutschland bestanden zum Jahresende 2004 zwischen 12.500 und 14.000 eingetragene Lebenspartnerschaften.[878] Das Statistische Bundesamt geht im Mikrozensus 2004 von einer nicht näher bestimmbaren Anzahl gleichgeschlechtlicher Lebensgemeinschaften - mit oder ohne Eintragung nach dem LPartG - in einer Spanne zwischen den zwei nachfolgend genannten Werten aus: Auf Grundlage einer freiwilligen Frage der Erhebung zur Lebenspartnerschaft waren 56.000 gleichgeschlechtliche Lebenspartnerschaften zu verzeichnen.[879] Eine obere Grenze dürfte der Wert des Schätzverfahrens bilden, dem die Anzahl aller

---

[877] Vgl. BAG vom 28.03.1995 - 3 AZR 343/94 - AP Nr. 14 zu § 1 BetrAVG Hinterbliebenenversorgung (Gründe II 2); BAG vom 16.04.1997 - 3 AZR 28/96 - NZA 1997, S. 1230 ff. (Gründe II 3b).

[878] Vgl. Stüber, in: Bruns/Kemper, Einführung Rdnr. 39.

[879] Vgl. Statistisches Bundesamt, Mikrozensus 2004, S. 21.

Haushalte zweier nicht verwandter oder verheirateter Personen desselben Geschlechts im Alter über 16 zugrunde liegt. Hiernach beliefe sich die Anzahl gleichgeschlechtlicher Lebensgemeinschaften in Deutschland auf 160.000.[880] In Anbetracht der unsicheren Datengrundlage geht das Statistische Bundesamt von einer Anzahl zwischen diesen beiden Werten aus.
Zum gegenwärtigen Zeitpunkt ist somit lediglich eine Schätzung der Anzahl gleichgeschlechtlicher Lebenspartnerschaften in Deutschland möglich; es handelt sich jedoch keinesfalls um eine ganz unerhebliche Anzahl. Fraglich ist, ob in Anbetracht des Wandels von Gesetzeslage, Rechtsprechung und nicht zuletzt gesellschaftlicher Akzeptanz eine Gleichstellung eingetragener Lebenspartner auch in der betrieblichen Hinterbliebenenversorgung angezeigt ist. Der nachfolgende Abschnitt geht dieser Frage unter rechtlichen Gesichtspunkten nach.

I. Gleichgeschlechtliche Partnerschaften - Sichtweise des EuGH

Familienrechtliche Vorschriften finden sich auf europäischer Ebene kaum; zumeist lassen sich Schlussfolgerungen für das Familienrecht allenfalls mittelbar ziehen. Der EGV verbietet Diskriminierungen aufgrund der Staatsangehörigkeit (Art. 12 EG) und gebietet die Entgeltgleichheit von Männern und Frauen (Art. 141 EG).
Zudem regelt der Vertrag vier Grundfreiheiten, nämlich die des Warenverkehrs (Art. 23 ff. EG), des Personenverkehrs und der Arbeitnehmerfreizügigkeit (Art. 39 ff. EG), der Niederlassungsfreiheit und der Freiheit zur selbständigen gewerblichen oder beruflichen Betätigung (Art. 43 ff. EG), sowie zuletzt die Freiheit des Dienstleistungs-, Kapital- und Zahlungsverkehrs (Art. 49 ff. und 56 ff. EG). Familienrechtliche Grundfreiheiten oder gar ein Diskriminierungsverbot wegen der sexuellen Ausrichtung werden durch die Gründungsverträge hingegen nicht gewährleistet. Allerdings ermöglicht seit 1999 Art. 13 EG Maßnahmen zum Schutz vor Diskriminierung u. a. wegen der sexuellen Ausrichtung. Von dieser Möglichkeit hat der Rat mit dem Erlass der Richtlinie 2000/78/EG vom 27.11.2000[881] Gebrauch gemacht. Durch diese Richtlinie wurden die Mitgliedstaaten verpflichtet, Diskriminierungen u. a. wegen der sexuellen Ausrichtung im Bereich des Arbeitsrechts zu unterbinden. Auf die Änderungen, die sich hieraus für das nationale Arbeitsrecht und damit die betriebliche Hinterbliebenenversorgung ergeben, wird in einem gesonderten Abschnitt eingegangen.[882]

---

[880] Vgl. ebenda, S. 22.
[881] ABl. EG 2000, L 303, S. 16 ff.
[882] Siehe unten: Dritter Teil B II.

Vor diesem rechtlichen Hintergrund musste sich der EuGH in der Vergangenheit mehrfach mit Sachverhalten auseinandersetzen, die maßgeblich durch die Beteiligung gleichgeschlechtlicher Lebenspartner geprägt waren.

1. Entscheidung des EuGH vom 17.02.1998

Der Gerichtshof befasste sich mit der Frage, ob eine Differenzierung anhand der sexuellen Ausrichtung zugleich eine Entgeltdiskriminierung wegen des Geschlechts darstellt.
In der Rechtssache „Grant“[883] urteilte der EuGH, dass die Weigerung des Arbeitgebers, gleichgeschlechtlichen Lebenspartnern wie Ehepartnern Leistungen zu gewähren, keine unmittelbare Entgeltdiskriminierung wegen des Geschlechts darstellt.[884] Die beklagte Eisenbahngesellschaft gewährte Ehepartnern und Angehörigen ihrer Arbeitnehmer Fahrtvergünstigungen. Gegen Abgabe einer eidesstattlichen Erklärung, dass seit zwei Jahren oder länger eine ernsthafte Beziehung besteht, wurden auch dem „common law opposite sex spouse“ - dem andersgeschlechtlichen Lebensgefährten - Fahrscheine zum Vorzugstarif gewährt. Der Klägerin wurde diese Vergünstigung zugunsten ihrer Lebenspartnerin vorenthalten. Sie machte insoweit u. a. eine geschlechtsspezifische Diskriminierung im Sinne des Art. 119 EGV geltend.
Der Gerichtshof lehnte den Anspruch ab und führte zur Begründung an, dass die vom Unternehmen aufgestellten Voraussetzungen in gleicher Weise für die weiblichen wie für die männlichen Arbeitnehmer gelten.[885] Allerdings seien beim gegenwärtigen Stand des Rechts innerhalb der Gemeinschaft die festen Beziehungen zwischen Verheirateten oder den festen nichtehelichen Beziehungen zwischen Personen verschiedenen Geschlechts nicht gleichgestellt. Eine gemeinschaftsrechtliche Verpflichtung zur Herbeiführung einer Gleichstellung bestehe nicht. Folglich sei auch der Arbeitgeber nicht zu einer solchen Gleichstellung verpflichtet.[886] Nur der Gesetzgeber könne Maßnahmen treffen, die einen Einfluss auf diese Lage haben könnten.[887] Der EuGH stellte fest, dass „das Gemeinschaftsrecht bei seinem gegenwärtigen Stand eine Diskriminierung aufgrund der sexuellen Orientierung [...] nicht erfasst“[888].
Der Gerichtshof erteilte somit einer Ausdehnung des Anwendungsbereichs des Verbotes der Entgeltdiskriminierung eine Absage. Mit der Entscheidung „Grant“ wurde erstmalig eine klare Trennlinie zwischen einer unterschiedlichen

---

[883] Lisa Jaqueline Grant ./. South-West Trains Ltd.
[884] Vgl. EuGH vom 17.02.1998 - Rs. C-249/96 - NZA 1998, S. 301 ff. (Rdnr. 50).
[885] Vgl. ebenda (Rdnr. 28).
[886] Vgl. ebenda (Rdnr. 35).
[887] Vgl. ebenda (Rdnr. 36).
[888] Ebenda (Rdnr. 47).

Behandlung aufgrund der sexuellen Ausrichtung und der Diskriminierung wegen des Geschlechts gezogen. Die in Frage stehenden Regelungen differenzierten gerade nicht nach dem Geschlecht des Arbeitnehmers, sondern nach dem des Partners.[889]

2. Entscheidung des EuGH vom 31.05.2001

In seiner Entscheidung vom 31.05.2001 prüfte der EuGH[890] die Frage, ob ein Beamter der Europäischen Union, der eine eingetragene Lebenspartnerschaft nach schwedischem Recht begründet hatte, eine im Statut der Gemeinschaftsbeamten vorgesehene Haushaltszulage für Verheiratete verlangen kann. Der EuGH urteilte, für die begehrte Leistung spiele es keine Rolle, ob der Bedienstete ein Mann oder eine Frau ist. Daher könne ein Verstoß gegen Art. 119 EGV nicht vorliegen. Was das Verbot einer Ungleichbehandlung aufgrund der sexuellen Orientierung angeht, führt der EuGH aus, dass die Gewährung einer Zulage nicht vom Geschlecht des Partners abhänge, sondern von der Rechtsnatur der Bindungen, die zwischen diesem und dem EG-Beamten bestünden.[891]
Bei der Prüfung des Gleichbehandlungsgrundsatzes müsse der Gemeinschaftsrichter allerdings die in der Gemeinschaft insgesamt vorherrschenden Vorstellungen berücksichtigen. Viele Mitgliedstaaten hätten in der Tat Regelungen erlassen, durch welche die Verbindung gleichgeschlechtlicher Partner rechtlich anerkannt werde. Bei der bestehenden Verschiedenartigkeit der Rechtsvorschriften fehle jedoch eine allgemeine Gleichstellung der Ehe mit den übrigen Formen gesetzlicher Lebenspartnerschaften. Der Gemeinschaftsgesetzgeber wolle die Haushaltszulage jedoch nur Ehepartnern zukommen lassen. Ein Beamter, der in Schweden eine Lebenspartnerschaft habe eintragen lassen, befinde sich somit nicht in der gleichen Lage wie ein verheirateter Beamter.

3. Entscheidung des EuGH vom 07.01.2004

Der Entscheidung des EuGH[892] lag die Bestimmung eines Betriebsrentensystems zugrunde, welche Leistungen auf Witwer und Witwen von Mitgliedern beschränkten. Die Klägerin war Mitglied dieses Rentensystems. Sie lebte in einer nichtehelichen Lebensgemeinschaft mit einer Person, die als Frau geboren und als solche im Personenregister eingetragen, dann allerdings infolge einer Geschlechtsumwandlung zum Mann geworden war. Das nationale Recht sah

---

[889] Siehe auch: Mohr, Schutz vor Diskriminierungen, S. 199.
[890] Vgl. EuGH vom 31.05.2001 - Rs. C-122/99 P und Rs. C-125/99 P - NVwZ 2001, S. 1259.
[891] Vgl. ebenda.
[892] K.B. ./. National Health Service Pensions Agency, Secretary of State for Health.

eine Änderung des in der Geburtsurkunde eingetragenen Geschlechts ebenso wenig vor wie eine Heirat gleichgeschlechtlicher Partner. Eine Heirat - und damit die künftige Hinterbliebenenversorgung eines Witwers - war dem Paar dadurch nicht möglich.

Der Gerichtshof kam zum Ergebnis, die Entscheidung, bestimmte Vorteile verheirateten Paaren vorzubehalten, sei Sache des nationalen Gesetzgebers; eine durch das Gemeinschaftsrecht verbotene Diskriminierung auf Grund des Geschlechts könne darauf nicht gestützt werden.[893]

Dennoch könne eine Ungleichbehandlung vorliegen. Diese Ungleichbehandlung beziehe sich „nicht auf die Zuerkennung einer Witwerrente, sondern auf eine für deren Gewährung notwendige Voraussetzung, nämlich die Fähigkeit, miteinander die Ehe einzugehen“[894]. In diesem Zusammenhang verwies der Gerichtshof auf eine zuvor ergangene Entscheidung des EGMR. Darin hatte der Gerichtshof befunden, es stelle eine Verletzung des Rechts auf Eheschließung i. S. v. Art. 12 EMRK dar, wenn ein Transsexueller keine Person desjenigen Geschlechts heiraten könne, dem er vor der Geschlechtsumwandlung angehörte. Hintergrund war die Rechtslage im Vereinigten Königreich, welche eine rechtliche Anerkennung der neuen sexuellen Identität nach einer Geschlechtsumwandlung nicht ermöglicht. Der Gerichtshof stellte fest, das Recht auf Eheschließung sei in seinem Wesensgehalt berührt, wenn vor dem Hintergrund erheblicher sozialer Veränderungen und dem Fortschritt in Medizin und Wissenschaft unveränderlich auf das bei der Geburt registrierte Geschlecht abgestellt werde.[895]

Der EuGH knüpfte nunmehr im Hinblick auf Art. 141 EG an die Rechtsprechung des EGMR an: Eine Regelung, die entgegen Art. 12 EMRK die Eheschließung und damit die Voraussetzung für die Gewährung der Hinterbliebenenleistung unmöglich macht, ist nach Auffassung des Gerichtshofs grundsätzlich mit Art. 141 EG unvereinbar.[896] Dennoch müsse zunächst das nationale Gericht prüfen, ob sich der Betroffene im Hinblick auf die Hinterbliebenenleistung auf den europäischen Entgeltgleichheitsgrundsatz stützen könne.[897]

4. Stellungnahme

Der Gerichtshof entschied in seinen Urteilen aus den Jahren 1998 und 2001 gegen eine Ausweitung des Anwendungsbereichs des Art. 141 EG (Art. 119 EGV). Dieses Ergebnis überrascht nicht: Der EuGH konnte - jedenfalls zum

---

[893] Vgl. EuGH vom 07.01.2004 - Rs. C-117/01 - NJW 2004, S. 1440 f. (Rdnr. 28).

[894] Ebenda (Rdnr. 30).

[895] Christine Goodwin ./. Vereinigtes Königreich; vgl. EGMR vom 11.07.2002 - Beschw.-Nr. 28957/95 - NJW-RR 2004, S. 289 ff. (Rdnr. 100 f.).

[896] Vgl. EuGH vom 07.01.2004 - Rs. C-117/01 - NJW 2004, S. 1440 f. (Rdnr. 34).

[897] Vgl. ebenda (Rdnr. 35).

damaligen Zeitpunkt - eine Prüfung lediglich unter dem Gesichtspunkt des Grundsatzes gleichen Entgelts für Männer und Frauen vornehmen. Nach Auffassung von *Meyer* hat sich der Gerichtshof dadurch eine Selbstbeschränkung auferlegt, „indem er eine gesellschaftspolitisch so heikle Frage wie die Rechte Homosexueller nicht an sich zieht, sondern der Legislative der Gemeinschaft überlässt“[898]. Eine primärrechtliche Rechtsgrundlage zur Gleichstellung homosexueller Partnerschaften bestand zum damaligen Zeitpunkt nicht. Hätte der Gerichtshof die Gleichstellung jedoch gefordert, wäre damit ein erheblicher Eingriff in die Hoheitsgewalt der Mitgliedstaaten und eine Überschreitung der horizontalen Grenzen des Gemeinschaftsrechts verbunden gewesen.[899] *Jakob* betont, eine Gleichstellung - mangels eigenen Grundrechtskatalogs lediglich auf Basis der nationalen Verfassungen und der EMRK - hätte „die Reichweite des Gemeinschaftsrechts zu Lasten des nationalen Rechts und der Freiheit der Unternehmen ausgedehnt“[900].
Die Entscheidung aus dem Jahre 2004 stellt hingegen eine Weiterentwicklung der bisherigen Rechtsprechung dar, weil der Gerichtshof die Unvereinbarkeit mit dem europäischen Entgeltgleichheitsgrundsatz im Zusammenhang eines Verstoßes gegen die EMRK zumindest für möglich hält. Andererseits bestätigte der EuGH seine Aussage, nur der nationale Gesetzgeber könne darüber befinden, welcher Personenkreis in den Genuss bestimmter Vorteile kommen könne. Wie nachfolgend darzustellen ist, hat der deutsche Gesetzgeber mit dem LPartG eine Grundlage für die rechtliche Institutionalisierung der gleichgeschlechtlichen Lebensgemeinschaft geschaffen. Im Hinblick auf Art. 141 EG bleibt es nach bisherigem Stand bei der Aussage des EuGH: Ein Verstoß scheidet aus, da es für die jeweils begehrte Leistung gerade keine Rolle spielt, ob der betroffene Arbeitnehmer Mann oder Frau ist. Ausschlaggebend sind vielmehr das Geschlecht des Ehe- bzw. Lebenspartners und die Frage, ob die damit verbundene Partnerschaftsform durch den nationalen Gesetzgeber anerkannt ist.

5. Zwischenergebnis

Arbeitnehmer können nicht unter Berufung auf Art. 141 EG die Einbeziehung eines eingetragenen Lebenspartners in die betriebliche Hinterbliebenenversorgung verlangen. Offen bleibt, wie eine Entscheidung des EuGH im Lichte der Diskriminierung wegen der sexuellen Ausrichtung ausfallen würde. Dieser

---

[898] Meyer, Diskriminierungsverbot des Gemeinschaftsrechts, S. 73.
[899] Siehe auch Mohr, Schutz vor Diskriminierungen, S. 199.
[900] Jakob, FamRZ 2002, S. 501 ff., 504; ähnlich auch Meyer, Diskriminierungsverbot des Gemeinschaftsrechts, S. 73 f.

Frage soll im Zusammenhang der Richtlinie 2000/78/EG und des AGG nachgegangen werden.

II. Auswirkungen der Richtlinie 2000/78/EG und des AGG

Ein weiterer Anknüpfungspunkt zur Beurteilung der Frage, ob Lebenspartner in die betriebliche Hinterbliebenenversorgung einzubeziehen sind, ist die Richtlinie 2000/78/EG des Rates vom 27.11.2000 sowie das AGG vom 14.08.2006.
Mit der Richtlinie „zur Festlegung eines allgemeinen Rahmens für die Verwirklichung der Gleichbehandlung in Beschäftigung und Beruf"[901] wurden die Mitgliedstaaten u. a. verpflichtet, Diskriminierungen aufgrund der sexuellen Ausrichtung zu unterbinden. Zweck der Richtlinie ist nach ihrem Art. 1 „die Schaffung eines allgemeinen Rahmens zur Bekämpfung der Diskriminierung wegen der Religion oder der Weltanschauung, einer Behinderung, des Alters oder der sexuellen Ausrichtung in Beschäftigung und Beruf im Hinblick auf die Verwirklichung des Grundsatzes der Gleichbehandlung in den Mitgliedstaaten".
Bislang wurde im Schrifttum die Frage kontrovers diskutiert, ob im Lichte der Richtlinie 2000/78/EG die betriebliche Hinterbliebenenversorgung auf eingetragene Lebenspartner auszudehnen ist. Nach Meinung von *Andresen/Förster/Rößler/Rühmann* könnten die Umsetzung der Richtlinie 2000/78/EG und das Lebenspartnerschaftsgesetz zu einer Ausweitung der Hinterbliebenenversorgung auch auf Partner eingetragener Partnerschaften führen. Dafür spreche, dass eine Hinterbliebenenversorgung für den Arbeitnehmer nicht nur von ideeller Bedeutung sei, sondern einen erheblichen wirtschaftlichen Wert habe.[902] *Kemper/Kisters-Kölkes* stehen hingegen auf dem Standpunkt, ein Arbeitgeber sei nicht verpflichtet, Lebensgefährten bzw. Partner einer eingetragenen Lebenspartnerschaft in eine betriebliche Altersversorgung einzubeziehen.[903] Auch *Bauer* macht angesichts der Richtlinie 2000/78/EG eine ausdrückliche Vereinbarung zwischen Arbeitgeber und begünstigtem Arbeitnehmer zur Voraussetzung.[904]
Die Frage der Einbeziehung eingetragener Lebenspartner in die betriebliche Hinterbliebenenversorgung dürfte durch die Umsetzung der Richtlinie 2000/78/EG in nationales Recht nicht entschärft worden sein. Bereits jetzt entbrennt angesichts § 2 Abs. 2 S. 2 AGG eine Diskussion darüber, ob der deutsche

[901] ABl. EG 2000, L 303, S. 16 ff.
[902] Vgl. Andresen/Förster/Rößler/Rühmann, Teil 7 B, Rdnr. 162 und Teil 4 A Rdnr. 60; siehe auch Leuchten, NZA 2002, S. 1254 ff., 1258.
[903] Vgl. Kemper/Kisters-Kölkes, Arbeitsrechtliche Grundzüge Rdnr. 22 (Fußnote 20), unter Hinweis auf das BMF-Schreiben vom 05.08.2002 im Anhang.
[904] An sich sei dies nicht neu, da schon jetzt im Falle der Direktversicherung ein Lebensgefährte Bezugsberechtigter sein könne, vgl. Bauer, NJW 2001, S. 2672 ff., 2675.

Gesetzgeber für die betriebliche Altersversorgung eine Bereichsausnahme geschaffen hat.[905] Ist dies der Fall, kommt der Richtlinie 2000/78/EG in Anbetracht ihrer unzureichenden Umsetzung erneut Bedeutung zu.[906]
Im folgenden Abschnitt wird der Frage nachgegangen, ob ein Arbeitnehmer auf Grundlage der Richtlinie 2000/78/EG und des AGG einen Anspruch darauf herleiten kann, dass sein eingetragener Lebenspartner auch dann von einer betrieblichen Hinterbliebenenversorgung erfasst wird, wenn dies bislang ausdrücklich nicht geregelt oder gar explizit ausgeschlossen war.

1. Rechtliche Entwicklung von der Richtlinie zum AGG

Das AGG ist die nationale Umsetzung der Richtlinie 2000/78/EG. Da der deutsche Gesetzgeber die Richtlinie nicht wie zum Teil gefordert nur „abgeschrieben"[907] hat, behalten beide Regelungswerke insbesondere dort eine eigenständige Bedeutung, wo Vorgabe und Umsetzung voneinander abweichen. Nachfolgend werden Übereinstimmungen gemeinsam dargestellt. Wo allerdings das AGG und die Richtlinie 2000/78/EG inhaltlich auseinander fallen, ist ein besonderes Augenmerk erforderlich.

1.1 Rechtsgrundlage und Entstehungsgeschichte

Richtlinien nach Art. 249 Abs. 3 EG sind ein Instrument indirekter bzw. kooperativer zweistufiger Rechtssetzung. Normativ verbindlich sind sie für jeden Mitgliedstaat, an den sie sich richten. Richtlinien enthalten Vorgaben für die Mitgliedstaaten, die diese durch Akte der Richtlinienumsetzung zu realisieren haben. Richtlinien zählen neben Verordnungen, Entscheidungen, Empfehlungen und Stellungnahmen zum so genannten sekundären Gemeinschaftsrecht. Dem steht das primäre Gemeinschaftsrecht gegenüber, also alle der Gemeinschaft zugrunde liegenden Vertragswerke[908], die allgemeinen Rechtsgrundsätze und das Gewohnheitsrecht sowie das Völkerrecht[909]. Der Vorrang des Primärrechts vor dem Sekundärrecht ist unbestritten. Primärrecht ist Maßstab für die Recht-

[905] Zur Frage einer Bereichsausnahme siehe unten: Dritter Teil B II 2.2.4 f.
[906] Zu den Folgen einer unzureichenden Umsetzung siehe unten: Dritter Teil B II 6.2.
[907] Sprenger, AiB 2005, S. 81 ff., 84.
[908] So u. a. alle Gründungsverträge der Europäischen Gemeinschaften einschließlich späterer Ergänzungen und Änderungen, d. h. der EGKSV, der EGV, der EAGV, die EEA und der EUV (Maastricht), der Vertrag von Amsterdam, der Vertrag von Nizza, das Abkommen über gemeinsame Organe für die Europäischen Gemeinschaften, der Fusionsvertrag, das Protokoll über die Vorrechte und Befreiungen der Europäischen Gemeinschaften, das Protokoll über die Satzung des EuGH, der Haushaltsvertrag und sämtliche Beitrittsverträge.
[909] Soweit keine gemeinschaftlichen Sonderregelungen bestehen bzw. ergänzend.

mäßigkeit des Sekundärrechts; letzteres vermag das höherrangige Primärrecht nicht zu verändern.[910]
Durch den Amsterdamer Vertrag wurde am 01.05.1999 mit Art. 13 EG eine Bestimmung in den EG-Vertrag aufgenommen, die es dem Rat erlaubt, „im Rahmen der durch den Vertrag auf die Gemeinschaft übertragenen Zuständigkeiten [...] einstimmig geeignete Vorkehrungen zu treffen, um Diskriminierungen aus Gründen des Geschlechts, der Rasse, der ethnischen Herkunft, der Religion oder der Weltanschauung, einer Behinderung, des Alters oder der sexuellen Ausrichtung zu bekämpfen".
Zwei von der Kommission im Oktober 1999 vorgelegte Richtlinienvorschläge auf Grundlage des Art. 13 EG wurden bereits ein Jahr später im Rat angenommen. Neben der Richtlinien 2000/78/EG wurde die Richtlinie 2000/43/EG des Rates vom 29.06.2000 zur Anwendung des Gleichbehandlungsgrundsatzes ohne Unterschied der Rasse oder der ethnischen Herkunft[911] verabschiedet; auf eine nähere Betrachtung der letztgenannten Richtlinie wird im Rahmen dieser Untersuchung verzichtet.

1.2 Umsetzungsbedarf der Richtlinie 2000/78/EG

Richtlinien bedürfen der Umsetzung in das jeweilige nationale Recht; vor diesem Hintergrund enthalten sie eine Umsetzungsfrist. Die Mitgliedstaaten sind zur Einhaltung der gesetzten Fristen verpflichtet, um einen einheitlichen Vollzug der Richtlinien in der gesamten Gemeinschaft zu gewährleisten.[912] Nach seinem Wortlaut überlässt Art. 249 Abs. 3 EG den Mitgliedstaaten die Wahl der Form und der Mittel.[913] Nach Auffassung des EuGH sind die Mitgliedstaaten dabei jedoch verpflichtet, innerhalb der ihnen nach Art. 249 EG „belassenen Entscheidungsfreiheit die Form und Mittel zu wählen, die sich zur Gewährleistung der praktischen Wirksamkeit (effet utile) der Richtlinien unter Berücksichtigung des mit ihnen verfolgten Zwecks am besten eignen"[914]. Die Bindungswirkung von Richtlinien tritt jedoch nicht erst nach Ablauf der Umsetzungsfrist ein: Bereits vor Ablauf dieser Frist entfaltet die Richtlinie bereits insofern Rechtswirkungen,

---

[910] Vgl. Rust, Konsequenzen der Nichtumsetzung, S. 32.
[911] ABl. EG 2000 L 180/22; siehe weiterführend Rust, Konsequenzen der Nichtumsetzung, S. 29.
[912] Vgl. EuGH vom 22.11.1976 - Rs. 10/76 - Slg. 1976, S. 1359 ff. (Rdnr. 11/12); vgl. auch EuGH vom 07.12.2000 - Rs. C-69/99 - Slg. 2000, S. I-10979 (Rdnr. 21); EuGH vom 08.03.2001 - Rs. C-176/00 - Slg. 2001, S. I-2063 ff. (Rdnr. 7); EuGH vom 08.03.2001 - Rs. C-266/00 - Slg. 2001, S. I-2073 ff. (Rdnr. 28).
[913] Vgl. Schiek, NZA 2004, S. 873 ff., 883.
[914] EuGH vom 08.04.1976 - Rs. 48/75 - Royer - Slg. 1976, S. 497 ff. (Rdnr. 69/73).

als die Mitgliedstaaten Rechtshandlungen zu unterlassen haben, die das in der Richtlinie genannte Ziel in Frage stellen.[915]
Nach Art. 18 Abs. 1 der Richtlinie 2000/78/EG mussten die Mitgliedstaaten die erforderlichen Rechts- und Verwaltungsvorschriften bis spätestens 02.12.2003 erlassen. Um „besonderen Bedingungen" Rechnung zu tragen, konnten die Mitgliedstaaten nach Art. 18 Abs. 2 der Richtlinie eine Zusatzfrist bis zum 02.12.2006 beanspruchen, um die Bestimmungen über die Diskriminierung wegen der Merkmale Alter und Behinderung umzusetzen.[916] *Schiek* folgert daraus, dass Unternehmen diese Ausnahmen erst nach Verabschiedung der entsprechenden Umsetzungsgesetze nutzen können - „sofern der Gesetzgeber von ihnen Gebrauch macht"[917]. Die Bundesregierung hatte von der dreijährigen Verlängerungsmöglichkeit nur bezüglich des Merkmals „Alter" Gebrauch gemacht.[918]

1.3 Umsetzung in nationales Recht und AGG

Einen ersten Schritt zur Umsetzung der Richtlinie 2000/78/EG unternahm der deutsche Gesetzgeber im Jahre 2001 durch die Erweiterung der Aufgaben der Betriebspartner in § 75 Abs. 1 S. 1 BetrVG.[919]
Diese Umsetzung im Betriebsverfassungsrecht brachte eine Erweiterung um das Merkmal der „sexuellen Identität".[920] § 75 Abs. 1 S. 1 BetrVG gebietet, dass jede unterschiedliche Behandlung von Personen wegen ihrer Abstammung, Religion, Nationalität, Herkunft, politischen oder gewerkschaftlichen Betätigung oder Einstellung oder wegen ihres Geschlechts oder ihrer sexuellen Identität unterbleibt. Es handelt sich hierbei um absolute Differenzierungsverbote.[921] Der Begriff der sexuellen Identität entspricht der in der Richtlinie verwendeten

---

[915] Vgl. EuGH vom 18.12.1997 - C-129/96 - Inter-Environnement Wallonie - Slg. 1997, S. I-7411 ff. (Rdnr. 45); Ruffert in: Calliess/Ruffert, Art. 249 EGV, Rdnr. 44; Linsenmaier, RdA 2003, Sonderbeilage Heft 5, S. 22 ff., 23; Hetmeier, in: Lenz/Borchardt, Art. 249 Rdnr. 11.
[916] Vgl. Bauer/Arnold, NJW 2006, S. 6 ff., 7; Bieback, ZSR 2006, S. 75 ff., 78; Linsenmaier, RdA 2003, Sonderbeilage Heft 5, S. 22 ff., 24; Kuras, RdA 2003, Sonderbeilage Heft 5, S. 11 ff., 16; Raasch, Antidiskriminierungsgesetze, S. 2; Schlachter, in: GS für Blomeyer, S. 355 ff., 356; Stalder, Antidiskriminierungsmaßnahmen, S. 217.
[917] Schiek, NZA 2004, S. 873 ff., 876.
[918] Vgl. Bauer/Arnold, NJW 2006, S. 6 ff., 7; Rust, Konsequenzen der Nichtumsetzung, S. 41; Zwanziger, in: Kittner/Zwanziger, § 111 Rdnr. 30a.
[919] Durch das Gesetz zur Reform des Betriebsverfassungsgesetzes (BetrVerf-Reformgesetz), BGBl. I 2001, S. 1852 ff, 1859; siehe auch: Berg, in: Däubler/Kittner/Klebe, § 75 BetrVG, Rdnr. 23a; Kreutz, in: GK-BetrVG, § 75 Rdnr. 75; Richardi, in: Richardi Betriebsverfassungsgesetz § 75 Rdnr. 24; Powietzka, BB 2002, S. 146 ff. 148.
[920] Art. 1 Nr. 51a) BetrVerf-Reformgesetz, BGBl 2001 I, S. 1859 (Fn. 2).
[921] Vgl. Richardi, in: Richardi Betriebsverfassungsgesetz, § 75 Rdnr. 15.

Bezeichnung „sexuelle Ausrichtung“, mit der die sexuelle Orientierung eines Menschen gemeint ist.[922] Erfasst wird insbesondere die Homosexualität. Der Schutz ist aber nicht auf Personen beschränkt, die eine feste gleichgeschlechtliche Beziehung unterhalten, wie insbesondere die Personen, die eine Lebenspartnerschaft nach dem LPartG begründet haben.[923]
Allerdings wendet sich die Vorschrift an die Betriebspartner und entfaltet Wirkung daher nur in den Betrieben mit Betriebsrat. Danach haben Arbeitgeber und Betriebsrat nunmehr auch darüber zu wachen, dass eine unterschiedliche Behandlung wegen der sexuellen Identität unterbleibt. § 75 BetrVG entfaltet im Verhältnis Arbeitgeber zu Arbeitnehmer keine unmittelbare Wirkung und scheidet damit als Anspruchsgrundlage aus.[924] Gleichwohl bleibt abzuwarten, in welchem Umfang in der Praxis wegen des betriebsverfassungsrechtlichen Verbots der Ungleichbehandlung wegen der sexuellen Identität Änderungen in der betrieblichen Hinterbliebenenversorgung vorgenommen werden.[925] Dafür spricht, dass eine Vielzahl von Versorgungszusagen durch Betriebsvereinbarung begründet ist, was eine jederzeitige Rechtskontrolle durch die Betroffenen ermöglicht.[926] Insoweit besteht Handlungsbedarf für die Betriebspartner, den Vorgaben des § 75 BetrVG nachzukommen.
Darüber hinaus erfolgte zunächst keine weitere Umsetzung der Richtlinie 2000/78/EG in das nationale Recht. Aufgrund der vorgezogenen Wahl zum 16. Bundestag im Jahre 2005 blieb das geplante Antidiskriminierungsgesetz[927] im Vermittlungsausschuss stecken. Der Bundesrat rief am 08.07.2005 den Vermittlungsausschuss an; dieser konnte allerdings keine Entscheidung mehr auf den Weg bringen.
Der Handlungsbedarf zur Umsetzung der Richtlinie blieb jedoch unvermindert bestehen. Der EuGH stellte mit Urteil vom 23.02.2006 den Verstoß gegen die Umsetzungsverpflichtung fest: „Die Bundesrepublik Deutschland hat ihre Verpflichtungen aus der Richtlinie 2000/78/EG des Rates vom 27. November 2000 zur Festlegung eines allgemeinen Rahmens für die Verwirklichung der Gleichbehandlung in Beschäftigung und Beruf verletzt, indem sie nicht alle Rechts- und Verwaltungsvorschriften erlassen hat, die notwendig sind, um dieser Richtlinie in Bezug auf die Diskriminierung wegen der Religion oder der Weltanschauung, einer Behinderung sowie der sexuellen Ausrichtung nachzukom-

[922] Vgl. ebenda, Rdnr. 24.
[923] Vgl. ebenda; Kreutz, in: GK-BetrVG, § 75 Rdnr. 76.
[924] Siehe dazu ausführlich oben: Zweiter Teil G I 3.1.
[925] Vgl. Lingscheid, Diskriminierung im Arbeitsrecht, S. 275 f.
[926] Siehe dazu oben: Zweiter Teil F II 2.
[927] Entwurf eines Gesetzes zur Umsetzung europäischer Antidiskriminierungsrichtlinien: „Gesetz zum Schutz vor Diskriminierung (Antidiskriminierungsgesetz - ADG)“; BT-Drucksache 15/4538.

men."[928] Bereits mit Urteil vom 28.04.2005 hatte der *EuGH* eine Verletzung der Umsetzungsverpflichtungen aus der Richtlinie 2000/43/EG des Rates vom 29. 6. 2000 bejaht.[929] Damit drohte eine der Höhe nach unbegrenzte Verurteilung der Bundesrepublik Deutschland zu Zwangsgeldern nach Art. 228 Abs. 2 EG.
Einen neuen Anlauf zur Umsetzung unternahm die Bundesregierung mit Einbringung eines Gesetzentwurfs am 18.05.2006 in den Bundesrat.[930] Im Fortgang des parlamentarischen Verfahrens wurde auch dem Bundestag ein Gesetzentwurf der Bundesregierung vom 08.06.2006 vorgelegt.[931] Nach umfangreichen Beratungen beschloss der Bundestag am 14.08.2006 das Allgemeine Gleichstellungsgesetz (AGG) als Teil des Gesetzes zur Umsetzung europäischer Richtlinien zur Verwirklichung des Grundsatzes der Gleichbehandlung[932]. Am Tag nach seiner Verkündung im Bundesgesetzblatt trat das Gesetz am 18.08.2006 in Kraft.
Das Gesetz dient u. a. der Umsetzung der bereits beschriebenen Richtlinien 2000/78/EG und 2000/43/EG. Weiterhin wurden damit die Richtlinie 2002/73/EG „zur Verwirklichung des Grundsatzes der Gleichbehandlung von Männern und Frauen hinsichtlich des Zugangs zur Beschäftigung, zur Berufsbildung und zum beruflichen Aufstieg sowie in Bezug auf die Arbeitsbedingungen"[933] sowie die Richtlinie 2004/113/EG „zur Verwirklichung des Grundsatzes der Gleichbehandlung von Männern und Frauen beim Zugang zu und bei der Versorgung mit Gütern und Dienstleistungen"[934] in nationales Recht überführt.

2. Anwendungsbereich

Arbeitnehmer in eingetragener Lebenspartnerschaft können sich im Hinblick auf die betriebliche Hinterbliebenenversorgung nur dann auf das AGG bzw. die Richtlinie 2000/78/EG berufen, wenn deren persönlicher und sachlicher Anwendungsbereich eröffnet ist.

2.1 Persönlicher Anwendungsbereich

Der persönliche Anwendungsbereich der Richtlinie 2000/78/EG erstreckt sich nach ihrem Art. 3 Abs. 1 auf Personen in öffentlichen und privaten Bereichen, einschließlich öffentlicher Stellen. Soweit sich ihre inhaltlichen Bestimmungen

---

[928] EuGH vom 23.02.2006 - Rs. C-43/05 - n. n. v. (Leitsatz 1).
[929] EuGH vom 28.04.2005 - Rs. C-329/04 - BetrAV 2005, S. 494 f. (Leitsatz 1).
[930] BR-Drucksache 329/06.
[931] BT-Drucksache 16/1780.
[932] BGBl. I S. 1897 ff.
[933] Vom 23.09.2002, ABl. EG L 269/15.
[934] Vom 13.12.2004, ABl. EU L 373/37.

auf Beschäftigungsverhältnisse beziehen, erfasst sie damit nicht nur Arbeitnehmer und Arbeitgeber im privaten und im öffentlichen Sektor, sondern auch alle öffentlich-rechtlichen Dienstverhältnisse wie Beamte, Soldaten und Richter.[935] Nach der Rechtsprechung des EuGH fallen Beamte ohnehin bereits unter den gemeinschaftsrechtlichen Arbeitnehmerbegriff.[936] Zudem erwähnt die Richtlinie selbständige Erwerbstätigkeit.[937]
Der persönliche Anwendungsbereich des AGG betrifft „Beschäftigte"; dazu zählen nach § 6 Abs. 1 S. 1 Nr. 1 Arbeitnehmerinnen und Arbeitnehmer. S. 2 stellt weiterhin klar, dass als Beschäftigte auch Personen gelten, deren Beschäftigungsverhältnis beendet ist. In Begründung des Gesetzentwurfs vom 08.06.2006 wird ausdrücklich darauf verwiesen, dass trotz Beendigung des Beschäftigungsverhältnis „noch nachwirkende Folgen, wie z. B. bei der betrieblichen Altersvorsorge"[938] eintreten können.
Arbeitnehmer im Geltungsbereich des Betriebsrentengesetzes sind auch vom persönlichen Geltungsbereich der Richtlinie 2000/78/EG und des AGG erfasst. Dies sind zunächst Arbeitnehmer während ihres aktiven Erwerbslebens. Doch auch die Beendigung des Beschäftigungsverhältnisses steht einer Anwendung entgegen; das AGG bezieht sich ausdrücklich auf Arbeitnehmer vor und nach Eintritt in den Ruhestand. Unschädlich ist weiterhin, dass die Betriebsrente im Versorgungsfall „Tod" zugunsten des Hinterbliebenen zur Auszahlung gelangt. Bei der betrieblichen Hinterbliebenenversorgung handelt es sich um Entgelt des Arbeitnehmers, welches mittelbar aufgrund des Arbeitsverhältnisses gezahlt wird.[939] Maßgeblich ist allein der Arbeitnehmer als Empfänger der Versorgungszusage.

2.2 Sachlicher Anwendungsbereich

Fraglich ist, ob die betriebliche Hinterbliebenenversorgung vom Geltungsbereich der Richtlinie erfasst wird.

---

[935] Vgl. Linsenmaier, RdA 2003, Sonderbeilage Heft 5, S. 22 ff., 25 f.; Schlachter, in: GS für Blomeyer, S. 355 ff., 356; Schmidt/Senne, RdA 2002, S. 80 ff., 82; Lingscheid, Antidiskriminierung im Arbeitsrecht, S. 88.
[936] Zu Art. 48 Abs. 1 EGV, im Falle einer deutschen Studienreferendarin (Beamtin auf Widerruf): EuGH vom 03.07.1986 - Rs. 66/85 - Lawrie-Blum - Slg. 1986, S. 2121 ff. (Rdnr. 22).
[937] Vgl. Weber, AuR 2002, S. 401 ff., 401.
[938] BT-Drucksache 16/1780, S. 34.
[939] Siehe die Rechtsprechung des EuGH zur betrieblichen Hinterbliebenenversorgung: Zweiter Teil E III 1.2.

2.2.1 Anwendungsbereich allgemein

Der sachliche Geltungsbereich der Richtlinie 2000/78/EG ist weit gefasst; er bezieht sich auf Beruf und Beschäftigung. Nach Art. 3 Abs. 1c erstreckt sich der Geltungsbereich der Richtlinie 2000/78/EG u. a. auf die „Beschäftigungs- und Arbeitsbedingungen einschließlich der Entlassungsbedingungen und des Arbeitsentgelts". Damit orientiert sich die Vorschrift an Art. 5 der Richtlinie 76/207/EWG. Der darin verwendete Begriff der „Arbeitsbedingungen" ist sehr weit; er umfasst zum einen die Bedingungen, die im Arbeitsvertrag enthalten sind oder vom Arbeitgeber im Rahmen des Beschäftigungsverhältnisses angewendet werden; zum anderen erstreckt er sich auf alle Leistungen, die notwendig mit dem Arbeitsverhältnis verbunden sind.[940] Explizit wird das „Arbeitsentgelt" benannt. Zur Auslegung des Merkmals „Entgelt" kann auf die Rechtsprechung des EuGH zu Art. 141 EG (Art. 119 EGV) zurückgegriffen werden.[941]
Vom Geltungsbereich ausdrücklich ausgenommen sind unterschiedliche Behandlungen aufgrund der Staatsangehörigkeit (Art. 3 Abs. 2 RL) und bei den staatlichen und ihnen gleichgestellten Sozialversicherungssystemen (Art. 3 Abs. 3 RL). Dies gilt nach Art. 3 Abs. 4 der Richtlinie ebenso für die Streitkräfte, wenn ein Mitgliedstaat dies vorsieht.[942]
Eine Bereichsausnahme für die betriebliche Altersversorgung insgesamt enthält die Richtlinie 2000/78/EG nicht.
Der sachliche Anwendungsbereich des AGG betrifft in fast wörtlicher Umsetzung der Richtlinie 2000/78/EG „die Beschäftigungs- und Arbeitsbedingungen einschließlich Arbeitsentgelt und Entlassungsbedingungen", § 2 Abs. 1 Nr. 2.
Wie bereits im Zweiten Teil nachgewiesen werden konnte, sind Betriebsrenten und insbesondere die betriebliche Hinterbliebenenversorgung dem Entgelt i. S. d. Art. 141 EG (Art. 119 EGV) zuzuordnen. Auch auf der Ebene nationalen Rechts betont das BAG in ständiger Rechtsprechung neben dem Versorgungs- insbesondere den Entgeltcharakter der betrieblichen Altersversorgung.[943] Dies

---

[940] Vgl. Schmidt/Senne, RdA 2002, S. 80 ff., 82; zur Anwendbarkeit von Art. 5 der Richtlinie 76/207/EWG (Arbeitsbedingung) auf die Leistung eines sog. „family credit": EuGH vom 13.07.1995 - Rs. C-116/94 - Meyers - Slg. 1995, S. 2131 ff. (Rdnr. 24); Lingscheid, Antidiskriminierung im Arbeitsrecht, S. 89.

[941] Vgl. Mohr, Schutz vor Diskriminierungen, S. 215.

[942] Vgl. Linsenmaier, RdA 2003, Sonderbeilage Heft 5, S. 22 ff., 26; Schlachter, in: GS für Blomeyer, S. 355 ff., 356.

[943] Vgl. BAG vom 12.02.1971 - 3 AZR 83/70 - AP Nr. 3 zu § 242 BGB Ruhegehalt - Unterstützungskassen (Gründe 2b); BAG vom 10.03.1972 - 3 AZR 278/71 - AP Nr. 156 zu § 242 BGB Ruhegehalt (Gründe A II 2a); BAG vom 12.06.1975 - 3 AZR 13/74 - AP Nr. 1 zu § 87 BetrVG 1972 Altersversorgung (Gründe II B 3); BAG vom 05.06.1984 - 3 AZR 33/84 - AP Nr. 3 zu § 1 BetrAVG Unterstützungskassen (Gründe IV 1a).

gilt unabhängig von Zusageform, Durchführungsweg und Versorgungsmodell der betrieblichen Altersversorgung. Auf die ausführliche Darstellung wird verwiesen.[944]

2.2.2 Einschränkende Begründungserwägung der Richtlinie?

Fraglich ist allerdings, ob der Anspruch eingetragener Lebenspartner auf betriebliche Hinterbliebenenleistungen deshalb ausscheidet, weil vom Familienstand abhängige Leistungen durch die Richtlinie 2000/78/EG keine Änderung erfahren sollen. Denn in den Erwägungsgründen zur Richtlinie findet sich unter Nr. 22 folgende Vorgabe: „Diese Richtlinie lässt die einzelstaatlichen Rechtsvorschriften über den Familienstand und davon abhängige Leistungen unberührt."[945] Der Anwendungsbereich der Richtlinie könnte eingeschränkt sein.
Das BVerwG lehnte 2006 den Anspruch einer Studienreferendarin auf den Familienzuschlag nach § 40 Abs. 1 Nr. 1 BBesG auch unter Würdigung der Richtlinie 2000/78/EG ab. Der Familienzuschlag sei eine Leistung, die allein wegen des Familienstandes gewährt werde. Die Begründungserwägung trage der in Art. 253 EGV angeordneten Begründungspflicht Rechnung und sei als wesentlicher Bestandteil der Richtlinie mitentscheidend für die Auslegung. Dies gelte auch dann, „wenn die Begründungserwägung nicht in den Text der Richtlinie aufgenommen worden ist"[946]. Der VGH Baden-Württemberg hatte als Vorinstanz ausgeführt, für an den Familienstand anknüpfende Leistungen müsse nach wie vor das nationale Recht gelten. Der Rat habe lediglich klargestellt, dass die Unterscheidung nach dem Familienstand der Betroffenen keine Diskriminierung wegen der sexuellen Ausrichtung zugrunde liegen könne.[947]
Erstinstanzlich urteilte das VG Koblenz am 07.02.2006 im Hinblick auf das Witwergeld nach § 28 BeamtVG, die Richtlinie 2000/78/EG finde keine Anwendung auf familienstandsbezogene Leistungen. Die Begründungserwägung stelle eine Auslegungs- und Verständnishilfe und eine Erleichterung der Rechtsfindung dar. Der Rat erlasse die Richtlinie „in Erwägung nachstehender Gründe".[948] Daraus zieht das VG Koblenz die Schlussfolgerung, das nationale Recht werde für an den Familienstand anknüpfende Leistungen nicht modifiziert. Es

---

[944] Zum Rechtscharakter der betrieblichen Altersversorgung nach Auffassung des EuGH siehe oben: Zweiter Teil E III.
[945] Nr. 22 der Erwägungsgründe zur Richtlinie 2000/78/EG.
[946] BVerwG vom 26.01.2006 - 2 C 43/04 - S. 1828 f. (Gründe II).
[947] Vgl. VGH Baden-Württemberg vom 13.10.2004 - 4 S 1243/03 - n. v. (Gründe 2c); am 24.03.2006 abrufbar unter www.lsvd.de.
[948] VG Koblenz vom 07.02.2006 - 6 K 871/05.KO - n. v. (Gründe II 2a); am 24.03.2006 abrufbar unter www.lsvd.de.

handle sich diesbezüglich um eine „generelle Einschränkung“[949] der Richtlinie. Grund hierfür sei, dass es den einzelnen Mitgliedstaaten überlassen sein solle, „welche Form des Familienstands rechtlich zulässig ist und welche Leistungen daran geknüpft werden“[950].

Das VG Bremen urteilte ebenfalls, die Richtlinie sei bei Leistungen, die an den Familienstand anknüpften, nicht einschlägig. Das Gericht ergänzte, mangels Anwendbarkeit für bestimmte Sachverhalte müsse eine an Sinn und Zweck orientierte Auslegung des BeamtVG nicht vorgenommen werden.[951] Im Übrigen werde durch die Richtlinie die in Deutschland verfassungsrechtlich zulässige Privilegierung der Ehe nicht beseitigt.

Im Schrifttum wird die Anwendung der Richtlinie auch für betriebliche Sozialleistungen überwiegend abgelehnt. Nach Meinung von *Högenauer* kann bei der Gewährung betrieblicher Leistungen weiterhin auf den Ehestand abgestellt werden; eine Privilegierung der Ehe sei angesichts der Erwägungsgründe weiterhin zulässig.[952] Daher seien die Mitgliedstaaten und Arbeitgeber nicht verpflichtet, Leistungen, die nur Ehepaaren gewährt werden, auch eheähnlichen Lebensgemeinschaften zukommen zu lassen. Künftig sei lediglich eine Differenzierung zwischen heterosexuellen und homosexuellen nichtehelichen Lebensgemeinschaften unzulässig. Auch *Bergwitz* hält den Anwendungsbereich der Richtlinie 2000/78/EG wegen des Erwägungsgrundes Nr. 22 für nicht eröffnet.[953]

Das VG Schleswig ist hingegen der Meinung, die Begründungserwägung Nr. 22 stehe der Zuerkennung des Familienzuschlags aufgrund der unmittelbaren Diskriminierung wegen der sexuellen Ausrichtung nicht entgegen, da andernfalls „Sinn und Zweck der Richtlinie ins Leere liefen“[954]. Das Abstellen auf den Familienstand könne nur dann gerechtfertigt sein, wenn dadurch typisierend verschiedenen Lebensverhältnissen Rechnung getragen werde. Wenn jedoch die Vergleichbarkeit der Lebensverhältnisse feststehe und eine unterschiedliche Behandlung einzig Folge anderer sexueller Ausrichtung sei, gewährleiste die Richtlinie 2000/78/EG einen Anspruch auf die vorenthaltene Leistung.

Bruns zufolge hat die isolierte Einschränkung in Begründungserwägung Nr. 22 keine Bedeutung, da sich in der Richtlinie selbst keine korrespondierende Aus-

---

949 Ebenda.

950 Ebenda.

951 Vgl. VG Bremen vom 13.10.2005 - 2 K 2499/04 - n. v. (Gründe 6); am 24.03.2006 abrufbar unter www.lsvd.de.

952 Vgl. Högenauer, Europäische Richtlinien, S. 108, unter Hinweis auf Nr. 22 der Erwägungsgründe zur Richtlinie 2000/78/EG.

953 Vgl. Bergwitz, ZTR 2004, S. 512 ff., 518.

954 VG Schleswig vom 27.08.2004 - 11 A 103/04 - n. v. (am 24.03.2006 abrufbar unter www.lsvd.de).

nahmeregelung finde. Dort seien Diskriminierungen wegen der sexuellen Ausrichtung ausnahmslos verboten.[955]

2.2.3 Stellungnahme

Richtig ist, dass der Anwendungsbereich der Richtlinie für einzelstaatliche Rechtsvorschriften eingeschränkt ist, die vom Familienstand abhängen. Dies gilt jedoch nicht für die betriebliche Altersversorgung, da eine Zusage hierauf nicht auf „einzelstaatlichen Rechtsvorschriften" beruht.
Nach Art. 253 EG sind Verordnungen, Richtlinien und Entscheidungen mit Gründen zu versehen. Die Vorschrift verlangt, dass „die Gründe, die das Organ zur ihrem Erlass veranlasst haben, so dargelegt werden, dass dem Gerichtshof die Ausübung seiner Rechtskontrolle und den Mitgliedstaaten sowie deren etwa beteiligten Staatsangehörigen die Unterrichtung darüber ermöglicht wird, in welcher Weise die Gemeinschaftsorgane den Vertrag angewandt haben"[956]. Die Begründung muss im Rechtsakt selbst begründet sein, vom Urheber des Rechtsakts stammen und ihrem Inhalt nach die wichtigsten rechtlichen und tatsächlichen Erwägungen erkennen lassen.[957] Die der Maßnahme zugrunde liegenden Erwägungen müssen in einer so klaren und eindeutigen Weise zum Ausdruck kommen, dass die Betroffenen ihre tragenden Gründe erkennen und ihre Rechte wahrnehmen können und der Gerichtshof seine Kontrolle ausüben kann.[958] In der Begründung müssen nachvollziehbare Ausführungen zur Sach- und Rechtslage gemacht werden, und es muss verständlich dargelegt werden, warum auf dieser Grundlage die konkrete Maßnahme beschlossen wurde.[959] Der Normgeber darf die Gründe in knapper Form darlegen; es ist nicht erforderlich, dass sämtliche tatsächlichen und rechtlichen Aspekte benannt werden.[960] Die Erwägungsgründe sind eine wichtige Auslegungshilfe, können allerdings den entgegenstehenden Wortlaut der Richtlinie nicht außer Kraft setzen.[961] Der EuGH betont, „dass die Begründung wesentlicher Bestandteil eines Rechtsakts ist"[962].

---

[955] Vgl. Bruns, in: Bruns/Kemper; Beamte, Angestellte und Arbeiter Rdnr. 17.
[956] EuGH vom 07.07.1981 - Rs. 158/80 - Rewe - Slg. 1981, S. 1805 ff. (Rdnr. 25).
[957] Vgl. Gellermann, in: Streinz, Art. 253 EGV Rdnr. 6.
[958] Vgl. EuGH vom 20.11.1997 - Rs. C-244/95 - Moskof - Slg. 1997, S. I-6441 ff. (Rdnr. 57); EuGH vom 08.11.2001 - Rs. C-228/99 - Slg. 2001, S. I-8401 ff. (Rdnr. 27); Vgl. Gellermann, in: Streinz, Art. 253 EGV Rdnr. 6.
[959] Vgl. Calliess, in: Calliess/Ruffert, Art. 253 EGV, Rdnr. 11.
[960] Vgl. EuGH vom 12.11.1996 - Rs. C-84/94 - Slg. 1996, S. I-5755 ff. (Rdnr. 74); Vgl. Gellermann, in: Streinz, Art. 253 EGV Rdnr. 6.
[961] Vgl. Bruns, in: Bruns/Kemper; Beamte, Angestellte und Arbeiter Rdnr. 16.
[962] EuGH vom 23.02.1988 - Rs. 131/86 - Slg. 1988, I-905 (Rdnr. 37).

Ob der Rat hinsichtlich der Begründungserwägung Nr. 22 den vorgenannten Anforderungen vollumfänglich nachgekommen ist, kann zumindest kritisch hinterfragt werden. Die Begründung fällt so knapp aus, dass eine klare und eindeutige Anwendung durch die Betroffenen erst im Wege der Auslegung möglich ist. Wie im vorangegangenen Abschnitt gezeigt wurde, halten einige Vertreter in Rechtsprechung und Schrifttum die Anwendung der Richtlinie auf vom Familienstand abhängige Leistungen insgesamt für ausgeschlossen. Dagegen spricht zunächst die Formulierung im Richtlinienentwurf: Betrachtet man die Zielsetzung der Kommission als Initiatorin der Richtlinie, so wird die Begründungserwägung des Rates relativiert: Nach Vorgabe der Kommission soll das Diskriminierungsverbot wegen der sexuellen Ausrichtung nicht den Status von Eheleuten berühren und daher auch deren Anspruch auf bestimmte Leistungen nicht beschneiden.[963] In diesem Lichte liest sich die Begründungserwägung, wonach die Richtlinie „die einzelstaatlichen Rechtsvorschriften über den Familienstand und davon abhängige Leistungen unberührt“[964] lässt, eher defensiv. Die Kommission wollte bei ihrem Richtlinienvorschlag offenkundig sicherstellen, dass ein Eingriff in bestehende Rechte von Ehepartnern ausgeschlossen ist. Auch *Mohr* interpretiert die Vorgabe der Richtlinie so, dass „eine Bekämpfung von Diskriminierungen wegen der sexuellen Orientierung nicht den Status von Eheleuten und deren Anspruch auf bestimmte Leistungen berühren“[965] soll. Die umgekehrte Aussage, dass anderen Personengruppen im Falle einer Diskriminierung wegen der sexuellen Ausrichtung generell keine Leistungen zu gewähren sind, wenn diese vom Familienstand abhängen, folgt aus der Begründungserwägung nicht. Hinzu kommt, dass sich diese Einschränkung dem Richtlinientext selbst nicht entnehmen lässt. Es ist durchaus fraglich, warum der Rat eine derart umfänglich Bereichsausnahme gleichsam in der „Einleitung“ zur eigentlichen Regelung untergebracht haben soll.

Die eigentliche Bedeutung des Erwägungsgrundes erschließt sich vor dem Hintergrund der unterschiedlichen Verhältnisse in den einzelnen Mitgliedstaaten: Während die einen ausschließlich die Ehe zwischen Mann und Frau kennen, bieten andere darüber hinaus auch gleichgeschlechtlichen Lebenspartnern die Möglichkeit der Verbindung in einem familienrechtlichen Institut. Die Entscheidung für oder gegen die Schaffung dieses familienrechtlichen Instituts soll indes weiterhin dem einzelnen Mitgliedstaat obliegen. Daher lässt die Richtlinie „die einzelstaatlichen Rechtsvorschriften über den Familienstand [...] unberührt“. Diese Festlegung des Rates steht im Einklang mit der Rechtsprechung des EuGH, wonach einzig dem nationalen Gesetzgeber die Entscheidung dar-

---

[963] Vgl. Vorschlag zur Richtlinie 2000/78/EG vom 25.11.1999, KOM (1999) 565 endg., S. 8.
[964] Nr. 22 der Erwägungsgründe zur Richtlinie 2000/78/EG.
[965] Mohr, Schutz vor Diskriminierungen, S. 199.

über obliegt, ob er neben der Ehe ein weiteres Institut für gleichgeschlechtliche Lebenspartner etablieren möchte.[966]
Die Entscheidung des Mitgliedstaates über den Familienstand soll weiterhin auch nicht dadurch konterkariert werden, dass zwar über die Richtlinie kein weiteres familienrechtliches Institut eingeführt wird, gleichgeschlechtliche Lebenspartner jedoch die gleichen staatlichen Leistungen wie Eheleute beanspruchen können. Sieht das nationale Recht die Möglichkeit einer gesetzlich begründeten Verbindung zweier gleichgeschlechtlicher Partner nicht vor, soll auch ein Anspruch beispielsweise auf eine gesetzliche Hinterbliebenenrente nicht bestehen. Konsequenterweise sind nach Art. 3 Abs. 3 der Richtlinie 2000/78/EG unterschiedliche Behandlungen bei den staatlichen und ihnen gleichgestellten Sozialversicherungssystemen vom Geltungsbereich ausgenommen.
Betriebsrenten sind hiervon nicht erfasst. Denn weitgehend wird übersehen, dass ausweislich der Begründungserwägung nur die „einzelstaatlichen" Rechtsvorschriften unberührt bleiben sollten. Gemeint sind ausschließlich Rechtsvorschriften, deren Normgeber auf Ebene der Mitgliedstaaten zu finden sind.[967] Für die Bundesrepublik Deutschland bedeutet dies, dass beispielsweise Gesetzesvorschriften des SGB VI zum Hinterbliebenenbegriff keine Änderung durch die Richtlinie erfahren sollten. Leistungen der betrieblichen Alters- oder Hinterbliebenenversorgung beruhen nicht auf einzelstaatlichen Rechtsvorschriften. Betriebliche Altersversorgung liegt vor, wenn ein Arbeitgeber einem Arbeitnehmer aus Anlass des Arbeitsverhältnisses eine Zusage für die Versorgungsfälle Alter, Invalidität oder Tod erteilt, § 1 Abs. 1 S. 1 BetrAVG. Der Arbeitgeber kann diese Zusage auf unterschiedlichem Wege erteilen. Eine ausführliche Beschreibung der Begründungsformen betrieblicher Versorgungsansprüche findet sich im Zweiten Teil der Arbeit.[968] Der Rat hat die Anwendbarkeit der Richtlinie 2000/78/EG auf Bestimmungen nicht ausgeschlossen, die z. B. durch Betriebsvereinbarung, im Arbeitsvertrag oder mittels betrieblicher Übung begründet sind. Eine Zusage betrieblicher Altersversorgung aufgrund einzelstaatlicher Rechtsvorschriften existiert hingegen nicht.
Jede andere Interpretation liefe auch dem Regelungszweck der Richtlinie zuwider: Die nicht gerechtfertigte Diskriminierung wegen der sexuellen Ausrichtung durch den einzelnen Arbeitgeber soll ja gerade ausgeschlossen werden. Dies

---

[966] Vgl. EuGH vom 17.02.1998 - Rs. C-249/96 - NZA 1998, S. 301 ff. (Rdnr. 36); EuGH vom 07.01.2004 - Rs. C-117/01 - NJW 2004, S. 1440 f. (Rdnr. 28).
[967] Hier irrt *Högenauer* (Europäische Richtlinien, S. 108), der entgegen dem eindeutigen Wortlaut des Erwägungsgrundes Nr. 22 auch Bestimmungen des Arbeitgebers vom Geltungsbereich der Richtlinie ausklammert.
[968] Zu den Begründungsformen betrieblicher Versorgungsansprüche siehe oben: Zweiter Teil F II.

muss notwendigerweise auch für Diskriminierungen aufgrund einer Versorgungsbestimmung gelten, die Leistungen vom Familienstand der Ehe abhängig macht. Der sachliche Anwendungsbereich der Richtlinie 2000/78/EG ist somit eröffnet.

2.2.4 Einschränkung des AGG für die betriebliche Altersversorgung?

Fraglich ist indes, ob der sachliche Anwendungsbereich des AGG als Teil der Umsetzung der Richtlinie 2000/78/EG eine Ausnahme für die betriebliche Altersversorgung enthält.

§ 2 AGG definiert den sachlichen Anwendungsbereich des Gesetzes. Während Abs. 1 Benachteiligungen in Bezug auf ausdrücklich geregelte Anwendungsbereiche für unzulässig erklärt, enthält Abs. 2 Regelungen für Sozialleistungen die betriebliche Altersversorgung. § 2 Abs. 2 lautet wörtlich: „Für Leistungen nach dem Sozialgesetzbuch gelten § 33c des Ersten Buches Sozialgesetzbuch und § 19a des Vierten Buches Sozialgesetzbuch. Für die betriebliche Altersvorsorge gilt das Betriebsrentengesetz."

Fraglich ist, ob durch die ausdrückliche Benennung zweier Sondermaterien in § 2 Abs. 2 AGG eine Bereichsausnahme zum allgemeinen Anwendungsbereich des AGG geschaffen werden sollte. Im Gesetzesentwurf zum AGG findet sich dazu der Hinweis, „dass für die betriebliche Altersversorgung die auf der Grundlage des Betriebsrentengesetzes geregelten Benachteiligungsverbote gelten"[969]. Darüber hinaus bleibe die Richtlinie 86/387/EWG (geändert durch die Richtlinie 96/97/EG) zur Verwirklichung des Grundsatzes des Grundsatzes der Gleichbehandlung von Männern und Frauen bei den betrieblichen Systemen der sozialen Sicherheit maßgeblich.

Weiterhin stellt die Bundesregierung in ihrem Gesetzentwurf vom 08.06.2006 hinsichtlich der ebenfalls in § 2 Abs. 2 AGG erwähnten Sozialleistungen fest, dass „soweit es um Leistungen nach dem Sozialgesetzbuch geht, ausschließlich die Regelungen in § 33c SGB I und § 19a SGB IV"[970] gelten. In diesem Bereich bleibe es bei den durch das Gesetz zur Umsetzung europäischer Richtlinien zur Verwirklichung der Gleichbehandlung getroffenen Neuregelungen des § 33c SGB I und des § 19a SGB IV.[971]

[969] BT-Drucksache 16/1780, S. 32.
[970] Ebenda.
[971] Vom 14.08.2006, BGBl. I S. 1897 ff., 1908 f.

2.2.5 Stellungnahme

Die in § 2 Abs. 2 S. 2 AGG getroffene Regelung zum sachlichen Anwendungsbereich ist unklar und bedarf der Auslegung.
Aus dem systematischen Zusammenhang könnte man schließen, auch für die betriebliche Altersversorgung solle ausschließlich das Betriebsrentengesetz gelten. Dafür sprechen folgende Gesichtspunkte: Einerseits regelt Abs. 1 der Vorschrift positiv, für welche Regelungsgegenstände das AGG Geltung beanspruchen soll. Die betriebliche Altersversorgung lässt sich wie bereits gezeigt dem „Arbeitsentgelt" nach § 2 Abs. 1 Nr. 2 AGG zuordnen.[972] Der positiven Regelung des Anwendungsbereichs in Absatz 1 stehen in Absatz 2 zwei gesonderte Materien gegenüber, die Sozialleistungen und die Betriebsrenten. Eine ähnliche Vorgehensweise wurde für den Bereich der Kündigungen gewählt: Für diese gelten nach Abs. 4 „ausschließlich die Bestimmungen zum allgemeinen und besonderen Kündigungsschutz". *Bauer/Thüsing/Schunder* gehen insoweit von Bereichsausnahmen für die betriebliche Altersversorgung in § 2 Abs. 2 AGG und für Kündigungen in § 2 Abs. 4 AGG aus.[973]
Allerdings enthält Absatz 3 der Vorschrift gerade keinen Ausschluss einer Sondermaterie. Vielmehr soll nach § 2 Abs. 3 AGG die Geltung sonstiger Benachteiligungsverbote oder Gebote der Gleichbehandlung durch das AGG nicht berührt werden.
Fraglich ist somit, wie der Abs. 2 über Sozialleistungen und betriebliche Altersversorgung systematisch zu verstehen ist. Sollen damit wie in Abs. 4 für Kündigungen ausschließlich andere Bestimmungen oder wie in Abs. 3 für sonstige Benachteiligungsverbote oder Gleichbehandlungsgebote zusätzliche Bestimmungen gelten?[974]
Für einen Ausschluss spricht, dass die Gesetzesbegründung des Abs. 2 festlegt, für Sozialleistungen sollten „ausschließlich" die Regelungen in § 33c SGB I und § 19a SGB IV gelten. Für die betriebliche Altersversorgung gelte das Betriebsrentengesetz und seien die europäischen Betriebrentenrichtlinien „maßgeblich". Aus dem systematischen Zusammenhang innerhalb des zweiten Absatzes könnte man zum Schluss kommen, der Gesetzgeber habe für beide Regelungsgegenstände die ausschließliche Geltung von Sonderregelungen vorgesehen und zugleich den sachlichen Anwendungsbereich des AGG verschlossen.
Dagegen spricht jedoch zunächst, dass im Wortlaut des Gesetzes auf eine Verwendung des Begriffs „ausschließlich" wie in § 2 Abs. 4 AGG verzichtet wurde; diese Formulierung findet sich nur in der Gesetzesbegründung.

---

[972] Siehe oben: Dritter Teil B II 2.2.1.
[973] Bauer/Thüsing/Schunder, NZA 2006, S. 774 ff., 776.
[974] So auch Willemsen/Schweibert, NJW 2006, S. 2583 ff., 2584.

Hinzu kommt, dass § 6 Abs. 1 S. 2 AGG den persönlichen Anwendungsbereich auf Personen erstreckt, deren Beschäftigungsverhältnis beendet ist. Zur Begründung weist die Bundesregierung im Gesetzentwurf vom 08.06.2006 ausdrücklich darauf hin, dass trotz Beendigung des Beschäftigungsverhältnis „noch nachwirkende Folgen, wie z. B. bei der betrieblichen Altersvorsorge“[975] eintreten können. Ein expliziter Hinweis auf die betriebliche Altersversorgung wäre jedoch sinnlos, wenn einerseits der persönliche Anwendungsbereich des AGG für Betriebsrentner eröffnet sein soll, andererseits für den sachlichen Anwendungsbereich allein das Betriebsrentengesetz gelten solle. Weiterhin besteht in § 10 S. 3 Nr. 4 AGG eine Sonderregelung für die betrieblichen Systeme der sozialen Sicherheit.[976] Eine Sonderregelung ist nur dann erforderlich, wenn der Regelungsgegenstand nicht bereits zuvor ausgeschlossen wurde.
Zudem ist die Gesetzesbegründung, für die betriebliche Altersversorgung sollten „die auf der Grundlage des Betriebsrentengesetzes geregelten Benachteiligungsverbote“[977] gelten, wenig zielführend: Das BetrAVG enthält selbst keine Benachteiligungsverbote.[978] Abgesehen vom betriebsrentenrechtlichen Gleichbehandlungsgrundsatz in § 1b Abs. 1 S. 4 BetrAVG ist ein Benachteiligungsverbot nicht im Ansatz ersichtlich. Aber auch der Regelungsgehalt von § 1b Abs. 1 S. 4 BetrAVG ist überschaubar. Die Vorschrift bezieht sich auf die Frage der Unverfallbarkeit dem Grunde nach und hat lediglich deklaratorischen Charakter.[979] Sie stellt die auf den Grundsätzen der betrieblichen Übung oder Gleichbehandlung beruhende Versorgungsverpflichtung derjenigen aus einer ausdrücklichen Versorgungszusage gleich.[980] Ein Benachteiligungsverbot im eigentlichen Sinne ist darin nicht enthalten. Ferner weisen *Willemsen/Schweibert* zu Recht darauf hin, dass nach § 3 Abs. 3 AGG die Geltung sonstiger Benachteiligungsverbote oder Gebote der Gleichbehandlung durch das AGG nicht berührt wird.[981]
Im Ergebnis lässt sich festhalten, dass der Gesetzgeber mit § 2 Abs. 2 AGG eine verwirrende und damit auslegungsbedürftige Regelung geschaffen hat. Eine am systematischen Zusammenhang orientierte Auslegung lässt grundsätzlich Spielraum für eine Bereichsausnahme der betrieblichen Altersversorgung. Allerdings enthält das AGG an zwei Stellen Regelungen, welche die betriebliche Altersver-

---

[975] BT-Drucksache 16/1780, S. 34.
[976] So zu Recht der Hinweis von Bauer/Thüsing/Schunder, NZA 2006, S. 774 ff., 774; vgl. auch Bauer/Thüsing/Schunder, NZA 2006, S. 1261 ff., 1262.
[977] BT-Drucksache 16/1780, S. 32.
[978] Vgl. Rengier, NZA 2006, S. 1251 ff., 1251; Schlachter, in: ErfKomm § 2 AGG, Rdnr. 12; Bauer/Thüsing/Schunder, NZA 2006, S. 774 ff., 777, verweisen auf die „ganz anders geartete Zielsetzung“ des BetrAVG.
[979] Vgl. K/K/B/B/P-Kemper, § 1 Rdnr. 133.
[980] Vgl. Höfer, § 1b Rdnr. 2770.
[981] Vgl. Willemsen/Schweibert, NJW 2006, S. 2583 ff., 2584.

sorgung betreffen. Diese Regelungen wären weder erforderlich noch sinnvoll, sollte die betriebliche Altersversorgung entgegen dem eindeutigen Wortlaut der Richtlinie 2000/78/EG ausgenommen werden. So stellt auch *Rengier* davon fest, dass eine Bereichsausnahme nach § 2 Abs. 2 S. 2 AGG „eindeutig im Widerspruch zum Geltungsbereich der Richtlinie 2000/78/EG"[982] steht. Es ist somit davon auszugehen, dass mit dem Hinweis auf das BetrAVG in § 2 Abs. 2 S. 2 AGG rein deklaratorisch auf die Besonderheiten des Betriebsrentenrechts hingewiesen werden sollte. Eine Bereichsausnahme für die betriebliche Altersversorgung wäre zudem rechtlich problematisch: Welche Folgen eine unzureichende Umsetzung der Richtlinie 2000/78/EG hätte, wird im Rahmen der weiteren Untersuchung dargestellt.[983]

3. Diskriminierungsgrund „Sexuelle Ausrichtung" bzw. „Identität"

Die Nichtgewährung einer betrieblichen Versorgungszusage oder -leistung müsste weiterhin eine Diskriminierung wegen der sexuellen Ausrichtung bzw. Identität darstellen.

3.1 Inhalt und Reichweite des Diskriminierungsgrundes

Art. 1 der Richtlinie 2000/78/EG wendet sich u. a. gegen Diskriminierungen wegen der sexuellen Ausrichtung. Das Gemeinschaftsrecht definiert allerdings den Begriff der „sexuellen Ausrichtung" nicht; er bedarf daher der Auslegung. Der Begriff der „Ausrichtung" beschränkt sich nicht auf eine bloße Vorliebe oder Neigung. Nach vielfach im Schrifttum vertretener Auffassung sind nur grundsätzliche Ausrichtungen der Homo-, Hetero- und Bisexualität erfasst, die eine gewisse Festigkeit aufweisen und der Person nachhaltig anhaften.[984] *Kummer* weist darauf hin, der Richtliniengeber hätte andernfalls bei einer Einbeziehung von sexuellen Tendenzen die Wendung „Sexualität" verwenden können.[985] Mit der Einbeziehung des Diskriminierungsgrundes „sexuelle Ausrichtung" in die Richtlinie 2000/78/EG sollte klargestellt werden, das die betroffene Person auf die sexuelle Ausrichtung genau so wenig Einfluss hat wie auf die Kriterien Alter oder ethnische Herkunft.[986] Weiterhin ist zwischen einer sexuellen Ausrichtung und dem sexuellen Verhalten einer Person zu unterscheiden: Während

---

982 Rengier, NJW 2006, S. 1251 ff., 1251.

983 Siehe unten: Dritter Teil B II 6.2.

984 Vgl. Högenauer, Europäische Richtlinien, S. 109 f; Kummer, Umsetzungsanforderungen, S. 80; Lingscheid, Diskriminierung im Arbeitsrecht, S. 255; Meyer, Diskriminierungsverbot des Gemeinschaftsrechts, S. 75.

985 Vgl. Kummer, Umsetzungsanforderungen, S. 80.

986 Vgl. Högenauer, Europäische Richtlinien, S. 109.

die Richtlinie 2000/78/EG homosexuelle Menschen vor einer Diskriminierung schützt, wird das auf einer solchen Orientierung beruhende sexuelle Verhalten nicht von der Richtlinie erfasst.[987]
Ziel des AGG ist nach § 1, Benachteiligungen u. a. aus Gründen der „sexuellen Identität" zu verhindern oder zu beseitigen. Beschäftigte dürfen nach § 7 Abs. 1 wegen dieses Merkmals nicht benachteiligt werden. Im Gesetzentwurf wird zur unterschiedlichen Terminologie („sexuelle Ausrichtung") ausgeführt, der Begriff der „sexuellen Identität" entspreche der bereits zur Umsetzung der Richtlinie 2000/78/EG in § 75 des BetrVG erfolgten Wortwahl. Der Entwurf stellt klar, dass „homosexuelle Männer und Frauen ebenso wie bisexuelle, transsexuelle oder zwischengeschlechtliche Menschen"[988] erfasst werden sollen.
Die Nichteinbeziehung gleichgeschlechtlicher Lebenspartner in die betriebliche Hinterbliebenenversorgung steht im Zusammenhang mit der sexuellen Ausrichtung bzw. Identität des betroffenen Arbeitnehmers. Die grundsätzliche geschlechtliche Präferenz hat zwingende Auswirkungen auf die Frage, ob der Arbeitnehmer eine Ehe oder eine eingetragene Lebenspartnerschaft eingeht, wenn er eine rechtliche Institutionalisierung seiner hetero- oder homosexuellen Beziehung anstrebt. Das einschlägige familienrechtliche Institut ist wiederum maßgeblich dafür, ob der Arbeitnehmer die Leistungsvoraussetzung der betrieblichen Versorgungsbestimmungen erfüllen kann. Werden Leistungen nur an Witwen oder Witwer eines verstorbenen Ehepartners gewährt, zählt der überlebende eingetragene Lebenspartner ausgehend vom Wortlaut nicht zum Kreis der Berechtigten.

3.2 Kausalzusammenhang

Fraglich ist allerdings, ob eine solche Zusagengestaltung des Arbeitgebers eine Diskriminierung gerade wegen der sexuellen Ausrichtung bzw. Identität darstellt, oder ob vielmehr lediglich alle Unverheirateten ausgenommen sind.
Das BVerwG kommt bei der Prüfung der Vereinbarkeit des § 40 Abs. 1 Nr. 1 BBesG mit deutschem Verfassungsrecht zum Ergebnis, der Verheiratetenzuschlag, knüpfe nicht „an die persönliche Eigenschaft der Heterosexualität, sondern an den Familienstand „verheiratet" an"[989]. Zugleich setze die eingetragene Lebenspartnerschaft nicht zwingend die Homosexualität der Partner voraus.

---

[987] Vgl. Mohr, Schutz vor Diskriminierungen, S. 199; im Ergebnis auch Lingscheid, Diskriminierung im Arbeitsrecht, S. 256; dagegen: Meyer, Diskriminierungsverbot des Gemeinschaftsrechts, S. 75
[988] BT-Drucksache 16/1780, S. 31.
[989] Vgl. BVerwG vom 26.01.2006 - 2 C 43/04 - S. 1828 f. (Gründe II); ähnlich VG Bremen vom 30.03.2004 - 6 K 734/03 - n. v. und VG Koblenz vom 07.02.2006 - 6 K 871/05.KO - n. v. (Gründe II 2b); beide am 24.03.2006 abrufbar unter www.lsvd.de.

Nach Meinung des VG Koblenz wird die betreffende Regelung „unterschiedslos auf Frauen und Männer angewandt“[990]. Auch *Lingscheid* betont, eine eventuelle Ungleichbehandlung erfolge nicht unmittelbar wegen der sexuellen Ausrichtung, sondern wegen des Nichtbestehens der Ehe.[991]
Das VG Schleswig hingegen sieht in der Vorenthaltung eines Verheiratetenzuschlags nach dem BBesG eine Diskriminierung wegen der sexuellen Ausrichtung i. S. d. Art. 2 der Richtlinie 2000/78/EG.[992] Auch *Bruns* stellt fest: „Welchen Familienstand Paare haben, die wie Ehegatten oder Lebenspartner eine lebenslange verbindliche Partnerschaft eingehen, hängt nur von ihrer sexuellen Ausrichtung ab, weil sie ja nach ihrer sexuellen Ausrichtung nur den Familienstand „verheiratet“ oder „verpartnert“ wählen können.“[993]

3.3 Stellungnahme

Fraglich ist somit, ob der Arbeitnehmer aufgrund seiner sexuellen Ausrichtung bzw. Identität nicht in den Genuss der Versorgungszusage kommt oder ob die sexuelle Ausrichtung bzw. Identität wegen der Anknüpfung an den Familienstand lediglich mittelbar tangiert wird.
Zur Beurteilung der Rechtsfrage kann auf die Rechtsprechung des EuGH zur Ungleichbehandlung gleichgeschlechtlicher Lebenspartner vor dem Hintergrund des Art. 141 EG (Art. 119 EGV) zurückgegriffen werden. Der Gerichtshof verneinte in der Rechtssache „Grant“ eine Entgeltdiskriminierung wegen des Geschlechts, da der Arbeitgeber die begehrte Vergünstigung in gleicher Weise für weibliche wie für männliche Arbeitnehmer gewährte.[994] Die sexuelle Ausrichtung und das davon abhängige Geschlecht des Partners spielte für die Frage der Geschlechtsdiskriminierung des Arbeitnehmers hingegen keine Rolle. In seiner Entscheidung vom 31.05.2001 führte der Gerichtshof ebenfalls aus, die Gewährung der streitgegenständlichen Zulage hänge nicht vom Geschlecht des Partners ab, sondern von der Rechtsnatur der Bindungen, die zwischen diesem und dem Arbeitnehmer bestünden.[995]

---

[990] VG Koblenz vom 07.02.2006 - 6 K 871/05.KO - n. v. (Gründe II 2b); am 24.03.2006 abrufbar unter www.lsvd.de.
[991] Vgl. Lingscheid, Diskriminierung im Arbeitsrecht, S. 272 f.
[992] Vgl. VG Schleswig vom 27.08.2004 - 11 A 103/04 - n. v.; am 24.03.2006 abrufbar unter www.lsvd.de.
[993] Bruns, in: Bruns/Kemper; Beamte, Angestellte und Arbeiter Rdnr. 21.
[994] Vgl. EuGH vom 17.02.1998 - Rs. C-249/96 - NZA 1998, S. 301 ff. (Rdnr. 28); siehe dazu oben: Dritter Teil B I 1.
[995] Vgl. EuGH vom 31.05.2001 - Rs. C-122/99 P und Rs. C-125/99 P - NVwZ 2001, S. 1259; siehe dazu oben: Dritter Teil B I 2.

Der entscheidende Unterschied zu den vorgenannten Urteilen besteht nun darin, dass der EuGH dort eine Diskriminierung „wegen des Geschlechts" zu prüfen hatte. Das Geschlecht spielte nach richtiger Auffassung des Gerichtshofs keine Rolle für die Frage, ob ein hetero- oder homosexueller Arbeitnehmer ein bestimmtes Entgelt beanspruchen konnte. Prüfungsgegenstand der Richtlinie 2000/78/EG ist jedoch die Diskriminierung „wegen der sexuellen Ausrichtung"; das AGG bezieht sich auf die „sexuelle Identität". Diese ist allerdings entscheidend für die Frage, ob ein hetero- oder homosexueller Arbeitnehmer Anspruch auf eine betriebliche Versorgungsleistung hat. Denn nur ein verheirateter heterosexueller Arbeitnehmer kann bei entsprechender Zusagengestaltung eine Hinterbliebenenversorgung seines Partners erreichen.
Das Argument, entsprechende Versorgungsbestimmungen knüpften lediglich an den Familienstand und nicht an die sexuelle Ausrichtung an, erweist sich bei genauerer Betrachtung als fadenscheinig. Zwar könnte ein homosexueller Arbeitnehmer eine betriebliche Hinterbliebenenversorgung erhalten, wenn er trotz seiner anderweitigen sexuellen Ausrichtung formell eine Ehe eingeht. Gleichwohl wäre der homosexuelle Arbeitnehmer nicht in der Lage, eine Versorgungszusage seines wirklichen Lebenspartners zu erlangen. Somit erfolgt die Nichtgewährung einer Versorgungszusage zugunsten des überlebenden Partners „wegen" der sexuellen Ausrichtung bzw. Identität des Arbeitnehmers.

4. Das Diskriminierungsverbot

Inhaltlich orientieren sich die Richtlinie 2000/78/EG und das AGG an der Vorgabe eines Diskriminierungsverbots, gefolgt von einer Möglichkeit einer sachlichen Rechtfertigung (Regel-Ausnahme-Verhältnis). Nach Art. 2 Abs. 1 der Richtlinie sind für deren Anwendungsbereich sämtliche unmittelbaren oder mittelbaren Diskriminierungen verboten. Dabei ist generell zunächst vom Wortsinn der „discriminatio", also von einer Unterscheidung auszugehen.[996] Auch das AGG kennt in § 3 AGG sowohl die unmittelbare als auch die mittelbare Benachteiligung.
Das Diskriminierungsverbot erfasst neben unmittelbaren und mittelbaren Diskriminierungen auch Belästigungen und Anweisungen zur Diskriminierung, Art. 2 Abs. 3 und 4 der Richtlinie. In Umsetzung der Richtlinie 2000/78/EG bildet das AGG die Belästigung in § 3 Abs. 3 bzw. die sexuelle Belästigung in Abs. 4 ab. Die Anweisung zur Benachteiligung findet sich im nationalen Recht in § 3 Abs. 5 AGG. Belästigung und Anweisung zur Diskriminierung bzw. Benachteiligung dürften für die betriebliche Hinterbliebenenversorgung keine Rolle spielen.

---

[996] Vgl. Linsenmaier, RdA 2003, Sonderbeilage Heft 5, S. 22 ff., 25.

Bei der Nichtgewährung einer betrieblichen Hinterbliebenenversorgung kommen allerdings die unmittelbare und mittelbare Diskriminierung bzw. Benachteiligung in Betracht.

4.1 Unmittelbare Diskriminierung bzw. Benachteiligung

Unmittelbare Diskriminierung bedeutet nach Art. 2 Abs. 2a der Richtlinie, dass eine Person wegen eines spezifischen Grundes „in einer vergleichbaren Situation eine weniger günstige Behandlung erfährt, als eine andere Person erfährt, erfahren hat oder erfahren würde". Die Definition des § 3 Abs. 1 AGG zur unmittelbaren Benachteiligung ist abgesehen vom Satzbau wortgleich. Die Begründung zum Gesetzentwurf des AGG fasst zusammen, der Nachteil bestehe in einer Zurücksetzung.[997]

Eine unmittelbare Diskriminierung zeichnet sich dadurch aus, dass die Ungleichbehandlung unmittelbar an der sexuellen Ausrichtung anknüpft, diese also selbst Differenzierungsmerkmal ist.

Der Definition liegt das „Vergleichspersonenkonzept" des englischen Rechts zugrunde.[998] Eine Diskriminierung wird demzufolge dann vermutet, wenn eine Person ungünstiger behandelt wird als eine Vergleichsperson, die z. B. eine andere sexuelle Ausrichtung aufweist. Für diesen Vergleich kann eine hypothetische Vergleichsperson herangezogen werden, wodurch auch Diskriminierungen innerhalb homogener Gruppen und gegenüber Personen ohne möglichen Vergleichspartner erfasst werden.[999]

Die Vermutung der Diskriminierung kann durch den Nachweis widerlegt werden, dass die Differenzierung auf einem anderen Sachgrund oder Merkmal beruht, das keinen Bezug z. B. zur sexuellen Ausrichtung oder Identität hat.

4.1.1 Vergleichbarkeit eingetragener Lebenspartner

Die Frage, ob eine unmittelbare Diskriminierung vorliegt, hängt zunächst von der Auslegung des Merkmals „in einer vergleichbaren Situation" des Art. 2 Abs. 2a der Richtlinie bzw. § 3 Abs. 1 AGG ab.[1000] Fraglich ist, ob eingetragene Lebenspartner in einer vergleichbaren Situation wie Verheiratete sind.

Vor dem Hintergrund der im Jahre 2003 geltenden Rechtslage vertrat *Höfer* die Auffassung, die Partner einer eingetragenen Lebenspartnerschaft befänden sich

---

[997] BT-Drucksache 16/1780, S. 32.

[998] Ausführlich: Schiek, NZA 2004, S. 873 ff., 874.

[999] Anschauliche Beispiele bei: Schiek, NZA 2004, S. 873 ff., 874; zur unmittelbaren Diskriminierung wegen des Alters: Waltermann, NZA 2005, S. 1265 ff., 1266.

[1000] Vgl. Powietzka, BB 2002, S. 146 ff. 148.

im Hinblick auf ihre Fürsorgesituation nicht in einer mit Eheleuten vergleichbaren Situation. Lebenspartner müssten nicht die Belastung des nachehelichen Unterhalts und des zwingend durchzuführenden Versorgungsausgleichs bei Scheidung tragen.[1001] Die Lebenspartnerschaft sei zudem nicht in die Hinterbliebenenversorgung der gesetzlichen Rentenversicherung einbezogen. Diese Wertung müsse „auch für die betriebliche Altersversorgung gelten, die die Funktion hat, die gesetzliche Renten zu ergänzen“[1002]. Jedenfalls könne sich aus dem LPartG für den Arbeitgeber keine rechtliche Verpflichtung zur Gewährung von Hinterbliebenenleistungen an Lebenspartner ergeben.
Das VG Koblenz weist auf einen weiteren Aspekt hin. Ehe und Lebenspartnerschaft stellten „keine gleichen und vergleichbaren Lebensformen“[1003] dar. Zur Begründung führt das Gericht an, die gleichgeschlechtliche Partnerschaft sei „nicht zur Reproduktion der Bevölkerung geeignet“[1004]. Dabei sei sachlich vertretbar, dass der Gesetzgeber typisierend nur reproduktionsfähige Lebensgemeinschaften begünstige, unabhängig davon, „dass nicht alle Ehen mit diesem Ziel geschlossen werden und dass auch Ehen ungewollt kinderlos bleiben“[1005].
Zuvor hatte bereits das BAG zum Ortszuschlag nach dem BAT betont, die gleichgeschlechtliche - nicht eingetragene - Partnerschaft sei mit der Ehe in tatsächlicher Hinsicht nicht vergleichbar, da sie nicht zur Reproduktion der Bevölkerung geeignet sei.[1006] Wie noch zu zeigen sein wird, hat das BAG diese Rechtsprechung jedoch mittlerweile aufgegeben.[1007]
Auch *Lingscheid* zufolge liegt bei Ehepartnern und eingetragenen Lebenspartnern keine vergleichbare Situation vor, da die gleichgeschlechtliche Partnerschaft zur Reproduktion der Bevölkerung nicht geeignet sei.[1008] *Tillmanns* erklärt, die Ehe sei „eben nicht primär Tummelplatz für hedonistische Selbstentfaltung, sondern in erster Linie Keimzelle der Familie als umhegter Raum für eine gelingende Kindererziehung und ordnender Baustein des gesellschaftlichen Gefüges“[1009].

[1001] Vgl. Höfer, ART Rdnr. 910.
[1002] Höfer, ART Rdnr. 909.
[1003] VG Koblenz vom 07.02.2006 - 6 K 871/05.KO - n. v. (Gründe II 2b); am 24.03.2006 abrufbar unter www.lsvd.de.
[1004] Vgl. ebenda (Gründe I 1b).
[1005] Vgl. ebenda.
[1006] Vgl. BAG vom 15.05.1997 - 6 AZR 26/96 - NZA 1998, S. 207 ff. (Gründe I 1e).
[1007] Vgl. BAG vom 29.04.2004 - 6 AZR 101/03 - NZA 2005, S. 57 ff. (Gründe 4 b cc); siehe dazu ausführlich unten: Dritter Teil B IV 5.1.
[1008] Vgl. Lingscheid, Diskriminierung im Arbeitsrecht, S. 274.
[1009] Tillmanns, JA 2003, S. 934 ff., 936.

Möller tritt dem Argument entgegen, die Benachteiligung homosexueller Paare sei gerechtfertigt, weil diesen die „generelle" Fortpflanzungsfähigkeit fehle.[1010] Zwar habe der Staat ein legitimes Interesse am eigenen Fortbestand. Eine Benachteiligung könne jedoch nicht damit gerechtfertigt werden, dass eine bestimmte Gruppe diesem Staatszweck nicht dienen könne. Ebenso wenig sei eine Benachteiligung der Gruppe der über 50jährigen Paare[1011] vorstellbar, die das Merkmal der „generellen" Fortpflanzungsfähigkeit auch nicht erfülle.
Das VG Schleswig sieht im Vorenthalten des Familienzuschlags nach § 40 Abs. 1 BBesG eine unmittelbare Diskriminierung i. S. d. Art. 2 Abs. 2a der Richtlinie, weil der Kläger seinem Lebenspartner ebenso wie Verheiratete zum Unterhalt verpflichtet sei. Der streitgegenständliche Familienzuschlag sei eine soziale Komponente des Einkommens und habe eine Ausgleichsfunktion, „die ihren Ursprung im Familienstand und der sich darauf gründenden Unterhaltslast hat"[1012]. Der nationale Gesetzgeber habe sich von einem typischen Alimentationsbedarf und von „dem typischen Umfang der aus der privaten Sphäre herrührenden Belastungen"[1013] leiten lassen. Wegen der gesetzlich verankerten Unterhaltspflicht eingetragener Lebenspartner bestehe eine „vergleichbare Situation" im Sinne der Richtlinie.
Auch *Andresen/Rühmann* geben zu bedenken, dass Ehe- und Lebenspartner gleichermaßen Fürsorge- und Unterhaltsverpflichtungen ausgesetzt seien und darüber hinaus gesetzlich anerkannte persönliche Bindungen existierten, die die finanzielle Absicherung des Partners für den Todesfall notwendig machen. Der Arbeitnehmer in einer eingetragenen Lebenspartnerschaft sei insoweit mit einem verheirateten Arbeitnehmer vergleichbar im Sinne des Art. 2 Abs. 2a der Richtlinie 2000/78/EG.[1014] *Powietzka* zufolge muss zur Beurteilung einer vergleichbaren Situation darauf abgestellt werden, ob unter Berücksichtigung des Normzwecks der Anspruch für Verheiratete dazu dient, einen Ausgleich für die Fürsorge- und Unterhaltsbelastungen der Ehe zu gewähren.[1015] *Powietzka* und auch *Andresen/Förster/Rößler/Rühmann* betonen, für die Lebenspartnerschaft wie für die Ehe seien im Wesentlichen Fürsorge und Unterhaltsverpflichtungen gleichermaßen normiert.[1016]

[1010] Vgl. Möller, DÖD 2005, S. 64 ff., 69.

[1011] In Anlehnung an die „Lebenspartnerschaft" nennt Möller diese in seinem Beispiel sehr anschaulich „Alterspartnerschaft", siehe Möller, DÖD 2005, S. 64 ff., 71.

[1012] VG Schleswig vom 27.08.2004 - 11 A 103/04 - n. v. (am 24.03.2006 abrufbar unter www.lsvd.de).

[1013] Ebenda.

[1014] Vgl. Andresen/Rühmann, in: GS für Blomeyer, S. 5 ff., 13.

[1015] Vgl. Powietzka, BB 2002, S. 146 ff. 148.

[1016] Vgl. Andresen/Förster/Rößler/Rühmann, Teil 4 A, Rdnr. 60.

Zwanziger hält nach Einführung des LPartG insgesamt arbeitsrechtliche Regelungen für gleichheitswidrig, die verheiratete Paare gegenüber Lebenspartnern bevorzugen. Zur Begründung verweist auch *Zwanziger* auf die in beiden Fällen bestehenden Unterhaltspflichten.[1017] Nach Meinung von *Stüber* bestehen zwischen den beiden familienrechtlichen Instituten „keine Unterschiede von solcher Art und solchem Gewicht, dass sie die ungleiche Behandlung rechtfertigen können"[1018]. *Jakob* fordert, die eingetragene Lebenspartnerschaft sei keine Ehe, „aber als institutionalisierte Lebensform zweier Menschen mit gegenseitigen Rechten und Pflichten einer Ehe hinsichtlich ihres Schutzbedürfnisses möglichst gleichzustellen"[1019].

4.1.2 Stellungnahme

Ob eingetragene Lebenspartner mit Ehepartnern vergleichbar sind, bedarf der kritischen Überprüfung. Für die Frage der Vergleichbarkeit ist auf die rechtliche und tatsächliche Situation der Lebenspartner abzustellen.

4.1.2.1 LPartG in der Fassung von 2001

Zum 01.08.2001 trat das „Gesetz zur Beendigung der Diskriminierung gleichgeschlechtlicher Gemeinschaften: Lebenspartnerschaften" vom 16.02.2001[1020] in Kraft. Dessen Kernstück ist das „Gesetz über die Eingetragene Lebenspartnerschaft (Lebenspartnerschaftsgesetz - LPartG)". Mit dem neuen familienrechtlichen Institut wurde die rechtliche Situation bindungswilliger gleichgeschlechtlicher Paare fundamental verändert. Das Gesetz gilt ausschließlich für registrierte, nicht hingegen für allein faktische gleichgeschlechtliche Partnerschaften.[1021]
Nach § 1 Abs. 1 LPartG begründen zwei Personen gleichen Geschlechts eine Lebenspartnerschaft, wenn sie gegenseitig persönlich und bei gleichzeitiger Anwesenheit vor der zuständigen Behörde erklären, miteinander eine Partnerschaft auf Lebenszeit führen zu wollen. Sie können einen gemeinsamen Namen bestimmen, § 3 LPartG. Gemäß § 11 Abs. 1 LPartG gelten Lebenspartner grundsätzlich als Familienangehörige des anderen Lebenspartners. Die eingetragene Lebenspartnerschaft kann nur durch gerichtliches Urteil aufgehoben werden, § 15 LPartG. In diesem Zusammenhang regelt das Familiengericht bei

[1017] Vgl. Zwanziger, in: Kittner/Zwanziger, § 111 Rdnr. 42.
[1018] Stüber, in: Bruns/Kemper, Einführung Rdnr. 116.
[1019] Jakob, FamRZ 2002, S. 501 ff., 507.
[1020] BGBl. I 2001, S. 266.
[1021] Vgl. Brudermüller, in: Palandt, Einleitung LPartG Rdnr. 1.

Bedarf die Rechtsverhältnisse an Wohnung und Hausrat nach billigem Ermessen, §§ 17 ff. LPartG.
Weitere Gemeinsamkeiten zu den Vorschriften der bürgerlichrechtlichen Ehe bestehen hinsichtlich der Schlüsselgewalt (§ 8 Abs. 2 LPartG), der Eigentums- und Gewahrsamsvermutung in der Zwangsvollstreckung (§ 8 Abs. 1 LPartG), der Haftung nur für diligentia quam in suis (§ 4 LPartG) oder der Hausratsverteilung und Wohnungszuweisung (§§ 13 f., 18 f. LPartG). Zwischen eingetragenen Lebenspartnern gelten weitgehend die erbrechtlichen Bestimmungen für Verheiratete, § 10 LPartG.
Weiterhin waren die Lebenspartner einander bereits nach der Rechtslage von 2001 nach § 2 LPartG zu Fürsorge und Unterstützung sowie zur gemeinsamen Lebensgestaltung verpflichtet. Sie trugen füreinander Verantwortung. Die Lebenspartner mussten sich zu ihrem Vermögensstand erklären, wobei sie zwischen der Ausgleichsgemeinschaft und einem Vertrag wählen können, der ihre vermögensrechtlichen Verhältnisse regelt, §§ 6 und 7 LPartG a. F. Darüber erhielt der Lebenspartner eines allein sorgeberechtigten Elternteils mit dessen Einvernehmen die Befugnis zur Mitentscheidung in Angelegenheiten des täglichen Lebens des Kindes, das "kleine Sorgerecht", § 9 LPartG.
Die Gemeinsamkeiten zum Eherecht des BGB waren bereits in der Fassung aus 2001 erheblich; gleichwohl bestanden auch einige Unterschiede im Vergleich zur bürgerlichrechtlichen Ehe. Die Unterhaltsvorschriften waren gerade im Hinblick auf Trennungs- und nachpartnerschaftlichen Unterhalt lückenhaft. Ebenso waren Vorschriften hinsichtlich der Stellung im gemeinsamen Haushalt lebender Kinder nicht hinreichend ausgeprägt. Zudem sah das LPartG zwar einen dem Zugewinnausgleich entsprechenden Vermögensausgleich vor, nicht jedoch einen Versorgungsausgleich. Grundlegende Unterschiede bestanden auch im Rahmen der gesetzlichen Rentenversicherung.

4.1.2.2 Ausweitung des LPartG ab 2005

Am 01.01.2005 trat das „Gesetz zur Überarbeitung des Lebenspartnerschaftsrechts vom 15.12.2004[1022] in Kraft, „mit dem das Lebenspartnerschaftsrecht weitgehend an die Ehe angeglichen werden“[1023] sollte. In der Begründung des Gesetzesentwurfs von Bündnis 90/Die Grünen heißt es, auf diesem Wege sollten die „künstlichen Unterscheidungen zwischen Ehe und Lebenspartnerschaft“[1024]

[1022] BGBl. I, S. 3396.
[1023] BT-Drucksache 15/3445, S. 14; umfassend zu allen gesetzlichen Änderungen: Wellenhofer, NJW 2005, S. 705 ff.; übersichtlich bei Brudermüller, in: Palandt, Einleitung LPartG Rdnr. 2.
[1024] BT-Drucksache 15/3445, S. 1.

beseitigt werden. Im Nachgang des Urteils des BVerfG vom 17.07.2002 zum LPartG[1025] sah sich der Gesetzgeber um die Befürchtung einer möglichen Verletzung des verfassungsrechtlichen Abstandsgebots erleichtert.[1026]
Die Novelle des LPartG brachte zunächst umfassende Änderungen im Unterhaltsrecht der eingetragenen Lebenspartnerschaft mit sich. Änderungen ergaben sich für den Lebenspartnerschaftsunterhalt, den Trennungsunterhalt und den nachpartnerschaftlichen Unterhalt.[1027] Die Vorschrift des § 5 LPartG zum partnerschaftlichen Unterhalt wurde mitsamt der darin enthaltenen Verweisungen auf die bürgerlichrechtlichen Unterhaltsvorschriften erweitert, wodurch nun die §§ 1360a f. BGB Anwendung finden. Auch der Trennungsunterhalt in § 12 LPartG sowie der nachpartnerschaftliche Unterhalt in § 16 LPartG wurde umfassend den ehelichen Vorschriften angepasst. Durch die fast vollständige Angleichung wurde eine erhebliche Verbesserung der unterhaltsrechtlichen Stellung bedürftiger Lebenspartner erzielt.[1028]
Im Zuge der Neuregelung des partnerschaftlichen Güterrechts erhalten Lebenspartner zudem seit 2005 den Regelgüterstand der Zugewinngemeinschaft, wenn sie nicht durch Lebenspartnerschaftsvertrag etwas anderes vereinbaren, § 6 LPartG.[1029] Durch eine Verweisung auf die entsprechenden bürgerlichrechtlichen Vorschriften in § 7 LPartG ist wie bei Ehegatten alternativ die einvernehmliche Wahl der Gütergemeinschaft oder -trennung möglich.[1030]
Neuerungen ergaben sich auch im Hinblick auf die rechtliche Stellung des näheren familiären Umfelds. § 9 LPartG enthält seit der Neufassung die „Regelungen in Bezug auf Kinder eines Lebenspartners“. Bereits in der Fassung von 2001 war ein Mitentscheidungsrecht des Lebenspartners in Angelegenheiten des täglichen Lebens eines Kindes vorgesehen, das sog. „kleine Sorgerecht“.[1031] Weiterhin war ein Notsorgerecht des Lebenspartners vorgesehen, wenn dem Kind Schaden droht. Seit 2005 kann nun das im gemeinsamen Haushalt aufgenommene Kind den durch Erklärung gegenüber der zuständigen Behörde Namen der Lebenspartner erhalten[1032], § 9 Abs. 5 LPartG. Weiterhin muss der andere Lebenspartner als leiblicher Elternteil der Adoption des Kindes durch die Lebenspartnerin oder den Lebenspartner zustimmen, § 9 Abs. 6 LPartG. Auch

---

[1025] Vgl. BVerfG vom 17.07.2002 - 1 BvF 1/01 und 2/01 - NJW 2002, S. 2543 ff.; siehe dazu ausführlich unten: Dritter Teil B IV 1.2.
[1026] Vgl. Dickhuth-Harrach, FPR 2005, S. 273 ff., 274; Finger MDR 2005, S. 121 ff., 121.
[1027] Ausführlich: Grziwotz, DNotZ 2005, S. 13 ff., 21 f.; Finger MDR 2005, S. 121 ff., 122.
[1028] Vgl. Dickhuth-Harrach, FPR 2005, S. 273 ff., 275.
[1029] Vgl. Epple, FPR 2005, S. 305 ff., 305; Stüber, FamRZ 2005, S. 574 ff., 575.
[1030] Ausführlich zu den Wahlgüterständen: Grziwotz, DNotZ 2005, S. 13 ff., 18 f.
[1031] Dazu ausführlich Stüber, in: Bruns/Kemper, § 9 Rdnr. 4 ff.; Brudermüller, in: Palandt, § 9 LPartG Rdnr. 2.
[1032] Sog. Einbenennung.

kann nach § 9 Abs. 7 S. 1 LPartG neuerdings ein Lebenspartner das Kind seines Lebenspartners allein annehmen. Satz 2 der Vorschrift verweist auf die entsprechende Geltung der Regelungen des BGB. Durch die Verweisungstechnik finden die allgemeinen Regelungen des Adoptionsrechts Anwendung. Mit der Regelung über die Stiefkindadoption in § 9 Abs. 7 LPartG wird die Stellung des Kindes erheblich verbessert: „Die von einem Lebenspartner wahrgenommene Verantwortung für das Kind seines Lebenspartners kann durch die Adoption als gemeinsame elterliche Verantwortung weitergeführt werden."[1033] Die gemeinsame Adoption eines Kindes durch zwei Lebenspartner ist allerdings im Gegensatz zu Ehepartnern wohl nicht zulässig.[1034]
Eine grundlegende Änderung brachte die Novelle des LPartG im Hinblick auf die Versorgungssituation von Lebenspartnern nach einer Trennung. Seit Anfügung des § 20 LPartG findet nach Aufhebung der Lebenspartnerschaft zwischen den Lebenspartnern ein Versorgungsausgleich statt. Voraussetzung dafür ist, dass zumindest ein Partner Anrechte auf eine Versorgung wegen Alters oder verminderter Erwerbsfähigkeit begründet hat.[1035] Künftig sind entstandene Versorgungsanwartschaften und -ansprüche zwischen den Lebenspartnern aufzuteilen; der Zugewinnausgleich ist diesbezüglich nicht einschlägig. Im Übrigen besteht eine umfassende Verweisung auf die für Ehepartner geltenden Vorschriften des BGB, § 20 Abs. 4 LPartG. Damit gilt von einigen Ausnahmen abgesehen auch das Gesetz zur Regelung von Härten im Versorgungsausgleich (VAHRG)[1036].
Das Gesetz zur Überarbeitung des Lebenspartnerschaftsrechts erweiterte die Gleichbehandlung der Lebenspartnerschaft mit der Ehe ferner im Bereich der Rentenversicherung. Nunmehr gelten für den Anspruch auf Witwenrente oder Witwerrente als Heirat auch die Begründung einer Lebenspartnerschaft, als Ehe auch eine Lebenspartnerschaft, als Witwe oder Witwer auch ein überlebender Lebenspartner und als Ehegatte auch ein Lebenspartner (§ 46 Abs. 4 S. 1 SGB VI n. F.).[1037] Durch die Ausweitung des LPartG sind eingetragene Lebenspartner unter denselben Voraussetzungen in der gesetzlichen Hinterbliebenenversorgung anspruchsberechtigt wie überlebende Ehegatten. Außerdem wurden eingetragene Lebenspartner in das Rentensplitting, die Hinterbliebenenversorgung der gesetzlichen Unfallversicherung, des Bundesversorgungsgesetzes, der Alterssicherung der Landwirte und des sozialen Entschädigungsrechts einbezogen.

[1033] BT-Drucksache 15/3445, S. 15.
[1034] So Stüber, FamRZ 2005, S. 574 ff., 577; kritisch dazu Dickhuth-Harrach, FPR 2005, S. 273 ff., 276.
[1035] Vgl. Epple, FPR 2005, S. 305 ff. 305.
[1036] Vom 21.02.1983, BGBl. I S. 105.
[1037] Siehe Kiel, in: Bruns/Kemper, Sozialversicherung Rdnr. 27.

Weitergehende Angleichungen, etwa in der gesetzlichen Hinterbliebenenversorgung der Beamten, Richter und Soldaten, in den Beihilfevorschriften der Bundesbeamten oder im Sozialhilferecht, sind bislang unterblieben.[1038] Die mangelnde gesetzliche Angleichung in den letztgenannten Bereichen nahmen einige Fachgerichte zum Anlass, die Klagen eingetragener Lebenspartner abzuweisen. Eine genaue Darstellung findet sich in den nachfolgenden Abschnitten der Arbeit.[1039]

4.1.2.3 Bedeutung für die rechtliche Vergleichbarkeit

Spätestens seit der Ausweitung zum 01.01.2005 zeichnet das LPartG in weiten Teilen ein Abbild der Ehe. Angesichts der umfangreichen Verweisungen auf die bürgerlichrechtlichen Vorschriften schlägt *Wellenhofer* vor, mittelfristig das LPartG aufzuheben und auch die Lebenspartner betreffenden Regelungen in das BGB zu übernehmen. Die Vorschriften für die Ehe sollten jeweils entsprechend Anwendung finden, soweit für Lebenspartner nichts anderes bestimmt ist.[1040]
Wie im vorangegangenen Abschnitt gezeigt werden konnte, finden sich weitgehend inhaltsgleiche Regelungen zur Eingehung und Aufhebung des familienrechtlichen Instituts und insbesondere die wirtschaftlich bedeutsamen Bereiche Güterrecht, Unterhalt, Versorgungsausgleich und gesetzliche Hinterbliebenenversorgung.
Ausdrücklich ist nochmals auf die behaupteten Unterschiede in der finanziellen Belastung einzugehen. Wie unter Ehepartnern besteht auch in gleichgeschlechtlichen Partnerschaften sowohl ein Unterhaltsbedarf, als neuerdings auch eine rechtliche Unterhaltsverpflichtung in vergleichbarem Umfang. Der Gesetzgeber hat dies mit der Ausweitung der Unterhaltsvorschriften des LPartG zum 01.01.2005 nochmals dokumentiert. Eingetragene Lebenspartner schulden einander partnerschaftlichen Unterhalt, Trennungsunterhalt und nachpartnerschaftliche Unterhalt. *Bruns* zufolge ist die Situation von Lebenspartnern mit der Situation von Ehegatten vergleichbar, da „das Überarbeitungsgesetz die Lebenspartnerschaft zivilrechtlich völlig der Ehe angeglichen"[1041] habe.
Im Versorgungsfall schlägt der Unterhaltsbedarf des Lebenspartners in einen inhaltsgleichen Versorgungsbedarf um. Geht es bei der Gewährung von Alters- oder Erwerbsminderungsrente um die Bedarfsdeckung des Arbeitnehmers zu Lebzeiten, ist der Normzweck im Todesfall auf die Deckung des Versorgungs-

---

[1038] Vgl. Stüber, FamRZ 2005, S. 574 ff., 577; Dickhuth-Harrach, FPR 2005, S. 273 ff., 274. Eine umfassende Darstellung findet sich bei Bruns, in: Bruns/Kemper; Beamte, Angestellte und Arbeiter, Rdnr. 1 ff.
[1039] Siehe unten: Dritter Teil B IV 3 und 4.
[1040] Vgl. Wellenhofer, NJW 2005, S. 705 ff., 709.
[1041] Bruns, in: Bruns/Kemper; Beamte, Angestellte und Arbeiter, Rdnr. 14.

bedarfs des Hinterbliebenen gerichtet. Hier macht es schlechthin keinen Unterschied, ob es sich um einen gleich- oder verschiedengeschlechtlichen Hinterbliebenen handelt. Der Versorgungsbedarf beruht allein auf den materiellen Bedürfnissen des überlebenden Ehe- oder Lebenspartners, dessen Lebensführung sich von der eines Alleinstehenden unterscheidet. Wer sich dauerhaft, verbindlich und exklusiv in einem rechtlich klar abgesteckten Rahmen an einen anderen Menschen bindet, ist bei Auflösung dieser Bindung im Todesfall eher auf Versorgungsleistungen angewiesen. Der Gesetzgeber hat dies durch die Angleichungen beim Versorgungsausgleich und die Hinterbliebenenversorgung in der gesetzlichen Rentenversicherung berücksichtigt. Wer wie *Höfer*[1042] die Ausgrenzung eingetragener Lebenspartner mit der Übertragung von Wertungen der gesetzlichen Rentenversicherung begründete, müsste seine Meinung seit der Neuregelung des § 46 SGB VI nun konsequenterweise ändern.[1043] Die rechtliche Vergleichbarkeit eingetragener Lebenspartner mit Ehepartnern kann jedenfalls unter diesem Gesichtspunkt nicht mehr ernsthaft bestritten werden.
Insbesondere vor dem Hintergrund der neueren gesetzlichen Angleichungen ist daher davon auszugehen, dass sich eingetragene Lebenspartner rechtlich „in einer vergleichbaren Situation“ i. S. d. Art. 2 Abs. 2a der Richtlinie 2000/78/EG bzw. § 3 Abs. 1 AGG befinden.

4.1.2.4 Vergleichbarkeit in tatsächlicher Hinsicht

Fraglich ist, ob eingetragene Lebenspartner und Ehepartner auch in tatsächlicher Hinsicht „in einer vergleichbaren Situation“ i. S. d. Art. 2 Abs. 2a der Richtlinie 2000/78/EG bzw. § 3 Abs. 1 AGG sind. Zum Teil wird als Argument gegen eine Vergleichbarkeit ins Feld geführt, dass eingetragene Lebenspartner nicht zur Reproduktion der Bevölkerung in der Lage seien.
Problematisch ist hier zunächst die erhebliche Unschärfe des Begriffs der Reproduktionsfähigkeit. Technisch gesehen wird man Menschen gleichgeschlechtlicher sexueller Orientierung die generelle Vermehrungsfähigkeit nicht absprechen können. Eingetragene Lebenspartner sind lediglich biologisch nicht in der Lage, gemeinsame Kinder zu zeugen. Gleichwohl können auch in einer gleichgeschlechtlichen Partnerschaft Kinder vorhanden sein, die biologisch aus einer vorangegangenen heterosexuellen Partnerschaft, aus heterologer Insemination oder Adoption stammen. Ob die biologische Herkunft für eine Differenzierung

---

[1042] Vgl. Höfer, ART Rdnr. 909.
[1043] Allerdings bestehen grundsätzliche Bedenken gegen eine Übertragung sozialrechtlicher Wertungen auf betriebliche Versorgungszusagen. Dies wurde bereits an anderer Stelle der Untersuchung diskutiert, siehe zur Einbeziehung geringfügig Beschäftigter: Dritter Teil A IV 3.1.1.

ausreicht, muss ernsthaft bezweifelt werden. Denn auch gleichgeschlechtliche Partner können in tatsächlicher Hinsicht eine Familie bilden und damit einen Beitrag zur Reproduktion der Bevölkerung leisten. Es ist nicht ersichtlich, warum eine langjährige Erziehungsleistung gegenüber dem kurzfristigen Zeugungsakt unbeachtlich sein sollte.

Entscheidend ist vielmehr, dass eingetragene Lebenspartner dem Kind ein häusliches Umfeld bieten können, welches in keiner Weise den tatsächlichen Gegebenheiten verschiedengeschlechtlicher Paare nachsteht. *Stüber* betont, es sei aus Sicht von Staat und Gesellschaft vernünftig, rechtlich verbindliche Einstehens- und Verantwortungsgemeinschaften[1044] zu fördern, „weil sich dort zwei Menschen verpflichten, in den Wechselfällen des Lebens für den jeweils anderen aufzukommen“[1045]. Auch homosexuelle rechtlich verbindliche Einstehensgemeinschaften seien bereit und in der Lage, Kinder großzuziehen und so der demographischen Entwicklung[1046] entgegenzuwirken.

Die rechtlichen Grundlagen dafür wurden in Deutschland mit der Einführung des LPartG gerade auch im Hinblick auf die rechtliche Stellung des näheren familiären Umfelds geschaffen, § 9 LPartG. Seit der rechtlichen Anerkennung kann nicht mehr ernsthaft vorgetragen werden, die eingetragene Lebenspartnerschaft bilde im Hinblick auf das Kindeswohl ein minderwertiges familiäres Umfeld. Sogar das BVerwG stellt mittlerweile heraus, dass „sich in einer eingetragenen Lebenspartnerschaft die Betreuungssituation faktisch soweit verbessert, dass die prekäre Erziehungssituation des allein Erziehenden entfällt“[1047]. Gegen diese Sichtweise lässt sich zu Recht einwenden, dass nicht in jedem Fall pauschal von einer „prekären Erziehungssituation“ ausgegangen werden kann, wenn und soweit elterliche Pflichten durch einen Elternteil allein geschultert werden. In jedem Fall greift jedoch der Einwand von *Tillmanns* zu kurz, wonach nur die Ehe einer Familie den notwendigen „Raum für eine gelingende Kindererziehung“[1048] biete. Diese Sichtweise ist spätestens seit der umfangreichen Angleichung des LPartG an die Ehe zum 01.01.2005 überholt. Selbst Art. 6 Abs. 1 GG schützt die Familie als Lebens-, Erziehungs- und Beistandsgemeinschaft. Eine Hervorhebung der Reproduktionsfähigkeit i. R. d. Ehe „als Grundlage des Familienlebens und der Erhaltung und Vermehrung der Nation“ (Art. 119 Abs. 1 S. 1 WRV[1049]) sieht auch das deutsche Verfassungsrecht nicht vor.[1050]

[1044] In der Terminologie ähnlich: Brudermüller, in: Palandt, Einleitung LPartG Rdnr. 1.

[1045] Stüber, in: Bruns/Kemper: Einführung Rdnr. 118.

[1046] Zur demographischen Entwicklung siehe oben: Zweiter Teil A II 1.

[1047] BVerwG vom 02.06.2005 - 5 C 24/04 - NJW 2005, S. 2938 ff., 2940.

[1048] Tillmanns, JA 2003, S. 934 ff., 936.

[1049] Die Verfassung des Deutschen Reichs vom 11.08.1919, RGBl. S. 1383.

[1050] So auch Bergwitz, ZTR, 2004, S. 512 ff., 515.

Der einzige Unterschied zur Ehe besteht letztlich in der Tatsache, dass eingetragene Lebenspartner biologisch nicht zur gemeinsamen Zeugung der Kinder in der Lage sind, für die der nationale Gesetzgeber ihnen die gleichwertige rechtliche Stellung und Verantwortung zubilligt. Die „technische" Reproduktionsfähigkeit allein muss jedoch zurücktreten, wenn sich für Familie als Folge der Reproduktionstätigkeit keine nennenswerten Unterschiede ergeben.
Zudem ist *Möller* uneingeschränkt zuzustimmen, der auf die mangelnde Reproduktionsfähigkeit älterer heterosexueller Paare hinweist.[1051] Ab einem bestimmten Lebensalter der Ehepartner ist auch dort die Reproduktionsfähigkeit in physischer Hinsicht ausgeschlossen. Gleichwohl käme niemand auf den Gedanken, den Betroffenen die rechtlichen Vorteile Verheirateter abzusprechen. Der einzige Unterschied zu der seit 2001 ebenfalls rechtlich anerkannten eingetragenen Lebenspartnerschaft besteht in der Verschieden- oder Gleichgeschlechtlichkeit ihrer Partner. Die unterschiedliche sexuelle Ausrichtung als tatsächliches Kriterium kann allerdings nicht gegen eine „vergleichbare Situation" i. S. d. Richtlinie 2000/78/EG bzw. des AGG sprechen. Vielmehr handelt es sich gerade um den von der Richtlinie verpönten Differenzierungsgrund.[1052]
Hinzu kommt, dass eine Typisierung in „reproduktionsfähige Ehepartner" und „nicht reproduktionsfähige Lebenspartner" angesichts sinkender Geburtenraten zusehends an Überzeugungskraft verliert. *Stüber* weist darauf hin, dass immer mehr Ehen kinderlos bleiben, während immer mehr Kinder bei verschieden- und gleichgeschlechtlichen Eltern aufwachsen, ohne dass diese verheiratet sind.[1053] Wie bereits an anderer Stelle gezeigt werden konnte, liegt die Geburtenrate in Deutschland mit 1,34 derzeit deutlich unter dem für eine Reproduktion erforderlichen Schwellenwert von 2,1 Kindern pro Familie.[1054] Angesichts dieser seit Jahren anhaltenden Entwicklung lässt sich hinterfragen, ob die abstrakte Reproduktionsfähigkeit ohne tatsächliche Reproduktionstätigkeit eine Differenzierung in der Hinterbliebenenversorgung rechtfertigt. Zu Recht hält *Braun* die Legitimation einer Regelung für fragwürdig, wenn „im Zuge nachträglicher Veränderungen die untypischen Sachverhalte überhand nehmen"[1055].
Im Ergebnis bleibt somit festzuhalten, dass das Rechtsinstitut der eingetragenen Lebenspartnerschaft der Ehe vergleichbare Rechte und Pflichten begründet und auch in tatsächlicher Hinsicht eine „vergleichbare Situation" i. S. d. Art. 2 Abs. 2a der Richtlinie 2000/78/EG bzw. § 3 Abs. 1 AGG bildet.

[1051] Siehe oben: Dritter Teil B II 4.1.1.
[1052] Ähnlich Bruns, in: Bruns/Kemper; Beamte, Angestellte und Arbeiter, Rdnr. 14.
[1053] Vgl. Stüber, in: Bruns/Kemper, Einführung Rdnr. 118.
[1054] Zur Geburtenrate siehe bereits oben: Zweiter Teil A II 2.
[1055] Braun, ZRP 2001, S. 14 ff., 17; ähnlich Bergwitz, ZTR, 2004, S. 512 ff., 515.

4.1.3 Unmittelbarkeit der Diskriminierung bzw. Benachteiligung

Eine unmittelbare Diskriminierung bzw. Benachteiligung setzt weiterhin voraus, dass ausdrücklich anhand des Merkmals des Betroffenen unterschieden oder an Tatsachen angeknüpft wird, die nur eine Umschreibung des Merkmals bedeuten.[1056] Eine Versorgungsordnung, die betriebliche Altersversorgung ausdrücklich von der (hetero-)sexuellen Ausrichtung des Arbeitnehmers abhängig macht, ist in der Praxis nicht vorstellbar. Allerdings könnte eine Unterscheidung anhand der Merkmale „Ehe“ oder „verheiratet“ als Umschreibung der sexuellen Identität eine unmittelbare Diskriminierung bzw. Benachteiligung darstellen.
Nach der Rechtsprechung des EuGH liegt eine unmittelbare Diskriminierung wegen des Geschlechts auch dann vor, wenn ein Diskriminierungsmerkmal ausschließlich bei Angehörigen eines Geschlechts gegeben sein kann.[1057] Die Verweigerung der Einstellung von Schwangeren komme nur gegenüber Frauen in Betracht und stelle somit eine unmittelbare Diskriminierung dar.[1058] Gleiches trifft auf eine ausschließliche Leistungsgewährung an „Personen, die ab dem 60. Lebensjahr Anspruch auf eine Regelaltersrente haben“[1059] zu, da ein solcher Anspruch nur Frauen zusteht. Überträgt man diese Vorgabe des Gerichtshofs auf die Diskriminierung wegen der sexuellen Ausrichtung, so ist eine solche gegeben, wenn nur Menschen einer bestimmten sexuellen Ausrichtung eine weniger günstige Behandlung erfahren können. Nichts anderes kann für die unmittelbare Benachteiligung wegen der sexuellen Identität nach dem AGG gelten. Eine unmittelbare Diskriminierung wäre danach zu bejahen, wenn nur homosexuelle Arbeitnehmer nicht in den Genuss einer betrieblichen Hinterbliebenenversorgung kämen.
Dies trifft allerdings so nicht zu: Vielmehr sind alle unverheirateten Arbeitnehmer von der Versorgungszusage ausgenommen. Dies gilt unabhängig davon, ob sie in nicht eingetragener Beziehung mit einem gleich- oder verschiedengeschlechtlichen Lebenspartner leben, eine eingetragene Lebenspartnerschaft eingegangen haben oder alleinstehend sind. Nicht begünstigt sind also auch heterosexuelle Arbeitnehmer. Auch das BAG führte bereits in einem obiter dictum aus, das Differenzierungsmerkmal „Ehe“ sei jedenfalls keine unmittelba-

---

[1056] Zu Beispielen bezüglich einer Diskriminierung wegen des Geschlechts siehe: EuGH vom 08.11.1990 - Rs. C-177/88 - NZA 1991, S. 171 ff. (Rdnr. 12); EuGH vom 03.02.2000 - Rs. C-207/98 - NZA 2000, S. 255 ff. (Rdnr. 20); Schlachter, in: ErfKomm § 611a BGB Rdnr. 12; Schlachter, NZA 1995, S. 393 ff., 395; Eichenhofer, in: Streinz, Art. 141 EG Rdnr. 15.
[1057] Vgl. EuGH vom 08.11.1990 - Rs. C-177/88 - NZA 1991, S. 171 ff. (Rdnr. 12); EuGH vom 03.02.2000 - Rs. C-207/98 - NZA 2000, S. 255 ff.(Rdnr. 20); Schlachter, in: ErfKomm § 611a BGB Rdnr. 12.
[1058] Vgl. EuGH vom 08.11.1990 - Rs. C-177/88 - NZA 1991, S. 171 ff. (Rdnr. 12).
[1059] Beispiel bei: Bieback, in: Fuchs, Art. 141 EG Rdnr. 49.

re Diskriminierung homosexuell ausgerichteter Personen. Denn es benachteilige alle Unverheirateten ohne Rücksicht darauf, ob der Grund der Ehelosigkeit Folge einer bestimmten sexuellen Orientierung sei.[1060] Das BAG hat diese Rechtsprechung mittlerweile aufgegeben, ohne allerdings in seiner neuen Entscheidung auf diesen Punkt eingehen zu müssen.[1061]
Eine unmittelbare Diskriminierung wegen der sexuellen Ausrichtung i. S. d. Art. 2 Abs. 2a der Richtlinie 2000/78/EG scheidet somit aus. Ebenso kommt eine unmittelbare Benachteiligung wegen der sexuellen Identität i. S. d. § 3 Abs. 1 AGG nicht in Betracht. Daraus lassen sich indes noch keine Schlüsse für oder gegen das Vorliegen einer mittelbaren Diskriminierung bzw. Benachteiligung ziehen.

4.2 Mittelbare Diskriminierung bzw. Benachteiligung

Eine mittelbare Diskriminierung liegt nach der Definition des Art. 2 Abs. 2b der Richtlinie 2000/78/EG bzw. § 3 Abs. 2 AGG vor, wenn dem Anschein nach neutrale Vorschriften, Kriterien oder Verfahren Personen u. a. mit einer bestimmten sexuellen Ausrichtung bzw. Identität gegenüber anderen Personen in besonderer Weise benachteiligen, es sei denn, dies ist durch ein rechtmäßiges Ziel sachlich gerechtfertigt und die Mittel zur Erreichung dieses Ziels sind angemessen und erforderlich.
Im Unterschied zu einer unmittelbaren Diskriminierung sind mittelbare Diskriminierungen dadurch gekennzeichnet, dass das Differenzierungsmerkmal nicht z. B. die sexuelle Ausrichtung selbst, sondern ein an sich neutrales Kriterium ist. Zur Interpretation der mittelbaren Diskriminierung kann im Übrigen auf die Rechtsprechung des EuGH zurückgegriffen werden.[1062]
Bei dieser Prüfung ist der Nachweis einer statistischen Ungleichbehandlung entbehrlich.[1063] Statt des streng statistischen Beweises kann auch auf andere Weise zur Überzeugung eines Gerichts plausibel gemacht werden, dass eine bestimmte Personengruppe nachteilig betroffen sein kann.[1064] Dabei muss nicht auf eine Mehrheit von Personen abgestellt werden, oder darauf, dass überhaupt eine konkrete andere Person schon anders behandelt wurde. Vielmehr ist ausrei-

---

[1060] Vgl. BAG vom 15.05.1997 - 6 AZR 26/96 - NZA 1998, S. 207 ff. (Gründe I 2d).
[1061] Vgl. BAG vom 29.04.2004 - 6 AZR 101/03 - NZA 2005, S. 57 ff.; siehe dazu ausführlich unten: Dritter Teil B IV 5.1.
[1062] Vgl. Mohr, Schutz vor Diskriminierungen, S. 281; zur mittelbaren Diskriminierung allgemein siehe oben: Zweiter Teil G II 1.2.2.
[1063] Vgl. Schiek, NZA 2004, S. 873 ff., 875; Schlachter, in: GS für Blomeyer, S. 355 ff., 358; Schmidt/Senne, RdA 2002, S. 80 ff., 83; Zwanziger, in: Kittner/Zwanziger, § 111 Rdnr. 30b.
[1064] Vgl. Raasch, Antidiskriminierungsgesetze, S. 4.

chend, wenn der betreffende Arbeitnehmer „schlechter“ behandelt wurde, dies also nachteilig für ihn Berücksichtigung fand.[1065]

Eine mittelbare Diskriminierung wegen der sexuellen Ausrichtung bzw. eine mittelbare Benachteiligung wegen der sexuellen Identität kommt dann in Betracht, wenn die Anspruchsvoraussetzungen „Ehe“ oder „verheiratet“ in einer Versorgungsbestimmung in ihren tatsächlichen Auswirkungen wesentlich mehr homosexuelle als heterosexuelle Arbeitnehmer benachteiligen. *Bruns* ist der Meinung, das neutrale Kriterium „Familienstand“ führe dazu, dass eingetragene Lebenspartner gegenüber Verheirateten benachteiligt werden, „obwohl sie genauso für ihre Partner einstehen müssen wie Ehegatten“[1066]. *Lingscheid* betont, die schlichte Möglichkeit einer Benachteiligung sei ausreichend, um eine mittelbare Diskriminierung anzunehmen.[1067] *Powietzka* zufolge liegt eine faktische Benachteiligung vor, da „im Verhältnis mehr Homosexuelle als Heterosexuelle unverheiratet sein dürften“[1068].

Dieser Feststellung ist zuzustimmen. Begrenzt eine Versorgungsbestimmung den Kreis der berechtigten Hinterbliebenen scheinbar neutral auf überlebende Ehepartner, so werden dadurch in besonderem Maße gleichgeschlechtliche Lebenspartner benachteiligt. Der Anteil der unverheirateten homosexuellen Arbeitnehmer beläuft sich auf annähernd 100 %. Denn homosexuelle Arbeitnehmer sind in aller Regel entweder unverheiratet oder leben in eingetragener Lebenspartnerschaft.[1069]

Demgegenüber sind deutlich weniger heterosexuelle Arbeitnehmer unverheiratet. Dies ist darauf zurückzuführen, dass diese Arbeitnehmer in der Regel entweder unverheiratet oder verheiratet sind. Anders formuliert: Die Möglichkeit, entsprechend der sexuellen Ausrichtung eine bürgerlichrechtliche Ehe einzugehen, wirkt sich zwingend zu Lasten des Anteils unverheirateter heterosexueller Arbeitnehmer aus. Setzt eine betriebliche Leistungsbestimmung das Vorliegen eine „Ehe“ oder den Familienstand „verheiratet“ voraus, wird dadurch ein wesentlich höherer Anteil von Homosexuellen benachteiligt. Grund hierfür ist, dass die mittelbare Diskriminierung eine tatsächliche Benachteiligung trotz einer scheinbar ausschließlich an den Familienstand anknüpfenden Versorgungszusage erfasst.

An dieser Stelle hilft auch der formalistische Einwand des BVerwG nicht weiter, die Homosexualität der Partner sei „nicht zwingendes Merkmal der eingetrage-

---

[1065] Vgl. Kuras, RdA 2003, Sonderbeilage Heft 5, S. 11 ff., 13.

[1066] Bruns, in: Bruns/Kemper; Beamte, Angestellte und Arbeiter Rdnr. 22.

[1067] Vgl. Lingscheid, Diskriminierung im Arbeitsrecht, S. 268.

[1068] Powietzka, BB 2002, S. 146 ff. 148.

[1069] Sieht man von den wenigen Fällen ab, in denen eine Ehe mit einem verschiedengeschlechtlichen Partner trotz gleichgeschlechtlicher sexueller Orientierung eingegangen oder aufrechterhalten wird, etwa zum Wohle gemeinsamer Kinder.

nen Lebenspartnerschaft"[1070]. Dies ist oberflächlich betrachtet richtig: Voraussetzung für die Eingehung einer eingetragenen Lebenspartnerschaft ist nach § 1 Abs. 1 S. 1 LPartG allein die Gleichgeschlechtlichkeit der Partner; auf die sexuelle Orientierung der Partner kommt es hingegen nicht an.[1071] Homosexuelle Arbeitnehmer sind allerdings faktisch auf die eingetragene Lebenspartnerschaft verwiesen, wenn sie eine Institutionalisierung ihrer - und nicht einer hypothetischen - Partnerschaft wünschen. Die Ehe, ihrerseits Leistungsvoraussetzung für die betriebliche Hinterbliebenenversorgung, ist für sie allein eine theoretische Option. Da für die Beurteilung einer mittelbaren Diskriminierung auf die faktische Schlechterbehandlung und gerade nicht auf die scheinbar rechtlich neutrale Gleichbehandlung abzustellen ist, kann die theoretische Möglichkeit einer Ehe keine Rolle spielen.

Die Vermutung der Diskriminierung kann nach Art. 2 Abs. 2b der Richtlinie bzw. § 3 Abs. 2 AGG widerlegt werden, wenn die Vorschriften, Kriterien oder Verfahren durch ein rechtmäßiges Ziel sachlich gerechtfertigt und die Mittel zur Erreichung dieses Ziels angemessen und erforderlich sind. Im Gesetzentwurf zum AGG ist nochmals klargestellt, dass das Vorliegen sachlich rechtfertigender Gründe bereits für den Tatbestand der mittelbaren Benachteiligung zu prüfen ist.[1072] Entscheidend ist, inwieweit ein bestimmter Aspekt als objektiv und sachlich geeignet qualifiziert wird, die Ungleichbehandlung zu rechtfertigen.[1073] Fraglich ist, ob eine Ausgrenzung eingetragener Lebenspartner von der betrieblichen Hinterbliebenenversorgung diesen Anforderungen gerecht wird.

Lingscheid hält das „Ziel der Förderung und Unterstützung von Familien und solchen Partnerschaften, die eine Familie werden können"[1074] für geeignet, eine mittelbare Diskriminierung gleichgeschlechtlicher Lebenspartner zu rechtfertigen.[1075]

Dagegen spricht jedoch, dass die eingetragene Lebenspartnerschaft gerade auch in tatsächlicher Hinsicht mit der Ehe vergleichbar ist. Denn eingetragene Lebenspartner sind generell reproduktionsfähig und können ohne weiteres biologisch Elternteil eines in der Partnerschaft vorhandenen Kindes sein. Allein die mangelnde biologische Fähigkeit zur Zeugung gemeinsamer Kinder kann die Diskriminierung wegen der sexuellen Ausrichtung nicht rechtfertigen. Denn wie bereits gezeigt wurde, steht dem die Fähigkeit zur Bildung eines gleichwertigen familiären Rahmens, die mangelnde Reproduktionsfähigkeit älterer Ehepaare

---

[1070] BVerwG vom 26.01.2006 - 2 C 43/04 - S. 1828 f. (Gründe II).
[1071] Vgl. auch Kemper, in: Bruns/Kemper, § 1 Rdnr. 6.
[1072] BT-Drucksache 16/1780, S. 33.
[1073] Vgl. Kuras, RdA 2003, Sonderbeilage Heft 5, S. 11 ff., 14; Lingscheid, Antidiskriminierung im Arbeitsrecht, S. 96.
[1074] Lingscheid, Diskriminierung im Arbeitsrecht, S. 268.
[1075] Ähnlich: Höfer, ART Rdnr. 910; Powietzka, BB 2002, S. 146 ff. 148.

sowie die tatsächlich geringe Reproduktionstätigkeit Verheirateter als Grundlage der Typisierung entgegen.[1076]

Außerdem ist der Ausschluss eingetragener Lebenspartner von der betrieblichen Hinterbliebenenversorgung nicht geeignet, die bürgerlichrechtliche Ehe zu fördern. Bei der zu beurteilenden Rechtsfrage geht es nicht um die Gewährung einer betrieblichen Hinterbliebenenversorgung zugunsten verheirateter Arbeitnehmer, sondern vielmehr um deren Nichtgewährung für Arbeitnehmer in eingetragener Lebenspartnerschaft. *Bruns* stellt klar: „Gleichgeschlechtlich ausgerichtete Menschen können durch Gehaltsabzüge nicht dazu veranlasst werden, auf die Eingehung einer Lebenspartnerschaft mit einem gleichgeschlechtlichen Partner zu verzichten und stattdessen eine Ehe mit einem verschiedengeschlechtlichen Partner einzugehen.“[1077] Dem ist zuzustimmen: Die sexuelle Ausrichtung bzw. Identität erschöpft sich nicht in einer bloßen Vorliebe oder Neigung, sondern muss eine gewisse Festigkeit aufweisen und dem Arbeitnehmer nachhaltig anhaften. Die entsprechend grundlegende Festlegung lässt sich nicht durch die Gewährung oder Vorenthaltung eines Vergütungsbestandteils beeinflussen. Die Verweigerung der betrieblichen Versorgung ist daher bereits nicht geeignet, das rechtmäßige Förderziel der Unterstützung potentieller Familien zu erreichen.

Hinzu kommt, dass der einzelne Arbeitgeber nach Rechtsprechung des EuGH ohnehin keine Differenzierung aus sozialpolitischen Gründen vornehmen darf.[1078] Die ausschließliche Versorgung „reproduktionsfähiger“ verschiedengeschlechtlicher Partner unter Berufung auf bevölkerungspolitische Gründe ist ihm versagt. Solange keine Auswirkungen der sexuellen Ausrichtung bzw. Identität auf die Qualität der Arbeitsleistung vorliegen, sind darüber hinaus keine wirtschaftlichen Gründe zur Rechtfertigung der Ungleichbehandlung denkbar.[1079]

5. Rechtfertigung der Diskriminierung

Nach Art. 4 Abs. 1 der Richtlinie können die Mitgliedstaaten vorsehen, dass eine Ungleichbehandlung wegen eines Merkmals, das im Zusammenhang mit einem der in Art. 1 genannten Diskriminierungsgründe steht, keine Diskriminierung darstellt, „wenn das betreffende Merkmal aufgrund der Art einer bestimmten beruflichen Tätigkeit oder der Bedingungen ihrer Ausübung eine wesentliche und entscheidende berufliche Anforderung darstellt, sofern es sich um einen

---

1076 Zur tatsächlichen Vergleichbarkeit siehe oben: Dritter Teil B II 4.1.2.4.

1077 Bruns, in: Bruns/Kemper; Beamte, Angestellte und Arbeiter Rdnr. 22.

1078 Zu den geringfügig Beschäftigten siehe EuGH vom 09.09.1999 - Rs. C-281/97 - Krüger - NZA 1999, S. 1151 f. (Rdnr. 29).

1079 Ähnlich Mohr, Schutz vor Diskriminierungen, S. 200.

rechtmäßigen Zweck und eine angemessene Anforderung handelt". Es liegt mithin im Ermessen des nationalen Gesetzgebers, ob er vom so geschaffenen Freiraum Gebrauch macht und entsprechende Vorschriften erlässt.[1080] Der deutsche Gesetzgeber lässt beim Vorliegen der in der Richtlinie genannten Voraussetzungen ebenfalls eine unterschiedliche Behandlung zu, vgl. § 8 Abs. 1 AGG. In der Gesetzesbegründung zum AGG wird dazu ausgeführt, der Hauptanwendungsbereich der Regelung werde bei Fällen der unmittelbaren Benachteiligung liegen, da die sachliche Rechtfertigung bei der mittelbaren Benachteiligung bereits zu den tatbestandlichen Voraussetzungen zähle.[1081]

Fraglich ist indes, welche Maßstäbe für eine Rechtfertigung nach Art. 4 Abs. 1 der Richtlinie 2000/78/EG bzw. § 8 Abs. 1 AGG anzusetzen sind.

Im Schrifttum wurde bereits vor Umsetzung der Richtlinie einhellig befürwortet, hinsichtlich möglicher Ausnahmetatbestände eine weitgehend restriktive Auslegung vorzunehmen. *Schiek* betont, jede einzelne „wesentliche und entscheidende Anforderung" müsse einer strengen Verhältnismäßigkeitsprüfung unterzogen werden.[1082] *Kuras* zufolge kann der Formulierung der „angemessenen" Anforderungen entnommen werden, dass die Ausnahmen nicht nur ein legitimes Ziel verfolgen, sondern auch dem Grundsatz der Verhältnismäßigkeit entsprechen müssen.[1083] Auch *Lingscheid* geht davon aus, dass nur solche beruflichen Anforderungen gemeint sind, die zur Ausführung der betreffenden Tätigkeiten unbedingt notwendig sind.[1084]

Der Gesetzesentwurf zum AGG stellt ebenfalls klar, eine Ungleichbehandlung könne nicht durch Erwägungen der bloßen Zweckmäßigkeit zulässig werden. Vielmehr müsse „die an den Beschäftigten gestellte Anforderung erforderlich sein und dem Grundsatz der Verhältnismäßigkeit zwischen beruflichem Zweck und Schutz vor Benachteiligung standhalten"[1085].

Es ist schlechthin nicht ersichtlich, inwiefern die sexuelle Ausrichtung bzw. Identität eine entscheidende berufliche Anforderung für eine Tätigkeit oder deren Ausübung darstellen könnte. Eine Rechtfertigung wegen der beruflichen Anforderungen i. S. d. § 8 Abs. 1 AGG bzw. Art. 4 Abs. 1 der Richtlinie 2000/78/EG kann nicht angenommen werden.

[1080] Vgl. Lingscheid, Antidiskriminierung im Arbeitsrecht, S. 93.

[1081] Vgl. BT-Drucksache 16/1780, S. 35.

[1082] Vgl. Schiek, NZA 2004, S. 873 ff., 876.

[1083] Vgl. Kuras, RdA 2003, Sonderbeilage Heft 5, S. 11 ff., 14.

[1084] Vgl. Lingscheid, Antidiskriminierung im Arbeitsrecht, S. 94; ähnlich Kummer, Umsetzungsanforderungen, S. 51.

[1085] BT-Drucksache 16/1780, S. 35.

6. Folgen eines Verstoßes gegen AGG und Richtlinie

Fraglich ist, welche Konsequenzen sich aus der beschriebenen Rechtslage ergeben, wenn Versorgungszusagen eingetragene Lebenspartner von der betrieblichen Hinterbliebenenversorgung ausnehmen.

6.1 Folgen eines Verstoßes gegen das AGG

Das AGG bestimmt, dass Beschäftigte nicht wegen eines in § 1 genannten Grundes benachteiligt werden dürfen, §§ 7 Abs. 1 AGG. Zu den genannten Gründen zählt die sexuelle Identität. Weiterhin sind nach § 7 Abs. 2 AGG Bestimmungen in Vereinbarungen unwirksam, die gegen das Benachteiligungsverbot des Gesetzes verstoßen.

Zur Vermeidung entsprechender Verstöße muss der Arbeitgeber konkret bezeichnete Maßnahmen treffen, § 12 AGG. Kommt es dennoch zu einem Verstoß gegen die Benachteiligungsverbote des Gesetzes, stehen den Beschäftigten folgende Rechte zur Seite: Nach § 13 AGG haben Beschäftigte das Recht, sich bei den zuständigen Stellen des Betriebs, des Unternehmens oder der Dienststelle zu beschweren, wenn sie sich u. a. wegen ihrer sexuellen Identität benachteiligt fühlen.

Bei einem Verstoß gegen das Benachteiligungsverbot ist der Arbeitgeber weiterhin verpflichtet, den hierdurch entstandenen Schaden zu ersetzen, es sei denn, er hat die Pflichtverletzung nicht zu vertreten, § 15 Abs. 1 AGG. Die Verpflichtung zum Schadensersatz umfasst die Herstellung des Zustands, der bestehen würde, wenn der zum Ersatz verpflichtende Umstand nicht eingetreten wäre, § 249 Abs. 1 BGB. In der betrieblichen Hinterbliebenenversorgung kann dies durch eine Erstreckung der Versorgungszusage bzw. Versorgungsleistung auf den eingetragenen Lebenspartner geschehen. Wo dies wegen entgegenstehender Versorgungsbestimmungen z. B. eines externen Versorgungsträgers ausscheidet, ist Schadensersatz in Geld zu leisten, § 251 BGB.

Weiterhin kann der oder die Beschäftigte nach § 15 Abs. 2 S. 1 AGG wegen eines Schadens, der nicht Vermögensschaden ist, eine angemessene Entschädigung in Geld verlangen. Allerdings ist der Arbeitgeber bei der Anwendung kollektivrechtlicher Vereinbarungen nur bei Vorsatz und grober Fahrlässigkeit zur Entschädigung verpflichtet, § 15 Abs. 3 AGG. Nehmen also Betriebsvereinbarungen oder Tarifverträge eingetragene Lebenspartner von der betrieblichen Hinterbliebenenversorgung aus, kommt eine Entschädigung nur dann in Betracht, wenn dem Arbeitgeber hinsichtlich der Zusagengestaltung Vorsatz oder grobe Fahrlässigkeit zur Last gelegt werden kann. Dies dürfte in Anbetracht der erst seit 2001 veränderten Rechtslage (LPartG) in den wenigsten Fällen gegeben sein.

Der Anspruch muss innerhalb einer Frist von zwei Monaten schriftlich geltend gemacht werden, § 15 Abs. 4 AGG. § 16 AGG sieht zudem eine Maßregelungsverbot vor.
Das AGG enthält in § 22 eine Regelung bezüglich der Beweislast: Wenn im Streitfall die eine Partei Indizien beweist, die eine Benachteiligung u. a. wegen der sexuellen Identität vermuten lassen, trägt die andere Partei die Beweislast dafür, dass keine Verstoß gegen die Bestimmungen zum Schutz vor Benachteiligung vorgelegen hat. Die Beweislastregel des AGG dürfte für die betriebliche Hinterbliebenenversorgung keine große Rolle spielen, da Versorgungszusagen in der Regel schriftlich abgefasst werden.[1086]

6.2 Folgen einer unzureichenden Umsetzung der Richtlinie

In der vorangegangenen Untersuchung wurde die Frage aufgeworfen, ob der sachliche Anwendungsbereich des AGG für die betriebliche Altersversorgung verschlossen sein könnte.[1087] Kommt man entgegen der hier vertretenen Auffassung zum Ergebnis, dass für die betriebliche Altersversorgung ausschließlich das Betriebsrentengesetz gilt, stellt sich die Frage nach den Konsequenzen für betroffene Arbeitnehmer.
Die Richtlinie 2000/78/EG enthält für die betriebliche Altersversorgung lediglich eine Einschränkung für das Merkmal „Alter“.[1088] Nach Art. 6 Abs. 2 der Richtlinie können die Mitgliedstaaten vorsehen, dass bei den betrieblichen Systemen der sozialen Sicherheit die Festsetzung von Altersgrenzen und die Verwendung von Alterskriterien für versicherungsmathematische Berechnungen keine Diskriminierung wegen des Alters darstellt. Von dieser Ausnahmemöglichkeit hat der deutsche Gesetzgeber bei der Umsetzung der Richtlinie Gebrauch gemach, vgl. § 10 S. 3 Nr. 4 AGG. Eine weitergehende Einschränkung im Hinblick auf die betriebliche Altersversorgung ist in der Richtlinie 2000/78/EG nicht enthalten. Versteht man § 2 Abs. 2 S. 2 AGG als Bereichsausnahme für die betriebliche Altersversorgung, liegt eine Diskrepanz zwischen Richtlinie und Umsetzungsresultat vor. *Bauer/Thüsing/Schunder* halten diese Vorgehensweise für „klar europarechtswidrig“[1089].
Die unzureichende Umsetzung von Richtlinien gehört zu den gravierendsten Fällen fehlerhafter Anwendung des Gemeinschaftsrechts in den Mitgliedstaaten.[1090] Der EuGH hat im Wege der Rechtsfortbildung Instrumente zur Über-

---

[1086] Vgl. auch das Schriftformerfordernis des § 6a Abs. 1 Nr. 3 EStG.
[1087] Siehe dazu oben: Dritter Teil B II 2.2.4 f.
[1088] Ausführlich zur Altersdiskriminierung: Bieback, ZSR 2006, S. 75 ff.
[1089] Bauer/Thüsing/Schunder, NZA 2006, S. 774 ff., 777; ebenso Rengier, NJW 2006, S. 1251 ff., 1251.
[1090] Vgl. Ruffert in: Calliess/Ruffert, Art. 249 EGV, Rdnr. 69.

windung der Umsetzungsdefizite geschaffen. Dazu zählen die unmittelbare Wirkung von Richtlinien, die richtlinienkonforme Auslegung sowie der gemeinschaftsrechtliche Staatshaftungsanspruch. Zu prüfen ist, ob aus der Richtlinie 2000/78/EG ein individualrechtlicher Anspruch abgeleitet werden kann, der mit Aussicht auf Erfolg gerichtlich verfolgt werden kann.

6.2.1 Unmittelbare Wirkung von Richtlinien

Unter bestimmten Voraussetzungen kommt eine unmittelbare Wirkung von Richtlinien in Betracht.[1091]

Zwar scheint der Wortlaut des Art. 249 Abs. 3 EG der unmittelbaren Wirkung von Richtlinien entgegenzustehen. Danach sind Richtlinien allein staatengerichtet und können erst durch den mitgliedstaatlichen Umsetzungsakt Rechtswirkung im innerstaatlichen Bereich entfalten. Der EuGH begründet die richterliche Rechtsfortbildung der unmittelbaren Wirkung damit, dass die praktische Wirksamkeit („effet utile") des Gemeinschaftsrechts beeinträchtigt wäre, wenn sich der einzelne nicht vor Gericht auf Bestimmungen einer Richtlinie berufen könnte.[1092] Eine horizontale Wirkung zwischen privaten Wirtschaftsteilnehmern lehnt der Gerichtshof jedoch ab.[1093] Das bedeutet einerseits, dass ein Mitgliedsstaat nicht unmittelbar aus einer Richtlinienbestimmung gegen den Bürger vorgehen kann. Andererseits kann sich der Einzelne nicht zu Lasten Dritter auf die Wirkung der Richtlinien berufen.[1094]

Voraussetzung einer unmittelbaren Wirkung ist nach der Rechtsprechung des EuGH zunächst, dass die für die Umsetzung der Richtlinie bestimmte Frist

---

1091 Dazu ausführlich: Schmidt, in Groeben/Schwarze, Art. 249 EG Rdnr. 42; Rust, Konsequenzen der Nichtumsetzung, S. 33; Andresen/Rühmann, in: GS für Blomeyer, S. 5 ff., 13.

1092 Vgl. EuGH vom 04.12.1974 - Rs.41/74 - Van Duyn - Slg. 1974, S. 1337 ff. (Rdnr. 12); EuGH vom 12.07.1990 - Rs. C-188/89 - Foster - Slg. 1990, S. I-3313 ff. (Rdnr. 16); Sprenger, AiB 2005, S. 81 ff., 83.

1093 Vgl. EuGH vom 14.07.1994 - Rs. C-91/92 - Faccini Dori - Slg. 1994, S. I-3325 ff. (Rdnr. 25); EuGH vom 04.12.1997 - Verb. Rs. C-253/96 bis 258/96 - Kampelmann u. a. - Slg. 1997, I-6907 ff. (Rdnr. 46); EuGH vom 22.09.1998 - C- 185/97 - Coote - Slg. 1998, I-5199 ff. (Rdnr. 17); EuGH vom 14.09.2000 - C-343/98 - Collino u. Chiaperro - Slg. 2000, I-6659 ff. (Rdnr. 20); siehe auch BAG vom 18.02.2003 - 1 ABR 2/02 – NZA 2003, S. 742 ff. (Gründe B IV 4b cc).

1094 Vgl. EuGH vom 26.02.1986 - Rs. 152/84 - Marshall - Slg 1986, S. 723 ff. (Rdnr. 48); EuGH vom 04.12.1997 - Rs. C-253 bis 258/56 - Kampelmann u. a.- NZA 1998, S. 137 ff. (Rdnr. 46); Bauer/Thüsing/Schunder, NZA 2006, S. 774 ff., 777; Ruffert in: Calliess/Ruffert, Art. 249 EGV, Rdnr. 78; Sprenger, AiB 2005, S. 81 ff., 85; Mayer, in: Kittner/Zwanziger, § 157 Rdnr. 25; Thüsing, NJW 2003, S. 3341 ff., 3342; insbesondere zur teilweise im Schrifttum vertretenen anders lautenden Auffassung; Linsenmaier, RdA 2003, Sonderbeilage Heft 5, S. 22 ff., 23.

abgelaufen ist. Vor Fristablauf entfaltet die Richtlinie keine unmittelbare Wirkung.[1095] Weiterhin kommt Richtlinienbestimmungen nur dann eine unmittelbare Wirkung zu, wenn der Staat die Richtlinie nicht fristgemäß in nationales Recht umsetzt oder eine unzutreffende Umsetzung der Richtlinie vornimmt. Dies ist auch dann der Fall, wenn der Umsetzungsakt den Anforderungen des Gemeinschaftsrechts nicht entspricht oder der nationale Umsetzungsakt stets in einer nicht gemeinschaftsrechtskonformen Weise ausgelegt wird.[1096]
Zudem muss die Bestimmung inhaltlich unbedingt und so genau sein, um ohne weitere Umsetzungsmaßnahmen von den Gerichten angewandt werden zu können.[1097] Eine Gemeinschaftsvorschrift ist unbedingt, „wenn sie eine Verpflichtung normiert, die an keine Bedingung geknüpft ist und zu ihrer Durchführung oder Wirksamkeit auch keiner weiteren Maßnahmen der Gemeinschaftsorgane oder der Mitgliedstaaten bedarf"[1098]. Eine Bestimmung ist nach Definition des EuGH hinreichend genau, wenn sie in unzweideutigen Worten eine Verpflichtung festlegt.[1099]
Liegen die vorstehend bezeichneten Voraussetzungen vor, hat dies unmittelbare Konsequenzen für alle öffentlichen Arbeitgeber: Aufgrund des weiten Staatsbegriffs des EuGH[1100] sind diese durch die noch nicht umgesetzte Richtlinie unmittelbar gebunden. Dies betrifft alle Untergliederungen, die unmittelbar hoheitlich tätig sind, also Bundesländer, Regierungsbezirke, Zweckverbände und Kommunen und alle staatlichen Einrichtungen sowie private juristische Personen mit staatlicher Mehrheitsbeteiligung.[1101] Private Rechtsträger sind dem Mitgliedstaat zuzurechnen und werden gemeinschaftsrechtlich als Teil des Staates behandelt, soweit öffentliche Körperschaften alle Anteile daran halten oder jedenfalls beherrschenden Einfluss haben.[1102] Der EuGH hat diese Konsequenz bereits für die Bestimmungen der Richtlinie 76/207/EWG a. F. durchgän-

---

[1095] Vgl. EuGH vom 05.04.1979 - Rs. 148/78 - Ratti - Slg. 1979, S. 1629 ff. (Rdnr. 43 f.).
[1096] Siehe Ruffert in: Calliess/Ruffert, Art. 249 EGV, Rdnr. 74 m. w. N.
[1097] Vgl. EuGH vom 19.01.1982 - Rs. 8/81 - NJW 1982, S. 499 ff., 500; Weber, AuR 2002, S. 401 ff., 405; Schiek, NZA 2004, S. 873 ff., 883; Sprenger, AiB 2005, S. 81 ff., 83; Hetmeier, in: Lenz/Borchardt, Art. 249, Rdnr. 12.
[1098] EuGH vom 17.09.1996 - Rs. C-246, 247, 248 und 249/94 - Cooperativa Agricola Slg. 1996, S. I-4373 ff. (Rdnr. 18); vgl. auch EuGH vom 03.04.1968 - Rs. 28/67 - Molkerei-Zentrale Westfalen/Lippe - Slg. 1968, S. 216 ff. (Gründe I A a. E.).
[1099] Vgl. EuGH vom 17.09.1996 - Rs. C-246, 247, 248 und 249/94 - Cooperativa Agricola Slg. 1996, S. I-4373 ff. (Rdnr. 19); vgl. auch EuGH vom 26.02.1986 - Rs. 152/84 - Marshall - Slg 1986, S. 723 ff. (Rdnr. 52); EuGH vom 04.12.1997 - Rs. C-253 bis 258/56 - Kampelmann u. a.- NZA 1998, S. 137 ff. (Rdnr. 40).
[1100] Vgl. EUGH vom 12.07.1990 - Rs. C-188/89 - Foster - NJW 1991, S. 3086 f. (Rdnr. 20); Ruffert, in: Calliess/Ruffert, Art. 249 EGV, Rdnr. 79.
[1101] Vgl. Weber, AuR 2002, S. 401 ff., 405 m. w. N.; Thüsing, NJW 2003, S. 3341 ff., 3342.
[1102] Vgl. Sprenger, AiB 2005, S. 81 ff., 85.

gig bejaht. *Schiek* schließt daraus, „dass auch die materiellen Vorschriften der Richtlinie 2000/78/EG gegenüber öffentlichen Arbeitgebern unmittelbar anwendbar sind"[1103]. Beispielsweise dürfen sich öffentliche Arbeitgeber nach Ablauf der Umsetzungsfrist nicht mehr auf richtlinienwidrige Tarifverträge berufen.[1104]

Ein Widerspruch zwischen Gemeinschaftsrecht und nationalem Recht durch die nicht ordnungs- oder fristgemäße Umsetzung einer Richtlinie führt dazu, dass sich der Betroffene gegenüber den mitgliedstaatlichen Gerichten unmittelbar auf die Richtlinie berufen kann. Das nationale Gericht muss im Streitfall den Normenkonflikt zwischen nationalem Recht und Gemeinschaftsrecht lösen und dabei den Vorrang des Gemeinschaftsrechts beachten. Dazu zählt sowohl das primäre als auch das sekundäre Gemeinschaftsrecht.[1105]

Im Falle der Richtlinie 2000/78/EG ist die Umsetzungsfrist seit dem 02.12.2003 abgelaufen. Die Bestimmungen der Richtlinie sind unbedingt, da sie weder den Eintritt weiterer Voraussetzungen noch die Mitwirkung dritter Stellen erfordern. Die Richtlinie ist auch hinreichend genau, da die in ihr festgelegten Verpflichtungen klar und eindeutig normiert sind: Diskriminierungen u. a. wegen der sexuellen Ausrichtung sind in keiner der in Art. 2 der Richtlinie beschriebenen Ausprägungen zulässig. Es liegen insbesondere keine Anhaltspunkte dafür vor, dass die betriebliche Altersversorgung insgesamt vom sachlichen Anwendungsbereich der Richtlinie 2000/78/EG ausgenommen sein soll. Geht man entgegen der hier vertretenen Auffassung davon aus, dass durch eine Bereichsausnahme im AGG für die betriebliche Altersversorgung eine unzutreffende Umsetzung ins deutsche Recht erfolgt ist, kommt eine unmittelbare Anwendung der Richtlinie grundsätzlich in Betracht. Wegen der mitgliedstaatlichen Ausrichtung können darauf allerdings Ansprüche gegen private Arbeitgeber nicht gestützt werden. Das Diskriminierungsverbot der Richtlinie kann indes allen öffentlichen Arbeitgebern entgegengehalten werden. Betroffene Arbeitnehmer können sich auf die unmittelbare Wirkung der Richtlinie berufen und diese gerichtlich durchsetzen.

[1103] Schiek, NZA 2004, S. 873 ff., 883.

[1104] Vgl. EuGH vom 20.03.2003 - Rs. C-187/00 - Kutz-Bauer - NZA 2003 (Rdnr. 74 f.); Linsenmaier, RdA 2003, Sonderbeilage Heft 5, S. 22 ff., 23.

[1105] Vgl. BVerfG vom 28.01.1992 - 1BvR 1025/82, 1 BvL 16/83 und 10/91 - BVerfGE 85, S. 191 ff., 205.

6.2.2 Richtlinienkonforme Auslegung

Der Grundsatz der richtlinienkonformen Auslegung gehört mittlerweile zur ständigen und gefestigten Rechtsprechung des EuGH.[1106] Danach hat „das nationale Gericht bei der Anwendung des nationalen Rechts [...] dieses nationale Recht im Lichte des Wortlauts und des Zwecks der Richtlinie auszulegen“[1107]. Das Gericht ist diesbezüglich verpflichtet, die Auslegung „unter voller Ausschöpfung des Beurteilungsspielraums, den ihm das nationale Recht einräumt, in Übereinstimmung mit den Anforderungen des Gemeinschaftsrechts“[1108] vorzunehmen. Eine Auslegung muss „das gesamte nationale Recht berücksichtigen und es so weit wie möglich anhand des Wortlauts und des Zweckes der Richtlinie auslegen, um zu einem Ergebnis zu gelangen, das mit dem von der Richtlinie verfolgten Ziel vereinbar ist“[1109].

Über die Auslegung hinaus sind die nationalen Gerichte gehalten, die Diskriminierung „auf jede denkbare Weise und insbesondere dadurch auszuschließen, dass sie diese Regelungen zu Gunsten der benachteiligten Gruppe anwenden, ohne die Beseitigung der Diskriminierung durch den Gesetzgeber, die Tarifvertragsparteien oder in anderer Weise zu beantragen oder abzuwarten“[1110]. Unter ausdrücklicher Berufung auf diese Vorgabe des EuGH wendete bereits das VG Schleswig die nur für Verheiratete geltende Bestimmung zum Familienzuschlag in § 40 Abs. 1 BBesG auf eingetragene Lebenspartner an.[1111]

In einer aktuellen Entscheidung zur Altersdiskriminierung i. S. d. Richtlinie 2000/78/EG („Mangold“) fordert der EuGH, es obliege dem nationalen Gericht, „den rechtlichen Schutz, der sich für den Einzelnen aus dem Gemeinschaftsrecht

---

[1106] Vgl. Weber, AuR 2002, S. 401 ff., 405; *Thüsing* bezeichnet die richtlinienkonforme Auslegung treffend als „dogmatischer Zwilling der verfassungskonformen Auslegung“, NJW 2003, S. 3341 ff., 3342.

[1107] EuGH vom 10.04.1984 - Rs. 14/83 - von Colson u. Kamann - Slg. 1984, S. 1891 ff. (Rdnr. 26); vgl. auch EuGH vom 05.10.2004 - Rs. C-397/01 bis C-403/01 - Pfeiffer u. a. - NZA 2004, S. 1145 ff. (Rdnr. 113).

[1108] EuGH vom 10.04.1984 - Rs. 14/83 - von Colson u. Kamann - Slg. 1984, S. 1891 ff. (Rdnr. 28); vgl. auch EuGH vom 27.06.2000 - Verb. Rs. C-240/98 u. 244/98 - Oceano Grupo Editorial u. Salvat Editores - Slg. 2000, S. I-4941 ff. (Rdnr. 30); BVerfG vom 08.04.1987 - 2 BvR 687/85 - BVerfGE 75, S. 223 ff. (Gründe B 2c cc); BAG vom 18.02.2003 - 1 ABR 2/02 - NZA 2003, S. 742 ff. (Gründe B IV 3b dd); BAG vom 05.06.2003 - 6 AZR 114/02 - AP Nr. 7 zu § 611 BGB Bereitschaftsdienst (Gründe A II 2a cc); Schiek, NZA 2004, S. 873 ff., 838; Rust, Konsequenzen der Nichtumsetzung, S. 33.

[1109] EuGH vom 05.10.2004 - Rs. C-397/01 bis C-403/01 - Pfeiffer u. a. - NZA 2004, S. 1145 ff. (Rdnr. 119).

[1110] EuGH vom 20.03.2003 - Rs. C 187/00 - Kutz-Bauer - NZA 2003, S. 506 ff. (Rdnr. 75).

[1111] Vgl. VG Schleswig vom 27.08.2004 - 11 A 103/04 - n. v. (am 24.03.2006 abrufbar unter www.lsvd.de).

ergibt, zu gewährleisten und die volle Wirksamkeit des Gemeinschaftsrechts zu garantieren, indem es jede möglicherweise entgegenstehende Bestimmung des nationalen Rechts unangewendet lässt"[1112]. Soweit nach nationalem Recht eine Kontrolle anhand des Gleichbehandlungsgrundsatzes erfolgt, ist sie im Lichte der Richtlinie vorzunehmen.[1113] Dies gilt auch bei einem Rechtsstreit ausschließlich zwischen Privaten. Lücken lassen sich so durch ein modifiziertes Verständnis des bereits vorgefundenen nationalen Rechts schließen.[1114]

Keine Verpflichtung zur richtlinienkonformen Auslegung besteht dann, wenn die Umsetzungsfrist noch nicht abgelaufen ist und der zugrunde liegende Sachverhalt zeitlich vor Inkrafttreten der Richtlinie liegt.[1115]

Kommt man zum Ergebnis, wegen der Bereichsausnahme des § 2 Abs. 2 S. 2 AGG sei der sachliche Anwendungsbereich des Gesetzes für die betriebliche Altersversorgung nicht eröffnet, ist der Weg für eine richtlinienkonforme Auslegung frei. Bei der Auslegung betrieblicher Versorgungsbestimmungen müssen insbesondere deutsche Arbeitsgerichte[1116] eine Interpretation wählen, die den Vorgaben der Richtlinie möglichst umfassend gerecht wird. In einem Rechtsstreit zwischen Arbeitgeber und Arbeitnehmer muss eine Auslegung vorhandener Regelungen gewählt werden, welche den Vorgaben der Richtlinie am ehesten gerecht wird. Beispielsweise könnte der allgemeine Begriff „Hinterbliebener" in einer Weise ausgelegt werden, die den überlebenden Partner einer eingetragenen Lebenspartnerschaft umfasst. Eine solche erweiternde Auslegung wird indes nicht in allen Konstellationen möglich sein. Knüpft eine Versorgungsbestimmung explizit an das Bestehen einer „Ehe" an oder setzt sie voraus, der Hinterbliebene müsse mit dem Arbeitnehmer „verheiratet" gewesen sein, lässt sich dies schwerlich zugunsten eingetragener Lebenspartner auslegen. Lassen die Versorgungsbestimmungen eine erweiternde Auslegung nicht zu, kann eine Diskriminierung dadurch ausgeräumt werden, dass zugunsten einer Arbeitnehmergruppe entsprechende Zusagen fingiert werden. Entgegenstehende Versorgungsbestimmungen müssen dabei nach der aktuellen Rechtsprechung des EuGH in Sachen „Mangold"[1117] außer Betracht bleiben. *Bauer/Arnold* kritisieren, dies bedeute „nichts anderes als die unmittelbare horizontale Drittwirkung

[1112] EuGH vom 22.11.2005 - Rs. C-144/04 - Mangold - NZA 2005, S. 1345 ff. (Rdnr. 77).
[1113] Vgl. Zwanziger, in: Kittner/Zwanziger, § 111 Rdnr. 30h.
[1114] Vgl. Thüsing, NJW 2003, S. 3341 ff., 3342.
[1115] Vgl. EuGH vom 15.03.2001 - Rs. C-165/98 - Mazzoleni u. Inter Surveillance Assistance - Slg. 2001, S. I-2189 ff. (Rdnr. 17); EuGH vom 25.10.2001 - Verb. Rs. C-49/98, C-50/98, C-52/98 bis C-54/98, C-68/98 bis C-71/98 - Finalarte u. a. - Slg. 2001, S. I-7831 ff. (Rdnr. 25).
[1116] Zur Rechtswegszuständigkeit siehe oben: Dritter Teil A VI.
[1117] Vgl. EuGH vom 22.11.2005 - Rs. C-144/04 - Mangold - NZA 2005, S. 1345 ff. (Rdnr. 77).

der Richtlinie 2000/78/EG“[1118] und stelle „eine erhebliche und durch nichts gerechtfertigte Kompetenzausweitung des Gemeinschaftsrechts dar“[1119]. Der von vielen befürchtete „Tugendterror“[1120] europäischer Prägung habe begonnen. Ob angesichts des unbestrittenen inhaltlichen Verstoßes gegen die Antidiskriminierungsrichtlinie tatsächlich von einem Paradigmenwechsel zu sprechen ist, kann dahinstehen. Letztlich führen diese Einwände nicht weiter: Die eindeutige Rechtsprechung des EuGH in Sachen „Kutz-Bauer“ und „Mangold“ lässt keinen Raum für eine Interpretation, die den Vorgaben der Richtlinie zuwiderläuft. Angesichts der fehlerhaften Umsetzung für die betriebliche Altersversorgung durch das AGG verweisen letztlich auch *Bauer/Thüsing/ Schunder* auf die Möglichkeit einer richtlinienkonformen Auslegung.[1121]

6.2.3 Gemeinschaftsrechtlicher Staatshaftungsanspruch

Wenn ein Mitgliedstaat eine Richtlinie nicht frist- oder ordnungsgemäß umsetzt, können dessen Bürger unter bestimmten Voraussetzungen Schadensersatzansprüche geltend machen.[1122]
Der EuGH hat durch richterliche Rechtsfortbildung einen Grundsatz des Gemeinschaftsrechts herausgearbeitet, wonach „die Mitgliedstaaten zum Ersatz der Schäden verpflichtet sind, die dem Einzelnen durch Verstöße gegen das Gemeinschaftsrecht entstehen, die diesen Staaten zuzurechnen sind“[1123]. Dieser Haftungsgrundsatz folgt für den EuGH aus dem Wesen der Rechtsordnung des EG, wobei er sich auf die folgenden Begründungselemente stützt: erstens auf den effektiven Schutz der Rechte der Gemeinschaftsbürger[1124], zweitens auf das

---

1118 Bauer/Arnold, NJW 2006, S. 6 ff., 9.
1119 Bauer/Arnold, NJW 2006, S. 6 ff., 12; ähnlich Thüsing, ZIP 2005, S. 2149 ff., 2150; dagegen Bieback, ZSR 2006, S. 75 ff., 77.
1120 Bauer/Arnold, NJW 2006, S. 6 ff., 6.
1121 Bauer/Thüsing/Schunder, NZA 2006, S. 774 ff., 776 f.
1122 Vgl. EuGH vom 19.11.1991 - Rs. C-6/90 u. C-9/90 - Francovich u. a. - Slg. 1991, S. I-5357 ff. (Rdnr.37); EuGH vom 14.07.1994 - Rs. C-91/92 - Faccini Dori - Slg. 1994, S. I-3325 ff. (Rdnr. 27) ; EuGH vom 17.09.1997 - Rs. C-54/96 - Dorsch - Slg. 1997, S. I-4961 ff. (Rdnr. 45); Bieback, in: Fuchs, Art. 141 EG Rdnr. 160 ff.; Linsenmaier, RdA 2003, Sonderbeilage Heft 5, S. 22 ff., 23.
1123 EuGH vom 19.11.1991 - Verb. Rs. C-6/90 u. C-9/90 - Francovich u. a. - Slg. 1991, S. I-5357 ff. (Rdnr.37); siehe auch EuGH, Verb. Rs. C-46/93 und C-48/93, Slg. 1996, I-1029, Rdnr. 28 f. (Brasserie du Pêcheur und Factortame).
1124 Vgl. EuGH vom 19.11.1991 - Verb. Rs. C-6/90 u. C-9/90 - Francovich u. a. - Slg. 1991, S. I-5357 ff. (Rdnr.32).

effet-utile-Prinzip[1125], und drittens auf die Verpflichtung, die rechtswidrigen Folgen eines Verstoßes gegen das Gemeinschaftsrecht zu beheben[1126].
Hinsichtlich der Haftung für die fehlerhafte Umsetzung von Richtlinien ist zunächst eine Rechtsverletzung festzustellen; dabei ist die Weite des gesetzgeberischen Ermessensspielraums zu ermitteln. Der nationale Gesetzgeber muss sein Ermessen offenkundig und erheblich überschritten haben, damit im Ergebnis ein hinreichend qualifizierter Verstoß anzunehmen ist.[1127] Weiterhin muss durch den mitgliedstaatlichen Verstoß kausal ein Schaden entstanden sein. Ein darüber hinaus gehendes Verschulden ist nicht erforderlich.[1128]
Nimmt man eine unzureichende Umsetzung der Richtlinie 2000/78/EG hinsichtlich der betrieblichen Altersversorgung an, kann zwar grundsätzlich ein gemeinschaftsrechtlicher Staatshaftungsanspruch in Betracht kommen. Dies setzt jedoch einen zurechenbaren Schaden voraus, der dem betroffenen Arbeitnehmer durch die Nichtumsetzung entstanden ist. Ein solcher Schaden ist jedoch eher hypothetisch: Der Arbeitnehmer, der zugunsten seines eingetragenen Lebenspartners keine Zusage auf betriebliche Hinterbliebenenversorgung erhält, kann diese gerichtlich durchsetzen. Dazu kann er sich gegenüber einem öffentlichen Arbeitgeber auf die unmittelbare Wirkung der Richtlinie 2000/78/EG berufen oder gegenüber einem privaten Arbeitgeber die richtlinienkonforme Auslegung der Versorgungsbestimmungen geltend machen. Wie noch zu zeigen sein wird, bietet auch das nationale Recht hinreichend Ansatzpunkte für eine einklagbare Gleichbehandlung in der Hinterbliebenenversorgung.[1129] Kann das Ziel der Versorgung des überlebenden Partners auf diese Weise erreicht werden, bleibt für die Kompensation eines durch die Nichtumsetzung verursachten Schadens kein Raum.

7. Zwischenergebnis

Mit Inkrafttreten des AGG am 18.08.2006 hat der deutsche Gesetzgeber die Vorgaben der Richtlinie 2000/78/EG in nationales Recht umgesetzt. Arbeitnehmer in eingetragener Lebenspartnerschaft konnten sich bereits seit Ablauf der Umsetzungsfrist auf die Richtlinie 2000/78/EG berufen. Gleiches gilt jetzt für das AGG, obwohl diskutiert werden muss, ob mit § 2 Abs. 2 S. 2 eine Bereichsausnahme für die betriebliche Altersversorgung geschaffen werden sollte. Bejaht man dies, kann eine Klage immer noch mit Aussicht auf Erfolg auf die

---

1125 Vgl. ebenda (Rdnr.33).
1126 Vgl. ebenda (Rdnr.36).
1127 Vgl. Hetmeier, in: Lenz/Borchardt, Art. 249, Rdnr. 14.
1128 Vgl. Ruffert in: Calliess/Ruffert, Art. 288 EGV, Rdnr. 28 ff.
1129 Siehe nachfolgend: Dritter Teil B IV.

Richtlinie gestützt werden. Die deutschen Gerichte sind verpflichtet, das nationale Recht auch im Verhältnis von Privatpersonen untereinander richtlinienkonform auszulegen. Dies kann sowohl zu einer Einbeziehung eingetragener Lebenspartner in den Kreis der versorgungsberechtigten Hinterbliebenen als auch zu einer Nichtanwendung entgegenstehender Versorgungsbestimmungen führen. Gegenüber öffentlichen Arbeitgebern kommt zudem eine unmittelbare Wirkung der Richtlinie in Betracht.

Für „verpartnerte" Arbeitnehmer und deren (potentielle) Hinterbliebene führen beide Wege zum selben Ergebnis, da die übrigen Voraussetzungen der Richtlinie 2000/78/EG und des AGG weitgehend identisch sind. Zwar scheidet eine unmittelbare Diskriminierung bzw. Benachteiligung aus, obwohl Ehe und eingetragene Lebenspartnerschaft in tatsächlicher und nach Einführung und Erweiterung des LPartG auch in rechtlicher Hinsicht vergleichbar sind. Einerseits ist ein ausdrückliches Abstellen auf die sexuelle Ausrichtung bzw. Identität in der Praxis nicht vorstellbar, andererseits werden durch Versorgungszusagen für „Verheiratete" auch unverheiratete heterosexuelle Arbeitnehmer ausgenommen. Allerdings liegt eine nicht gerechtfertigte mittelbare Diskriminierung vor, da die Anspruchsvoraussetzungen „Ehe" oder „verheiratet" in einer Versorgungsbestimmung in ihren tatsächlichen Auswirkungen wesentlich mehr homosexuelle als heterosexuelle Arbeitnehmer benachteiligen. Der Ausschluss eingetragener Lebenspartner von Zusagen und Leistungen der Hinterbliebenenversorgung erfolgt auch gerade wegen der sexuellen Ausrichtung bzw. Identität des Arbeitnehmers. Homosexuelle Arbeitnehmer können zwar formell eine Ehe als Leistungsvoraussetzunge der Hinterbliebenenversorgung eingehen, dadurch jedoch nicht eine Versorgung des gleichgeschlechtlichen Lebenspartners erlangen.

Wie gezeigt werden konnte, ergeben sich aus der Richtlinie 2000/78/EG und dem AGG erhebliche Konsequenzen für die rechtliche Stellung eingetragener Lebenspartner. Welche Einflüsse das nationale Recht in der Vergangenheit hatte und welche Änderungen sich aus der aktuellen deutschen Rechtslage bis zur Einführung des AGG ergeben, wird in den nachfolgenden zwei Abschnitten geprüft.

III. Rechtslage in Deutschland vor Einführung des LPartG

Das Grundgesetz verbietet in Art. 3 Abs. 3 GG neben der Diskriminierung wegen des Geschlechts auch Diskriminierungen wegen der Abstammung, der Rasse, der Sprache, der Heimat und Herkunft, des Glaubens, der religiösen und politischen Anschauungen sowie der Behinderung. Weiterhin ist in Art. 3 Abs. 2 GG die Gleichstellung der Geschlechter verfassungsrechtlich besonders hervorgehoben; zu ihrer Verwirklichung wird der Staat durch das Grundgesetz ausdrücklich verpflichtet. Überdies findet sich in Art. 3 Abs. 1 GG die Normierung

des allgemeinen Gleichheitssatzes. Die sexuelle Identität wird bislang nicht durch das Grundgesetz gegen Diskriminierung geschützt. Diskriminierte waren darauf verwiesen, sich auf ihr allgemeines Persönlichkeitsrecht aus Art. 2 Abs. 1 GG und ihre Menschenwürde aus Art. 1 Abs. 1 GG zu berufen. Darüber hinaus existierten bereits vor 2001 neben dem arbeitsrechtlichen Gleichbehandlungsgrundsatz eine Reihe einfachgesetzlicher Gleichbehandlungsgebote und Diskriminierungsverbote, auf die bereits im Zweiten Teil der Untersuchung allgemein eingegangen wurde.[1130] Eine Regelung zur Differenzierung anhand der sexuellen Identität war zu diesem Zeitpunkt an keiner Stelle enthalten.
Vor diesem Normprogramm wurde vor Einführung der eingetragenen Lebenspartnerschaft vielfach die Frage aufgeworfen, ob gleichgeschlechtliche Partner die gleiche Behandlung beanspruchen können, die verschiedengeschlechtliche Ehepartner erfahren. Antwort hierauf gaben das BVerfG und die höchsten deutschen Fachgerichte.

1. Sichtweise des BVerfG

Das BVerfG gab bereits vor Inkrafttreten des LPartG Hinweise auf den rechtlichen Rahmen, innerhalb dessen sich Rechte und Pflichten gleichgeschlechtlicher Partner festmachen ließen. Ausgangspunkt war die allgemeine Frage, unter welchen Gesichtspunkten überhaupt eine Ungleichbehandlung wegen personenbezogener Merkmale vorgenommen werden darf. Das Gericht äußerte sich jedoch auch zu Fragen der sexuellen Selbstbestimmung und zur Abgrenzung der gleichgeschlechtlichen Lebensgemeinschaft zur Ehe.

1.1 Differenzierung anhand personenbezogener Merkmale

Der Gesetzgeber unterliegt bei der Ungleichbehandlung von Personengruppen nach Auffassung des BVerfG regelmäßig einer strengen Bindung. Dabei sind die Anforderungen an den Differenzierungsgrund je nach Regelungsgegenstand und Differenzierungsmerkmalen unterschiedlich.[1131]
Das BVerfG hält eine strenge Prüfung für erforderlich, wenn verschiedene Personengruppen und nicht nur verschiedene Sachverhalte ungleich behandelt werden.[1132] Der allgemeine Gleichheitssatz des Art. 3 Abs. 1 GG verbiete es dem Gesetzgeber, die Rechtsverhältnisse verschiedener Personengruppen diffe-

---

[1130] Zu den nationalen Schranken betrieblicher Zusagegestaltung siehe oben: Zweiter Teil G I.
[1131] Vgl. Jarass, in: Jarass/Pieroth, Grundgesetz, Art. 3 Rdnr. 17 ff.
[1132] St. Rspr., vgl. BVerfG vom 20.05.1987 - 1 BvR 762/85 - BVerfGE 75, S. 348 ff., 357; BVerfG vom 31.05.1988 - 1 BvL 22/85 - BVerfGE 78, S. 232 ff., 247; BVerfG vom 26.01.1993 - 1 BvL 38, 40, 43/92 - BVerfGE 88, S. 87 ff., 96 f.; BVerfG vom 02.02.1999 - 1 BvL 8/97 - BVerfGE 100, S. 195 ff., 205.

renzierend zu behandeln, „wenn zwischen ihnen keine Unterschiede von solcher Art und solchem Gewicht bestehen, dass sie die Ungleichbehandlung rechtfertigen können“[1133]. Dies sei insbesondere dann der Fall, wenn die Benachteiligten den begünstigten Sachverhalt in ihrer Person nicht oder nur schwer erfüllen können.
Eine besonders genaue Prüfung sei dann angebracht, wenn personenbezogene Merkmale zur Differenzierung verwandt werden.[1134] Nach Auffassung des BVerfG ist die Bindung umso enger, je mehr sich die personenbezogenen Merkmale den in Art. 3 Abs. 3 GG genannten annähern und je größer deshalb die Gefahr ist, dass eine an sie anknüpfende Ungleichbehandlung zur Diskriminierung einer Minderheit führt.[1135] Allerdings bedeute das nicht, dass solche Differenzierungsmerkmale generell ausgeschlossen sind. Vielmehr sei die Verhältnismäßigkeit zu untersuchen; für die Differenzierung müssten Gründe von solcher Art und solchem Gewicht bestehen, dass sie die ungleichen Rechtsfolgen rechtfertigen könnten.[1136] Überdies sind dem Gestaltungsspielraum des Gesetzgebers umso engere Grenzen gesetzt, je stärker sich die Ungleichbehandlung von Personen oder Sachverhalten auf die Ausübung grundrechtlich geschützter Freiheiten nachteilig auswirken kann.[1137]
Hinsichtlich verhaltensbezogener Differenzierungen stellt das BVerfG darauf ab, inwieweit die Betroffenen in der Lage sind, durch ihr Verhalten die Verwirklichung der Merkmale zu beeinflussen, nach denen unterschieden wird.[1138]

1.2 Sexuelle Selbstbestimmung

Mit dem Wandel der vorherrschenden Moralvorstellung änderte sich auch die Rechtsprechung des BVerfG zur Frage der sexuellen Selbstbestimmung.

[1133] BVerfG vom 28.01.1992 - 1 BvR 1025/82, 1 BvL16/83 und 1 BvL 10/91 - NZA 1992, S. 270 ff. (Gründe C II 1).
[1134] Vgl. BVerfG vom 08.02.1994 - 1 BvR 1237/85 - BVerfGE 89, S. 365 ff., 376; BVerfG vom 14.12.1994 - 1 BvR 720/90 - BVerfGE 91, S. 346 ff., 363.
[1135] Vgl. BVerfG vom 26.01.1993 - 1 BvL 38, 40, 43/92 - BVerfGE 88, S. 87 ff., 96 (Gründe I 1); vgl. auch BVerfG vom 10.01.1995 - 1 BvF 1/90, 1 BvR 342 und 348/90 - NZA 1995, S. 272 ff. (Gründe B II 4b bb); BVerfG vom 27.01.1998 - 1 BvL 15/87 - NZA 1998, S. 470 ff. (Gründe B II 1); BVerfG vom 02.03.1999 - 1 BvL 2/91 - NZA 1999, S. 435 ff. (Gründe C I 1a).
[1136] Vgl. BVerfG vom 14.12.1994 - 1 BvR 720/90 - BVerfGE 91, S. 346 ff., 363; Münch, GG Band 1, Art. 3 Rdnr. 14.
[1137] Vgl. BVerfG vom 26. 1. 1993 - 1 BvL 38/92- NJW 1993, S. 1517 f. (Gründe B I 1); BVerfG vom 30.05.1990 - 1 BvL 2/83 u. a. - NJW 1990, S. 2246 ff. (Gründe C I 1).
[1138] Vgl. BVerfG vom 26.01.1993 - 1 BvL 38, 40, 43/92 - BVerfGE 88, S. 87 ff., 96 (Gründe I 1); BVerfG vom 04.09.2001 - 1 BvR 142/96 - NJW 2001, S. 1200 ff. (Gründe 2a aa).

Noch 1957 sprach das Gericht Homosexuellen das Grundrecht auf freie Entfaltung der Persönlichkeit nach Art. 2 Abs. 1 GG unter Einschluss ihrer gleichgeschlechtlichen Identität ab. Zur Begründung verwies das Gericht auf die Begrenzung des Grundrechts durch die verfassungsmäßige Ordnung, die maßgeblich durch das „Sittengesetz" geprägt sei; das Anstandsgefühl der Gesellschaft im Einklang mit den Lehren der christlichen Theologie werde durch gleichgeschlechtliche Betätigungen verletzt.[1139]
Mittlerweile geht das BVerfG in ständiger Rechtsprechung davon aus, dass die Selbstbestimmung im Bereich der Sexualität Bestandteil des allgemeinen Persönlichkeitsrechts ist[1140]. Das Grundgesetz habe den Intim- und Sexualbereich des Menschen als Teil seiner Privatsphäre unter den verfassungsrechtlichen Schutz des Art. 2 Abs. 1 i. V. m. Art. 1 Abs. 1 GG gestellt. Diese Vorschriften des Grundgesetzes sicherten dem Menschen das Recht zu, seine Einstellung zum Geschlechtlichen selbst zu bestimmen.[1141] An anderer Stelle führt das Gericht etwas allgemeiner aus, Art. 1 Abs. 1 GG schütze die Würde des Menschen, wie er sich in seiner Individualität selbst begreift und seiner selbst bewusst wird.[1142] Daraus folge die Freiheit des Menschen, seine Einstellung zum Geschlechtlichen selbst zu bestimmen.[1143]

1.3 Ehe und gleichgeschlechtliche Lebensgemeinschaft

Gleichwohl nahm das BVerfG auch vor Inkrafttreten des LPartG in ständiger Rechtsprechung eine randscharfe Abgrenzung zwischen Ehe und gleichgeschlechtlicher Lebensgemeinschaft vor. Das BVerfG definiert die Ehe im Sinne einer Institutsgarantie als die Vereinigung eines Mannes und einer Frau zu einer umfassenden, grundsätzlich unauflösbaren Lebensgemeinschaft.[1144] Der besondere verfassungsrechtliche Schutz der Ehe resultiere aus dem Umstand, dass

---

[1139] Vgl. BVerfG vom 10.05.1957 - 1 BvR 550/52 - NJW 1957, S. 865 ff. (Gründe III 1b); siehe dazu auch Beck, NJW 2001, S. 1894 ff., 1894.
[1140] Vgl. Berg, in: Däubler/Kittner/Klebe, § 75 BetrVG, Rdnr. 23a; Dieterich, in: ErfKomm, Art. 2 GG Rdnr. 41.
[1141] Vgl. BVerfG vom 21. 12. 1977 - 1 BvL 1/75, 1 BvR 147/75 - NJW 1978, S. 807 ff. (Gründe C I 2c); BVerfG vom 16. 3. 1982 - 1 BvR 938/81 - NJW 1982, S. 2061 f. (Gründe II 2b); BVerfG vom 26.01.1993 - 1 BvL 38/92 - NJW 1993, S. 1517 f. (Gründe B I 2).
[1142] Vgl. BVerfG vom 11. 10. 1978 - 1 BvR 16/72 - NJW 1979, S. 595 f. (Gründe B I 2a).
[1143] So auch Dieterich, in: ErfKomm, Art. 2 GG Rdnr. 41.
[1144] Vgl. BVerfG vom 29.07.1959 - 1 BvR 205/58 u. a. - NJW 1959, S. 1483 ff. (Gründe I); BVerfG vom 28.02.1980 - 1 BvL 136/78 u. a. - NJW 1980, S. 689 ff. (Gründe C I 1a); BVerfG vom 30.11.1982 - 1 BvR 818/81 - NJW 1983, 511 f. (Gründe B I 1); BVerfG vom 04.10.1993 - 1 BvR 640/93 - NJW 1993, S. 3058 f. (Gründe II 1a).

diese eine rechtliche bzw. wirtschaftliche Absicherung der Partner bei Gründung einer Familie mit gemeinsamen Kindern ermöglichen soll.[1145]
In Abgrenzung zu homosexuellen Lebensgemeinschaften stellte das BVerfG vor dem Hintergrund der bis 2001 geltenden Rechtslage fest, diese seien keine Ehen im Sinne des Art. 6 Abs. 1 GG. Die Freiheit, in gleichgeschlechtlicher Gemeinschaft zu leben, sei zwar Bestandteil des Rechts auf freie Entfaltung der Persönlichkeit aus Art. 2 Abs. 1 GG.[1146] Allerdings könne aus Art. 6 Abs. 1 GG ein Recht auf Eingehung einer Ehe mit einem gleichgeschlechtlichen Partner nicht hergeleitet werden.[1147]

1.4 Zusammenfassung

Zwar stellte das BVerfG in der Vergangenheit grundsätzlich hohe Anforderungen an eine Ungleichbehandlung wegen personenbezogener Merkmale. Vor dem Hintergrund der Vorgaben des Art. 6 Abs. 1 GG ist jedoch nach gefestigter Rechtsprechung eine Abgrenzung von Ehe und gleichgeschlechtlicher Lebenspartnerschaft nicht nur zulässig, sondern geboten. Das Gericht versagt homosexuellen Paaren den Zugang zum familienrechtlichen Institut der Ehe. Unberührt hiervon blieb jedoch das Recht der Lebenspartner auf sexuelle Selbstbestimmung. Eine unmittelbare Aussage über die arbeitsrechtliche Fragestellung, ob gleichgeschlechtliche Lebenspartner wie Verheiratete betriebliche Sozialleistungen beanspruchen können, ließ sich der Rechtsprechung des BVerfG nicht entnehmen.

2. Sichtweise des BAG

Allerdings äußerte sich das fachlich zuständige BAG zur Frage der rechtlichen Stellung gleichgeschlechtlicher Partner.
In seiner grundlegenden Entscheidung vom 15.05.1997 befasste sich das BAG mit der Frage, ob einem in gleichgeschlechtlicher Lebenspartnerschaft lebenden Verwaltungsangestellten neben seiner Grundvergütung auch der höhere BAT-Ortszuschlag für verheiratete Angestellte[1148] zu gewähren sei. Die Beklagte zahlte ihm lediglich den niedrigeren Ortszuschlag für ledige Angestellte[1149].

[1145] Vgl. BVerfG vom 04.10.1993 - 1 BvR 640/93 - NJW 1993, S. 3058 f. (Gründe II 1a); BVerfG vom 30.11.1982 - 1 BvR 818/81 - NJW 1983, 511 f. (Gründe B I 2).
[1146] Vgl. BVerfG vom 17.11.1992 - BVerfGE 87, S. 234 ff. (Gründe C II 4c aa).
[1147] Vgl. BVerfG vom 04.10.1993 - 1 BvR 640/93 - NJW 1993, S. 3058 f. (Gründe II 1a); zur Kritik am methodischen Ansatz des BVerfG ausführlich: Möller, DÖD 2005, S. 64 ff., 65 ff.
[1148] § 29 Abschnitt B Abs. 2 Nr. 1 BAT.
[1149] § 29 Abschnitt B Abs. 1 BAT.

Das BAG verneinte einen Anspruch auf die Leistung für Verheiratete. Zur Begründung führte das Gericht aus, dass eine Diskriminierung wegen des Geschlechts und der sexuellen Orientierung dann nicht gegeben sei, wenn eine Leistungsberechnung generell alle Unverheirateten ohne Rücksicht darauf ausschließt, ob der Grund der Ehelosigkeit eine die Verbindung von Mann und Frau ausschließende sexuelle Orientierung ist.[1150] Der Ortszuschlag solle die unterschiedlichen Belastungen aufgrund des Familienstandes ausgleichen und besitze damit in erster Linie eine soziale, familienbezogene Ausgleichsfunktion.[1151] Die sachliche Rechtfertigung der Unterscheidung zwischen verheirateten Angestellten und solchen, die dauerhaft in einer gleichgeschlechtlichen Gemeinschaft leben, folge daraus, dass sie einer verfassungsrechtlichen Wertentscheidung Rechnung trage.[1152]

Gleichgeschlechtliche Lebensgemeinschaften genössen den besonderen Schutz der staatlichen Ordnung nicht, da die Ehe nach Art. 6 Abs. 1 GG nur die Vereinigung von Mann und Frau zu einer Lebensgemeinschaft ist. Hinreichende Gesichtspunkte für einen grundlegenden Wandel dieses Eheverständnisses seien nicht erkennbar. Weiterhin sei nicht zu beanstanden, wenn erhöhte Belastungen als Folge des partnerschaftlichen Zusammenlebens nur dann ausgeglichen würden, wenn die Lebensgemeinschaft durch die bürgerlichrechtliche Ehe verfestigt sei, auch wenn möglicherweise bei anderen Lebensgemeinschaften tatsächlich gleichartige Belastungen gegeben sein mögen. Das Gericht verwies exemplarisch auf die Vorschriften zur ehelichen Lebensgemeinschaft (§1353 Abs. 1 BGB), zum Unterhalt (§§ 1360 ff. BGB) sowie zur Aufhebung der Ehe durch Scheidung (§§ 1564 ff. BGB). Das Zusammenleben in einer gleichgeschlechtlichen Lebensgemeinschaft könne demgegenüber nach gegenwärtiger Rechtslage jederzeit ohne Vorliegen weiterer Voraussetzungen beendet werden. Rechtliche Unterhaltsverpflichtungen bestünden nicht.[1153]

Das BAG betonte weiterhin, auch bei einer gesetzlichen Regelung der gleichgeschlechtlichen Partnerschaft sei die Differenzierung hinsichtlich des Ortszuschlages sachlich gerechtfertigt. Grund hierfür sei die mangelnde Vergleichbarkeit der gleichgeschlechtlichen Gemeinschaft mit der Ehe in tatsächlicher Hinsicht, da sie nicht zur Reproduktion der Bevölkerung geeignet sei. Unerheblich sei, dass nicht alle Ehen mit diesem Ziel geschlossen würden und auch Ehen ungewollt kinderlos blieben, da der Normgeber typisieren dürfe.[1154] Zudem scheide auch ein Verstoß gegen das Verbot einer Diskriminierung wegen des

---

[1150] Vgl. BAG vom 15.05.1997 - 6 AZR 26/96 - NZA 1998, S. 207 ff.

[1151] Vgl. ebenda (Gründe I 1b).

[1152] Vgl. ebenda (Gründe I 1c).

[1153] Vgl. ebenda (Gründe I 1d).

[1154] Vgl. ebenda (Gründe I 1e).

Geschlechts aus Art. 3 Abs. 3 GG und aus Art. 119 EGV aus, das unverheiratete männliche und weibliche Angestellte gleichermaßen ausgeschlossen seien.[1155] Das BVerfG nahm eine Verfassungsbeschwerde gegen das Urteil des BAG nicht zur Entscheidung an.[1156]

Zugleich erkannte das BAG andernorts grundsätzlich an, dass die Gestaltung des privaten Lebens- und Intimbereichs außerhalb der Einflusssphäre des Arbeitgebers liegt. Arbeitsvertragliche Pflichten könnten darauf nur insoweit Einfluss haben, als sich das private Verhalten auf den Betrieb auswirke und dort zu Störungen führe. Nach Überzeugung des BAG ist der Arbeitgeber nicht zum Sittenwächter über die in seinem Betrieb beschäftigten Arbeitnehmer berufen. Eine Kündigung wegen der Homosexualität sei bereits treuwidrig, weil sie auf eine Disziplinierung des Sexualverhaltens des Arbeitnehmers hinausliefe.[1157] Eine Kündigung wegen der Homosexualität ist auch nach allgemeiner Auffassung im Schrifttum sittenwidrig und somit nichtig nach § 138 Abs. 1 BGB.[1158] Die Sittenwidrigkeit besteht *Preis* zufolge in der Nutzung vertragsrechtlicher Instrumente, um verfassungswidrige Ziele zu verfolgen.[1159] *Powietzka* zufolge fehlt es bereits an einem Kündigungsgrund i. S. d. § 1 Abs. 2 KSchG: Eine verhaltensbedingte Kündigung scheide aus, da durch das außerdienstliche Verhalten Arbeitsverhältnis und betriebliche Interessen nicht berührt würden.[1160] Eine gleichwohl ausgesprochene Kündigung sei sozialwidrig, weil eine personenbedingte Kündigung betriebliche oder vertragliche Störungen voraussetze.[1161]

Im Ergebnis kann festgehalten werden, dass die Rechtsprechung des BAG vor 2001 konsequent die Vorgaben des BVerfG umsetzt: Zwar schützt das Gericht die sexuelle Selbstbestimmung homosexueller Arbeitnehmer vor diskriminierenden Eingriffen des Arbeitgebers. Andererseits lehnt das BAG jedoch jeden Anspruch gleichgeschlechtlicher Lebenspartner auf Leistungen ab, die ausschließlich Ehepartnern vorbehalten sind.

[1155] Vgl. ebenda (Gründe I 2).

[1156] Vgl. BVerfG vom 21.05.1999 - 1 BvR 726/98 - ZTR 1999, S. 412.

[1157] Vgl. BAG vom 23.06.1994 - 2 AZR 617/93 - AP Nr. 9 zu § 242 BGB Kündigung (Gründe II 2b bb).

[1158] Vgl. Powietzka, BB 2002, S. 146 ff., 149; Lingscheid, Diskriminierung im Arbeitsrecht, S. 256 f.

[1159] Vgl. Preis, NZA 1997, S. 1256 ff, 1266.

[1160] Vgl. Powietzka, BB 2002, S. 146 ff., 149.

[1161] Vgl. Preis, NZA 1997, S. 1256 ff, 1264.

3. Sichtweise des BSG

Für die gesetzliche Rentenversicherung befasste sich das BSG mit der Frage der Ausweitung der Hinterbliebenenversorgung über die Ehe hinaus. Kläger waren verschieden- und gleichgeschlechtliche Partner nichtehelicher Lebensgemeinschaften.

Das Gericht urteilte zunächst im Jahre 1982, ein Anspruch auf gesetzliche Witwenrente bestehe nur dann, wenn der Versicherte und die Hinterbliebene im Zeitpunkt des Todes des Versicherten rechtsgültig verheiratet waren. Eine entsprechende Anwendung der RVO auf Partner einer „freien Lebensgemeinschaft" sei im Lichte des Grundgedankens des besonderen Schutzes von Ehe und Familie in Art. 6 GG nicht geboten.[1162]

In einer weiteren Entscheidung zur nichtehelichen Lebensgemeinschaft bestätigte das BSG diese Rechtsprechung: Das Gesetz knüpfe den Witwenrentenanspruch grundsätzlich an den Bestand einer familienrechtlich wirksamen Ehe im Zeitpunkt des Todes des Versicherten. Die Institutsgarantie des Art. 6 Abs. 1 GG werde nicht beeinträchtigt, weil das Grundrecht nicht jede Lebensgemeinschaft schütze, sondern nur die nach der geltenden Rechtsordnung geschlossene Ehe.[1163] Der allgemeine Gleichheitssatz des Art. 3 Abs. 1 GG sei nicht verletzt, weil die durch Art. 6 GG besonders geschützte Ehe ein sachliches Differenzierungskriterium für die Feststellung bilde, ob der Hinterbliebene rentenberechtigt sei oder nicht. Zuletzt sei auch Art. 2 Abs. 1 GG nicht verletzt: Zwar könnten sich die Mitglieder einer nichtehelichen Lebensgemeinschaft frei betätigen, nicht jedoch diejenigen Vorteile beanspruchen, die Eheleuten wegen Art. 6 GG zum Schutz der Ehe gewährt würden.[1164]

Eine gegen die Nichtversorgung des Partners einer gleichgeschlechtlichen - nicht eingetragenen - Lebenspartnerschaft gerichtete Verfassungsbeschwerde nahm das BVerfG unlängst nicht zur Entscheidung an. Art. 3 Abs. 1 GG sei nicht verletzt: Der Ausschluss sei durch die Unterhaltsersatzfunktion der gesetzlichen Hinterbliebenenrente gerechtfertigt. Der Beschwerdeführer könne nicht auf den „Fortbestand der Unterhaltsgewährung vertrauen, da ein darauf gerichteter Rechtsanspruch zu Lebzeiten des Partners nicht bestand"[1165].

Die Rechtsprechung des BSG kann als gefestigt bezeichnet werden, wenngleich die seit 2005 geltende Rechtslage zu einem abweichenden Ergebnis führen würde.

[1162] Vgl. BSG vom 04.03.1982 - 4 RJ 13/81 - NJW 1982, S. 1894 f. (Gründe II).

[1163] Vgl. BSG vom 30.03.1994 - 4 RA 18/93 - NJW 1995, S. 3270 f. (Gründe II).

[1164] Vgl. ebenda.

[1165] BVerfG vom 28.02.2005 - 1 BvR 155/05 - NJW 2005, S. 1709 (Gründe II 4).

4. Sichtweise des BVerwG

Auch das BVerwG musste sich in der Vergangenheit mit der Frage der Hinterbliebenenversorgung eines gleichgeschlechtlichen Lebenspartners befassen. Versorgungsschuldner war ein berufsständisches Versorgungswerk.
Das BVerwG billigte bereits im Jahr 2000 die Satzungsbestimmung eines Ärzteversorgungswerkes, wonach Kinder und Ehepartner, nicht aber Partner gleichgeschlechtlicher Lebensgemeinschaften Hinterbliebenenleistungen beanspruchen konnten. Mit der Anknüpfung an bestehende familienrechtliche Beziehungen trage der Satzungsgeber dem Verfassungsgebot des Art. 6 Abs. 1 GG Rechnung, welches „Ehe und Familie" unter den besonderen Schutz der staatlichen Ordnung stelle.[1166] Ein Widerspruch zum Gleichheitssatz des Art. 3 Abs. 1 GG bestehe nicht, weil die Ungleichbehandlung gleichgeschlechtlicher Lebenspartner durch die Definition des schutzwürdigen Personenkreises in Art. 6 Abs. 1 GG gerechtfertigt sei.

5. Zwischenergebnis

Die Rechtslage vor Einführung des LPartG war im Wesentlichen von der Rechtsprechung des BVerfG geprägt, an der sich die Fachgerichte weitgehend orientierten. Dies hatte zur Folge, dass Ansprüche gleichgeschlechtlicher Lebenspartner auf Sozial- und Versorgungsleistungen für Verheiratete grundsätzlich abgelehnt wurden. Dies galt gleichermaßen für den BAT-Ortszuschlag, die Hinterbliebenenleistungen der gesetzlichen Rentenversicherung oder eines berufständischen Versorgungswerkes. Die einheitliche Ablehnung überrascht nicht wirklich, weil die Ehe damals das alleinige familienrechtliche Institut war, dem lediglich rechtlich mehr oder minder unverbindliche Lebensgemeinschaften gegenüberstanden. Eine spezifische Betrachtung gleichgeschlechtlicher Partnerschaften war nicht angezeigt, da diese die mangelnde Institutionalisierung mit heterosexuellen Paaren ohne Trauschein teilten.

IV. Rechtslage in Deutschland zwischen LPartG und AGG

Im Jahre 2001 wurde gleichgeschlechtlichen Lebenspartnern erstmalig der Weg in ein neues familienrechtliches Institut eröffnet. Eine inhaltliche Darstellung des LPartG in seiner ursprünglichen Fassung und der ab 2005 geltenden Fassung wurde anlässlich der Darstellung der Richtlinie 2000/78/EG und des AGG vorgenommen.[1167]

[1166] Vgl. BVerwG vom 29.02.2000 - 1 B 82/99 - NJW 2000, S. 2038 f. (Gründe 1).
[1167] Siehe oben: Dritter Teil B II 4.1.2.1 und 4.1.2.2.

Die Schlussfolgerungen, welche die Fachgerichte aus der neuen rechtlichen Stellung eingetragener Lebenspartner im Hinblick auf Versorgungsfragen ziehen, sind jedoch bislang noch uneinheitlich. Auch liegt noch keine arbeitsgerichtliche Entscheidung zur Frage vor, ob eingetragene Lebenspartner in die betriebliche Hinterbliebenenversorgung aufzunehmen sind. Dies gilt auch im Hinblick auf das am 18.08.2006 in Kraft getretene AGG, dessen Auswirkungen bereits in einem vorangegangenen Abschnitt untersucht wurde. Eine Antwort auf diese Frage soll nach Darstellung des gegenwärtigen Meinungsspektrums entwickelt werden.

1. Reaktionen auf das LPartG

Die Tatsache, dass der deutsche Gesetzgeber der bürgerlichrechtlichen Ehe erstmalig ein zweites familienrechtliches Institut zur Seite stellte, musste absehbar für lebhafte Diskussionen im Schrifttum und Klärungsbedarf von Seiten des BVerfG sorgen.

1.1 Erste Reaktionen des Schrifttums

Im Schrifttum wurde das neue Gesetz zunächst kontrovers diskutiert. *Braun* kritisierte, die Lebenspartnerschaft komme in ihren Wirkungen und sonstigen Rechtsfolgen, etwa im Namensrecht, im Unterhaltsrecht und im Erbrecht einer Ehe sehr nahe. Das Gesetz versuche, die gleichgeschlechtliche Lebenspartnerschaft möglichst nahe an die Ehe heranzuführen, kaschiere dies jedoch der Form nach.[1168] Aus diesem Grunde wurde zum Teil die Auffassung vertreten, das LPartG verstoße gegen das Schutzgebot des Art. 6 Abs. 1 GG. Zur Begründung führte *Badura* an, es seien keine hinreichenden Anhaltspunkte für einen grundlegenden Wandel des Eheverständnisses in dem Sinne erkennbar, dass der Geschlechtsverschiedenheit keine prägende Bedeutung mehr zukäme. Ein Gesetz, das homosexuellen Verbindungen mit der Ehe insgesamt oder in wesentlichen Rechtsfolgen des Familien- oder Erbrechts gleichstellen würde, sei verfassungswidrig.[1169]

Auch *Adomeit* wandte sich gegen weiter gehende Zugeständnisse an Partner einer eingetragenen Lebenspartnerschaft: „Der Staat hat keinen Anlass, solcherlei Verbindungen sozialrechtlich oder steuerrechtlich zu fördern, sie zu dulden ist schon viel.“[1170] *Braun* versteigt sich gar zur fragwürdigen Behauptung, durch

---

[1168] Vgl. Braun, JZ 2002, S. 23 ff.

[1169] Vgl. Badura, Maunz/Dürig, Grundgesetz Art. 6 Rdnr. 58.

[1170] Adomeit, NJW 2002, S. 1622 f., 1622. Der Autor warnt weiterhin, uns wäre literarisch viel entgangen, wenn sich Thomas Mann nicht mit § 175 StGB a. F., sondern den Vorschrif-

das LPartG solle das Ehe- und Familienrecht durch ein „pluralistisches Lebensformenrecht“ aus den Angeln gehoben werden, homosexuell praktiziertes Sexualverhalten aufgewertet und der Kinderschutz gegenüber pädophilen Neigungen gerade unter Schwulen beschränkt werden.[1171] Die ablehnende Haltung war z. T. auch durch weitergehende Befürchtungen begründet: „Wenn dem überkommenen Ehemodell erst einmal die gedankliche Grundlage entzogen worden ist, die nach wie vor in der Religion wurzelt, dürften uns noch ganz andere Lebensformen ins Haus stehen, gegen die es dann den überkommenen institutionellen Schutz nicht mehr gibt.“[1172]
In weiten Teilen des Schrifttums wurde das LPartG dagegen begrüßt. Nach Ansicht von *Möller* ist inzwischen aus medizinischer und psychologischer Sicht geklärt, dass Homosexualität „eine völlig normale und gesunde Ausprägung des Sexualverhaltens ist“[1173], die als persönliche Eigenschaft und Lebensstil vom allgemeinen Persönlichkeitsrecht geschützt werde. Auch nach Auffassung von *Beck* ist heute weitgehend unstrittig, „dass die Entscheidung zweier Personen des gleichen Geschlechts, eine Lebensgemeinschaft unter Einbeziehung ihrer sexuellen Identität einzugehen, verfassungsrechtlichen Schutz (Art. 2 Abs. 1 i. V. m. Art. 1 Abs. 1 GG) genießt“[1174].
Die Diskussion um die Verfassungsmäßigkeit der eingetragenen Lebenspartnerschaft wurde von jeher durch weltanschauliche Sichtweisen beeinflusst. Daher blieb abzuwarten, ob das BVerfG das LPartG als mit dem Grundgesetz vereinbar billigen würde.

1.2 Sichtweise des BVerfG

Angesichts der bestehenden Zweifel hinsichtlich der Verfassungsmäßigkeit des Gesetzes riefen die Freistaaten Bayern, Sachsen und Thüringen das BVerfG im Wege der abstrakten Normenkontrolle nach Art. 93 Abs. 1 Nr. 2 GG an. In seiner wegweisenden Entscheidung vom 17.07.2002 stellte das BVerfG die Vereinbarkeit des LPartG mit dem Grundgesetz fest.[1175] Die Entscheidung des BVerfG zur Verfassungsmäßigkeit des LPartG bezog sich auf die Ursprungsfas-

---

ten des Lebenspartnerschaftsgesetzes konfrontiert gesehen hätte. Diese Einschätzung spricht für sich selbst und bedarf keiner weiteren Kommentierung.

[1171] So nur einige Argumente bei: Braun, JZ 2002, S. 23 ff., 27 ff.

[1172] Braun, ZRP 2001, S. 14 ff., 18.

[1173] Möller, DÖD 2005, S. 64 ff., 68.

[1174] Beck, NJW 2001, S. 1894 ff., 1895.

[1175] Vgl. BVerfG vom 17.07.2002 - 1 BvF 1/01 und 2/01 - NJW 2002, S. 2543 ff. (Gründe B II).

sung des Gesetzes aus dem Jahre 2001 und zeigte zugleich den Weg für die seit 2005 geltende Novelle auf.[1176]
Nach Auffassung des BVerfG scheidet ein Verstoß gegen Art. 6 Abs. 1 GG aus, weil durch die Einführung des neuen Instituts der eingetragenen Lebenspartnerschaft das Recht auf ungehinderten Zugang zur Ehe nicht berührt werde: Jeder ehefähigen Person stehe weiterhin der Weg in die Ehe offen.[1177] Zugleich habe der Gesetzgeber nicht dem verfassungsrechtlichen Gebot des Art. 6 Abs. 1 GG zuwider gehandelt, die Ehe als Lebensform anzubieten und zu schützen. Das Gericht begründete dies damit, dass sämtliche Regelungen, die der Ehe einen rechtlichen Rahmen geben und das Institut mit Rechtsfolgen ausstatten, nach wie vor Bestand hätten.[1178] Auch habe der Gesetzgeber den mit der Institutsgarantie verbundenen Schutzauftrag beachtet, da die Ehe durch das LPartG weder geschädigt noch in ihrer bisherigen Förderung beeinträchtigt werde. Umgekehrt lasse sich aus dem Schutzauftrag kein Gebot ableiten, andere Lebensformen zu benachteiligen.[1179]
Auch die Bestimmungen zum Sorge-, Erb- und Unterhaltsrecht seien verfassungsrechtlich nicht zu beanstanden. Durch die Regelungen zum sog. „kleinen Sorgerecht“ werde Art. 6 Abs. 2 GG nicht verletzt: Wenn einem Elternteil ohnehin die Voraussetzungen für eine gemeinsame Ausübung der Elternverantwortung fehlten, könne es in seinen Rechten nicht mehr berührt werden, wenn Dritte, die mit dem Kind zusammenleben, im Einverständnis mit dem allein Sorgeberechtigten teilweise gemeinsam Elternverantwortung wahrnähmen.[1180] Auch würden nicht sorgeberechtigte Elternteile, die mit dem Sorgeberechtigten nicht in einer rechtlich verfestigten Gemeinschaft leben, nicht ungerechtfertigt benachteiligt, da für sie andere rechtliche Möglichkeiten bestünden, das Sorgerecht für ihr Kind allein oder zusammen mit dem anderen Elternteil zu erhalten.[1181]
Weiterhin verstoße das LPartG weder gegen das besondere Diskriminierungsverbot des Art. 3 Abs. 3 S. 1 GG noch gegen den allgemeinen Gleichheitssatz des Art. 3 Abs. 1 GG. Insbesondere bestünden zwischen gleichgeschlechtlichen Paaren und anderen sozialen Personengemeinschaften erhebliche Unterschiede, die eine ungleiche Behandlung der jeweiligen Gruppe rechtfertigten: Verschiedengeschlechtlichen Paaren stünde die Ehe offen, während Mitglieder lediglich

---

1176 Zum Inhalt der beiden Gesetzesfassungen siehe oben: Dritter Teil B II 4.1.2.1 und 4.1.2.2.
1177 Vgl. BVerfG vom 17.07.2002 - 1 BvF 1/01 und 2/01 - NJW 2002, S. 2543 ff. (Gründe B II 1a).
1178 Vgl. ebenda (Gründe B II 1b cc).
1179 Vgl. ebenda (Gründe B II 1c cc).
1180 Vgl. ebenda (Gründe B II 3a aa).
1181 Vgl. ebenda (Gründe B II 3a bb).

verwandtschaftlicher Einstandsgemeinschaften in keinem Exklusivitätsverhältnis zueinander stünden und folglich ausgenommen werden dürften.[1182]
Zuletzt verletze das Pflichtteilsrecht des überlebenden Partners nicht die durch Art. 14 Abs. 1 GG geschützte Testierfreiheit, da sich die Partner mit Eingehung der Lebenspartnerschaft umfassend zu gegenseitiger Fürsorge und Unterstützung, zur Gewährung von Unterhalt und eben auch zur Schaffung einer ökonomischen Basis über den Tod hinaus verpflichteten.[1183] Außerdem sei die Erberwartung weiterer Familienangehöriger nicht beeinträchtigt, die ohnehin kein verfassungsrechtlich geschütztes Recht auf eine bestimmte Verteilung der Erbmasse hätten.[1184]

1.3 Stellungnahme

Das BVerfG bestätigte mit seinem Grundsatzurteil zur eingetragenen Lebenspartnerschaft den von Seiten der Politik eingeläuteten Paradigmenwechsel. Zugleich beendete das Gericht die zum Teil irrational geführte Diskussion um die Vereinbarkeit des neuen familienrechtlichen Instituts mit dem Grundgesetz. Offen blieb zu diesem Zeitpunkt, ob allein die rechtliche Institutionalisierung der gleichgeschlechtlichen Lebenspartnerschaft auch anspruchsbegründende Wirkung im Hinblick auf Leistungen hat, die das Bestehen einer „Ehe“ im herkömmlichen Sinne voraussetzen. Allerdings lieferte das BVerfG mit seiner Begründung der Vereinbarkeit des LPartG mit dem Grundgesetz den Fachgerichten ausreichend Argumentationsmaterial, um ihrerseits Entscheidungen zugunsten oder zulasten eingetragener Lebenspartner zu begründen. Bereits an dieser Stelle sei der Hinweis erlaubt, dass grundlegende Unterschiede in der Bewertung der Sozial- und Verwaltungsgerichte einerseits und des BAG andererseits bestehen. Welche Schlussfolgerungen hieraus für die betriebliche Hinterbliebenenversorgung zu ziehen sind, bleibt der weiteren Prüfung vorbehalten.

2. Sichtweise der Steuerverwaltung

Eine erste Anerkennung nach dem Grundsatzurteil des BVerfG erfuhr die eingetragene Lebenspartnerschaft bereits im Jahre 2002 durch die Steuerverwaltung. Das BMF beurteilt seither Zusagen auf Hinterbliebenenversorgung für den in eheähnlicher Gemeinschaft lebenden Partner des versorgungsberechtigten Arbeitnehmers steuerlich als betriebliche Altersversorgung.[1185] Hinterbliebenenzu-

---

[1182] Vgl. ebenda (Gründe B II 2b).
[1183] Vgl. ebenda (Gründe B II 3b aa).
[1184] Vgl. ebenda (Gründe B II 3b bb).
[1185] Vgl. BMF-Schreiben vom 25.07.2002, Gz. IV A 6 – S 2176 – 28/02.

sagen dieser Art seien im Einzelfall zu prüfen. Anhaltspunkte für eine steuerrechtlich anzuerkennende Betriebsrentenzusage seien „eine von der Lebenspartnerin oder dem Lebenspartner schriftlich bestätigte Kenntnisnahme der in Aussicht gestellten Versorgungsleistung, eine zivilrechtliche Unterhaltspflicht des Arbeitnehmers gegenüber dem Lebenspartner oder eine gemeinsame Hauhaltsführung“[1186]. Weiterhin müsse der versorgungsberechtigte Lebenspartner in der schriftlich erteilten Zusage namentlich mit Anschrift und Geburtsdatum genannt werden. In einem umfassenden Schreiben zur steuerlichen Förderung der privaten und betrieblichen Altersversorgung ergänzte das BMF im Jahre 2004[1187], der Begriff des Lebensgefährten sei als Oberbegriff zu verstehen, der auch die gleichgeschlechtliche Lebenspartnerschaft erfasse. Dies gelte unabhängig davon, ob diese eingetragen sei oder nicht. Für Partner einer eingetragenen Lebenspartnerschaft bestehe allerdings die Besonderheit, dass sie einander nach § 5 LPartG zum Unterhalt verpflichtet seien. Daher liege „eine mit der zivilrechtlichen Ehe vergleichbare Partnerschaft“[1188] vor. Nur in den übrigen Fällen nichtehelicher Partnerschaften müsse anhand der vorstehend genannten Kriterien geprüft werden, ob eine steuerlich zulässige Zusage auf Hinterbliebenenversorgung vorliege.

Die Steuerverwaltung erkennt Versorgungszusagen zugunsten gleichgeschlechtlicher Lebenspartner unproblematisch als betriebliche Altersversorgung an. Allerdings kann daraus nicht ohne weiteres im Umkehrschluss die Verpflichtung des Arbeitgebers abgeleitet werden, den Kreis der begünstigten Hinterbliebenen zu erweitern.

3. Sichtweise der Sozialgerichte

Seit Einführung des LPartG äußerten sich die Sozialgerichte zu den Auswirkungen der neuen Rechtslage auf Ansprüche auf Leistungen der gesetzlichen Rentenversicherung. Die Gerichte wiesen die Klagen ab, da die Ausweitung der rechtlichen Stellung in § 46 SGB VI durch das Gesetz zur Überarbeitung des Lebenspartnerschaftsrechts zum Zeitpunkt der Entscheidungen noch nicht erfolgt war.[1189]

Mit Urteil vom 29.01.2004 wies das BSG die Klage eines gesetzlich Rentenversicherten auf Einbeziehung seines eingetragenen Lebenspartners in die Hinterbliebenenversicherung als unzulässig ab. Der Fokus der Entscheidung lag dabei

---

1186 Ebenda.

1187 Vgl. BMF-Scheiben vom 17.11.2004, Gz. IV C 4 – S 2222 – 177/04 und IV C 5 – S 2333 – 269/04.

1188 Ebenda (Rdnr. 157).

1189 Siehe oben: Dritter Teil B II 4.1.2.2.

auf Gesichtspunkten der Zulässigkeit der Klage. Das Gericht entschied, ein eingetragener Lebenspartner könne nicht zulässig darauf klagen, den Träger zu einer Zusicherung zu verpflichten oder gerichtlich festzustellen, dass einem hinterbliebenen Partner Witwer-/Witwenrente wie einem hinterbliebenen Ehegatten zu gewähren sei. Der Kläger sei nicht klagebefugt, da der Kläger gegenüber der Behörde „grundsätzlich keinen Anspruch auf Erteilung einer Zusicherung“[1190] habe. Vielmehr habe der Träger der Rentenversicherung nach pflichtgemäßem Ermessen über eine solche Zusicherung zu entscheiden. Eine Zusicherung könne deshalb nicht erteilt werden. Auch habe der Kläger kein Feststellungsinteresse, da grundsätzlich eine gerichtlich feststellbare Rentenanwartschaft nicht gegeben sei, sondern lediglich „eine bloße Aussicht auf Leistung“[1191]. Weiterhin bestehe kein berechtigtes Interesse an der rechtskräftigen Bindung des Rentenversicherungsträgers, da die gegenwärtige Rechtslage „die Anwendung des Hinterbliebenenrechts auf eingetragene Lebenspartner schlechthin und offenkundig“[1192] ausschließe; die Gegensätzlichkeit der Rechtsbegriffe „Ehegatte“ und „Lebenspartner“ stünde einer analogen Anwendung entgegen. Anhaltspunkte für eine konzeptwidrige Lücke im persönlichen Geltungsbereich des Hinterbliebenenrentenrechts seien nicht ersichtlich. Vor allem sei es Sache des Gesetzgebers, entsprechende Lücken zu schließen. Das Gericht könne nicht entgegen dem Gesetzesvorbehalt des § 31 SGB I neue Rechte und Pflichten schaffen. Mit seinem Votum gegen eine analoge Anwendung unter Hinweis auf den Gesetzesvorbehalt äußerte sich das BSG streng genommen bereits inhaltlich und über reine Zulässigkeitsfragen hinaus.

Im Anschluss daran entschied das Hessische LSG am 29.07.2004, Witwer oder Witwe im rentenrechtlichen Sinne könne „denknotwendig nur der Hinterbliebene aus einer verschiedengeschlechtlichen Ehe, nicht aber der Hinterbliebene aus einer eingetragenen gleichgeschlechtlichen Lebenspartnerschaft sein“[1193]. Der Gesetzgeber achte das Abstandsgebot aus Art. 6 GG und habe deshalb keine gesetzliche Gleichstellung von Hinterbliebenen aus eingetragenen Lebenspartnerschaften in § 46 SGB VI vorgenommen.[1194] Darin liege auch kein Verstoß gegen Art. 3 GG und die Antidiskriminierungsrichtlinien der EU, da sich letztere nicht auf das Sozialrecht bezögen.[1195]

Vor dem Hintergrund der neuen Rechtslage seit dem 01.01.2005 ist die Frage nach der Einbeziehung eingetragener Lebenspartner weitgehend entschärft. Der Gesetzgeber hat u. a. die den Sozialgerichten geforderte Gleichstellung in § 46

1190 BSG vom 29.01.2004 - B 4 RA 29/03 R - BSGE 92, S. 113 ff. (Gründe A 1).

1191 Ebenda (Gründe B II).

1192 Ebenda (Gründe B II 1b).

1193 Hess. LSG vom 29.07.2004 - L 12 RJ 12/04 - NZS 2005, S. 32 (Leitsatz 1), n. rkr.

1194 Vgl. ebenda (Leitsatz 2).

1195 Vgl. ebenda (Leitsatz 3).

SGB VI vollzogen. Für die weitere Prüfung muss jedoch festgehalten werden, dass die Sozialgerichte nach Einführung des LPartG, aber vor der ausdrücklichen Gleichstellung in der gesetzlichen Rentenversicherung jeden Versorgungsanspruch eingetragener Lebenspartner unter Hinweis auf den Gesetzesvorbehalt ablehnten. Fraglich bleibt, ob auch in der betrieblichen Hinterbliebenenversorgung eine ausdrückliche Einbeziehung durch den Arbeitgeber als Normgeber notwendig ist.

4. Sichtweise der Verwaltungsgerichte

Auch die Verwaltungsgerichte mussten sich mittlerweile in zahlreichen Entscheidungen mit den Auswirkungen des LPartG befassen.

4.1 Familienstand des eingetragenen Lebenspartners

In zwei Entscheidungen äußerte sich das BVerwG bislang zur Frage, welchem Familienstand eingetragene Lebenspartner zuzuordnen sind.
Das BVerwG schloss sich der Rechtsprechung des BVerfG[1196] an, durch das Lebenspartnerschaftsgesetz sei ein Rechtsinstitut sui generis und ein neuer Personenstand geschaffen worden. Demgegenüber stelle der Familienstand „ledig“ ein aliud dar. Der Antragsteller, ein Berufssoldat, hatte seiner Stammdienststelle eine Lebenspartnerschaftsurkunde vorgelegt. Die Erfassung der eingetragenen Lebenspartnerschaft war mangels EDV-technischer Möglichkeiten verweigert worden. Das BVerwG urteilte, der Betroffene habe „auf verfassungsrechtlicher Grundlage (Art. 2 Abs. 1 GG) einen Anspruch darauf, dass die über ihn gespeicherten Daten richtig und vollständig sind“[1197]. Damit korrespondiere eine Amtspflicht, unrichtige oder unrichtig gewordene Daten zu berichtigen. Dies gelte auch für die Erfassung einer eingetragenen Lebenspartnerschaft.
Im Jahre 2005 bestätigte das BVerwG seine Rechtsprechung zum „neuen Familienstand“ im Falle einer Mutter, die in einer eingetragenen Lebenspartnerschaft lebte. Es ging um die Frage, ob einem in dieser familiären Konstellation lebenden Kind ein Anspruch auf Leistungen nach dem Unterhaltsvorschussgesetz zusteht. Diese Leistungen werden Kindern gewährt, deren Elternteil ledig, verwitwet, geschieden oder dauerhaft getrennt lebend ist.
Das Gericht lehnte dies für den vorliegenden Sachverhalt ab. Die genannten Merkmale bezeichneten den Familienstand von Alleinstehenden. Mit der eingetragenen Lebenspartnerschaft sei jedoch ein neues familienrechtliches Verhält-

---

[1196] Vgl. BVerfG vom 17.07.2002 - 1 BvF 1/01 und 2/01 - NJW 2002, S. 2543 ff. (Gründe B II 1c cc).
[1197] BVerwG vom 04.03.2004 - 1 WB 32/03 - NVwZ 2004, S. 626 f.

nis neben der Ehe eingeführt worden.[1198] Die Ungleichbehandlung gegenüber Ledigen sei mit Art. 3 Abs. 1 GG vereinbar, da „die in der Unterhaltsberechtigung des erziehenden Elternteils gegenüber seinem Lebenspartner zum Ausdruck kommende rechtliche Absicherung der wirtschaftlichen Situation des erziehenden Elternteils mittelbar auch dessen Kindern zugute kommt und [...] sich in einer eingetragenen Lebenspartnerschaft die Betreuungssituation faktisch soweit verbessert, dass die prekäre Erziehungssituation des allein Erziehenden entfällt"[1199].

Den beiden Entscheidungen kann nicht nur die einheitliche Aussage entnommen werden, mit der eingetragenen Lebenspartnerschaft sei ein neuer Familienstand eigener Art geschaffen worden, der auch von Stellen des Staates respektiert werden müsse. Zugleich hält das BVerwG Betroffenen diesen neuen Familienstand entgegen, wenn es um Leistungen für Ledige geht. Zu Recht drängt sich der Gedanke auf, ob eingetragene Lebenspartner im Umkehrschluss Leistungen verlangen können, die bislang Verheirateten vorbehalten waren. Dass dies nach Ansicht der Verwaltungsgerichte nicht so ist, wird nachfolgend dargestellt.

4.2 Leistungen für Verheiratete

Mittlerweile liegt eine Reihe verwaltungsgerichtlicher Entscheidungen zur Frage vor, ob eingetragenen Lebenspartnern gesetzliche Leistungen für Verheiratete zustehen. Da es sich z. T. um unterschiedliche Leistungen aufgrund unterschiedlicher Rechtsgrundlagen handelt, werden neben einer ersten Entscheidung des BVerwG auch Urteile des OVG Münster, des VGH München sowie der Verwaltungsgerichte Bremen, Schleswig, Koblenz, Berlin und Münster dargestellt. In den Entscheidungen der genannten Verwaltungsgerichte finden sich eine Reihe gemeinsamer Argumente wieder, mit denen sich die Mehrzahl der Gerichte gegen eine Gewährung der jeweiligen Leistungen an eingetragene Lebenspartner ausspricht. Zugleich finden sich auch innerhalb der Verwaltungsgerichtsbarkeit noch abweichende Auffassungen, die nachfolgend ebenfalls beschrieben werden.

4.2.1 Unmittelbare Anwendung der Bestimmungen

Eine Gemeinsamkeit aller Entscheidungen besteht darin, dass der Wortlaut der einschlägigen Rechtsgrundlagen eine Versorgung eingetragener Lebenspartner nicht vorsieht. Die Verwaltungsgerichte sind daher einhellig der Auffassung,

---

1198 Vgl. BVerwG vom 02.06. 2005 - 5 C 24/04 - NJW 2005, S. 2938 ff., 2938.

1199 Ebenda, 2940.

dass eine unmittelbare Anwendung der für Verheiratete geltenden Bestimmungen ausscheidet.
Das BVerwG lehnte am 26.01.2006 den Anspruch einer Studienreferendarin auf den Familienzuschlag für verheiratete Beamte nach § 40 Abs. 1 Nr. 1 BBesG mit der Begründung ab, die Klägerin sei „keine verheiratete Beamtin im Sinne der Vorschrift“[1200]. Auch das VG Schleswig gab der Klage eines Universitätsprofessors auf den begehrten Familienzuschlag nur unter dem Gesichtspunkt der richtlinienkonformen Auslegung im Lichte der Richtlinie 2000/78/EG statt - nicht jedoch in unmittelbarer Anwendung des BBesG.[1201]
Das VG Bremen befand am 13.10.2005, überlebende Lebenspartner einer eingetragenen Lebenspartnerschaft seien nicht „Witwer“ i. S. d. § 28 BeamtVG.[1202]
Auch das VG Koblenz vertrat am 07.02.2006 die Auffassung, dem überlebenden eingetragenen Lebenspartner eines Beamten im Ruhestand stehe kein Witwergeld nach § 28 BeamtVG zu, da dem Wortlaut nach nur eine Versorgung des überlebenden Ehegatten vorgesehen sei.[1203]
Am 22.06.2005 entschied das VG Berlin, die Satzungsbestimmung eines Ärzteversorgungswerks erfasse dem Wortlaut nach nicht die eingetragenen Lebenspartner von Beitragszahlern.[1204] Auch das VG Münster entschied am 29.12.2005, ein Anspruch auf Hinterbliebenenrente zugunsten eines eingetragenen Lebenspartners eines berufständisch Versicherten könne nicht auf den Wortlaut der Satzung eines Ärzteersorgungswerkes hergeleitet werden, da diese ausdrücklich an den Bestand der Ehe anknüpfe.[1205]

4.2.2 Entsprechende Anwendung für eingetragene Lebenspartner

Da die meisten Regelungswerke eine Versorgung eingetragener Lebenspartner nicht ausdrücklich vorsehen, mussten sich die Verwaltungsgerichte mit der

---

1200 Vgl. BVerwG vom 26.01.2006 - 2 C 43/04 - S. 1828 f. (Gründe II); ebenso zuvor VGH Baden-Württemberg vom 13.10.2004 - 4 S 1243/03 - n. v. (Gründe 1a); OVG Münster vom 17.12.2004 - 6 A 3280/03 - NJW 2005, S. 1002 f. und VG Bremen vom 30.03.2004 - 6 K 734/03 - n. v. (am 24.03.2006 abrufbar unter www.lsvd.de).

1201 Vgl. VG Schleswig vom 27.08.2004 - 11 A 103/04 - n. v. (am 24.03.2006 abrufbar unter www.lsvd.de).

1202 Vgl. VG Bremen vom 13.10.2005 - 2 K 2499/04 - n. v. (Gründe 1), am 24.03.2006 abrufbar unter www.lsvd.de.

1203 Vgl. VG Koblenz vom 07.02.2006 - 6 K 871/05.KO - n. v. (Gründe I 1a); am 24.03.2006 abrufbar unter www.lsvd.de.

1204 Vgl. VG Berlin vom 22.06.2005 - VG 14 A 44.02 - n. v. (Gründe II 2), am 24.03.2006 abrufbar unter www.lsvd.de; ähnlich VGH München vom 29.07.2005 - 9 ZB 05.737 - BetrAV 2006 S. 197 f. (Gründe 1).

1205 Vgl. VG Münster vom 29.12.2005 - 7 K 3436/02 - n. v. (am 24.03.2006 abrufbar unter www.lsvd.de).

Frage einer entsprechenden Anwendung der für Verheiratete geltenden Bestimmungen auseinandersetzen.

4.2.2.1 Beachtung des Gesetzesvorbehalts

Einzig das VG Berlin kam zum Ergebnis, die Satzung eines Versorgungswerks für Ärzte enthalte ohne weiteres eine Regelungslücke, wenn dort nur für Ehegatten und nicht auch für eingetragene Lebenspartner von Beitragszahlern eine Hinterbliebenenrente vorgesehen ist.[1206] Die nachträgliche Regelungslücke sei aufgrund der Änderung der Rechtslage durch das LPartG entstanden und im Lichte des mutmaßlichen Willen des Satzungsgebers zu schließen. Die Regelungslücke bezüglich eingetragener Lebenspartner müsse „im Wege der Analogie zu den Bestimmungen über Ehegatten geschlossen werden“[1207].
Andere Verwaltungsgerichte lehnten hingegen eine planwidrige Regelungslücke und folglich eine entsprechende Anwendung der Bestimmungen ab. Sie verwiesen auf die Notwendigkeit einer ausdrücklichen Regelung durch den Normgeber.
Das BVerwG sprach sich gegen eine analoge Anwendung des Besoldungsrechts aus, „das den Kreis der Anspruchsberechtigten und die einzelnen Ansprüche nach Grund und Höhe durch formelle und zwingende Vorschriften kasuistischen Inhalts festlegt“[1208]. Bereits der VGH Baden-Württemberg hatte als Vorinstanz betont, dass die „Ausweitung des Personenkreises der Empfänger von Besoldungsleistungen im Wege der erweiternden Auslegung oder Analogie ausgeschlossen“[1209] sei.
Auch nach Auffassung des OVG Münster dürfen Dienstbezüge „nur nach gesetzlichen Bestimmungen bezahlt werden“[1210]. Eine über den eindeutigen Gesetzeswortlaut hinausgehende Auslegung sei den Gerichten wegen des Gesetzesvorbehalts nach § 2 Abs. 1 BBesG versagt. Nach Meinung des VG Bremen müssen die Gerichte wegen der Bindung der Rechtsprechung an das Gesetz nach Art. 20 Abs. 3 GG die nur dem Gesetzgeber vorbehaltene Zuerkennung von Leistungen beachten.[1211] Das VG Koblenz entschied, einer Gewährung der Leistungen an Lebenspartner als nicht von der Vorschrift erfasste Hinterbliebene

---

[1206] Vgl. VG Berlin vom 22.06.2005 - VG 14 A 44.02 - n. v. (Gründe II 2a), am 24.03.2006 abrufbar unter www.lsvd.de.
[1207] Ebenda.
[1208] BVerwG vom 26.01.2006 - 2 C 43/04 - S. 1828 f. (Gründe II).
[1209] VGH Baden-Württemberg vom 13.10.2004 - 4 S 1243/03 - n. v. (Gründe 1a); am 24.03.2006 abrufbar unter www.lsvd.de.
[1210] OVG Münster vom 17.12.2004 - 6 A 3280/03 - NJW 2005, S. 1002 f.
[1211] Vgl. VG Bremen vom 13.10.2005 - 2 K 2499/04 - n. v. (Gründe 1), am 24.03.2006 abrufbar unter www.lsvd.de.

stehe die in § 3 Abs. 1 BeamtVG geregelte Erforderlichkeit einer gesetzlichen Regelung und das Verbot von gesetzlich nicht vorgesehenen Versorgungszahlungen nach § 3 Abs. 2 BeamtVG entgegen.[1212]
Das VG Schleswig, welches einen Anspruch auf den Familienzuschlag nach dem BBesG unmittelbar aus der Richtlinie 2000/78/EG herleitet, hält dem entgegen, diese Richtlinie stelle die nach § 2 Abs. 1 BBesG erforderliche gesetzliche Grundlage dar.[1213]

4.2.2.2 Planwidrige Regelungslücke

Einige Gerichte wiesen ferner ausdrücklich darauf hin, der Normgeber habe bewusst auf eine Ausweitung der streitgegenständlichen Bestimmungen für eingetragene Lebenspartner verzichtet. Auch aus diesem Grund liege keine planwidrige Regelungslücke vor.
Das BVerwG stellte klar, der Besoldungsgesetzgeber habe die Relevanz des neu geschaffenen Familienstandes nicht übersehen, sondern bewusst von der Schaffung einer Anspruchsberechtigung abgesehen.[1214] Die ursprünglich im Gesetzesentwurf vorgesehene Anwendung des BBesG auf eingetragene Lebenspartnerschaften sei nicht Gesetz geworden.[1215] Da insoweit nicht von einer unbewussten Regelungslücke gesprochen werden könne, seien die Überlegungen des BAG[1216] zur nachträglich entstandenen Regelungslücke im BAT nicht auf die Beamtenbesoldung übertragbar.[1217]
Das VG Münster entschied am 29.12.2005, eine analoge Anwendung der für Ehepartner geltenden Vorschriften eines Ärzteversorgungswerkes scheide aus, weil die Satzung keine planwidrige Regelungslücke aufweise.[1218] Der Satzungsgeber habe trotz vier Änderungsbeschlüssen seit Inkrafttreten des LPartG die

---

[1212] Vgl. VG Koblenz vom 07.02.2006 - 6 K 871/05.KO - n. v. (Gründe I 1a); am 24.03.2006 abrufbar unter www.lsvd.de.
[1213] Vgl. VG Schleswig vom 27.08.2004 - 11 A 103/04 - n. v. (am 24.03.2006 abrufbar unter www.lsvd.de).
[1214] Vgl. BVerwG vom 26.01.2006 - 2 C 43/04 - S. 1828 f. (Gründe II); ebenso zuvor bereits VGH Baden-Württemberg vom 13.10.2004 - 4 S 1243/03 - n. v. (Gründe 1a); ähnlich VG Bremen vom 30.03.2004 - 6 K 734/03 - n. v. (am 24.03.2006 abrufbar unter www.lsvd.de).
[1215] Zum Gesetzgebungsverfahren siehe BT-Drucksache 14/3751, S. 10, Art. 3 § 10; BT-Drucksache 14/4545, S. 21; BT-Drucksache 14/4875; BT-Drucksache 15/2477, S. 6 f., Art. 2 § 7.
[1216] Vgl. BAG vom 29.04.2004 - 6 AZR 101/03 - NZA 2005, S. 57 ff.; siehe unten: Dritter Teil B IV 5.1.
[1217] Vgl. BVerwG vom 26.01.2006 - 2 C 43/04 - S. 1828 f. (Gründe II).
[1218] Vgl. VG Münster vom 29.12.2005 - 7 K 3436/02 - n. v. (am 24.03.2006 abrufbar unter www.lsvd.de).

Lebenspartnerschaft nicht einbezogen, obwohl die Fragestellung bekannt gewesen sei.[1219]

Das VG Berlin argumentierte dagegen, der mutmaßliche Wille des Satzungsgebers eines Ärzteversorgungswerkes gegen eine Einbeziehung eingetragener Lebenspartner in die Hinterbliebenenversorgung sei u. a. angesichts des verfassungsrechtlichen Gleichbehandlungsgrundsatzes „rechtswidrig und damit unbeachtlich“[1220].

4.2.3 Vereinbarkeit mit höherrangigem Recht

Die meisten Verwaltungsgerichte lehnten zudem einen Anspruch wegen Verstoßes der einschlägigen Regelungen gegen höherrangiges Recht ab.

Das BVerwG ist der Auffassung, § 40 Abs. 1 Nr. 1 BBesG stehe nicht im Widerspruch zum verfassungsrechtlichen Gleichbehandlungsgrundsatz des Art. 3 Abs. 1 GG, da die Vorschrift auf einer sachlich gerechtfertigten Unterscheidung beruhe. Der Verheiratetenzuschlag knüpfe nicht „an die persönliche Eigenschaft der Heterosexualität, sondern an den Familienstand „verheiratet“ an“[1221]. Der Gesetzgeber dürfe die Ehe gegenüber anderen Lebensgemeinschaften wegen des besonderen verfassungsrechtlichen Schutzes nach Art. 6 Abs. 1 begünstigen.[1222] Dies gilt nach Meinung des VG Bremen, obwohl Ehe- und Lebenspartner „weitgehend dieselben Unterhaltsverpflichtungen“[1223] haben. Das VG Münster hebt in diesem Zusammenhang ausdrücklich die Angehörigeneigenschaft nach § 11 LPartG und Unterhaltsverpflichtung in § 5 LPartG hervor.[1224] Das Gericht stellt jedoch klar, aus der weitgehenden Ausweitung des LPartG zum 01.01.2005 und der Gleichstellung in der gesetzlichen Hinterbliebenenversorgung ließe sich jedoch nicht der Schluss ableiten, dass „eine solche Gleichstellung in allen Bereichen zwingend und eine Ungleichbehandlung willkürlich ist“[1225].

[1219] Ähnlich auch VGH München vom 29.07.2005 - 9 ZB 05.737 - BetrAV 2006 S. 197 f. (Gründe 1).

[1220] VG Berlin vom 22.06.2005 - VG 14 A 44.02 - n. v. (Gründe II 2b), am 24.03.2006 abrufbar unter www.lsvd.de.

[1221] Vgl. BVerwG vom 26.01.2006 - 2 C 43/04 - S. 1828 f. (Gründe II).

[1222] Vgl. ebenda; ebenso bereits als Vorinstanz VGH Baden-Württemberg vom 13.10.2004 - 4 S 1243/03 - n. v. (Gründe 1b); VGH München vom 29.07.2005 - 9 ZB 05.737 - BetrAV 2006 S. 197 f. (Gründe 2); VG Bremen vom 13.10.2005 - 2 K 2499/04 - n. v. (Gründe 3), am 24.03.2006 abrufbar unter www.lsvd.de und VG Koblenz vom 07.02.2006 - 6 K 871/05.KO - n. v. (Gründe I 1b); am 24.03.2006 abrufbar unter www.lsvd.de.

[1223] VG Bremen vom 30.03.2004 - 6 K 734/03 - n. v. (am 24.03.2006 abrufbar unter www.lsvd.de).

[1224] VG Münster vom 29.12.2005 - 7 K 3436/02 - n. v. (am 24.03.2006 abrufbar unter www.lsvd.de).

[1225] Ebenda.

Das OVG Münster führt zur Begründung weiter aus, der Gesetzgeber habe bei Regelungen des Besoldungsrechts „eine verhältnismäßig weite Gestaltungsfreiheit“[1226]. Das Gericht könne nicht „überprüfen, ob der Gesetzgeber die gerechteste, zweckmäßigste und vernünftigste Regelung getroffen hat“[1227]. Nach Meinung des VGH München besteht „jedenfalls eine verfassungsrechtliche Verpflichtung zu einer versicherungs- oder versorgungsrechtlichen Gleichstellung der Lebenspartnerschaft mit der Ehe nicht“[1228]. Das VG Bremen ergänzt, der Gesetzgeber könne eine Gleichbehandlung vorsehen, müsse dies aber nicht. Das Gericht betont vor dem Hintergrund der Einbeziehung von Lebenspartnern in die gesetzliche Hinterbliebenenversorgung die Unterschiede zwischen beitragsfinanzierten Renten und steuerfinanzierten Versorgungsleistungen: „Änderungen im Rentenrecht zugunsten eingetragener Lebenspartner zwingen nicht zu entsprechenden Änderungen im Beamten-/ und Soldatenversorgungsrecht.“[1229] Auch der VGH München stellt klar, dass keine Rechtspflicht einer berufsständischen Zusatzversorgungseinrichtung zur Anpassung an die Regelungen der gesetzlichen Rentenversicherung besteht.[1230]

Nach Meinung des VG Münster ist es eine „rechts- und gesellschaftspolitische Entscheidung, welche Rechte und Förderungen und Pflichten der Gesetzgeber der gleichgeschlechtlichen Lebensgemeinschaft zuordnet“[1231].

Das VG Koblenz argumentiert darüber hinaus, die gleichgeschlechtliche Partnerschaft sei „nicht zur Reproduktion der Bevölkerung geeignet“[1232]. Insoweit sei sachlich vertretbar, dass der Gesetzgeber typisierend nur reproduktionsfähige Lebensgemeinschaften begünstige, unabhängig davon, „dass nicht alle Ehen mit diesem Ziel geschlossen werden und dass auch Ehen ungewollt kinderlos bleiben“[1233]. Das BeamtVG bevorzuge durch pauschalierte familienstandsbezogene Versorgungsleistungen zulässigerweise auch kinderlose Verheiratete.

Das VG Berlin setzt dem am 22.06.2005 entgegen, angesichts der Gleichheitssätze des Grundgesetzes aus Art. 3 Abs. 1 und der Berliner Landesverfassung unterliege der Normgeber der Satzung eines Ärzteversorgungswerkes bei der Ungleichbehandlung von Personengruppen einer strengen Bindung. Mit der

---

1226 OVG Münster vom 17.12.2004 - 6 A 3280/03 - NJW 2005, S. 1002 f.

1227 Ebenda.

1228 VGH München vom 29.07.2005 - 9 ZB 05.737 - BetrAV 2006 S. 197 f. (Gründe 2).

1229 VG Bremen vom 13.10.2005 - 2 K 2499/04 - n. v. (Gründe 4), am 24.03.2006 abrufbar unter www.lsvd.de.

1230 Vgl. VGH München vom 29.07.2005 - 9 ZB 05.737 - BetrAV 2006 S. 197 f. (Gründe 2).

1231 VG Münster vom 29.12.2005 - 7 K 3436/02 - n. v. (am 24.03.2006 abrufbar unter www.lsvd.de).

1232 Vgl. VG Koblenz vom 07.02.2006 - 6 K 871/05.KO - n. v. (Gründe I 1b); am 24.03.2006 abrufbar unter www.lsvd.de.

1233 Vgl. ebenda.

Möglichkeit einer familienrechtlichen Bindung für gleichgeschlechtliche Lebenspartner fehle nunmehr „jeglicher sachliche Grund für die Differenzierung zwischen Ehegatten und Lebenspartnern im Bereich der Hinterbliebenenversorgung“[1234]. Zwar wäre nach Auffassung des Gerichts die Förderung der Ehe wegen der Möglichkeit der Elternschaft nach Art. 6 Abs. 1 GG ein hinreichendes Differenzierungskriterium gewesen. Das Regelungsziel, die Entstehung von Familien zu fördern, komme allerdings in der streitgegenständlichen Satzung nicht zum Ausdruck. Diese stelle nicht auf das Vorhandensein von Nachkommen ab und gewähre die Witwerrente auch „unabhängig vom Alter der Beteiligten zum Zeitpunkt der Eheschließung“[1235].
Die meisten Verwaltungsgerichte setzten sich zumindest am Rande mit der Frage auseinander, ob ein Anspruch auf die für Verheiratete vorgesehenen Leistungen unter dem Gesichtspunkt der Richtlinie 2000/78/EG in Betracht kommt. Eine eingehende Darstellung wurde aus Gründen des inhaltlichen Zusammenhangs im vorangegangenen Abschnitt vorgenommen.[1236]

4.3 Stellungnahme

Der Rechtsprechung der Verwaltungsgerichte ist in weiten Teilen zuzustimmen. In den gesetzlichen oder satzungsmäßigen Bestimmungen über Leistungen für Verheiratete wurden in der Vergangenheit eingetragene Lebenspartner nicht ausdrücklich erwähnt. Solange der Normgeber eine erweiternde Anpassung dieser Regelungen nicht vornimmt, muss auch eine entsprechende Anwendung wegen des Vorbehalts des Gesetzes ausscheiden. Das BVerfG wies für die Beamtenbezüge bereits 1958 darauf hin, dass diese generell durch Gesetz geregelt werden müssen. Wegen der Bindung des Art. 20 Abs. 3 GG könnten die Gerichte „dem einzelnen Beamten nicht ein gesetzlich nicht geregeltes Gehalt zusprechen“[1237]. Zudem hat der Gesetzgeber bei Regelungen des Besoldungsrechts „eine verhältnismäßig weite Gestaltungsfreiheit“[1238], die durch die entsprechende Anwendung verkürzt würde. Ob der Gesetzgeber die gerechteste,

---

[1234] VG Berlin vom 22.06.2005 - VG 14 A 44.02 - n. v. (Gründe II 2a), am 24.03.2006 abrufbar unter www.lsvd.de. Die Berufung gegen dieses Urteil ist beim OVG Berlin-Brandenburg unter dem Aktenzeichen OVG 7 B 38.05 anhängig.
[1235] VG Berlin vom 22.06.2005 - VG 14 A 44.02 - n. v. (Gründe II 2a), am 24.03.2006 abrufbar unter www.lsvd.de.
[1236] Siehe dazu oben: Dritter Teil B II.
[1237] BVerfG vom 11.06.1958 - 1 BvR 1/52, 46/52 - NJW 1958, S. 1228 ff. (Gründe 6b).
[1238] BVerfG vom 15.10.1985 - 2 BvL 4/83 - NVwZ 1986, S. 735 ff. 8 (Gründe III 1).

zweckmäßigste und vernünftigste Regelung getroffen hat, ist nach ständiger Rechtsprechung des BVerfG der gerichtlichen Überprüfung entzogen.[1239]
Eine andere Beurteilung ergibt sich auch nicht im Hinblick auf die Richtlinie 2000/78/EG. Wie bereits dargestellt, sollen nach dem Willen des Rates vom Familienstand abhängige Leistungen durch die Richtlinie 2000/78/EG keine Änderung erfahren. Der Anwendungsbereich der Richtlinie ist ausweislich des Erwägungsgrundes Nr. 22 in Bezug auf „einzelstaatliche Rechtsvorschriften" beschränkt.[1240] Diese Überlegung findet sich sinngemäß auf nationaler Ebene in der Bewertung der Verwaltungsgerichte wieder, die für gesetzliche Leistungen eine ausdrückliche Erweiterung des Empfängerkreises voraussetzen.
Zutreffend ist auch, dass dem Normgeber eine unbewusste Regelungslücke nicht allein aufgrund der Tatsache unterstellt werden kann, dass eine Anpassung in der Vergangenheit unterblieben ist. Es muss vielmehr davon ausgegangen werden, dass der Normgeber in Kenntnis der Existenz der eingetragenen Lebenspartnerschaften auf eine erweiternde Regelung verzichtet hat. Im Falle des Bundesgesetzgebers belegt gerade die mittlerweile erfolgte Gleichbehandlung in anderen Bereichen etwa in der Hinterbliebenenversorgung der gesetzlichen Rentenversicherung[1241], dass es sich im Einzelfall nicht um planwidrige Regelungslücken handelt. Allerdings können die Gerichte darüber entscheiden, ob eine bestehende gesetzliche Regelung noch den verfassungsrechtlichen Mindestanforderungen entspricht. Bei dieser Prüfung hat das Gericht nach Auffassung des BVerfG „das gesetzgeberische Ermessen zu beachten und alle verfassungsmäßig zulässigen Erwägungen zu berücksichtigen"[1242]. Dazu zählt auch, dass jedenfalls der Gesetzgeber wegen des Schutzauftrags des Art. 6 GG die bürgerlichrechtliche Ehe gegenüber anderen Partnerschaftsformen bevorzugen darf.
Wo die Grenze zwischen sachlich begründbarer Begünstigung und nicht gerechtfertigter Benachteiligung verläuft, muss allerdings im Einzelfall bestimmt werden. Denn das BVerfG erklärt zugleich, dem Schutzauftrag des Grundgesetztes lasse sich umgekehrt kein Gebot ableiten, andere Lebensformen zu benachteiligen.[1243]

[1239] Vgl. BVerfG vom 13.06.1979 - 1 BvL 97/78 - NJW 1979, S. 2608 ff. (Gründe 1); BVerfG vom 16.10.1979 - 1 BvL 51/79 - NJW 1980, S. 879 ff. (Gründe II 1); BVerfG vom 15.10.1985 - 2 BvL 4/83 - NVwZ 1986, S. 735 ff. 8 (Gründe III 1).
[1240] Zur Einschränkung wegen des Erwägungsgrundes Nr. 22 siehe oben: Dritter Teil B II 2.2.2.
[1241] Siehe oben: Dritter Teil B II 4.1.2.2.
[1242] Vgl. BVerfG vom 11.06.1958 - 1 BvR 1/52, 46/52 - NJW 1958, S. 1228 ff. (Gründe 6b aa).
[1243] Vgl. BVerfG vom 17.07.2002 - 1 BvF 1/01 und 2/01 - NJW 2002, S. 2543 ff. (Gründe B II 1c cc).

Auffällig ist indes, dass der Hinweis des VG Koblenz auf die mangelnde Reproduktionsfähigkeit der eingetragenen Lebenspartnerschaft von keinem anderen Verwaltungsgericht aufgegriffen wurde. Offensichtlich hält sich die inhaltliche Zustimmung zur Argumentation des Gerichts in Grenzen. Unter den Verwaltungsgerichten steht das VG Koblenz folglich mit seiner aktuellen Einschätzung allein, dass die Vermehrungsfähigkeit als tauglicher Differenzierungsgrund i. S. d. Art. 3 Abs. 1 GG herangezogen werden darf.[1244]

5. Sichtweise des BAG

Die Schlussfolgerungen, die das oberste deutsche Arbeitsgericht aus der seit 2001 veränderten Rechtslage zog, unterscheiden sich grundlegend von der Interpretation der Sozial- und Verwaltungsgerichte. Mit Urteil vom 29.04.2004[1245] gab der sechste Senat seine bisherige Rechtsprechung zum Ortszuschlag nach § 29 BAT auf. Die bisherige Auffassung des Gerichts wurde im vorangegangenen Abschnitt zur Rechtslage vor Inkrafttreten des LPartG dargestellt.[1246]

5.1 Inhalt des Urteils

Der Kläger begehrte auf Grundlage des Bundes-Angestelltentarifvertrages (BAT) die Zahlung eines höheren Ortszuschlages (Stufe 2), der auf Grundlage des Bundes-Angestelltentarifvertrages (BAT) nur verheirateten und verwitweten Angestellten gewährt wurde. Der Kläger hatte bislang nur den niedrigeren Ortszuschlag für ledige und geschiedene Angestellte erhalten.

Das BAG führte dazu aus: Das durch das LPartG geschaffene Rechtsinstitut der Lebenspartnerschaft begründe einen neuen, „anderen" Personenstand. Dieser Familienstand sei im Stufensystem des Ortszuschlags nicht berücksichtigt. Gegenüber dem Familienstand „ledig" sei „die Lebenspartnerschaft ein aliud"[1247]. Gleichzeitig sei ein Arbeitnehmer, der eine Lebenspartnerschaft begründet hat, wegen der erforderlichen Verschiedengeschlechtlichkeit der Partner nicht verheiratet.[1248]

[1244] Vgl. VG Koblenz vom 07.02.2006 - 6 K 871/05.KO - n. v. (Gründe I 1b); am 24.03.2006 abrufbar unter www.lsvd.de.

[1245] Vgl. BAG vom 29.04.2004 - 6 AZR 101/03 - NZA 2005, S. 57 ff.

[1246] Siehe oben: Dritter Teil B III 2.

[1247] BAG vom 29.04.2004 - 6 AZR 101/03 - NZA 2005, S. 57 ff. (Gründe 2 a aa), unter Hinweis auf: BVerwG vom 04.03.2004 - 1 WB 32/03 - NVwZ 2004, S. 626 f.

[1248] Vgl. BAG vom 29.04.2004 - 6 AZR 101/03 - NZA 2005, S. 57 ff. (Gründe 2 b).

Allerdings liege seit Einführung der Lebenspartnerschaften eine „unbewusste, nachträglich entstandene Regelungslücke“[1249] vor. Diese Tariflücke könne nur durch eine analoge Anwendung der für verheiratete Angestellte geltenden Vorschriften geschlossen werden. Dies entspreche dem Regelungskonzept und dem mit der Gewährung des Ortszuschlags verbundenen Zweck.[1250]
Bei dem Ortszuschlag handelt es sich um eine „soziale Komponente des Arbeitseinkommens“[1251], die besondere Unterhaltslasten des Arbeitnehmers ausgleichen soll, welche typischerweise und dauerhaft mit einem bestimmten Familienstand verbunden sind. In dieser Bewertung stimmt das BAG ausnahmsweise mit seiner aufgegebenen Rechtsprechung aus dem Jahre 1997 überein. Bereits damals hatte das Gericht festgestellt, der Zuschlag habe in erster Linie eine soziale, familienbezogene Ausgleichsfunktion.[1252]
Neu ist nunmehr die Bewertung des BAG, die Lebenspartnerschaft erfülle alle Merkmale, an die der Tarifvertrag typisierend den Bezug eines höheren familienstandsbezogenen Vergütungsbestandteils anknüpfe.[1253] Die mit dem Rechtsinstitut der eingetragenen Lebenspartnerschaft verbundenen Unterhaltspflichten entsprächen denen der Ehe. Das Gericht nennt daneben die Exklusivität einer auf Lebenszeit angelegten Partnerschaft, deren Begründung durch Erklärung gegenüber einer Behörde und Aufhebung durch gerichtliche Entscheidung sowie eine Reihe familienrechtlicher Rechte und Pflichten, vor allem die Unterhaltsverpflichtung.[1254] Hingegen verfolge die streitgegenständliche Tarifnorm nicht das Ziel, die Ehe als eine im Normalfall präsumtiv reproduktionsfähige Lebensgemeinschaft zu begünstigen.[1255] Die Tarifvertragsparteien könnten sich nicht auf „ausschließlich bevölkerungspolitische Zielsetzungen“[1256] berufen, da sich das Fördergebot des Art. 6 I GG nur an den Staat richte und ein Bezug zu beruflichen Aufgaben oder Arbeitsbedingungen nicht gegeben sei.
Wegen der im Wege der Rechtsanalogie zu schließenden Regelungslücke kommt es nach Auffassung des BAG nicht darauf an, ob weiterhin ein Verstoß

1249 BAG vom 29.04.2004 - 6 AZR 101/03 - NZA 2005, S. 57 ff. (Gründe 3).

1250 Dagegen vertritt *Lingscheid* die Auffassung, Betriebsvereinbarungen und Tarifverträge könnten „nicht ohne weiteres erweiternd dahingehend ausgelegt werden, dass der Betriff der Ehegatten den des Lebenspartners mit einschließe“; eine Anpassung obliege den Normgebern. Siehe Lingscheid, Diskriminierung im Arbeitsrecht, S. 271.

1251 BAG vom 29.04.2004 - 6 AZR 101/03 - NZA 2005, S. 57 ff. (Gründe 4 b aa).

1252 Vgl. BAG vom 15.05.1997 - 6 AZR 26/96 - NZA 1998, S. 207 ff. (Gründe I 1b).

1253 Vgl. BAG vom 29.04.2004 - 6 AZR 101/03 - NZA 2005, S. 57 ff. (Gründe 4 b bb).

1254 Vgl. ebenda.

1255 Vgl. ebenda (Gründe 4 b cc).

1256 Ebenda.

gegen Art. 3 GG bzw. das Verbot der Diskriminierung wegen der sexuellen Ausrichtung nach der Gleichbehandlungsrichtlinie gegeben ist.[1257]

5.2 Stellungnahme

Der Entscheidung des BAG ist zuzustimmen: Mit der Einführung der eingetragenen Lebenspartnerschaft ist § 29 BAT nachträglich unbewusst lückenhaft geworden.[1258] Eine entsprechende Anwendung der für Verheiratete geltenden Bestimmungen war angezeigt. Bereits nach Meinung des BVerfG darf eine Ungleichbehandlung durch eine Norm nur beanstandet werden, wenn der Gleichheitsverstoß nicht durch eine verfassungskonforme Auslegung vermieden werden kann.[1259] Das gilt auch für die verfassungskonforme Auslegung von Tarifrecht. Dabei dürfen die Gerichte nicht ihre Kompetenzgrenze zu Lasten des Normgebers überschreiten. Der Regelung darf auch durch Auslegung kein Inhalt unterschoben werden, der vom Normgeber ersichtlich nicht gewollt war. Dies kann etwa im Falle gleichheitswidriger Tarifverträge problematisch sein: Das zuständige Gericht muss abwägen, ob eine Tarifergänzung zugunsten der benachteiligten Arbeitnehmergruppe in Betracht kommt, wenn davon auszugehen ist, dass die Tarifvertragsparteien die Regelung auch mit erweitertem Anwendungsbereich getroffen hätten.[1260]

Dabei überrascht die eher schlanke Argumentation des BAG. Das höchste deutsche Arbeitsgericht billigt einem in eingetragener Lebenspartnerschaft lebenden Arbeitnehmer im Wege der Rechtsanalogie Leistungen zu, die tarifvertraglich bislang Verheirateten vorbehalten waren. Entscheidend ist dabei die Begründung der Analogie. Das Gericht stellt maßgeblich auf den aus der Tarifnorm erkennbaren Sinn und Zweck der Leistung ab. Vor dem Hintergrund der weitgehenden gesetzlichen Angleichung der eingetragenen Lebenspartnerschaft an die Ehe seien inhaltliche Unterschiede in den genannten Bereichen kaum mehr feststellbar. Durch die ausschließlich inhaltliche Argumentation zur Vergleichbarkeit der beiden familienrechtlichen Institute legt das Gericht den Schwerpunkt auf die verbindenden Gemeinsamkeiten.

Die Aufgabe der bisherigen Rechtsprechung zum Ortszuschlag ist somit nur konsequent. Denn noch 1997 hatte das BAG einen Ausgleich erhöhter finanziellen Belastungen als Folge des partnerschaftlichen Zusammenlebens gebilligt,

---

[1257] Vgl. ebenda (Gründe 5).

[1258] So auch Bergwitz, ZTR 2004, S. 512 ff., 514; Zwanziger, in: Kittner/Zwanziger, § 111 Rdnr. 42.

[1259] Vgl. BVerfG vom 22.02.1994 - 1 BvL 21/85; 1 BvL 4/92 - NZA 1994, S. 661 ff. (Gründe II 5).

[1260] Vgl. BAG vom 07.03.1995 - 3 AZR 282/94 - AP Nr. 26 zu § 1 BetrAVG Gleichbehandlung (Gründe B III 2).

weil die Lebensgemeinschaft in der Ehe rechtlich verfestigt ist. Das Gericht hatte damals eine Ungleichbehandlung der gleichgeschlechtlichen Lebensgemeinschaft damit begründet, dass das Zusammenleben jederzeit ohne Vorliegen weiterer Voraussetzungen beendet werden könne und rechtliche Unterhaltsverpflichtungen nicht bestünden.[1261] Durch die geänderte Rechtlage wurde dieses entscheidende Argument nun entkräftet.

Zugleich verneint das BAG überzeugend eine Beschränkung auf reproduktionsfähige Partnerschaften. Das Gericht gibt einen deutlichen Hinweis darauf, dass allein der Staat bevölkerungspolitische Zielsetzungen mit Blick auf Art. 6 Abs. 1 GG verfolgen könne. Deutlich ist auch der Hinweis auf den mangelnden Bezug eines familienpolitischen Idealbilds des Arbeitgebers zu den beruflichen Aufgaben oder Arbeitsbedingungen. An dieser Stelle besteht ein entscheidender Unterschied zur Rechtsprechung der Verwaltungsgerichte: Die dort vertretene Auffassung, der Gesetzgeber dürfe die Ehe gegenüber anderen Lebensgemeinschaften wegen des besonderen verfassungsrechtlichen Schutzes der Ehe begünstigen[1262], kann der einzelne Arbeitgeber für sich nicht in Anspruch nehmen. Die Festlegung des BAG ist zugleich auch als Hinweis auf die Unbeachtlichkeit eines möglicherweise entgegenstehenden Willens der Tarifvertragsparteien im vorliegenden Fall zu verstehen. Sie steht auch im Einklang mit der Rechtsprechung des EuGH, wonach der einzelne Arbeitgeber keine sozial- oder beschäftigungspolitischen Ziele für sich reklamieren darf.[1263]

Da das BAG die Regelungslücke durch analoge Anwendung der für Verheiratete geltenden Vorschriften des BAT schließen konnte, musste ein Verstoß gegen Art. 3 Abs. 1 GG oder die Richtlinie 2000/78/EG nicht mehr geprüft werden. Ein obiter dictum unterblieb wohl auch deshalb, weil der sechste Senat eine vorzeitige Festlegung für kommende Entscheidungen vermeiden wollte. Gleichwohl wäre der formell nicht erforderliche Fingerzeig aus Gründen der Rechtssicherheit wünschenswert gewesen. Im Hinblick auf das am 18.08.2006 in Kraft getretene AGG wird sich diese Prüfung wohl künftig nicht mehr vermeiden lassen.

1261 Vgl. BAG vom 15.05.1997 - 6 AZR 26/96 - NZA 1998, S. 207 ff. (Gründe I 1d).

1262 Vgl. BVerwG vom 26.01.2006 - 2 C 43/04 - S. 1828 f. (Gründe II); ebenso bereits als Vorinstanz VGH Baden-Württemberg vom 13.10.2004 - 4 S 1243/03 - n. v. (Gründe 1b); VGH München vom 29.07.2005 - 9 ZB 05.737 - BetrAV 2006 S. 197 f. (Gründe 2); VG Bremen vom 13.10.2005 - 2 K 2499/04 - n. v. (Gründe 3), am 24.03.2006 abrufbar unter www.lsvd.de und VG Koblenz vom 07.02.2006 - 6 K 871/05.KO - n. v. (Gründe I 1b); am 24.03.2006 abrufbar unter www.lsvd.de.

1263 EuGH vom 09.09.1999 - Rs. C-281/97 - Krüger - NZA 1999, S. 1151 f. (Rdnr. 29); siehe dazu bereits oben: Dritter Teil A I 1.3.

Als erste Konsequenz des Urteils verfügte das BMI mit Rundschreiben vom 21.10.2004, dass Angestellten in eingetragener Lebenspartnerschaft künftig der Ortszuschlag der Stufe 2 zu gewähren sei.[1264]

6. Übertragung auf tarifvertragliche Versorgungszusagen

Fraglich ist, ob die Argumente des sechsten Senats des BAG auf tarifvertragliche Versorgungsbestimmungen[1265] übertragbar sind. Ist dies der Fall, so sind eingetragene Lebenspartner in die betriebliche Hinterbliebenenversorgung einzubeziehen. *Bruns* befürwortet eine Übertragung „ohne weiteres" für alle sonstigen tariflichen Vergünstigungen und Hinterbliebenenrenten, ohne dies näher zu begründen.[1266]

Die Übertragung kann jedoch auch inhaltlich begründet werden. Bei der eingetragenen Lebenspartnerschaft handelt es sich um einen neuen, anderen Familienstand, den die Tarifvertragsparteien als Normgeber vor der Einführung im Jahre 2001 nicht kennen konnten. Durch die Einführung der eingetragenen Lebenspartnerschaft sind tarifvertragliche Bestimmungen zur Hinterbliebenenversorgung nachträglich lückenhaft geworden. Hätte der Normgeber den zusätzlichen Familienstand zum Zeitpunkt des Normerlasses gekannt, hätte er eingetragene Lebenspartner systemkonform in die Hinterbliebenenversorgung aufgenommen.

6.1 Gemeinsamkeiten der Arbeitgeberleistungen

Dafür spricht nicht zuletzt der mit der Versorgungszusage verbundene Zweck, den engsten und exklusiven Lebenspartner über den Tod des Arbeitnehmers hinaus abzusichern. Gründe, weshalb der unterschiedliche Rechtscharakter des BAT-Ortszuschlags und der betrieblichen Hinterbliebenenrente eine abweichende Beurteilung rechtfertigen könnte, sind nicht ersichtlich. In der Entscheidung des sechsten Senats ging es um einen familienstandsabhängigen Ortszuschlag. Dem stehen betriebliche Versorgungsleistungen für die nächsten Familienangehörigen gegenüber. In beiden Fällen handelt es sich um Leistungen des Arbeitgebers, die zumindest auch Entgeltcharakter aufweisen. Folgt man der Argumentation des sechsten Senats, wonach es sich beim Ortszuschlag um eine soziale Komponente des Arbeitseinkommens zum Ausgleich besonderer Unterhaltslasten[1267] handelt, ist diesem Entgeltbestandteil auch der Versorgungscha-

---

[1264] BMI - Rundschreiben vom 21.10.2004 - D II 2 - 220 000/116 - GMBl. 2004, S. 1077 f.

[1265] Zu den tarifvertraglich begründeten Versorgungsansprüchen siehe oben: Zweiter Teil F II 1.

[1266] Vgl. Bruns, in: Bruns/Kemper; Beamte, Angestellte und Arbeiter Rdnr. 40 f.

[1267] BAG vom 29.04.2004 - 6 AZR 101/03 - NZA 2005, S. 57 ff. (Gründe 4 b aa); ähnlich bereits BAG vom 15.05.1997 - 6 AZR 26/96 - NZA 1998, S. 207 ff. (Gründe I 1b).

rakter der betrieblichen Altersversorgung zumindest nicht ganz wesensfremd.[1268] Denn der Unterhaltsbedarf des Partners schlägt im Versorgungsfall in einen inhaltsgleichen Versorgungsbedarf um. Wer zu Lebzeiten eines Arbeitnehmers finanziell auf dessen Unterhalt angewiesen war, ist im Todesfall in gleichem Umfang auf Versorgungsleistungen angewiesen.

6.2 Erkennbarkeit der Zweckbestimmung

Zudem müsste der Wille der Tarifvertragsparteien, reproduktionsfähige Lebensgemeinschaften zu fördern, Eingang in die Bestimmungen zur betrieblichen Hinterbliebenenversorgung gefunden haben. Der sechste Senat stellte bei der Auslegung der BAT-Tarifnorm fest, der Wille zur Begünstigung ausschließlich reproduktionsfähiger Lebensgemeinschaften lasse sich darin nicht erkennen.[1269] Auch das VG Berlin fordert, das Regelungsziel, die Entstehung von Familien zu fördern, müsse in der streitgegenständlichen Satzung eines Ärzteversorgungswerkes zum Ausdruck kommen.[1270]
Dies entspricht auch der Rechtsprechung des dritten Senats des BAG. Nach Auffassung des Gerichts müssen Regelungen der betrieblichen Altersversorgung die behauptete Zweckbestimmung auch tatsächlich widerspiegeln.[1271] Eine Zweckbestimmung, die sich nicht objektiv ableiten lässt, dürfe einer Versorgungsbestimmung nicht nachträglich untergeschoben werden.
Dem mutmaßlich nachträglich lückenhaften Tarifvertrag müsste sich demnach entnehmen lassen, dass nur verheiratete Arbeitnehmer mit der Aussicht auf gemeinsam gezeugten Nachwuchs mit einer betrieblichen Hinterbliebenenversorgung rechnen dürfen. In der Praxis sind entsprechende Hinweise in einem Tarifvertrag zur betrieblichen Altersversorgung nicht vorstellbar.

6.3 Leistungsvorbehalt und Dotierungsrahmen

Gegen eine entsprechende Anwendung der für Verheiratete geltenden Versorgungsbestimmungen spricht auch nicht, dass die Tarifvertragsparteien eine finanzielle Mehrbelastung durch die Versorgung eingetragener Lebenspartner nicht vorgesehen hätten. Der entscheidende Unterschied zur Rechtsprechung der Verwaltungs- und Sozialgerichte besteht darin, dass der strikte Grundsatz vom Vorbehalt des Gesetzes im Arbeitsrecht so nicht gilt. Nach Auffassung der

---

[1268] Zum Rechtscharakter der Arbeitgeberleistung siehe oben: Zweiter Teil E II 1.
[1269] Vgl. BAG vom 29.04.2004 - 6 AZR 101/03 - NZA 2005, S. 57 ff. (Gründe 4 b cc).
[1270] Vgl. VG Berlin vom 22.06.2005 - VG 14 A 44.02 - n. v. (Gründe II 2a), am 24.03.2006 abrufbar unter www.lsvd.de.
[1271] Vgl. BAG vom 09.12.1997 - 3 AZR 661/96 - NZA 1998, S. 1173 ff. (Gründe B II 2a); siehe auch Doetsch, BetrAV 1997, S. 25 ff., 26.

meisten Verwaltungsgerichte[1272] steht einer analogen Anwendung das Erfordernis einer ausdrücklichen Regelung durch den Gesetzgeber entgegen. Entsprechende Vorbehalte finden sich etwa in § 2 Abs. 1 BBesG oder § 3 Abs. 1 BeamtVG. Auch das BSG lehnt es ab, entgegen dem Gesetzesvorbehalt des § 31 SGB I neue Rechte und Pflichten zu schaffen.[1273]

Im Hinblick auf Leistungen des Arbeitgebers läuft der Hinweis auf die Erforderlichkeit einer begünstigenden Regelung jedoch ins Leere. Zwar darf den Versorgungsbestimmungen durch Auslegung kein Inhalt unterschoben werden, der von den Tarifvertragsparteien ersichtlich nicht gewollt war. Es muss hinterfragt werden, ob die Tarifvertragsparteien die Regelung auch mit erweitertem Anwendungsbereich getroffen hätten.[1274] Im Hinblick auf die betriebliche Hinterbliebenenversorgung sind keine Gründe ersichtlich, weshalb die Tarifvertragsparteien zwar eine Absicherung überlebender Ehepartner befürworteten, eine Versorgung eingetragener Lebenspartner aus finanziellen Gründen jedoch grundsätzlich ablehnen sollten. Dafür spricht bereits, dass die finanzielle Mehrbelastung äußerst gering ausfällt. Bereits eingangs wurde erwähnt, dass zum Jahresende 2004 in Deutschland zwischen 12.500 und 14.000 eingetragene Lebenspartnerschaften zu verzeichnen waren.[1275] Selbst wenn man unterstellt, dass die Anzahl aufgrund der steigenden Akzeptanz deutlich zunimmt, wird diesem familienrechtlichen Institut absehbar bei weitem nicht die Bedeutung der bürgerlichrechtlichen Ehe zukommen. Berücksichtigt man zudem, dass sich die eingetragenen Lebenspartnerschaften über alle Wirtschaftszweige verteilen und nur zu einem unerheblichen Teil unter die Regelungszuständigkeit der jeweiligen Tarifvertragsparteien fallen, kann ein entgegenstehender Wille bereits mangels Relevanz nicht angenommen werden.

Zudem ist die Ausweitung des vorgegebenen Dotierungsrahmens allein kein Grund, auf die rechtlich gebotene Einbeziehung einer benachteiligten Arbeitnehmergruppe zu verzichten. EuGH und BAG erkennen eine Beschränkung unter Hinweis auf den vorgegebenen finanziellen Rahmen nicht an. Die einschlägige Rechtsprechung hierzu wurde bereits im Zusammenhang der Gleichbehandlung geringfügig Beschäftigter diskutiert.[1276]

Im Ergebnis bleibt festzuhalten, dass eingetragene Lebenspartner in die betriebliche Hinterbliebenenversorgung einbezogen werden müssen, wenn diese durch

---

[1272] Zur diesbezüglichen Sichtweise der Verwaltungsgerichte siehe oben: Dritter Teil B IV 4.2.2.1.

[1273] Vgl. BSG vom 29.01.2004 - B 4 RA 29/03 R - BSGE 92, S. 113 ff. (Gründe B II 1b).

[1274] Vgl. BAG vom 07.03.1995 - 3 AZR 282/94 - AP Nr. 26 zu § 1 BetrAVG Gleichbehandlung (Gründe B III 2).

[1275] Vgl. Stüber, in: Bruns/Kemper, Einführung Rdnr. 39; am 16.04.2006 auch abrufbar unter: http://typo3.lsvd.de/233.0.html.

[1276] Siehe oben Dritter Teil A V 2.3.

Tarifvertrag begründet ist. Eine Entscheidung des für betriebliche Altersversorgung zuständigen dritten Senats des BAG steht bislang aus und bleibt abzuwarten.

7. Konsequenzen für sonstige Versorgungszusagen

Oftmals sind Bestimmungen zur betrieblichen Altersversorgung anderweitig (z. B. durch Betriebsvereinbarung, Gesamtzusage, Einzelvertrag)[1277] begründet. Fraglich ist, ob auch diejenigen Arbeitnehmer, deren Versorgungszusage nicht durch Tarifvertrag begründet wurde, ebenfalls eine Hinterbliebenenversorgung zugunsten ihres eingetragenen Lebenspartners verlangen können.

Bereits an anderer Stelle wurde ausgeführt, dass die Ausgrenzung eingetragener Lebenspartner aus der betrieblichen Hinterbliebenenversorgung eine mittelbare Diskriminierung von Arbeitnehmern wegen ihrer sexuellen Ausrichtung bzw. Identität darstellt.[1278] Weiterhin wurde aufgezeigt, welche Konsequenzen sich aus einem Verstoß gegen das AGG bzw. infolge einer unzureichenden Umsetzung der Richtlinie 2000/78/EG ergeben. Im Ergebnis begründen das AGG bzw. die Richtlinie 2000/78/EG einen Anspruch auf betriebliche Hinterbliebenenversorgung zugunsten von Partnern i. S. d. LPartG.

Offen bleibt, ob ein Gleichbehandlungsanspruch zudem auf sonstiges nationales Recht gestützt werden kann. Nach Auffassung von *Leuchten* hat das Lebenspartnerschaftsgesetz an der Frage der Zulässigkeit eines Ausschlusses gleichgeschlechtlicher Lebenspartner von betrieblichen Versorgungsleistungen nichts geändert. Weiterhin sei eine einvernehmliche Vereinbarung mit dem Arbeitnehmer notwendige Voraussetzung.[1279] *Zwanziger* geht hingegen davon aus, dass Benachteiligungen auf anderer Ebene als aufgrund von Tarifverträgen als Verstoß gegen den arbeitsrechtlichen Gleichbehandlungsgrundsatz zu werten sind.[1280] Ein Anspruch auf Gleichbehandlung könnte beispielsweise auf Art. 3 Abs. 1 GG, den allgemeinen arbeitsrechtlichen Gleichbehandlungsgrundsatz oder § 1b Abs. 1 S. 4 BetrAVG gestützt werden.[1281]

[1277] Zu den Begründungsformen betrieblicher Versorgungsansprüche siehe oben: Zweiter Teil F II.

[1278] Siehe dazu oben: Dritter Teil B II 2 bis 4.

[1279] Vgl. Leuchten, NZA 2002, S. 1254 ff., 1258.

[1280] Vgl. Zwanziger, in: Kittner/Zwanziger, § 111 Rdnr. 42.

[1281] Zu Inhalt und Voraussetzungen der einzelnen Anspruchsgrundlagen siehe oben: Zweiter Teil G.

7.1 Vergleichbare Lage

Den genannten Anspruchsgrundlagen ist zunächst gemeinsam, dass die zugrunde liegenden Sachverhalte im Wesentlichen gleich sind oder sich die betroffenen Arbeitnehmer in einer vergleichbaren Lage befinden. Die Vergleichbarkeit von Ehe und eingetragener Lebenspartnerschaft wurde ausführlich im Zusammenhang der Richtlinie 2000/78/EG geprüft.[1282] Die Untersuchung bezog sich auf die Vergleichbarkeit in rechtlicher und in tatsächlicher Hinsicht. Im Ergebnis wurde eine vollumfängliche Vergleichbarkeit von verheirateten Arbeitnehmern mit Arbeitnehmern bejaht, die eine eingetragene Lebenspartnerschaft eingegangen sind.

7.2 Sachliche Rechtfertigung der Differenzierung

Fraglich ist weiterhin, ob eine Ungleichbehandlung von vergleichbaren Arbeitnehmern in eingetragener Lebenspartnerschaft durch einen sachlichen Grund gerechtfertigt ist. Dabei müssen Differenzierungsgründe auf vernünftigen und einleuchtenden Erwägungen beruhen und dürfen gegen keine verfassungsrechtlichen oder sonstigen übergeordneten Wertentscheidungen verstoßen.[1283] Zur rechtlichen Bewertung der Differenzierungsgründe ist auf den Versorgungszweck der Zusage abzustellen.[1284]

In den meisten Versorgungsregelungen finden sich Bestimmungen, die den Kreis der versorgungsberechtigten Hinterbliebenen beschränken. Allein im Hinblick auf den überlebenden Ehepartner wurden in der Vergangenheit auch unabhängig vom Geschlecht zahlreiche Kriterien aufgestellt, anhand derer hinterbliebene Ehepartner von der Leistung ausgenommen wurden, die - vorsichtig formuliert - nicht dem klassischen Ehebild entsprachen. Auf den ersten Blick mochte eine derartige Ausgrenzung willkürlich erscheinen. Zum Teil war sie schlechthin nicht praktikabel. Vielfach beruhte sie jedoch auch auf sachgerechten und billigenswerten Erwägungen des Arbeitgebers.

Auch heute enthalten zahlreiche aktuelle Versorgungsordnungen Regelungen, wonach bestimmte Hinterbliebene als Begünstigte ausgeschlossen werden. Im

---

[1282] Zur Prüfung der Vergleichbarkeit siehe: Dritter Teil B II 4.1.2.3 f.

[1283] Vgl. BAG vom 18.09.2001 - 3 AZR 656/00 - AP Nr. 179 zu § 242 BGB Gleichbehandlung (Gründe 2a).

[1284] Vgl. BAG vom 05.03.1980 - 5 AZR 881/78 - AP Nr. 44 zu § 242 BGB Gleichbehandlung (Gründe II 2); BAG vom 10.03.1982 - 4 AZR 540/79 - AP Nr. 47 zu § 242 BGB Gleichbehandlung; BAG vom 20.07.1993 - 3 AZR 52/93 - AP Nr. 11 zu § 1 BetrAVG Gleichbehandlung (Gründe 2c); BAG vom 09.12.1997 - 3 AZR 661/96 - NZA 1998, S. 1173 ff. (Gründe B I); BAG vom 17.02.1998 - 3 AZR 783/96 - NZA 1998, S. 762 ff. (Gründe I).

Einzelnen sind dies getrennt lebende Ehepartner[1285], Partner, mit denen die Ehe erst nach Vollendung eines bestimmten Lebensalters des Arbeitnehmers geschlossen wird[1286] oder Ehepartner, deren Alter erheblich von dem des Leistungsberechtigten abweicht[1287]. Es ist auch möglich, dass für die Ehe eine bestimmte Mindestdauer[1288] erforderlich ist bzw. dass die familienrechtliche Beziehung zum begünstigten Arbeitnehmer bereits während des Arbeitsverhältnisses bestand. Zudem soll gegebenenfalls der Versorgungsanspruch im Falle der Wiederheirat[1289] entfallen.
Das BAG hat in den vergangenen Jahrzehnten vor dem Hintergrund dieser Klauseln eine Reihe von Kriterien herausgearbeitet, nach denen Ehepartner von der betrieblichen Hinterbliebenenversorgung ausgeschlossen werden dürfen. Umgekehrt stellte das Gericht klar, in welchen Konstellationen Ehepartner von Versorgungszusagen umfasst sein müssen. Im nachfolgenden Abschnitt werden die nach Auffassung des BAG für die Differenzierung maßgeblichen Kriterien herausgearbeitet und kritisch bewertet. Weiterhin wird die Frage aufgeworfen, welches Ergebnis bei einer Übertragung derselben Kriterien auf eingetragene Lebenspartner erzielt würde.

7.2.1 Unterstützung der Erwerbstätigkeit durch den Hinterbliebenen

Ein Ausschluss aus der betrieblichen Hinterbliebenenversorgung kann in den Fällen gerechtfertigt sein, in denen der Versorgungszweck erkennbar auf die Absicherung derjenigen Hinterbliebenen abstellt, die den Arbeitnehmer tatsächlich unterstützen. Rechtsprechung und Schrifttum sahen umgekehrt in der Vergangenheit einen die Ungleichbehandlung rechtfertigenden Grund, wenn Hinterbliebene zur Erwerbstätigkeit des Arbeitnehmers nichts beitrugen.

7.2.1.1 Bisherige Bewertung im Hinblick auf Ehepartner

Manche Versorgungsordnungen machen neben der Leistung des Arbeitnehmers mittelbar die Leistung des Ehepartners zum Maßstab für die Gewährung betrieblicher Versorgungsleistungen. Eine solche Leistung besteht in der Regel darin, dass der Hinterbliebene dem Arbeitnehmer in vielfacher Hinsicht unterstützend zur Seite steht. Wie eine derartige Unterstützungsleistung aussehen mag, bleibt oftmals unklar. Anzunehmen ist jedoch, dass ein weites Spektrum von der

---

1285 Sog. Getrenntlebensklausel.
1286 Sog. Spätehenklausel.
1287 Sog. Altersdifferenzklausel.
1288 Sog. Mindestdauerklausel.
1289 Sog. Wiederverheiratungsklausel.

Betreuung gemeinsamer Kinder, über die Haushaltsführung bis hin zur „seelisch-moralischen Erbauung“ des Erwerbstätigen gemeint sein soll.
Nach Auffassung des BAG durfte eine um mehr als 25 Jahre jüngere Ehefrau bislang durch eine Spätehenklausel[1290] oder Altersdifferenzklausel[1291] ausgeschlossen werden. Zur Begründung führte das Gericht aus, die Ehefrau habe die Lebensarbeit ihres Mannes nur für eine vergleichsweise kurze Zeitspanne mitgetragen.[1292] Allerdings betonte das BAG in einem aktuellen Beschluss, es erscheine vom dem Hintergrund des Urteils des EuGH in Sachen „Mangold“[1293] zweifelhaft, ob die Rechtslage unter Berücksichtigung des Altersdiskriminierungsverbots der Richtlinie 2000/78/EG Bestand hat. Das BAG hat das Verfahren nach Art. 234 EG ausgesetzt und dem EuGH vorgelegt.[1294]
Im Zusammenhang einer Entscheidung zu einer Bestehensklausel[1295] stellte das BAG heraus, es sei der Hinterbliebenenversorgung zweckimmanent, dass sie nur einer Witwe zustehen solle, welche die Berufsarbeit des Ehemanns durch ihre eigene Fürsorge mitgetragen und auf diese Weise regelmäßig dafür gesorgt habe, dass der Arbeitnehmer seine Leistung im Betrieb habe erbringen können.[1296] Überdies - das gesteht das BAG zu - werde der Arbeitgeber durch die

---

[1290] Die Versorgung kann ausgeschlossen sein, wenn die Ehe erst nach Vollendung eines bestimmten Lebensalters des Arbeitnehmers geschlossen wird. Eine solche Klausel kann wie folgt formuliert sein: „War der Arbeitnehmer bei der Eheschließung 60 oder mehr Jahre alt oder war die Ehe nur geschlossen worden, um den Hinterbliebenen die Leistungen zuzuwenden, wird weder Witwengeld noch Waisengeld gewährt.“ Formulierung nach BAG vom 18.07.1972 - 3 AZR 472/71 - AP Nr. 158 zu § 242 BGB Ruhegehalt; siehe auch Schaub, in: Arbeitsrechts-Handbuch, § 81 Rdnr. 208.

[1291] Die Leistungsgewährung kann ausgeschlossen sein, wenn zwischen Arbeitnehmer und hinterbliebenem Ehegatten eine erhebliche Altersdifferenz besteht. Derartige Bestimmungen können auf eine in Jahren bezeichnete Altersdifferenz, den Zeitpunkt der Eheschließung, das Alter des Hinterbliebenen oder eine Kombination dieser Parameter abstellen.

[1292] Vgl. BAG vom 18.07.1972 - 3 AZR 472/71 - AP Nr. 158 zu § 242 BGB Ruhegehalt (Gründe II 5); BAG vom 19.12.2000 - 3 AZR 186/00 - AP Nr. 19 zu § 1 BetrAVG Hinterbliebenenversorgung (zu B II der Gründe).

[1293] Vgl. EuGH vom 22.11.2005 - Rs. C-144/04 - Mangold - NZA 2005, S. 1345 ff.

[1294] Vgl. BAG vom 27.06.2006 - 3 AZR 352/05 - n. n. v.; siehe auch Bauer/Thüsing/Schunder, NZA 2006, S. 774 ff., 777.

[1295] Die Versorgungsleistung kann davon abhängig gemacht werden, dass die familienrechtliche Beziehung zum begünstigten Arbeitnehmer bereits während des Arbeitsverhältnisses bestand. Auf diese Weise werden Hinterbliebene ausgeschlossen, die eine Ehe mit dem Arbeitnehmer erst zum Zeitpunkt eines späteren Arbeitsverhältnisses oder während des Ruhestandes eingegangen sind. Vgl. dazu BAG vom 19.12.2000 - 3 AZR 186/00, NZA 2000, S. 1260 ff. (Gründe II); dagegen: Höfer ART Rdnr. 878.

[1296] Vgl. BAG vom 11.08.1987 - 3 AZR 6/86 - AP Nr. 4 zu § 1 BetrAVG Hinterbliebenenversorgung (Gründe III 2).

Versorgung einer noch jungen Frau stärker belastet.[1297] Dagegen hält das Hessische LAG Altersdifferenzklauseln unter dem Gesichtspunkt der Unterstützungsleistung des Hinterbliebenen für problematisch. Zur Begründung führt das Gericht aus, eine nur 15 ½ Jahre jüngere Ehefrau habe die Lebensarbeit des Ehemanns nicht nur für eine vergleichsweise kurze Zeitspanne mitgetragen.[1298]
Auch Getrenntlebensklauseln[1299] finden ihre Rechtfertigung nach Ansicht von *Beitzke* darin, dass der getrennt lebende Ehegatte dem Arbeitnehmer nicht ebenso unterstützend zur Seite gestanden habe wie ein mit ihm zusammenwohnender Partner, also auf die Arbeitsleistung des Arbeitnehmers auch keinen förderlichen Einfluss genommen habe.[1300] *Andresen/Rühmann* geben zu bedenken, dass die von Fürsorge getragene Unterstützung „weder rechtlich noch tatsächlich messbar sein dürfte, zumal nicht jede Ehe glücklich verläuft, wie Scheidungsziffern auf hohem Niveau belegen“[1301].

7.2.1.2 Stellungnahme

Eine Differenzierung anhand der Eigenleistung des Hinterbliebenen ist grundsätzlich zu billigen. Dabei ist jedoch kritisch auf zwei Gesichtspunkte hinzuweisen:
Streng genommen handelt es sich beim Abstellen auf die Unterstützungsleistung des Hinterbliebenen um einen Systembruch: Rechtsdogmatisch gesehen ist die Zusage auf Hinterbliebenenversorgung ein echter Vertrag zugunsten Dritter im Sinne des § 328 Abs. 1 BGB.[1302] Versprechensempfänger ist ausschließlich der Arbeitnehmer. Seine Hinterbliebenen sind lediglich Begünstigte, die erst mit

---

[1297] Vgl. BAG vom 18.07.1972 - 3 AZR 472/71 - AP Nr. 158 zu § 242 BGB Ruhegehalt (Gründe II 5).
[1298] Vgl. Hess. LAG vom 12.03.1997 - 8 Sa 177/96 - NZA-RR 1998, S. 5 ff. (Gründe II 2b).
[1299] Versorgungsordnungen können den Bezug einer Witwen- oder Witwerrente davon abhängig machen, dass die Ehepartner bis zum Tod in häuslicher Gemeinschaft oder nicht dauerhaft voneinander getrennt gelebt haben. Dabei steht dem Arbeitgeber frei, ob er im Rahmen der Versorgungszusage den Begriff des Getrenntlebens definiert oder nicht. Gegebenenfalls kann alternativ auf die gesetzliche Definition des § 1567 Abs. 1 BGB zurückgegriffen werden, vgl. Andresen/Förster/Rößler/Rühmann, Teil 9 C Rdnr. 135; Beitzke, Anmerkung zu BAG vom 06.09.1979 - 3 AZR 358/78 - AP Nr. 183 zu § 242 BGB Ruhegehalt (unter 5.); Schaub, in: Arbeitsrechts-Handbuch, § 81 Rdnr. 208.
[1300] Vgl. Beitzke, Anm. zu BAG vom 06.09.1979 - 3 AZR 358/78 - AP Nr. 183 zu § 242 BGB Ruhegehalt (unter 4.).
[1301] Andresen/Rühmann, in: GS Blomeyer, S. 5 ff., 17.
[1302] Vgl. BAG vom 05.09.1972 - AP Nr. 159 zu § 242 BGB Ruhegehalt (Gründe B I); BAG vom 21.11.2000 - 3 AZR 91/00 - AP Nr. 21 zu § 1 BetrAVG Hinterbliebenenversorgung (Gründe II 2); Rühmann, FS für Förster, S. 253 ff., 255 f.

dem Tod ein Recht auf die versprochene Leistung erwerben.[1303] Bis zu diesem Zeitpunkt haben die Hinterbliebenen keine gefestigte Rechtsstellung, sondern lediglich eine jederzeit von den Parteien des Versorgungsvertrags aufhebbare oder einschränkbare „Erwerbschance“.[1304] Dies hat etwa zur Folge, dass nach Auffassung des BAG weder die Einschränkung oder Änderung des begünstigten Personenkreises noch die Aufstockung der eigenen Versorgung des Arbeitnehmers gegen einen teilweisen oder vollständigen Verzicht auf Hinterbliebenenversorgung der Zustimmung der Hinterbliebenen bedürfen.[1305]
Auf die „Gegenleistung“ des Hinterbliebenen kommt es hingegen nicht an. Ob und wie der überlebende Partner die Erwerbstätigkeit des Arbeitnehmers unterstützt hat, ist nicht maßgeblich. Denn wie bereits im Zweiten Teil gezeigt werden konnte, besteht die Gegenleistung für die Versorgungszusage einzig in der Arbeitsleistung und Betriebstreue des Arbeitnehmers.[1306]
Gleichwohl kann man den Gesichtspunkt der Unterstützung durch den Ehepartner unter einem weiteren Aspekt billigen: Derjenige Arbeitnehmer, der tatsächlich auf die Rückendeckung seines Ehepartners bauen kann, stellt dem Arbeitgeber ggf. auch eine qualitativ höherwertige Arbeitsleistung zur Verfügung. Allerdings verliert das Argument der honorierungswürdigen Unterstützungsleistung von Hinterbliebenen während der Erwerbstätigkeit des Arbeitnehmers bei näherer Betrachtung der gesellschaftlichen Realität an Überzeugungskraft. Im Falle der Doppelerwerbstätigkeit beider Ehepartner bleibt vom Familienbild wenig übrig, was möglicherweise nach tradierter Vorstellung eine Hinterbliebenenrente gerechtfertigt haben mag. Spätestens mit der (Wieder-)Aufnahme einer Vollzeitbeschäftigung bleibt dem Ehepartner kaum Gelegenheit, zum Arbeitsverhältnis des Arbeitnehmers durch Unterstützungsleistungen im Haushalt beizutragen. An dieser Stelle wird offenbar, das die Unschärfe des vom BAG verwendeten Begriffs des „Mittragens“ der Arbeit mehr Fragen aufwirft als beantwortet. Gleichwohl wird man dem Arbeitgeber zubilligen müssen, im Wege der zulässigen Typisierung davon auszugehen, dass Ehepartner in der Mehrheit unterstützend zur Erwerbstätigkeit beitragen und unter diesem Gesichtspunkt von der Hinterbliebenenversorgung umfasst sein sollen.

[1303] Vgl. BAG vom 21.11.2000 - 3 AZR 91/00 - AP Nr. 21 zu § 1 BetrAVG Hinterbliebenenversorgung (Gründe II 2).
[1304] Vgl. Andresen/Rühmann, in: GS für Blomeyer, S. 5 ff., 7.
[1305] Vgl. BAG vom 21.11.2000 - 3 AZR 91/00 - AP Nr. 21 zu § 1 BetrAVG Hinterbliebenenversorgung (Gründe II 2).
[1306] Zur Gegenleistung des Arbeitnehmers siehe oben: Zweiter Teil E II 2.

7.2.1.3 Übertragung auf eingetragene Lebenspartner

Fraglich ist, ob das vom BAG für Ehepartner gebilligte Differenzierungskriterium der honorierungswürdigen Unterstützungsleistung auch im Hinblick auf eingetragene Lebenspartner greift.
Der Arbeitgeber hat ein berechtigtes Interesse daran, den Kreis der versorgungsberechtigten Hinterbliebenen überschaubar zu halten. Rein formell bestehende Versorgungspartnerschaften sollen ausgeschlossen werden. Das BAG beschreibt dieses Interesse des Arbeitgebers so: „Der Arbeitgeber will keine Versorgungsleistungen erbringen, wo das Eheband nur der Form nach aus wirtschaftlichen Gründen besteht."[1307] Das Gericht hat dabei zwei Konstellationen vor Augen: Einerseits ist denkbar, dass eine Ehe von vornherein nur aus Gründen der Versorgung eingegangen wird. Andererseits kann eine ursprünglich intakte Ehe im Laufe der Zeit zur reinen „Versorgungsehe" absinken. Dabei handelt es sich nicht lediglich um eine plastische Umschreibung für ein verpöntes Phänomen. Vielmehr lehnt sich die Terminologie an § 46 Abs. 2a SGB VI[1308] an, der eben diese Konstellation für die gesetzliche Rentenversicherung regelt.[1309]

Die Befürchtung, durch die eingetragene Lebenspartnerschaft könnte sich der Kreis der versorgungsberechtigten Hinterbliebenen auf eine Personengruppe ausdehnen, die aus wirtschaftlichen Gründen eine „Versorgungspartnerschaft" eingehen, ist unbegründet. Dem stehen bereits die formellen Hürden bei der Eingehung der Lebenspartnerschaft und die umfassenden Rechte und Pflichten entgegen, die mit der Eingehung des familienrechtlichen Instituts verbunden sind.[1310] Die weitgehende Angleichung der eingetragenen Lebenspartnerschaft hat zur Folge, dass eine missbräuchliche Eingehung nicht wahrscheinlicher als im Falle der Ehe ist.
Umgekehrt tragen eingetragene Lebenspartner in gleichem Umfang zur Erwerbstätigkeit des Arbeitnehmers bei wie Ehepartner. Unterschiede in der Unterstützungsleistung eines eingetragenen Lebenspartners sind nicht ersichtlich. Bei aller Ungenauigkeit der Begrifflichkeiten ist nicht erkennbar, dass eingetra-

---

[1307] BAG vom 06.09.1979 - 3 AZR 358/78 - AP Nr. 138 zu § 242 BGB Ruhegehalt (Gründe 1a).
[1308] § 46 Abs. 2a SGB VI lautet: „Witwen oder Witwer haben keinen Anspruch auf Witwenrente oder Witwerrente, wenn die Ehe nicht mindestens ein Jahr gedauert hat, es sei denn, dass nach den besonderen Umständen des Falles die Annahme nicht gerechtfertigt ist, dass es der alleinige oder überwiegende Zweck der Heirat war, einen Anspruch auf Hinterbliebenenversorgung zu begründen."
[1309] Vgl. Paulsen-Rist, Praxishandbuch S. 23; vgl. auch Löns, in: Kreikebohm, SGB VI, § 46 Abs. 2a Rdnr. 20.
[1310] Siehe dazu oben: Dritter Teil B II 4.1.2.1 f.

gene Lebenspartner weniger geeignet sind, ihren Teil zur gemeinsamen Haushaltsführung beizutragen oder dem Arbeitnehmer seelisch den Rücken zu stärken. Darüber hinaus hat der Gesetzgeber mit der Einführung des LPartG die Grundlagen gerade auch im Hinblick auf die rechtliche Stellung des näheren familiären Umfelds geschaffen, § 9 LPartG. Dies umfasst Regelungen in Bezug auf die rechtliche Verantwortung gegenüber dem Kind eines Lebenspartners. Vor dem Hintergrund der rechtlichen Anerkennung wird man die Befähigung zur tatsächlichen Ausübung der Verantwortung nicht mehr ernsthaft in Frage stellen können. Eingetragene Lebenspartner tragen in diesem wichtigen Lebensbereich gleichermaßen zur Erwerbstätigkeit des Arbeitnehmers bei.
Stellt man zudem in Rechnung, dass es wegen der Rechtsnatur der Hinterbliebenenversorgung als Vertrag zugunsten Dritter streng genommen gar nicht auf die Unterstützungsleistung des Hinterbliebenen ankommt, kann hier ein taugliches Differenzierungskriterium zwischen Ehegatten und Lebenspartnern nicht begründet sein. Doch auch ein Abstellen auf die reine Arbeitnehmerleistung führt zu keinem anderen Ergebnis. Auch der in eingetragener Lebenspartnerschaft lebende Arbeitnehmer stellt seine Arbeitsleistung und Betriebstreue in gleichem Umfang zur Verfügung wie ein verheirateter Arbeitnehmer. Unterstellt man nun, ein verheirateter Arbeitnehmer erbringe aufgrund der unterstützenden Wirkung der Ehe eine höherwertige Leistung, die wiederum die Gewährung einer Hinterbliebenenversorgung rechtfertige, so muss dies ebenso für die eingetragene Lebenspartnerschaft gelten. *Andresen/Rühmann* halten es in diesem Sinne für „rechtlich bedenklich, wenn der Arbeitgeber diese „Leistung“ annimmt, dem Leistungserbringer aber unter dem Hinweis auf eine fehlende Eheschließung die „vollständige Gegenleistung“ verweigert“[1311].
Im Ergebnis bleibt festzuhalten, dass die Unterstützungsleistung des Ehe- oder Lebenspartners kein tauglicher Sachgrund ist, eine Ungleichbehandlung von Arbeitnehmern bei der betrieblichen Hinterbliebenenversorgung zu rechtfertigen.

7.2.2 Versorgungsbedarf des Hinterbliebenen

Nach Auffassung des BAG und einiger Vertreter des Schrifttums darf zulässigerweise danach unterschieden werden, ob auf Seiten des Hinterbliebenen ein Versorgungsbedarf besteht. Der Versorgungsbedarf wird maßgeblich dadurch bestimmt, ob der Hinterbliebene in der Lage ist, ein eigenes Erwerbseinkommen zu erzielen. Ein Ausschluss, der auf solchen Erwägungen beruht, wird überwiegend befürwortet.

[1311] Andresen/Rühmann, in: GS für Blomeyer, S. 5 ff., 17.

7.2.2.1 Bisherige Bewertung im Hinblick auf Ehepartner

Nach Auffassung des BAG rechtfertigt eine Altersdifferenz von 25 Jahren unter Bedarfsgesichtspunkten den Ausschluss eines Ehepartners von der Hinterbliebenenversorgung. Wenn auf die Möglichkeit einer adäquaten Eigenversorgung abgestellt werde, scheide ein Verstoß gegen den Gleichheitssatz des Art. 3 Abs. 1 GG aus: „Ganz abgesehen von der stärkeren Belastung des Arbeitgebers durch die Versorgung einer noch jungen Frau kann einer Witwe, die ihren Ehemann in jungen Jahren verloren hat, eine Berufstätigkeit viel eher als einer älteren Frau zugemutet werden.“[1312]
Dagegen hält das Hessische LAG Klauseln, die auf eine Altersdifferenz von 15 Jahren abstellen, wegen Verstoßes gegen Art. 3 und 6 GG für verfassungswidrig.[1313] Eine nur 15 ½ Jahre jüngere Ehefrau sei bei Erreichen der Altersgrenze des Ehemanns „bereits in einem Alter, in dem die Aufnahme einer Berufstätigkeit bereits mit erheblichen Schwierigkeiten verbunden“[1314] sei. Beiden Entscheidungen liegt der Gedanke zugrunde, dass das deutliche jüngere Lebensalter dem überlebenden Ehepartner eine eigene Berufstätigkeit und damit den Aufbau einer eigenen Altersversorgung ermöglicht. Wer selbst zur Vorsorge in der Lage ist, hat einen geringeren Bedarf nach Hinterbliebenenleistungen.
Aus ähnlichen Erwägungen hat das BAG keine Bedenken gegen eine Versorgungsbestimmung, die den Anspruch auf Witwenrente davon abhängig macht, dass der Begünstigte im Zeitpunkt des Todes des Arbeitnehmers das 50. Lebensjahr vollendet hat. Bei dieser Grenzziehung müsse typischerweise aufgrund des Alters zum Zeitpunkt des Versorgungsfalls damit gerechnet werden, dass die begünstigte Person Einkünfte aus eigener Berufstätigkeit und daraus später folgend eigene Versorgungsansprüche nicht mehr erwerben werde. Das BAG hält lediglich die Grenze von 50 unter den Bedingungen des heutigen Arbeitsmarktes für problematisch und schlägt - ohne dass es darauf ankäme - eine Grenzziehung bei einem früheren Lebensalter der Witwe vor.[1315] Die anderweitige Vereinbarkeit von Spätehenklauseln mit höherrangigem Recht wurde mittlerweile mehrfach bestätigt.[1316]

[1312] BAG vom 18.07.1972 - 3 AZR 472/71 - AP Nr. 158 zu § 242 BGB Ruhegehalt (Gründe II 5).

[1313] Die Prüfung bezog sich auf die Inhaltskontrolle einer Allgemeinen Geschäftsbedingung, die bereits als überraschende Klausel nicht Bestandteil des Vertrages geworden war. Insoweit musste das Gericht nicht abschließend über die Verfassungsmäßigkeit befinden.

[1314] Hess. LAG vom 12.03.1997 - 8 Sa 177/96 - NZA-RR 1998, S. 5 ff. (Gründe II 2b).

[1315] Vgl. BAG vom 19.02.2002 - 3 AZR 99/01 - NZA 2002, S. 986 ff. (Gründe II 2c).

[1316] Spätehenklauseln stellen nach Auffassung des BAG auch keinen Verstoß gegen Art. 6 Abs. 1 GG dar, da eine Schädigung oder Beeinträchtigung der Ehe nicht zu erkennen sei. Das Gericht urteilte, durch entsprechende Bestimmungen werde dem Arbeitnehmer die Eheschlie-

Auch Wiederverheiratungsklauseln[1317] sind nach Auffassung des BAG aus ähnlichen Erwägungen nicht zu beanstanden. Sie entsprächen der Regelung in der gesetzlichen Rentenversicherung: Nach § 46 SGB VI haben Witwen oder Witwer nur dann einen Rentenanspruch, wenn sie nicht wieder heiraten. Mit der Wiederheirat verlässt die Witwe nach Auffassung des Gerichts den Familienverband, für den der Arbeitgeber Versorgungspflichten übernommen hat.[1318] Dadurch änderten sich Versorgungssituation und Versorgungsbedarf des Ehepartners typischerweise so grundsätzlich, dass ein Ausschluss von der Hinterbliebenenversorgung gerechtfertigt sei.

7.2.2.2 Stellungnahme

Im Gegensatz zu Arbeitnehmern erbringen Hinterbliebene selbst weder Arbeitsleistung noch Betriebstreue. Gerade bei der Hinterbliebenenversorgung treten Aspekte des Versorgungsbedarfs in den Vordergrund. Die Betonung des Versorgungscharakters der Arbeitgeberleistung bei der betrieblichen Hinterbliebenenversorgung wurde bereits im Zweiten Teil der Untersuchung herausgearbeitet.[1319] *Höfer* macht diesen Gesichtspunkt durch einen Hinweis auf die gleiche

---

ßung weder unmittelbar noch mittelbar erschwert (BAG vom 18.07.1972 - 3 AZR 472/71 - AP Nr. 158 zu § 242 BGB Ruhegehalt (Gründe II 3)). Eine unzulässige Beeinflussung enthalte eine Regelung nicht bereits dann, wenn die Ehefrau einen von der Eheschließung erhofften materiellen Vorteil nicht erhält. Den Ehepartnern entstünde durch die Regelung kein Nachteil, den sie ohne die Heirat nicht gehabt hätten (BAG vom 26.08.1997 - 3 AZR 235/96 - AP Nr. 27 zu § 1 BetrAVG Ablösung (Gründe B II)). Denn ein unzulässiger Zwang setze voraus, dass die Beteiligten infolge der Eheschließung einen Nachteil erleiden, den sie sonst nicht gehabt hätten, etwa durch den Verlust von Witwen- oder Waisenbezügen oder durch den Verlust des Arbeitsplatzes infolge einer so genannten Zölibatsklausel. Im entscheidungsgegenständlichen Fall sei der Klägerin durch die Eheschließung kein Versorgungsanspruch entfallen, sondern sie habe diesen Versorgungsanspruch niemals gehabt. In einer weiteren Entscheidung bestätigte das BAG seine Rechtsprechung, wonach Spätehenklauseln weder gegen Wertentscheidungen des GG (z. B. Art. 1, 3 und 6 Abs. 1 GG) noch gegen die Billigkeit verstoßen (BAG vom 09.11.1978 - 3 AZR 784/77 - AP Nr. 179 zu § 242 BGB Ruhegehalt (Gründe II 1)). Eine dagegen eingelegte Verfassungsbeschwerde nahm das BVerfG nicht zur Entscheidung an (BVerfG vom 11.09.1979 - 1 BvR 92/79 - AP Nr. 182 zu § 242 BGB Ruhegehalt (Gründe II)).

[1317] Häufig sind auch Bestimmungen vorzufinden, die Hinterbliebenenansprüche im Falle der Wiederheirat entfallen lassen. Formulierungsbeispiel: „Die Witwen-/Witwerrente wird letztmalig für den Monat gewährt, in dem die Witwe/der Witwer verstirbt oder eine neue Ehe eingeht." Zumeist ist ein Wiederaufleben der Ansprüche bei Scheidung der zweiten Ehe nicht vorgesehen.

[1318] Vgl. BAG vom 16.04.1997 - 3 AZR 28/96 - NZA 1997, S. 1230 ff. (Gründe II 3b).

[1319] Siehe dazu oben: Zweiter Teil E II 1.3.

Versorgungshöhe für Ledige und Verheiratete anschaulich: „Die Tatsache, dass bei unverheirateten Arbeitnehmern die Nichtgewährung von Hinterbliebenenversorgung regelmäßig nicht durch bessere Alters- oder Invaliditätsversorgung kompensiert wird, verdeutlicht ebenfalls das fürsorgerische Element bei Hinterbliebenenleistungen."[1320]

Vor diesem Hintergrund darf die Frage gestellt werden, ob auf Seiten des Hinterbliebenen überhaupt ein Bedarf nach Versorgungsleistungen besteht. Das BAG verneint dies wie gezeigt regelmäßig im Falle einer erheblichen Altersdifferenz, einer Eheschließung nach Vollendung eines bestimmten Lebensalters und im Falle der Wiederheirat. In Anbetracht dieser objektiv abgrenzbaren Kriterien ist eine Differenzierung nach Bedarfsgesichtspunkten nicht zu beanstanden. Sicherlich spielen hierbei auch Billigkeitserwägungen eine Rolle, wenngleich das BAG lediglich in einer Entscheidung die finanzielle Belastung des Arbeitgebers[1321] offen anspricht. Doch auch unter diesem Gesichtspunkt ist dem BAG zuzustimmen. Warum sollte ein Gericht den Arbeitgeber entgegen der eindeutigen Versorgungsbestimmungen mit der langjährigen und kostspieligen Versorgung eines Hinterbliebenen belasten, wenn dieser zur Eigenversorgung in der Lage ist?

7.2.2.3 Übertragung auf eingetragene Lebenspartner

Nicht anderes kann für die Hinterbliebenen eingetragener Lebenspartner gelten. Der Arbeitgeber darf die Leistungsgewährung im Rahmen seiner Versorgungszusage zulässigerweise ablehnen, wenn eine anderweitige Versorgung möglich oder vorhanden ist. Zu diesem Zwecke darf er typisierend an objektiv messbare Kriterien wie einen erheblichen Altersunterschied der Partner oder die Eingehung einer zweiten Partnerschaft nach dem Tode des Arbeitnehmers anknüpfen.

Hingegen darf der Arbeitgeber nicht unterstellen, von Seiten der eingetragenen Lebenspartner bestehe generell kein Versorgungsbedarf. Er darf nicht aufgrund der pauschalen Annahme von der Zusage einer Hinterbliebenenversorgung absehen, es bestehe grundsätzlich kein Bedarf nach der betrieblichen Versorgungsleistung. Das BAG billigte den Ausschluss überlebender Ehepartner lediglich anhand konkreter Sachverhalte, in denen die Annahme eines geringen oder nicht vorhandenen Versorgungsbedarfs gerechtfertigt war.

Grundsätzliche Unterschiede im Versorgungsbedarf eingetragener Lebenspartner im Vergleich zum Bedarf von Ehepartnern können nicht festgestellt werden. Der Gesetzgeber bestätigte dies mit der weitgehenden Angleichung der für

[1320] Höfer, ART Rdnr. 62.

[1321] Vgl. BAG vom 18.07.1972 - 3 AZR 472/71 - AP Nr. 158 zu § 242 BGB Ruhegehalt (Gründe II 5).

eingetragene Lebenspartner geltenden Vorschriften. Bereits zu Lebzeiten der Partner greifen die Vorschriften des LPartG zum Lebenspartnerschaftsunterhalt (§ 5 LPartG), zum Trennungsunterhalt (§ 12 LPartG) und zum nachpartnerschaftlichen Unterhalt (§ 16 LPartG).[1322] Der Versorgungsbedarf nach einer Trennung wurde durch die Regelung zum Versorgungsausgleich (§ 20 LPartG) berücksichtigt. Zudem erweiterte das Gesetz zur Überarbeitung des Lebenspartnerschaftsrechts die Gleichbehandlung der Lebenspartnerschaft mit der Ehe im Bereich der Rentenversicherung (§ 46 Abs. 4 S. 1 SGB VI n. F.). Durch die Ausweitung des LPartG sind eingetragene Lebenspartner unter denselben Voraussetzungen in der gesetzlichen Hinterbliebenenversorgung anspruchsberechtigt wie überlebende Ehegatten. Die weitgehende Angleichung der für die Versorgungssituation maßgeblichen Vorschriften wäre nicht erforderlich gewesen, wenn man einen Versorgungsbedarf eingetragener Lebenspartner generell verneinen könnte.
Es bleibt festzuhalten, dass ein Ausschluss von der betrieblichen Hinterbliebenenversorgung nicht mit dem Sachgrund gerechtfertigt werden kann, von Seiten der eingetragenen Lebenspartner bestehe generell kein Versorgungsbedarf.

7.2.3 Intensität der Bindung zum Hinterbliebenen

Der Arbeitgeber darf Hinterbliebene von der Versorgung ausschließen, wenn eine Bindung zum Arbeitnehmer nicht mehr gegeben ist.

7.2.3.1 Bisherige Bewertung im Hinblick auf Ehepartner

Nach Meinung des BAG ist es sachgerecht, diejenigen Ehen auszunehmen, die allein wegen der Hinterbliebenenversorgung eingegangen oder aufrechterhalten werden. Allerdings kann ein Gradmesser der Intensität der Beziehung des Arbeitnehmers zu seinem Hinterbliebenen nur schwer definiert werden. Daher kommen in Versorgungsordnungen vielfach Indizien zur Anwendung, die gegen eine persönliche Nähe sprechen.
Auf diesem Prinzip beruht die Überlegung, in Versorgungsbestimmungen eine zeitliche Hürde für die Leistungsgewährung einzuziehen. Der Arbeitgeber kann seinen Verpflichtungsumfang für die Hinterbliebenenversorgung dadurch begrenzen, dass er sich erst nach einer bestimmten Mindestdauer der Ehe eine Hinterbliebenenversorgung gewährt. Nach Auffassung des BAG ist eine Klausel

---

[1322] Ausführlich: Grziwotz, DNotZ 2005, S. 13 ff., 21 f.; Finger MDR 2005, S. 121 ff., 122; Dickhuth-Harrach, FPR 2005, S. 273 ff., 275.

zulässig, die eine Mindestbestandsfrist von zwei Jahren voraussetzt.[1323] Dem Urteil lag ein Sachverhalt zugrunde, wonach der verstorbene Ehemann seine von ihm seit neun Jahren geschiedene Frau auf dem Totenbett wieder geheiratet hatte. Das BAG billigte die Bestimmung und befand zudem, im Recht der betrieblichen Altersversorgung bestünden zugunsten der Hinterbliebenen keine vertraglich unabdingbaren Besitzstände, die eine Scheidung überdauern müssten.[1324] In einem weiteren Fall hielt das LAG Hamm eine Mindestdauer von einem Jahr zu einem Stichtag für nicht unbedenklich.[1325] Auch hier hatte der Arbeitnehmer seine zuvor von ihm geschiedene Ehefrau 20 Tage vor seinem Ableben ein zweites Mal geheiratet. Die Besonderheit des Falles bestand darin, dass die Ehepartner zunächst 15 Jahre verheiratet gewesen waren. Nach Scheidung und dreijähriger Trennung hatte das Paar sodann unverheiratet 11 Jahre lang zusammengelebt, bevor die Wiederheirat erfolgte.[1326]
Nach Auffassung des BAG ist es weiterhin zulässig, zur Beurteilung der persönlichen Nähe auf die räumlichen Gegebenheiten abzustellen. Demzufolge stehe eine Getrenntlebensklausel nicht im Widerspruch zu Art. 3 Abs. 1 GG, sondern beruhe auf sachlich vertretbaren Gesichtspunkten. Aus dem verfassungsrechtlichen Schutz der Ehe ergebe sich nicht, dass die dauernde Aufgabe der häuslichen Gemeinschaft völlig unbeachtet bleiben müsse.[1327] In den zu entscheidenden Fällen verweigerte der Arbeitgeber aufgrund entsprechender Versorgungsbestimmungen die Zahlung zugunsten von Witwen, die seit rund zehn[1328] bzw. mehr als 20 Jahren[1329] von ihren Ehemännern getrennt lebten. Das BAG stimmte dem zu: Ein solcher Tatbestand spreche für eine ganz wesentliche Lockerung der ehelichen Lebensgemeinschaft. Zweck einer Getrenntlebensklausel sei es,

---

[1323] Eine vom BAG gebilligte Mindestdauerklausel lautete: „Ein Anspruch auf Witwenpension setzt voraus, dass die Ehe vor dem Eintritt des Versorgungsfalles bzw. vor dem vorzeitigen Ausscheiden [...] geschlossen wurde und bis zum Zeitpunkt des Todes des Ehemannes mindestens zwei Jahre bestanden hat." BAG vom 11.08.1987 - 3 AZR 6/86 - AP Nr. 4 zu § 1 BetrAVG Hinterbliebenenversorgung; vgl. auch Andresen/Förster/Rößler/Rühmann, Teil 9 C Rdnr. 100.

[1324] Vgl. BAG vom 11.08.1987 - 3 AZR 6/86 - AP Nr. 4 zu § 1 BetrAVG Hinterbliebenenversorgung (Gründe III 2).

[1325] Vgl. LAG Hamm vom 17.12.1991 - 6 Sa 1212/91 - DB 1992, S. 535 f. (Gründe 2c): Das Gericht stellt zutreffend klar, dass der notwendige Zeitraum für das Bestehen einer Ehe nach dieser Bestimmung auf fast zwei Jahre anwachsen kann.

[1326] Vgl. LAG Hamm vom 17.12.1991 - 6 Sa 1212/91 - DB 1992, S. 535 f.(Gründe 2d aa).

[1327] Vgl. BAG vom 06.09.1979 - 3 AZR 358/78 - AP Nr. 138 zu § 242 BGB Ruhegehalt; BAG vom 28.03.1995 - 3 AZR 343/94 - AP Nr. 14 zu § 1 BetrAVG Hinterbliebenenversorgung.

[1328] Vgl. BAG vom 28.03.1995 - 3 AZR 343/94 - AP Nr. 14 zu § 1 BetrAVG Hinterbliebenenversorgung.

[1329] Vgl. BAG vom 06.09.1979 - 3 AZR 358/78 - AP Nr. 138 zu § 242 BGB Ruhegehalt.

Ansprüche auf Witwenrente in den Fällen auszuschließen, in denen nur eine reine Versorgungsehe geführt worden sei und das Eheband nur der Form nach aus wirtschaftlichen Gründen noch bestanden habe.[1330] Weil ein Arbeitgeber „nicht in die eherechtlichen Beziehungen seiner Arbeitnehmer eindringen“[1331] kann und darf, orientierten sich Getrenntlebensklauseln allein am äußeren Erscheinungsbild einer Ehe. Wenn Ehepartner die häusliche Gemeinschaft aufgegeben und auf Dauer getrennt leben, werde nach gewisser Zeit vermutet, dass sie in Wahrheit keine Ehe mehr führen wollten.[1332] Das Abstellen an das Tatbestandsmerkmal der häuslichen Gemeinschaft sei keine Besonderheit der betrieblichen Altersversorgung, sondern auch im geltenden Familienrecht verankert. Das Scheitern einer Ehe werde unwiderlegbar vermutet, wenn zwischen den Ehegatten seit drei Jahren keine häusliche Gemeinschaft besteht und ein Ehegatte sie erkennbar nicht herstellen will, weil er die eheliche Lebensgemeinschaft ablehnt (§§1566 Abs. 2, 1567 Abs. 1 S. 1 BGB). Auch andere Rechtsgebiete, z. B. das Steuerrecht (§ 26 Abs. 1 S. 1 EStG), stützten sich auf diese Vermutung.[1333] *Beitzke* ergänzt, die Fürsorgepflicht des Arbeitgebers gebiete keinesfalls Fürsorge für einen die eheliche Lebensgemeinschaft ablehnenden Ehegatten des Arbeitnehmers. Zudem sei in Erwägung zu ziehen, dass die betriebliche Hinterbliebenenrente Unterhaltsersatzfunktion habe und der Arbeitnehmer bei längerem Getrenntleben häufig auch keinen Unterhalt mehr geleistet habe.[1334]
Darüber hinaus stellt das BAG auch bei der Hinterbliebenenversorgung für Waisen auf den Aspekt der persönlichen Nähe ab. Nach Meinung des Gerichts liegt weder eine unmittelbare noch eine mittelbare Diskriminierung nicht ehelicher Kinder vor, wenn die Gewährung einer Waisenrente daran anknüpft, dass die unterhaltsberechtigten Kinder in einem Haushalt mit dem verstorbenen Arbeitnehmer lebten oder er für sie das Sorgerecht hatte. Gemeinsamer Haushalt und Sorgerecht hätten nichts mit der Nichtehelichkeit des Kindes zu tun und seien sachgemäße Anknüpfungspunkte für die Zahlung von Hinterbliebenenbezügen. Enge persönliche Beziehungen zwischen den Hinterbliebenen und dem Verstorbenen könnten „sowohl durch besondere tatsächliche als auch durch

---

[1330] Vgl. BAG vom 28.03.1995 - 3 AZR 343/94 - AP Nr. 14 zu § 1 BetrAVG Hinterbliebenenversorgung (Gründe II 3).
[1331] BAG vom 06.09.1979 - 3 AZR 358/78 - AP Nr. 138 zu § 242 BGB Ruhegehalt (Gründe 1a).
[1332] Vgl. BAG vom 06.09.1979 - 3 AZR 358/78 - AP Nr. 138 zu § 242 BGB Ruhegehalt (Gründe 1a).
[1333] Vgl. ebenda.
[1334] Vgl. Beitzke, Anm. zu BAG vom 06.09.1979 - 3 AZR 358/78 - AP Nr. 183 zu § 242 BGB Ruhegehalt (unter 4.).

rechtliche Bindungen entstehen"[1335]. Die besondere persönliche Verbundenheit werde durch das Zusammenleben in einem Haushalt zum Ausdruck gebracht.

7.2.3.2 Stellungnahme

Dem BAG ist im Ergebnis zuzustimmen. Grundsätzlich rechtfertigt der Gesichtspunkt, wie nah die Hinterbliebenen dem verstorbenen Arbeitnehmer standen bzw. wie eng die Bindungen zu ihm waren, eine Entscheidung über die betriebliche Hinterbliebenenversorgung. In Einzelfällen jedoch versagt dieses ohnehin nicht randscharf abzugrenzende Merkmal als Kriterium der Abgrenzung.

So erweisen sich Mindestdauerklauseln in der Praxis als problematisch: Kann grundsätzlich davon ausgegangen werden, dass sich persönliche Nähe zweier Ehegatten erst nach einer bestimmten Zeitspanne einstellt? Dies wirft die Folgefrage auf, wie lang dieser Zeitraum zulässigerweise bemessen sein sollte, also wo die zeitliche Grenze der Mindestdauer zu ziehen ist. *Andresen/Förster/Rößler/Rühmann* schlagen einen Zeitraum von fünf Jahren mit der Begründung vor, eine Mindestfrist von zwei Jahren sei ungeeignet, Versorgungsehen zu kennzeichnen.[1336] Das LAG Hamm befürwortet eine dem öffentlichen Dienst entsprechende Regelung einer Mindestdauer von drei Monaten, gegebenenfalls mit der Möglichkeit der Widerlegung der Vermutung einer Versorgungsehe.[1337]

Die eigentliche Schwierigkeit liegt darin, dass sich beabsichtigte Versorgungsehen in der Regel nicht durch das Erfordernis einer Mindestdauer ausschließen lassen. Wer bewusst die Ehe eingeht, um dem vorgeblichen Partner Zugang zur Hinterbliebenenversorgung zu verschaffen, wird im Zweifel auch die Bereitschaft aufbringen, die Scheinehe für den geforderten Zeitraum aufrechtzuerhalten. Eine Mindestdauer von drei Monaten oder zwei Jahren wäre diesbezüglich kein wirkliches Hindernis. Ob eine längere Mindestdauer von fünf Jahren rechtlich halten würde, darf ernsthaft bezweifelt werden. Angesichts steigender Scheidungsraten und sinkender durchschnittlicher Ehezeiten dürfte es schwer fallen, weniger als fünf Jahre verheiratete Arbeitnehmer unter Hinweis auf die Kurzfristigkeit ihrer Ehe von der Hinterbliebenenversorgung auszuschließen.

Auch das Abstellen auf die räumliche Nähe kann sich im Einzelfall als problematisch erweisen. Ein vorübergehendes Getrenntleben mag vielfach wirtschaft-

---

[1335] BAG vom 20.08.2002 - 3 AZR 463/01 - AP Nr. 55 zu § 1 BetrAVG Gleichbehandlung (Gründe II 2b bb).

[1336] Vgl. Andresen/Förster/Rößler/Rühmann, Teil 9 C Rdnr. 100.

[1337] Vgl. LAG Hamm vom 17.12.1991 - 6 Sa 1212/91 - DB 1992, S. 535 f. (Gründe 2d aa), unter Hinweis u. a. auf § 19 Abs. 1 Nr. 1 BeamtVG.

lichen Zwängen oder der gegenwärtigen Situation am Arbeitsmarkt geschuldet und von den Partnern mehr hingenommen als gewollt sein. Mit einer unscharf formulierten Getrenntlebensklausel wäre dem billigenswerten Anliegen des Arbeitgebers nicht gedient, reine Versorgungsehen auszuschließen. Dies gilt insbesondere vor dem Hintergrund, dass weder dem Arbeitgeber noch einem Gericht ersichtlich sein kann (und darf), aus welchen Gründen die räumliche Trennung eingegangen wird. Zu Recht lehnt das BAG jegliches Eindringen in die persönliche Motivlage der Eheleute ab. Voraussetzung sollte daher die dauerhafte und restlose Trennung der Haushalte sein. Unschädlich wäre dann die ausschließliche Begründung eines Zweitwohnsitzes, das Vorliegen einer reinen Wochenendehe oder jede Form der kurzfristigen Trennung ohne endgültige Aufgabe des Willens, die Ehe gegebenenfalls fortzuführen.
Fraglich ist zudem die Praktikabilität entsprechender Bestimmungen. So bemängeln *Andresen/Förster/Rößler/Rühmann*, Getrenntlebensklauseln seien in der Praxis schwer zu handhaben: Der Nachweis des Bestehens oder Nichtbestehens einer ehelichen Lebensgemeinschaft sei für ein Unternehmen schwer zu führen und der Verwaltungsaufwand lohne in den relativ seltenen Fällen des Getrenntlebens ohne Scheidung nicht.[1338] Daher sollten Getrenntlebensklauseln sinnvollerweise nur dann Anwendung finden, wenn der Arbeitgeber sich des erforderlichen Kontrollaufwandes bewusst und dazu bereit ist. Denn ein Getrenntleben wird nur dann bemerkt werden, wenn der Adressdatenbestand in regelmäßigen Zeitabständen aktualisiert wird. Allerdings können diese Kontrollmechanismen versagen, wenn Arbeitnehmer und Partner im kollusiven Zusammenwirken gerade eine Versorgungsehe beabsichtigen und offiziell unter einer Anschrift leben. Daher sollte eine Getrenntlebensklausel durch eine Mindestdauerklausel ergänzt werden, um zumindest kurzfristige Scheinehen auszufiltern.

7.2.3.2 Übertragung auf eingetragene Lebenspartner

Sieht man von der mangelnden Praktikabilität einzelner Ausschlussgründe ab, stellt die mangelnde persönliche Nähe der Lebenspartner zueinander einen geeigneten Sachgrund dar, mit der eine Ungleichbehandlung bei der Hinterbliebenenversorgung gerechtfertigt werden kann. Der Arbeitgeber darf von der Erteilung einer Versorgungszusage absehen, wenn objektiv messbare Kriterien gegen die Intensität der Beziehung der Lebenspartner sprechen. Dies kann wie bei der Ehe der Fall sein, wenn die eingetragene Lebenspartnerschaft zeitlich erst kurzfristig besteht oder die Partner langfristig räumlich getrennt voneinander leben.

[1338] Vgl. Andresen/Förster/Rößler/Rühmann, Teil 9 C Rdnr. 136.

Doch wie bereits zuvor beim Kriterium des Versorgungsbedarfs kann nicht pauschal davon ausgegangen werden, dass eine persönliche Nähe im Rahmen der eingetragenen Lebenspartnerschaft fehlt. Es ist schlichtweg nicht feststellbar, dass eingetragene Lebenspartner eine weniger intensive Bindung untereinander aufbauen als Ehepartner.
Dafür spricht auch die noch eher mäßige Inanspruchnahme der eingetragenen Lebenspartnerschaft seit ihrer Einführung im Jahre 2001. Die geschätzte Anzahl von zwischen 12.500 und 14.000 eingetragenen Lebenspartnerschaften zum Jahresende 2004 lässt nicht den Schluss zu, das neu geschaffene familienrechtliche Institut verleite zu unüberlegten Spontanverbindung mit flüchtigen Bekanntschaften.[1339] Vielmehr tragen die formellen Voraussetzungen zur Eingehung der Partnerschaft und die daraus folgenden rechtlichen und wirtschaftlichen Verpflichtungen maßgeblich dazu bei, dass die Entscheidung für oder gegen eine Verbindung ebenso reiflich überlegt wird wie im Falle der bürgerlichrechtlichen Ehe. Wer sich also - trotz der umfangreichen Konsequenzen - für eine eingetragene Lebenspartnerschaft entscheidet, wird dafür persönliche Gründe haben, die denen eines heiratswilligen Heterosexuellen in nichts nachstehen.

7.3 Zwischenergebnis

Wie bereits beim AGG und der Richtlinie 2000/78/EG wurde auch im Rahmen der Untersuchung nationaler Gleichbehandlungsgebote und Diskriminierungsverbote die Vergleichbarkeit von verheirateten Arbeitnehmern mit Arbeitnehmern in eingetragener Lebenspartnerschaft bejaht.
Nachfolgend wurde die Frage aufgeworfen, ob eine Ungleichbehandlung von Lebenspartnern in der betrieblichen Hinterbliebenenversorgung sachlich gerechtfertigt werden kann. Dazu wurde zunächst die Rechtsprechung des BAG zur Versorgung hinterbliebener Ehegatten herangezogen. Nach Auffassung das BAG waren in der Vergangenheit für die Frage der Einbeziehung in die Hinterbliebenenversorgung maßgeblich drei Gesichtspunkte von Bedeutung: die Unterstützung der Erwerbstätigkeit des Arbeitnehmers, der Versorgungsbedarf des Hinterbliebenen und die Intensität der Beziehung zwischen Arbeitnehmer und Hinterbliebenem. Es wurde aufgezeigt, in welchen Fällen die genannten Abgrenzungskriterien versagen und wo gegebenenfalls Verbesserungspotential besteht. Im Anschluss daran wurden die zur bürgerlichrechtlichen Ehe entwickelten Grundsätze auf die eingetragene Lebenspartnerschaft übertragen. Dabei wurde festgestellt, dass eingetragene Lebenspartner ebenso wie Ehepartner die Erwerbstätigkeit des Arbeitnehmers unterstützen, ebenso Versorgungsbedarf

---

[1339] Vgl. Stüber, in: Bruns/Kemper, Einführung Rdnr. 39; am 16.04.2006 auch abrufbar unter: http://typo3.lsvd.de/233.0.html.

aufweisen und ebenso persönliche Nähe zum Arbeitnehmer aufweisen. Jedenfalls kann nicht typisierend unterstellt werden, eingetragene Lebenspartner könnten vorgenannte Kriterien allgemein nicht erfüllen. In Anbetracht der tatsächlichen und rechtlichen Gegebenheiten ist kein tauglicher Sachgrund ersichtlich, mit dem eine Ungleichbehandlung in der betrieblichen Hinterbliebenenversorgung gerechtfertigt werden könnte.

V. Folgen für die betriebliche Hinterbliebenenversorgung

Wie bereits im vorangegangenen Abschnitt zur Einbeziehung geringfügig Beschäftigter in die betriebliche Altersversorgung ausgeführt wurde, sind gleichheitswidrige Regelungen unwirksam.[1340] Die entstehende Regelungslücke im Vertragswerk muss im Wege der ergänzenden Vertragsauslegung geschlossen werden.[1341] Im Ergebnis ist die ohne sachlichen Grund benachteiligte Arbeitnehmergruppe so zu behandeln wie die begünstigten Arbeitnehmer.[1342] Der benachteiligte Mitarbeiter hat hierauf einen Erfüllungs- bzw. Verschaffungsanspruch.[1343]

Ein Arbeitnehmer, der eine eingetragene Lebenspartnerschaft eingegangen ist, kann verlangen, dass der Arbeitgeber seinem Lebenspartner im Falle seines vorzeitigen Todes Hinterbliebenenleistungen gewährt. Ggf. kann er gerichtlich eine entsprechende Feststellung durchsetzen. Alternativ kann im Versorgungsfall der Hinterbliebene die Leistung geltend machen.

Ansprüche nach nationalem Recht können ab dem Inkrafttreten des Gesetzes zur Beendigung der Diskriminierung gleichgeschlechtlicher Gemeinschaften: Lebenspartnerschaften[1344] zum 01.08.2001 geltend gemacht werden, dessen Kernstück das LPartG war. Bis zu diesem Zeitpunkt hatte der deutsche Gesetzgeber der Ehe kein weiteres familienrechtliches Institut für gleichgeschlechtliche Lebenspartner zur Seite gestellt, auf dessen Grundlage eine Gleichbehandlung beansprucht werden könnte.

[1340] Zu den Folgen für die betriebliche Altersversorgung siehe oben: Dritter Teil A V.

[1341] Vgl. Schaub, in: Arbeitsrechts-Handbuch § 112 Rdnr. 27 ff.; Andresen/Förster/Rößler/Rühmann, Teil 7 B Rdnr. 44.

[1342] Vgl. BAG vom 11.09.1974 - 5 AZR 667/73 - AP Nr. 39 zu § 242 BGB Gleichbehandlung (Gründe I 1c); BAG vom 09.09.1981 - 5 AZR 1182/79 - AP Nr. 117 zu Art. 3 GG (Gründe B I 4); BAG vom 30.11.1982 - 3 AZR 214/80 - AP Nr. 54 zu § 242 BGB Gleichbehandlung (Gründe II 1a); BAG vom 09.12.1997 - 3 AZR 661/96 - NZA 1998, S. 1173 ff. (Gründe III); Andresen/Förster/Rößler/Rühmann, Teil 7 B, Rdnr. 45.

[1343] Vgl. BAG vom 05.03.1980 - 5 AZR 881/78 - AP Nr. 44 zu § 242 BGB Gleichbehandlung; BAG vom 10.01.1989 - 3 AZR 308/87 - DB 1989, S. 1472; BAG vom 28.07.1992 - 3 AZR 173/92 - NZA 1993, S. 215 ff. (Gründe B II 1).

[1344] BGBl. I 2001, S. 266.

Ansprüche aufgrund des AGG können seit Inkrafttreten des Gesetzes am 18.08.2006 geltend gemacht werden.[1345] Soweit Ansprüche darüber hinaus auf die Richtlinie 2000/78/EG gestützt werden, sind die deutschen Gerichte verpflichtet, das nationale Recht mit Ablauf der Umsetzungsfrist auch im Verhältnis von Privatpersonen untereinander richtlinienkonform auszulegen. Die Richtlinie 2000/78/EG war zum 02.12.2003 in nationales Recht umzusetzen. Arbeitnehmer haben seit dem Ablauf der Umsetzungsfrist Anspruch auf Zusage einer betrieblichen Hinterbliebenenversorgung, ihre überlebenden Lebenspartner auf die daraus folgenden Leistungen. Der Anspruch auf betriebliche Hinterbliebenenversorgung besteht ab dem 03.12.2003.[1346] Ab diesem Zeitpunkt kann eine richtlinienkonforme Auslegung sowohl zur Einbeziehung eingetragener Lebenspartner in den Kreis der versorgungsberechtigten Hinterbliebenen als auch zu einer Nichtanwendung entgegenstehender Versorgungsbestimmungen führen. Gegenüber öffentlichen Arbeitgebern kommt zudem eine unmittelbare Wirkung der Richtlinie in Betracht.

VI. Ergebnis

Die vorangegangene Untersuchung hat gezeigt, dass Arbeitnehmer, die eine eingetragene Lebenspartnerschaft eingegangen sind, einen Anspruch auf betriebliche Hinterbliebenenversorgung zugunsten ihres überlebenden Partners haben. Der Rechtsprechung des EuGH zur rechtlichen Stellung gleichgeschlechtlicher Lebenspartner konnte dies noch nicht entnommen werden. Der entscheidende Impuls ging von der Richtlinie 2000/78/EG aus, die sich auf Basis des Art. 13 EG erstmalig gegen Diskriminierungen wegen der sexuellen Ausrichtung wandte. Mit der Umsetzung der Richtlinie im AGG findet diese Vorgabe erstmalig eine Entsprechung im nationalen Recht. Es konnte gezeigt werden, dass der Ausschluss eingetragener Lebenspartner von der betrieblichen Hinterbliebenenversorgung eine mittelbare Diskriminierung bzw. Benachteiligung der betroffenen Arbeitnehmer darstellt. Diese ist nach dem AGG unzulässig; wer gleichwohl aufgrund von § 2 Abs. 2 S. 2 AGG eine Bereichausnahme für die betriebliche Altersversorgung annimmt, kommt um eine Anwendung der Richtlinie 2000/78/EG aufgrund deren unzutreffender Umsetzung nicht umhin. Ansprüche des Arbeitnehmers können dann mittels richtlinienkonformer Auslegung oder aufgrund der unmittelbaren Wirkung durchgesetzt werden. Auf der nationalen Ebene fällt die Rechtsprechung der Fachgerichte unterschiedlich aus: Während

[1345] Zu den Ansprüchen im einzelnen siehe oben: Dritter Teil B II 6.1.

[1346] So Bruns, in: Bruns/Kemper; Beamte, Angestellte und Arbeiter, Rdnr. 25 (für den Familienzuschlag der Beamten), Rdnr. 28 (für die Hinterbliebenenpensionen), Rdnr. 30 (für die Beihilfe) und Rdnr. 33 (für sonstige Vorteile).

die Verwaltungs- und Sozialgerichte eine erweiternde Anwendung der für Verheiratete geltenden Vorschriften ohne gesetzliche Änderung größtenteils ablehnen, vollzog das BAG mit der Aufgabe seiner bisherigen Rechtsprechung zum BAT-Ortszuschlag den arbeitsrechtlichen Paradigmenwechsel. Eine Übertragung der dort statuierten Grundsätze ist nicht nur für tarifvertragliche Versorgungsansprüche angezeigt. Vielmehr besteht ein Gleichbehandlungsanspruch auch hinsichtlich der sonstigen Versorgungszusagen und -leistungen. Dies gilt vor allem, weil eine Ungleichbehandlung eingetragener Lebenspartner nicht verallgemeinernd mit den Sachgründen gerechtfertigt werden kann, die das BAG anderweitig zum Ausschluss verschiedengeschlechtlicher Hinterbliebener aufgestellt hat. Diese an sich billigenswerten Kriterien greifen nicht, da sich eine pauschale Anwendung auf Arbeitnehmer in eingetragener Lebenspartnerschaft verbietet.

Vierter Teil: Zusammenfassung und Gesamtergebnis

Im Rahmen dieser Untersuchung wurden zunächst die rechtlichen, konzeptionellen und tatsächlichen Grundlagen der betrieblichen Altersversorgung erläutert. Einführend wurde die Bedeutung der Alterssicherung in Deutschland im Hinblick auf die demographische Entwicklung dargestellt. Der Begriff der betrieblichen Altersversorgung wurde definiert und von anderen Sozialleistungen abgegrenzt. Weiterhin wurden Zusageformen, Durchführungswege und Versorgungsmodelle beschrieben und der Rechtscharakter von Versorgungsleistungen und darauf gerichteter Beiträge diskutiert. Nach einer Beschreibung der Begründungsformen betrieblicher Altersversorgung wurden deren inhaltliche Schranken einer näheren Untersuchung unterzogen.

Diese anfängliche Darstellung bildete die Grundlage der konkreten Prüfung zur Einbeziehung zweier Arbeitnehmergruppen. Zunächst wurde untersucht, ob geringfügig Beschäftigte einen Anspruch darauf haben, wie Vollzeitkräfte oder mehr als nur geringfügig Teilzeitbeschäftigte eine Zusage auf betriebliche Altersversorgung zu erhalten. Diese Frage war im Ergebnis zu bejahen. Zwar konnte der Rechtsprechung des EuGH zu den geringfügig Beschäftigten eine eindeutige Positionierung in dieser Frage nicht entnommen werden; es liegen lediglich vereinzelte Urteile zur Frage des Verstoßes gegen den europäischen Entgeltgleichheitsgrundsatz bzw. die Sozialschutzrichtlinie vor. Eine abschließende Klärung von Seiten des Gerichtshofs steht noch aus. Es kommt jedoch eine mittelbare Diskriminierung weiblicher Arbeitnehmer in Betracht. Im Lichte der Rechtsprechung des EuGH zu den mehr als nur geringfügig beschäftigten Teilzeitkräften ist davon auszugehen, dass deren Ungleichbehandlung nur unter engsten Voraussetzungen gerechtfertigt sein kann.

Unabhängig davon wurde die Rechtsprechung des BAG zum Ausschluss geringfügig Beschäftigter aus betrieblichen Gesamtversorgungssystemen dargestellt. Das Gericht führt in seiner bisherigen Rechtsprechung maßgeblich vier Argumente zur Rechtfertigung der Ungleichbehandlung an, die im Einzelnen kritisch hinterfragt wurden. Die Untersuchung kam zum Ergebnis, dass eine Übertragung sozialversicherungsrechtlicher Wertungen ausscheidet und wegen der mittlerweile veränderten Rechtslage eine Ungleichbehandlung ohnehin nicht mehr rechtfertigen könnte. Auch der vermeintliche Versorgungszweck der Versorgungszusage, der ausschließlich in der Verbesserung einer Grundsicherung besteht, konnte nicht überzeugen. Weiterhin wurde der Standpunkt des Gerichts widerlegt, eine Differenzierung sei wegen der geringen wirtschaftlichen Bedeutung für die Betroffenen und der hohen Verwaltungskosten angezeigt.

Das gefundene Ergebnis wurde sodann dadurch bestätigt, dass auch die alternativ herangezogenen Rechtfertigungsmöglichkeiten nicht überzeugen konnten:

Weder sind geringfügig Beschäftigte generell aufgrund ihrer Qualifikation oder der ausgeübten Hilfsdienste innerhalb der Belegschaft klar abgrenzbar, noch besteht ein rechtlich billigenswertes Interesse des Arbeitgebers an der Bindung aller anderen Mitarbeiter an das Unternehmen. Weiterhin verfügen geringfügig Beschäftigte regelmäßig nicht über die Möglichkeit, durch sonstiges Entgelt Eigenvorsorge zu betreiben. Ein Ausschluss geringfügig Beschäftigter scheidet sowohl hinsichtlich der vom BAG bereits in Augenschein genommenen Gesamtversorgungssysteme als auch im Hinblick auf alle anderen Modelle der betrieblichen Altersversorgung aus.
Abschließend wurden die Folgen eines unwirksamen Ausschlusses diskutiert und die Möglichkeiten der prozessualen Durchsetzung etwaiger Ansprüche beschrieben. Die Prüfung wurde abgerundet mit einem Blick auf die Reaktionsmöglichkeiten des Arbeitgebers, der sich aufgrund der rechtlich gebotenen Einbeziehung geringfügig Beschäftigter mit einer Ausweitung seines Dotierungsrahmens konfrontiert sieht.
Weiterhin wurde der Frage nachgegangen, ob Arbeitnehmer, die in einer eingetragenen Lebenspartnerschaft leben, verlangen können, dass ihr Lebenspartner wie ein Ehepartner von der betrieblichen Hinterbliebenenversorgung erfasst wird. Dazu wurde zunächst die bisherige Rechtsprechung des EuGH zu den gleichgeschlechtlichen Lebenspartnerschaften untersucht. Der Gerichtshof konnte bislang eine Prüfung lediglich unter dem Gesichtspunkt des Grundsatzes gleichen Entgelts für Männer und Frauen vornehmen. Ein Verstoß gegen Art. 141 EG schied aus, da es nach Auffassung des EuGH für die jeweils begehrte Leistung keine Rolle spielte, ob der betroffene Arbeitnehmer Mann oder Frau ist. Ausschlaggebend waren vielmehr das Geschlecht des Lebenspartners und die Frage, ob die damit verbundene Partnerschaftsform durch den nationalen Gesetzgeber anerkannt ist.
Anschließend wurde die Frage aufgeworfen, welche Änderungen sich durch die Richtlinie 2000/78/EG ergeben, die sich u. a. gegen eine Diskriminierung wegen der sexuellen Ausrichtung wendet. Die Untersuchung kam zum Ergebnis, dass sich Arbeitnehmer in eingetragener Lebenspartnerschaft im Hinblick auf die betriebliche Hinterbliebenenversorgung auf die Richtlinie 2000/78/EG berufen können. Deren persönlicher und sachlicher Anwendungsbereich ist eröffnet und insbesondere nicht wegen des Erwägungsgrunds Nr. 22 eingeschränkt. Leistungen der betrieblichen Hinterbliebenenversorgung hängen zwar vom Familienstand des Arbeitnehmers ab, sind jedoch nicht aufgrund einzelstaatlicher Rechtsvorschriften zugesagt. Mit Inkrafttreten des AGG am 18.08.2006 ist die Umsetzung der Richtlinie in deutsches Recht erfolgt. Auch der sachliche Anwendungsbereich des AGG ist eröffnet; eine Bereichsausnahme für die betriebliche Altersversorgung wurde u. a. abgelehnt, weil das Gesetz selbst an anderer Stelle einschlägige Regelungen zu den betrieblichen Systemen der sozialen Sicherheit trifft.

Anschließend wurde festgestellt, dass die Ausgrenzung eingetragener Lebenspartner von der Versorgungszusage bzw. Versorgungsleistung eine nicht gerechtfertigte mittelbare Diskriminierung bzw. Benachteiligung gerade wegen der sexuellen Ausrichtung bzw. Identität darstellt. Homosexuelle Arbeitnehmer können durch die formell mögliche Eingehung einer Ehe nicht die Versorgung ihres gleichgeschlechtlichen Lebenspartners erreichen. Durch das Anknüpfen an die Anspruchsvoraussetzungen „Ehe" oder „verheiratet" in einer Versorgungsbestimmung werden faktisch wesentlich mehr gleichgeschlechtlich als verschiedengeschlechtlich ausgerichtete Arbeitnehmer benachteiligt.
Zudem wurden Wege für eine gerichtliche Durchsetzung aufgezeigt. Die Folgen eines Verstoßes gegen das AGG wurden dargestellt. Kommt man allerdings zum Ergebnis, das Gesetz sei wegen einer Bereichsausnahme in § 2 Abs. 2 S. 2 AGG für die betriebliche Altersversorgung nicht anwendbar, kann auf die Richtlinie 2000/78/EG zurückgegriffen werden. Denn in diesem Fall liegt eine unzureichende Umsetzung in nationales Recht vor. Die deutschen Gerichte sind dann verpflichtet, deutsches Recht mit Ablauf der Umsetzungsfrist auch im Verhältnis von Privatpersonen untereinander richtlinienkonform auszulegen. Dadurch sind im Todesfall eingetragene Lebenspartner wie Ehepartner als versorgungsberechtigte Hinterbliebene zu behandeln; entgegenstehende Versorgungsbestimmungen müssen unangewendet bleiben. Gegenüber öffentlichen Arbeitgebern kommt zudem eine unmittelbare Wirkung der Richtlinie in Betracht.
Auf Ebene des nationalen Rechts fällt die Bewertung von Fachgerichten und Schrifttum nach Einführung des LPartG bislang unterschiedlich aus: Während die Verwaltungs- und Sozialgerichte eine erweiternde Anwendung der für Verheiratete geltenden Vorschriften ohne gesetzliche Änderung größtenteils ablehnen, vollzog das BAG mit der Aufgabe seiner bisherigen Rechtsprechung zum BAT-Ortszuschlag die Abkehr von den bislang gültigen Grundsätzen. Überträgt man die neue Rechtsprechung des BAG auf tarifvertraglich begründete Versorgungsansprüche, so sind eingetragene Lebenspartner als gleichberechtigte Hinterbliebene einzubeziehen. Weiterhin wurde auch für anderweitig begründete Zusagen betrieblicher Hinterbliebenenversorgung eine Gleichbehandlung Verheirateter mit Arbeitnehmern in eingetragener Lebenspartnerschaft befürwortet. Dieses Ergebnis wird gestützt durch einen Abgleich mit den Sachgründen, die das BAG zum Ausschluss verschiedengeschlechtlicher Hinterbliebener aufgestellt hatte. Durch Übertragung der dort herausgearbeiteten Grundsätze konnte deutlich gemacht werden, dass eine pauschale Ungleichbehandlung eingetragener Lebenspartner nicht sachlich gerechtfertigt werden kann.
Das gefundene Ergebnis darf kritisch hinterfragt werden. Dies gilt insbesondere vor dem Hintergrund der zusätzlichen finanziellen Belastung des Arbeitgebers. Die tatsächlichen Auswirkungen der rechtlich gebotenen Gleichbehandlung geringfügig Beschäftigter oder „verpartnerter" Arbeitnehmer erweitern den Dotierungsrahmen des Arbeitgebers jedoch nur unerheblich. Die meisten gering-

fügig Beschäftigten werden bereits die nach deutschem Recht erforderliche fünfjährige Unverfallbarkeitsfrist nicht erreichen. Die Befürchtungen der Wirtschaft, jeder kurzfristig tätigen Aushilfe eine verwaltungsintensive Minirente gewähren zu müssen, werden sich schon deshalb nicht bewahrheiten. Auch angesichts der noch sehr überschaubaren Anzahl eingetragener Lebenspartnerschaften ist lediglich eine begrenzte Mehrverpflichtung der Arbeitgeber zu erwarten. Eine Belastung mit einer Vielzahl von ursprünglich nicht vorgesehenen Hinterbliebenen steht derzeit aufgrund der tatsächlichen Gegebenheiten nicht zu befürchten.

Vor diesem Hintergrund schließt die Untersuchung in der Hoffnung um Akzeptanz beider Seiten. Denn eine innere Abkehr von der betrieblichen Altersversorgung insgesamt liefe der festgestellten Notwendigkeit zusätzlicher Alterssicherung diametral zuwider. In diesem Sinne stellt *Roth* zutreffend fest: „Bei der Altersversorgung bedeutet dies nicht nur, dass das Recht geachtet, sondern zuvörderst, dass es genutzt wird.“[1347]

[1347] Roth, ZRP 2004, S. 154 ff., 155.

Literaturverzeichnis

Adomeit, Klaus: Diskriminierung - Inflation eines Begriffs, NJW 2002, S. 1622 f.

Adomeit, Klaus: Schutz gegen Diskriminierung - eine neue Runde, NJW 2003, S. 1162

Ackermann, Ulf: Die Neuregelung der 630-DM-Beschäftigung im Betriebsrentenrecht, NZA 2000, S. 465 ff.

Ahrend, Peter / **Förster**, Wolfgang / **Rößler**, Norbert: Effizienzgewinne bei gleichzeitiger Kostenreduktion in der betrieblichen Altersversorgung. Beitragsorientierte Direktzusagen im Leistungssystem und Gestaltungsformenvergleich, Beilage 10 zu BB 1995, Heft 32

Ahrend, Peter / **Förster**, Wolfgang / **Rühmann**, Jochen: Gesetz zur Verbesserung der betrieblichen Altersversorgung, 10. Auflage, München 2005: Beck (zit.: Ahrend/Förster/Rühmann)

Andresen, Boy-Jürgen / **Rühmann**, Jochen: Betriebliche Altersversorgung - wieviel Fürsorge ist zulässig bei der Hinterbliebenenversorgung?, in: Richardi, Reinhard / Reichold, Hermann (Hrsg.): Altersgrenzen und Alterssicherung im Arbeitsrecht. Wolfgang Blomeyer zum Gedenken, München 2003: Beck, S. 5 ff. (zit.: Andresen/Rühmann, in: GS für Blomeyer)

Andresen, Boy-Jürgen / **Förster**, Wolfgang / **Rößler**, Norbert / **Rühmann**, Jochen: Arbeitsrecht der betrieblichen Altersversorgung mit sozialversicherungsrechtlicher Grundlegung, Loseblattsammlung, Stand: 8. Ergänzungslieferung, Köln 2005: O. Schmidt (zit.: Andresen/Förster/Rößler/Rühmann)

Baer, Susanne: „Ende der Privatautonomie“ oder grundsätzlich fundierte Rechtsetzung?, ZRP 2002, S. 290 ff.

Baer, Susanne: Europäische Richtlinien gegen Diskriminierung, ZESAR 2004, S. 204 ff.

Bassenge, Peter / **Brudermüller**, Gerd / **Diederichsen**, Uwe / **Edenhofer**, Wolfgang / **Grüneberg**, Christian / **Heldrich**, Andreas / **Heinrichs**, Helmut / **Sprau**, Hartwig / **Putzo**, Hans / **Weidenkaff**, Walter (Hrsg.): Palandt, Bürgerliches Gesetzbuch, 65. Auflage, München 2006: Beck (zit.: *Bearbeiter*, in Palandt)

Batz, Karl: Betriebliche Altersversorgung aus Sicht eines Unternehmens, in: Kisters-Kölkes, Margret (Hrsg.): Festschrift für Kurt Kemper zum 65. Geburtstag, München 2005: Luchterhand, S. 1 ff. (zit.: Batz, in: FS für Kemper)

Bauer, Jobst-Hubertus: Europäische Antidiskriminierungsrichtlinien und ihr Einfluss auf das deutsche Arbeitsrecht, NJW 2001, S. 2672 ff.

Bauer, Jobst-Hubertus / **Arnold**, Christian: Auf „Junk“ folgt „Mangold“ - Europarecht verdrängt deutsches Arbeitsrecht, NJW 2006, S. 6 ff.

Bauer, Jobst-Hubertus / **Thüsing**, Gregor / **Schunder**, Achim: Das Allgemeine Gleichbehandlungsgesetz - Alter Wein in neuen Schläuchen?, NZA 2006, S. 774 ff.

Bauer, Jobst-Hubertus / **Thüsing**, Gregor / **Schunder**, Achim: „Errata“ des Gesetzgebers - Erste Korrektur des Allgemeinen Gleichbehandlungsgesetzes, NZA 2006, S. 1261 ff.

Becher, Günter: Sind Leistungszusagen „out“?, BetrAV 2004, S. 116 f.

Beck, Volker: Die verfassungsrechtliche Begründung der Eingetragenen Lebenspartnerschaft, NJW 2001, S. 1894 ff.

Beduhn, Elke: Neues zur Gleichbehandlung von Teilzeitbeschäftigten, AuR 1996, S. 485 ff.

Beitzke, Günther: Anmerkung zu BAG vom 06.09.1979 - 3 AZR 358/78 - AP Nr. 183 zu § 242 BGB Ruhegehalt

Bergwitz, Christoph: Ortszuschlag nach § 29 BAT bei Eingetragener Lebenspartnerschaft. Zugleich Anmerkung zum Urteil des Bundesarbeitsgerichts vom 29.04.2004 - 6 AZR 101/03, ZTR 2004, S. 512 ff.

Bieback, Karl-Jürgen: Altersdiskriminierung: Grundsätzliche Strukturen und sozialrechtliche Probleme, ZSR 2006, S. 75 ff.

Birk, Ulrich-Arthur: Diskriminierung von Frauen und älteren Arbeitnehmern in der betrieblichen Altersversorgung bei beitragsorientierter Gestaltung?, BetrAV 2003, S. 197 ff.

Blomeyer, Wolfgang: Außergesetzliche Schranken für die Anrechnung und Berücksichtigung anderweitiger Ruhestandseinkünfte in der betrieblichen Altersversorgung, DB 1982, S. 952 ff.

Blomeyer, Wolfgang: Der Entgeltumwandlungsanspruch des Arbeitnehmers in individual- und kollektivrechtlicher Sicht, DB 2001, S. 1413 ff.

Blomeyer, Wolfgang: Direktversicherung durch Gehaltsumwandlung - Inhalt und Grenzen der Vertragsgestaltung, DB 1994, S. 882 ff.

Blomeyer, Wolfgang: Neue arbeitsrechtliche Rahmenbedingungen für die Betriebsrente, BetrAV 2001, S. 430 ff.

Blomeyer, Wolfgang: Neue Entscheidungsserie des EuGH zum Europäischen Arbeits- und Betriebsrentenrecht, NZA 1995, S. 49 ff.

Blomeyer, Wolfgang: Neueste arbeitsrechtliche Entwicklungen im Betriebsrentenrecht, BetrAV 1997, S. 249 ff.

Blomeyer, Wolfgang: Offene Rechtsfragen der Entgeltumwandlung, BetrAV 2000, S. 42 ff.

Blomeyer, Wolfgang: Rechtsfragen der Entgeltumwandlung und Lösungsansätze, NZA 2000, S. 281 ff.

Blomeyer, Wolfgang / **Otto**, Klaus: Gesetz zur Verbesserung der betrieblichen Altersversorgung. Kommentar, 4. Auflage, München 2004: Beck (zit.: Blomeyer/Otto)

Blumenstein, Meike: Vergleichende Darstellung der beitragsorientierten Leistungszusage und der Beitragszusage mit Mindestleistung, in: Kisters-Kölkes, Margret (Hrsg.): Festschrift für Kurt Kemper zum 65. Geburtstag, München 2005: Luchterhand, S. 25 ff. (zit.: Blumenstein, in: FS für Kemper)

Blumenstein, Meike / **Krekeler**, Nicola: Auswirkungen des neuen Betriebsrentenrechts auf die Praxis, DB 1998, S. 2600 ff.

Boecken, Winfried: Die Neuregelung der geringfügigen Beschäftigungsverhältnisse, NZA 1999, S. 393 ff.

Börsch-Supan, Axel / **Essig**, Lothar / **Wilke**, Christina, in: Deutsches Institut für Altersvorsorge (Hrsg.): Rentenlücken und Lebenserwartung. Wie sich die

Deutschen auf den Anstieg vorbereiten, Köln 2005: Deutsches Institut für Altersvorsorge (zit.: DIA, Rentenlücken und Lebenserwartung)

Borchardt, Klaus-Dieter: Die EuGH-Rechtsprechung zur Gleichbehandlungsfrage im Hinblick auf Versicherungslösungen in der betrieblichen Altersversorgung, BetrAV 1994, S. 137 ff.

Braun, Johann: „Ein neues familienrechtliches Institut". Zum Inkrafttreten des Lebenspartnerschaftsgesetzes, JZ 2002, S. 23 ff.

Braun, Johann: Gleichgeschlechtliche Partnerschaft und Ehe. Reflexionen über der Sinn einer überkommenen Institution, ZRP 2001, S. 14 ff.

Brudermüller, Gerd, in: Bassenge, Peter / Brudermüller, Gerd / Diederichsen, Uwe / Edenhofer, Wolfgang / Grüneberg, Christian / Heldrich, Andreas / Heinrichs, Helmut / Sprau, Hartwig / Putzo, Hans / Weidenkaff, Walter (Hrsg.): Palandt, Bürgerliches Gesetzbuch; 65. Auflage, München 2006: Beck (zit.: Brudermüller, in Palandt)

Bruns, Manfred / **Kemper**, Rainer: Lebenspartnerschaftrecht; Handkommentar, 2. Auflage, Baden-Baden 2006: Nomos (zit.: *Bearbeiter*, in: Bruns/Kemper)

Bundesagentur für Arbeit (Hrsg.): Mini- und Midijobs in Deutschland. Sonderbericht, 2. Auflage, Nürnberg 2004 (zit.: Bundesagentur für Arbeit, Minijobs 2004); am 27.03.2006 abrufbar unter http://www.pub.arbeitsamt.de/hst/services/statistik/000100/html/sonder/001_mini_midi_jobs.pdf

Bundesministerium der Finanzen (Hrsg.): BMF-Schreiben vom 25.07.2002; Gz. IV A 6 - S 2176 - 28/02, Berlin 2002, am 24.03.2006 abrufbar unter www.bundesfinanzministerium.de oder Kemper/Kisters-Kölkes, S. 262 f.

Bundesministerium der Finanzen (Hrsg.): BMF-Scheiben vom 17.11.2004, Gz. IV C 4 - S 2222 - 177/04 und IV C 5 - S 2333 - 269/04, Berlin 2004, am 24.03.2006 abrufbar unter www.bundesfinanzministerium.de

Bundesministerium für Arbeit und Soziales (Hrsg.): Bericht der Bundesregierung über die gesetzliche Rentenversicherung, insbesondere über die Entwicklung der Einnahmen und Ausgaben, der Nachhaltigkeitsrücklage sowie des jeweils erforderlichen Beitragssatzes in den künftigen 15 Kalenderjahren gemäß § 154 SGB VI (Rentenversicherungsbericht 2005), Berlin 2006, am 10.03.2006 abrufbar unter: www.bmas.bund.de/BMAS/Navigation/root,did=120344.html (zit.: BMAS, Rentenversicherungsbericht 2005)

Bundesministerium für Arbeit und Soziales (Hrsg.): Ergänzender Bericht der Bundesregierung zum Rentenversicherungsbericht 2005 gemäß § 154 Abs. 2 SGB VI (Alterssicherungsbericht 2005), Berlin 2006, am 10.03.2006 abrufbar unter: www.bmas.bund.de/BMAS/Navigation/root,did=120344.html (zit.: BMAS, Alterssicherungsbericht 2005)

Bundesministerium für Gesundheit und Soziale Sicherung (Hrsg.): Statistisches Taschenbuch 2005. Arbeits- und Sozialstatistik, Bonn 2005, am 10.03.2006 abrufbar unter:www.bmas.bund.de/BMAS/Navigation/root,did= 98354.html (zit.: BMGS, Arbeits- und Sozialstatistik 2005)

Bundesregierung (Hrsg.): Lebenslagen in Deutschland - der 2. Armuts- und Reichtumsbericht der Bundesregierung, Berlin 2005, am 10.03.2006 abrufbar unter: www.bmas.bund.de/BMAS/Navigation/Service/publikationen,did=96888. html (zit.: Bundesregierung, Armuts- und Reichtumsbericht 2005)

Braun, Johann: „Ein neues familienrechtliches Institut". Zum Inkrafttreten des Lebenspartnerschaftsgesetzes, JZ 2002, S. 23 ff.

Calliess, Christian / **Ruffert**, Matthias (Hrsg.): Kommentar des Vertrages über die Europäische Union und des Vertrages zur Gründung der Europäischen Gemeinschaft: EUV/EGV, 2. Auflage, Neuwied und Kriftel 2002: Luchterhand (zit.: *Bearbeiter*, in: Calliess/Ruffert)

Canaris, Claus-Wilhelm: Grundrechte und Privatrecht, AcP 184 (1984), S. 201 ff.

Däubler, Wolfgang / **Kittner**, Michael / **Klebe**, Thomas (Hrsg.): BetrVG Betriebsverfassungsgesetz, Kommentar für die Praxis, 9. Auflage, Frankfurt am Main 2004: Bund-Verlag (zit.: *Bearbeiter*, in: Däubler/Kittner/Klebe)

Deutsche Bundesbank (Hrsg.): Monatsbericht, Stand vom 22.02.2006; Frankfurt am Main 2006, am 10.03.2006 abrufbar unter: www.bundesbank.de/ stat/download/mbwerte/ix8.pdf (zit.: Bundesbank, Monatsbericht)

Deutsche Rentenversicherung Knappschaft-Bahn-See, Minijob-Zentrale (Hrsg.): Aktuelle Entwicklungen im Bereich der geringfügigen Beschäftigung. IV. Quartal 2005, Essen 2006, am 13.03.2006 abrufbar unter: www.minijob-zentrale.de (zit.: Deutsche Rentenversicherung, Geringfügige Beschäftigung)

Dickhuth-Harrath, Hans-Jürgen v.: Das Lebenspartnerschaftsrecht Version 2005, FPR 2005, S. 273 ff.

Dieterich, Thomas / **Müller-Glöge**, Rudi / **Preis**, Ulrich / **Schaub**, Günter (Hrsg.): Erfurter Kommentar zum Arbeitsrecht, 6. Auflage, München 2006: Beck (zit.: *Bearbeiter*, in: ErfKomm)

Doetsch, Peter: Differenzierte Gestaltung der betrieblichen Altersversorgung ohne Verletzung des Gleichbehandlungsgrundsatzes, in: Kisters-Kölkes, Margret (Hrsg.): Festschrift für Kurt Kemper zum 65. Geburtstag, München 2005: Luchterhand, S. 91 ff. (zit.: Doetsch, in: FS für Kemper)

Doetsch, Peter: Möglichkeiten der Differenzierung bei der betrieblichen Altersversorgung, BetrAV 1997, S. 25 ff.

Engelen-Kefer, Ursula: Derzeitige Regelungen zur betriebliche Altersversorgung und Gehaltsumwandlung in Tarifverträgen und einigen Betriebsvereinbarungen, BetrAV 2000, S. 674 ff.

Engels, Gerd / **Schmidt**, Ingrid / **Trebinger**, Yvonne / **Linsenmaier**, Wolfgang (Hrsg.): Fitting, Karl: Betriebsverfassungsgesetz. Handkommentar, begründet von Karl Fitting; 22. Auflage, München 2004: Vahlen (zit.: Fitting)

Epple, Dieter: Lebensversicherung/Altersvorsorge in der eingetragenen Lebenspartnerschaft, FPR 2005, S. 305 ff.

Eurostat (Hrsg.): Anteil der Bevölkerung im Alter von 65 Jahren und darüber, Tabelle, Luxemburg 2004, am 10.03.2006 abrufbar unter: http://epp.eurostat.cec.eu.int (zit.: Eurostat, Tabelle Anteil Alter 65, 2004)

Eurostat (Hrsg.): Bevölkerungsprognosen, Tabelle, Luxemburg 2004, am 10.03.2006 abrufbar unter: http://epp.eurostat.cec.eu.int (zit. Eurostat, Tabelle Bevölkerungsprognosen 2004)

Eurostat (Hrsg.): Gesamtfruchtbarkeitsrate, Tabelle, Luxemburg 2004, am 10.03.2006 abrufbar unter: http://epp.eurostat.cec.eu.int (zit.: Eurostat, Tabelle Gesamtfruchtbarkeitsrate 2004)

Eurostat (Hrsg.): Lebenserwartung bei der Geburt, Tabelle, Luxemburg 2004, am 10.03.2006 abrufbar unter: http://epp.eurostat.cec.eu.int (zit.: Eurostat, Tabelle Lebenserwartung bei der Geburt 2004)

Eurostat (Hrsg.): Lebenserwartung mit 60, Tabelle, Luxemburg 2004, am 10.03.2006 abrufbar unter: http://epp.eurostat.cec.eu.int (zit.: Eurostat, Tabelle Lebenserwartung mit 60, 2004)

Fabricius, Fritz / **Kraft**, Alfons / **Kreutz**, Peter / **Oetker**, Hartmut / **Raab** Thomas / **Weber**, Christoph / **Wiese**, Günther: Betriebsverfassungsgesetz: Gemeinschaftskommentar, 7. Auflage, Neuwied 2002: Luchterhand (zit.: *Bearbeiter*, in: GK-BetrVG)

Finger, Peter: "Registrierte Partnerschaften" - Die aktuellen Änderungen des Lebenspartnerschaftsgesetzes, MDR 2005, S. 121 ff.

Franzen, Martin: Anmerkung zu BAG vom 17.02.1998 - 3 AZR 783/96 - SAE 1999, S. 34 ff.

Fuchs, Maximilian (Hrsg.): Europäisches Sozialrecht, 4. Auflage, Baden-Baden 2005: Nomos (zit.: *Bearbeiter*, in: Fuchs)

Grabner, Edwin: Entgeltumwandlung in der betrieblichen Altersversorgung, BetrAV 2003, S. 17 ff.

Griebeling, Gert / **Griebeling**, Stefan: Betriebliche Altersversorgung, 2. Auflage, München 2003: Luchterhand (zit.: Griebeling/Griebeling)

Grziwotz, Herbert: Gleichstellung der Lebenspartnerschaft nach dem Gesetz zur Überarbeitung des Lebenspartnerschaftsrechts - Beratungs- und Gestaltungsprobleme, DNotZ 2005, S. 13 ff.

Groeben, Hans von der / **Sc6hwarze**, Jürgen (Hrsg.): Kommentar zum Vertrag über die Europäische Union und zur Gründung der Europäischen Gemeinschaft, Kommentar, Band 3, 6. Auflage, Baden-Baden 2003: Nomos, Band 4, 6. Auflage, Baden-Baden 2004: Nomos (zit.: *Bearbeiter* in: Groeben/Schwarze)

Hanau, Peter: Das Rätsel Minijob, NZA 2006, S. 809 ff.

Hanau, Peter: Gehaltsumwandlung zur betrieblichen Altersversorgung: Direktversicherung, Direktzusage, Unterstützungskasse, Pensionskasse, Köln 1999: O. Schmidt

Hanau, Peter / **Arteaga**, Marco: Gehaltsumwandlung zur betrieblichen Altersversorgung: Direktversicherung, Direktzusage, Unterstützungskasse, Pensionskasse, Köln 1999: O. Schmidt (zit.: Hanau/Arteaga)

Hanau, Peter / **Preis**, Ulrich: Beschränkung der Rückwirkung neuer Rechtsprechung zur Gleichberechtigung im Recht der betrieblichen Altersversorgung, DB 1991, S. 1276 ff.

Hanau, Peter / **Preis**, Ulrich: Zur mittelbaren Diskriminierung wegen des Geschlechts, ZfA 1988, S. 177 ff.

Hensche, Detlef: Betriebliche Altersversorgung und Diskriminierungsverbot. Vom umstrittenen Grenzverlauf zwischen Arbeits- und Versicherungsrecht, NZA 2004, S. 828 ff.

Hensche, Detlef: Gleiche Arbeit – ungleiche Rente? Private Zusatzversorgung und Diskriminierungsverbot; AuR 2002, S. 167 ff.

Henssler, Martin (Hrsg.): Münchener Kommentar zum Bürgerlichen Gesetzbuch, Band 4, Schuldrecht Besonderer Teil II, 4. Auflage; München 2005: Beck (zit.: *Bearbeiter*, in: Münchener Kommentar)

Hemmer, Edmund und **Schmid**, Cornelia: Daten und Fakten zur betrieblichen Altersversorgung, BetrAV 2005, S. 169 ff., S. 277 ff. und S. 395 ff.

Heubeck, Klaus: Richttafeln 1998 - Neubewertung der Pensionsrückstellungen und ähnlicher Verpflichtungen, DB 1998, S. 2542

Hilger, Marie-Luise: Zum Anspruch auf Gleichbehandlung im Arbeitsrecht, RdA 1975, S. 32 ff.

Höfer, Reinhold: Anmerkung zu BAG vom 22.11.1994 - 3 AZR 349/94 - AP Nr. 24 zu § 1 BetrAVG Gleichbehandlung

Höfer, Reinhold: Besitzstandsfragen bei der Angleichung von betrieblichen Altersrenten an Europarecht, BB 1994, S. 2139 ff.

Höfer, Reinhold: Der EuGH zum Lohngleichheitsgebot bei den Betriebsrenten (Art. 119 EGV), NJW 1996, S. 297 ff.

Höfer, Reinhold: Gesetz zur Verbesserung der betrieblichen Altersversorgung, Kommentar, Band I: Arbeitsrecht, 8. Auflage, München 2005: Vahlen (zit.: Höfer)

Höfer, Reinhold / **Reiners**, Stephan: Anmerkung zu BAG vom 05.09.1989 - 3 AZR 575/88 - AP Nr. 8 zu § 1 BetrAVG

Högenauer, Nikolaus: Die europäischen Richtlinien gegen Diskriminierung im Arbeitsrecht - Analyse, Umsetzung und Auswirkung der Richtlinien

2000/43/EG und 2000/78/EG im deutschen Arbeitsrecht, Hamburg 2002: Kovac (zit.: Högenauer, Europäische Richtlinien)

Hölscher, Carsten: Wenn wir weniger und älter werden - Die betriebliche Altersversorgung als demographisch orientiertes Personalinstrument, BetrAV 2005, S. 230 ff.

Hoyningen-Huene, Gerrick v.: Anmerkung zu BAG vom 14.01.1986 - 3 AZR 456/84 - AP Nr. 5 zu § 1 BetrAVG Gleichbehandlung

Huep, Tobias: Die zeitliche Reichweite des geschlechtsbezogenen Entgeltgleichheitsgrundsatzes im deutschen und europäischen Arbeitsrecht, RdA 2001, S. 325 ff.

Institut der deutschen Wirtschaft (Hrsg.): Demographie. Deutschland vergreist, Informationsdienst, Nr. 28 vom 10.07.2003, Köln 2003, abrufbar unter www.iwkoeln.de (zit.: iwd 28/2003)

Institut der deutschen Wirtschaft (Hrsg.): Sozialleistungen. Spendables Deutschland, Informationsdienst, Nr. 30 vom 28.07.2005, Köln 2005, abrufbar unter www.iwkoeln.de (zit.: iwd 30/2005)

Institut der deutschen Wirtschaft (Hrsg.): Sozialsysteme. Höchste Zeit für einen Umbau, Informationsdienst, Nr. 11 vom 17.03.2005, Köln 2005, abrufbar unter www.iwkoeln.de (zit.: iwd 11/2005)

Jakob, Dominique: Die eingetragene Lebenspartnerschaft im Europarecht, FamRZ 2002, S. 501 ff.

Jarass, Hans / **Pieroth**, Bodo: Grundgesetz für die Bundesrepublik Deutschland. Kommentar, 8. Auflage, München 2006: Beck (zit.: *Bearbeiter*, in: Jarass/Pieroth)

Keller, Rainer: Die Diskriminierung des Mannes bei den betrieblichen Renten am Beispiel der Hinterbliebenenversorgung, Aachen 1995: Shaker

Kemper, Kurt: Entgeltumwandlung und Mitbestimmung, BetrAV 2002, S. 751 ff.

Kemper, Kurt / **Kisters-Kölkes**, Margret: Arbeitsrechtliche Grundzüge der betrieblichen Altersversorgung, 2. Auflage, Kriftel 2002: Luchterhand (zit.: Kemper/Kisters-Kölkes)

Kemper, Kurt / **Kisters-Kölkes**, Margret / **Berenz**, Claus / **Bode**, Christoph / **Pühler**, Karl-Peter: BetrAVG - Kommentar zum Gesetz zur Verbesserung der betrieblichen Altersversorgung; München 2003: Luchterhand (zit.: K/K/B/B/P)

Kerschbaumer, Judith: Gleichstellung von Frauen und Männern in der Alterssicherung. Möglichkeiten der Verbesserung von Rentenbiographien, AiB 2004, S. 673 ff.

Kerschbaumer, Judith / **Veil**, Mechthild: Frauen und ihre Alterssicherung. Profitieren Frauen von den Neuregelungen der Rentenreform, AiB 2002, S. 85 ff.

Kirchner, Meike: Rückwirkungsproblematik bei der betrieblichen Altersversorgung nach europäischem und deutschen Recht, Dissertation Münster 2000 (zit.: Kirchner: Rückwirkungsproblematik)

Kittner, Michael / **Zwanziger**, Bertram (Hrsg.): Arbeitsrecht. Handbuch für die Praxis, 3. Auflage, Frankfurt a. M. 2005: Bund-Verlag (zit.: *Bearbeiter*, in: Kittner/Zwanziger)

Koch, Peter: Begriff der Pensionskasse, BetrAV 2003, S. 418 ff.

Kocher, Eva: Vom Diskriminierungsverbot zum „Mainstreaming". Anforderungen an eine Gleichstellungspolitik für die Privatwirtschaft, RdA 2002, S. 167 ff.

Kommission der Europäischen Gemeinschaften (Hrsg.): Grünbuch „Angesichts des demografischen Wandels - eine neue Solidarität zwischen den Generationen" vom 16.03.2005 (KOM(2005) 94 endgültig)

Kommission der Europäischen Gemeinschaften (Hrsg.): Die Bevölkerung in der EU wird älter. Mit welchen Auswirkungen müssen wir rechnen und was sollten wir tun? Pressemitteilung vom 17.03.2005 (IP/05/322)

Körner, Marita: Unisex-Tarife und Entgeltgleichheitsgrundsatz bei der Riester-Eichel-Rente, NZA 2004, S. 760 ff.

Kortmann, Klaus / **Haghiri**, Pariwa, in: Infratest Sozialforschung (Hrsg.): Situation und Entwicklung der betrieblichen Altersversorgung in Privatwirtschaft und öffentlichem Dienst 2001 - 2003. Endbericht, München 2003, am 12.09.2005 abrufbar unter www.bmgs.bund.de/download/broschueren/F304.pdf (zit.: Infratest Sozialforschung, Situation und Entwicklung der bAV)

Kreikebohm, Ralf (Hrsg.): Sozialgesetzbuch, Gesetzliche Rentenversicherung - SGB VI, 2.Auflage; München 2003: Beck (zit.: *Bearbeiter*, in: Kreikebohm, SGB VI)

Kreßel, Eckhard: Die Beitragszusage im Recht der betrieblichen Altersversorgung, in: Richardi, Reinhard / Reichold, Hermann: Altersgrenzen und Alterssicherung im Arbeitsrecht. Wolfgang Blomeyer zum Gedenken, München 2003: Beck, S. 219 ff. (zit.: Kreßel, in: GS für Blomeyer)

Kümmerle, Katrin / **Öhrlein**, Diana: Die fünf Durchführungswege, AiB 2005, S. 144 ff.

Kummer, Pierre M.: Umsetzungsanforderungen der neuen arbeitsrechtlichen Antidiskriminierungsrichtlinie (RL 2000/78/EG), Frankfurt am Main 2003: Peter Lang (zit.: Kummer, Umsetzungsanforderungen)

Kuppel, Martina: Diskriminierung in der betrieblichen Altersversorgung. Teilzeitbeschäftigte und geringfügig Beschäftigte, BB 2000, S. 2150 ff.

Küpper, Peter: Der Rechtsweg bei mittelbaren Versorgungszusagen, in: Kisters-Kölkes, Margret (Hrsg.): Festschrift für Kurt Kemper zum 65. Geburtstag; München 2005: Luchterhand, S. 273 ff. (zit.: Küpper, in: FS für Kemper)

Kuras, Gerhard: Verbot der Diskriminierung wegen des Alters, RdA 2003, Sonderbeilage Heft 5, S. 11 ff.

Langohr-Plato, Uwe: Gleichbehandlungsgrundsatz und betriebliche Altersversorgung, MDR 1992, S. 838 ff.

Langohr-Plato, Uwe: Rechtliche Rahmenbedingungen bei Eingriffen in betriebliche Rentensysteme, MDR 1994, S. 853 ff.

Langohr-Plato, Uwe: Rechtshandbuch Betriebliche Altersversorgung, 2. Auflage, Recklinghausen 2002: ZAP-Verlag (zit.: Langohr-Plato, Rechtshandbuch)

Lelley, Jan Tibor: Die Rechtsprechung des EuGH zur Gleichbehandlung geringfügig Beschäftigter, NZA 2000, S. 405 ff.

Lenz, Carl Otto / **Borchardt**, Klaus-Dieter (Hrsg.): EU- und EG-Vertrag, 3. Auflage, Köln 2003: Bundesanzeiger (zit.: *Bearbeiter*, in: Lenz/Borchardt)

Leuchten, Alexius: Der Einfluss der EG-Richtlinien zur Gleichbehandlung auf das deutsche Arbeitsrecht, NZA 2002, S. 1254 ff.

Lieb, Manfred: Personelle Differenzierungen und Gleichbehandlung, ZfA 1996, S. 319 ff.

Lindenberg, Ina Maria / **Micker**, Lars: Die Vereinbarkeit des LPartG mit Art. 6 GG, DÖV 2003, S. 707 ff.

Lingscheid, Anja: Antidiskriminierung im Arbeitsrecht. Neue Entwicklungen im Gemeinschaftsrecht auf Grund der Richtlinien 2000/43/EG und 2000/78/EG und ihre Einfügung in das deutsche Gleichbehandlungsrecht, Berlin 2004: Logos (zit.: Lingscheid, Antidiskriminierung im Arbeitsrecht)

Linsenmaier, Wolfgang: Das Verbot der Diskriminierung wegen des Alters, RdA 2003, Sonderbeilage Heft 5, S. 22 ff.

Löwisch, Manfred: Regelung der betrieblichen Altersversorgung in Richtlinien nach § 28 SprAuG?, BetrAV1990, S. 222 f.

Maunz, Theodor / **Dürig**, Günter (Hrsg.): Grundgesetz, Kommentar, Loseblattsammlung, Stand 42. Ergänzungslieferung, München: Beck 2003 (zit.: *Bearbeiter*, in: Maunz/Dürig, Grundgesetz)

Maydell, Bernd Baron von / **Ruland**, Franz: Sozialrechtshandbuch (SRH); 3. Auflage; Baden-Baden 2003: Nomos (zit.: *Bearbeiter*, in: Maydell/Ruland)

Meier, Karin / **Recktenwald**, Stefan: Direktzusage in der betrieblichen Altersversorgung: ein Durchführungsweg mit Zukunft, BB 2006, S. 707 ff.

Meyer, Michael: Das Diskriminierungsverbot des Gemeinschaftsrechts als Grundsatznorm und Gleichheitsrecht, Frankfurt am Main 2002: Peter Lang (zit.: Meyer, Diskriminierungsverbot des Gemeinschaftsrechts)

Mohr, Jochen: Schutz vor Diskriminierungen im Europäischen Arbeitsrecht. Die Rahmenrichtlinie 2000/78/EG vom 27. November 2000 - Religion, Weltanschauung, Behinderung, Alter, oder sexuelle Ausrichtung, Berlin 2004: Duncker & Humblot (zit.: Mohr, Schutz vor Diskriminierungen)

Möller, Karl: Der Ehebegriff des Grundgesetzes und die gleichgeschlechtliche Ehe, DÖV 2005, S. 64 ff.

Muth, Rudolf: Gleichbehandlung von Männern und Frauen in der betrieblichen Altersversorgung nach Erlass der EG-Richtlinie, BetrAV 1987, S. 7 ff.

Niesel, Klaus (Hrsg.): Kasseler Kommentar Sozialversicherungsrecht; Loseblattsammlung, 43. Ergänzungslieferung, München 2004: Beck (zit.: *Bearbeiter*, in: KassKomm)

Paulsen-Rist, Claudia: Einführung in die betriebliche Altersversorgung; Reihe Praxishandbuch, Band 6, Berlin 2004: GDA (zit.: Paulsen-Rist, Praxishandbuch)

Pensions-Sicherungs-Verein (Hrsg.): Bericht über das Geschäftsjahr 2004, Köln 2005, am 10.03.2006 abrufbar unter: www.psvag.de/pdf/gb04d.pdf (zit.: PSVaG, Geschäftsbericht 2004)

Perreng, Martina: Mitbestimmen bei der betrieblichen Altersversorgung. Welche Möglichkeiten hat der Betriebsrat nach dem BetrVG?, AiB 2005, S. 170 ff.

Pfarr, Heide: Mittelbare Diskriminierung von Frauen. Die Rechtsprechung des EuGH, NZA 1986, S. 385 ff.

Picker, Eduard: Antidiskriminierung als Zivilrechtsprogramm?, JZ 2003, S. 540 ff.

Pophal, Roger: Direktversicherung als Beitrags- oder Leistungszusage, BetrAV 1997, S. 174 ff.

Population Reference Bureau (Hrsg.): 2004 World Population Data Sheet; Demographic Data and Estimates for the Countries and Regions of the World, am 08.06.2005 abrufbar unter: www.p.b.org/pdf04/04WordDataSheet_Eng.pdf (zit.: Population Reference Bureau, 2004 World Population Data Sheet)

Powietzka, Arnim: Eingetragene Lebenspartnerschaft und Arbeitsrecht; BB 2002, S. 146 ff.

Preis, Ulrich: Der Kündigungsschutz außerhalb des Kündigungsschutzgesetzes; NZA 1997, S. 1256 ff.

Preis, Ulrich / **Mallossek**, Kirsten, in: Oetker, Hartmut / Preis, Ulrich (Hrsg.): Überblick über das Recht der Gleichbehandlung von Frauen und Männern im Gemeinschaftsrecht, in: Europäisches Arbeits- und Sozialrecht EAS, Grundwerk, Teil B 4000, Heidelberg 2001: Forkel (zit.: Preis/Mallossek)

Raasch, Sibylle: Antidiskriminierungsgesetze: Zum Umsetzungsstand der neuen EU-Antidiskriminierungsrichtlinien in Deutschland, HWP Arbeitspapiere für Staatswissenschaft, Nr. 12, Hamburg 2004, abrufbar unter: www.hwp-hamburg.de/fach/fg_vwl/DozentInnen/heise/Materials/WP_StaatsWiss/12-Antidiskriminierung.pdf (zit.: Raasch, Antidiskriminierungsgesetze)

Raulf, Markus / **Gunia**, Susanne: Zwang zur geschlechtsneutralen Kalkulation in der betrieblichen Altersversorgung, BetrAV 2003, S. 517 ff.

Rebmann, Kurt / **Säcker**, Franz Jürgen / **Rixecker**, Roland (Hrsg.): Münchener Kommentar zum Bürgerlichen Gesetzbuch, Band 7 Familienrecht I, 4. Auflage, München 2000: Beck (zit.: *Bearbeiter*, in: Münchener Kommentar)

Reichel, Christian / **Heger**, Heinz-Josef; Betriebliche Altersversorgung. Ein Grundriss, München 2003: Beck (zit.: Reichel/Heger)

Reichel, Christian / **Hess**, Petra: Betriebliche Altersversorgung für geringfügig Beschäftigte, BetrAV 2001, S. 529 ff.

Richardi, Reinhard (Hrsg.): Betriebsverfassungsgesetz mit Wahlordnung, 10. Auflage, München 2006: Beck (zit.: *Bearbeiter*, in: Richardi Betriebsverfassungsgesetz)

Richardi, Reinhard: Bestandsicherung und Mitbestimmung in der betrieblichen Altersversorgung, Wolfgang Blomeyer zum Gedenken, München 2003: Beck, S. 299 ff. (zit.: Richardi, in: GS für Blomeyer)

Rieble, Volker: Die Entgeltumwandlung, BetrAV 2001, S. 584 ff.

Rößler, Norbert: Wünsche des Anwenders an die Direktversicherung unter besondere Berücksichtigung aktueller und europäischer Aspekte, BetrAV 1997, S. 61 ff.

Roth, Markus: Private und betriebliche Altersversorgung zwischen Sicherheit und Selbstverantwortung, ZRP 2004, S. 154 ff.

Rühmann, Jochen: Auswirkungen der neueren EuGH-Rechtsprechung auf die Gestaltung betrieblicher Versorgungsregelungen, BetrAV 1994, S. 107 ff.

Rühmann, Jochen: Die Hinterbliebenenversorgung in der betrieblichen Altersversorgung - eine dogmatische Aufarbeitung, in: Betriebliche Altersversorgung im 21. Jahrhundert. Rechtliche, personalpolitische und finanztechnische Herausforderungen, Festschrift für Wolfgang Förster, Köln 2001: Otto Schmidt (zit.: Rühmann, in: FS für Förster)

Ruppert, Wolfgang: Welchen Beitrag zur Altersversorgung leistet die betriebliche Altersversorgung heute - die neuen ifo-Zahlen und ihr Verhältnis zu anderen statistischen Erhebungen, BetrAV 2000, S. 685 ff.

Rürup, Bert: Zukunft der betrieblichen Altersvorsorge im Lichte der Rentenreformen und des Alterseinkünftegesetzes; in: Kisters-Kölkes, Margret (Hrsg.), Festschrift für Kurt Kemper zum 65. Geburtstag, München 2005: Luchterhand, S. 395 ff. (zit.: Rürup, in: FS für Kemper)

Rust, Ursula: Konsequenzen der Nichtumsetzung, in: Rust, Ursula / König, Doris / Lange, Joachim / Sieveking, Klaus (Hrsg.): Die Umsetzung der EU-Gleichbehandlungsrichtlinien in Deutschland, Rehburg-Loccum 2005: Evangelische Akademie Loccum, S. 27 ff. (zit.: Rust, Konsequenzen der Nichtumsetzung)

Rust, Ursula: Neue Chancen in der Vielfalt der Rechte und der Handelnden?, ZESAR 2004, S. 199 ff.

Sasdrich, Werner: Die neuen ifo-Zahlen zur Verbreitung der betrieblichen Altersversorgung, BetrAV 2000, S. 259 ff.

Saunders, Brigitte: Emanzipation der Frau im Rahmen der betrieblichen Altersversorgung, in: Kisters-Kölkes, Margret (Hrsg.): Festschrift für Kurt Kemper zum 65. Geburtstag, München 2005: Luchterhand, S. 405 ff. (zit.: Saunders, in: FS für Kemper)

Schaub, Günter: Die Arbeit in den verschiedenen Formen des Teilzeitarbeitsverhältnisses, BB 1990, S. 1069 ff.

Schaub, Günter / **Koch**, Ulrich / **Linck**, Rüdiger: Arbeitsrechts-Handbuch. Systematische Darstellung und Nachschlagewerk für die Praxis, 11. Auflage, München 2005: Beck (zit.: *Bearbeiter*, in: Arbeitsrechts-Handbuch)

Schiek, Dagmar: Differenzierte Gerechtigkeit. Diskriminierungsschutz und Vertragsrecht, Baden-Baden 2000: Nomos (zit.: Schiek, Differenzierte Gerechtigkeit)

Schiek, Dagmar: Gleichbehandlungsrichtlinien der EU - Umsetzung im deutschen Arbeitsrecht; NZA 2004, S. 873 ff.

Schlachter, Monika: Altersgrenzen angesichts des gemeinschaftlichen Verbots der Altersdiskriminierung, in: Richardi, Reinhard und Reichold, Hermann: Altersgrenzen und Alterssicherung im Arbeitsrecht. Wolfgang Blomeyer zum Gedenken, München 2003: Beck, S. 355 ff. (zit.: Schlachter, in: GS für Blomeyer)

Schlachter, Monika: Probleme der mittelbaren Benachteiligung im Anwendungsbereich des Art. 119 EGV, NZA 1995, S. 393 ff.

Schlachter, Monika / **Becker**, Ulrich / **Igl**, Gerhard (Hrsg.): Funktion und rechtliche Ausgestaltung zusätzlicher Alterssicherung; Reformen in der Schweiz, den Niederlanden, Großbritannien, Schweden und Deutschland mit ihren internationalen und gemeinschaftsrechtlichen Bezügen, Baden-Baden 2005: Nomos (zit.: *Bearbeiter*, in: Schlachter/Becker/Igl)

Schmidt, Marlene / **Senne**, Daniela: Das gemeinschaftsrechtliche Verbot der Altersdiskriminierung und seine Bedeutung für das deutsche Arbeitsrecht, RdA 2002, S. 80 ff.

Schmidt, Rainer / **Alt**, Carolin: Bewertung von Pensionsverpflichtungen - Auswirkungen des neuen Näherungsverfahrens zur Berücksichtigung der Sozialversicherungsrente, BB 2006, S. 296 ff.

Schoden, Michael: BetrAVG. Betriebliche Altersversorgung. Kommentar für die Praxis mit arbeitsrechtlicher Einführung, 2. Auflage, Frankfurt am Main 2003: Bund-Verlag (zit.: Schoden, in: Betriebliche Altersversorgung)

Schoden, Michael: Der Anspruch auf betriebliche Altersversorgung, AiB 2005, S. 135 ff.

Schröder, Michael / **Schüler**, Martin, in: Zentrum für Europäische Wirtschaftsforschung (Hrsg.): Kapitalmärkte und Demographie. Eine Umfrage unter Finanzmarktexperten, Mannheim 2004, am 10.03.2006 abrufbar unter: www.diavorsorge.de/downloads/st000406.pdf (zit.: ZEW, Kapitalmärkte und Demographie)

Schumann, Hans-Heinrich: 25 Jahre Betriebsrentengesetz - Ein Rückblick im Lichte der Rechsprechung, DB 1999, S. 2637 ff.

Schwind, Joachim: Die Deckungsmittel in der betrieblichen Altersversorgung in 2001, BetrAV 2003, S. 352 f.

Schwind, Joachim: Die Deckungsmittel in der betrieblichen Altersversorgung in 2002, BetrAV 2004, S. 469 f.

Schwind, Joachim: Die Deckungsmittel in der betrieblichen Altersversorgung in 2003, BetrAV 2005, S. 395

Sprenger, Markus: EU-Antidiskriminierungsrichtlinien, Möglichkeiten betrieblicher Mitbestimmung bis zur Umsetzung in Deutschland, AiB 2005, S. 81 ff.

Stalder, Patricia: Antidiskriminierungsmaßnahmen der Europäischen Gemeinschaft nach Art. 13 EG-Vertrag - unter besonderer Berücksichtigung der Rassismusbekämpfung und des Minderheitenschutzes, Dissertation, Bonn 2001 (zit.: Stalder, Antidiskriminierungsmaßnahmen)

Starck, Christian (Hrsg.): Mangoldt, Hermann / Klein, Friedrich: Kommentar zum Grundgesetz; Band 1: Präambel, Art. 1 bis 19, 5. Auflage, München 2005: Franz Vahlen (zit.: *Bearbeiter*, in: Mangoldt/Klein/Starck)

Statistisches Bundesamt (Hrsg.): Aktuelle Sterbetafeln für Deutschland 2002/2004, Wiesbaden 2005, am 10.03.2006 abrufbar unter www.destatis.de/basis/d/bevoe/bevoetab3.php (zit.: Statistisches Bundesamt, Sterbetafeln 2002/2004)

Statistisches Bundesamt (Hrsg.): Bevölkerungsentwicklung in Deutschland 1991 – 2004, Wiesbaden 2005, am 10.03.2006 abrufbar unter www.destatis.de/download/d/bevoe/bevoe_d1991_04.pdf (zit.: Statistisches Bundesamt, Bevölkerungsentwicklung 1991 - 2004)

Statistisches Bundesamt (Hrsg.): Leben und Arbeiten in Deutschland. Ergebnisse des Mikrozensus 2004, Wiesbaden 2005, am 10.03.2006 abrufbar unter www.destatis.de/presse/deutsch/pk/2005/MZ_Broschuere.pdf (zit.: Sta- tistisches Bundesamt, Mikrozensus 2004)

Statistisches Bundesamt (Hrsg.): Leben und Arbeiten in Deutschland. Ergebnisse des Mikrozensus 2004, Tabellenanhang zur Pressebroschüre, Wiesbaden 2005, am 10.03.2006 abrufbar unter www.destatis.de/presse/deutsch/pk/2005/Tabanhang_MZ2004.pdf (zit.: Statistisches Bundesamt, Mikrozensus 2004, Tabellenanhang)

Steinmeyer, Heinz-Dietrich: Betriebliche Altersversorgung und Arbeitsverhältnis. Das betriebliche Ruhegeld als Leistung im arbeitsvertraglichen Austauschverhältnis, München 1991: Beck (zit. Betriebliche Altersversorgung und Arbeitsverhältnis)

Steinmeyer, Heinz-Dietrich: Gleichbehandlung - Forderung nach Unisex-Tarifen, BetrAV 2003, S. 688 ff.

Steinmeyer, Heinz-Dietrich: Gleichbehandlung und private und betriebliche Alterssicherung - eine unendliche Geschichte?, NZA 2004, S. 1257 ff.

Steinmeyer, Heinz-Dietrich: Einstandspflicht von Pensionskassen für Arbeitgeberzusagen, BetrAV 2004, S. 436 ff.

Stiefermann, Klaus: Ohne Arbeitgeberzusage keine Betriebsrente, AiB 2005, S. 155 ff.

Stiefermann, Klaus: Wachsende tarifpolitische Bedeutung der betrieblichen Altersversorgung, in: Richardi, Reinhard / Reichold, Hermann: Altersgrenzen und Alterssicherung im Arbeitsrecht, Wolfgang Blomeyer zum Gedenken, München 2003: Beck, S. 445 ff. (zit.: Stiefermann, in: GS für Blomeyer)

Stüber, Stephan: Gesetz zur Überarbeitung des Lebenspartnerschaftsrechts, FamRZ 2005, S. 574 ff.

Stüber, Stephan: Lebenspartnerschaft - viele offene Fragen, NJW 2003, S. 2721 ff.

Streinz, Rudolf (Hrsg.): EUV/EGV Vertrag über die Europäische Union und Vertrag zur Gründung der Europäischen Gemeinschaft, München 2003: Beck (zit.: *Bearbeiter*, in: Streinz)

Thüsing, Gregor: Der Fortschritt des Diskriminierungsschutzes im Europäischen Arbeitsrecht - Anmerkungen zu den Richtlinien 2000/43/EG und 2000/78/EG, ZfA 2001, S. 397 ff.

Thüsing, Gregor: Europarechtlicher Gleichbehandlungsgrundsatz als Bindung des Arbeitgebers?, ZIP 2005, S. 2149 ff.

Thüsing, Gregor: Richtlinienkonforme Auslegung und unmittelbare Geltung von EG-Richtlinien im Anti-Diskriminierungsrecht, NJW 2003, S. 3441 ff.

Tillmanns, Reiner: Art. 6 Abs. 1; Art. 3 Abs. 1 und 3 GG: Verfassungsmäßigkeit des Lebenspartnerschaftsgesetz, Anmerkung zum Urteil des BVerfG vom 17.07.2002, JA 2003, S. 934 ff.

Uebelhack, Birgit: Beitragszusage mit Mindestleistung - eine neue Zusageform für Betriebsrenten, in: Richardi, Reinhard / Reichold, Hermann: Altersgrenzen und Alterssicherung im Arbeitsrecht, Wolfgang Blomeyer zum Gedenken, München 2003: Beck, S. 467 ff. (zit.: Uebelhack, in: GS für Blomeyer)

Veil, Mechthild: Alterssicherung nach der Rentenreform, AiB 2005, S. 139 ff.

Waas, Bernd: Allgemeine Diskriminierungsrichtlinien. Was sich dahinter verbirgt, AiB 2004, S. 650 ff.

Waltermann, Raimund: Verbot der Altersdiskriminierung - Richtlinie und Umsetzung, NZA 2005, S. 1265 ff.

Wank, Rolf: Die Teilzeitbeschäftigung im Arbeitsrecht, RdA 1985, S. 1 ff.

Weber, Claus: Das Verbot altersbedingter Diskriminierung nach der Richtlinie 2000/78/EG - eine neue arbeitsrechtliche Dimension, AuR 2002, S. 401 ff.

Webersinke, Hartwig: Volkswirtschaftliche Konsequenzen steigender Lebenserwartung, BetrAV 2003, S. 397 ff.

Wellenhofer, Marina: Das neue Recht für eingetragene Lebenspartnerschaften, NJW 2005, S. 705 ff.

Wiedemann, Herbert: Anmerkung zu BAG vom 04.12.1974 - 5 AZR 75/74 - AP Nr. 2 zu § 3 TVG

Wiedemann, Herbert: Zum Widerruf von betrieblichen Versorgungszusagen, in: Festschrift für Walter Stimpel, Berlin, New York 1985: de Gruyter, S. 955 ff. (zit.: Wiedemann, in: FS für Stimpel)

Wiedemann, Herbert / **Thüsing**, Gregor: Der Schutz älterer Arbeitnehmer und die Umsetzung der Richtlinie 2000/78/EG, NZA 2002, S. 1234 ff.

Willemsen, Heinz-Josef / **Schweibert**, Ulrike: Schutz der Beschäftigten im Allgemeinen Gleichbehandlungsgesetz, NJW 2006, S. 2583 ff.

World Health Organisation (Hrsg.): The World Health Report 2004 - Changing History; Statistical Annex, Annex Table 4: Healthy life expectancy (HALE) in all WHO Member States, estimates for 2002, Genf 2004, am 29.03.2006 abrufbar unter http://who.int/whr/2004/en/ (zit.: WHO, The World Health Report 2004)

Zöllner, Wolfgang, in: Richardi, Reinhard / Reichold, Hermann: Altersgrenzen und Alterssicherung im Arbeitsrecht. Wolfgang Blomeyer zum Gedenken; München 2003: Beck, S. 517 ff. (zit.: Zöllner, in: GS für Blomeyer)

Zweng, Johann / **Scheerer**, Reinhard / **Buschmann**, Gerhard / **Dörr**, Gernot: Handbuch der Rentenversicherung, Teil II - Sozialgesetzbuch VI; Loseblattsammlung; 84. Ergänzungslieferung, Stuttgart 2003: Kohlhammer (zit.: Zweng/Scheerer/Buschmann/Dörr)

RECHT DER ARBEIT UND DER SOZIALEN SICHERHEIT

Band 1 Ulrike Wagner: Mitbestimmung bei Bildschirmtechnologien. 1985.

Band 2 Karin Dierks: Zwischen Arbeits- und Sozialrecht. Beschäftigungsverhältnisse in der Werkstatt für Behinderte. 1986.

Band 3 Inge Böttcher: Gemeinsame Ausübung eines Zurückbehaltungsrechts. 1986.

Band 4 Gabriele Peter: Frauendiskriminierung durch Teilzeitbeschäftigung. Insbesondere bei betrieblichen Sozialleistungen und der Vergütung von Überstunden. 1988.

Band 5 Uwe Schumacher: Rechtsfragen der Teleprogrammierung. Statusrechtliche Einordnung und urheberrechtlicher Schutz. 1989.

Band 6 Nashrine Ismail: Recht und Praxis bei der Bekämpfung illegaler Arbeitnehmerüberlassung. 1991.

Band 7 Karen Klöver: Der Sozialplan im Konkurs. Schutz der Sozialplangläubiger im Konkurs und alternative Regelungsmöglichkeiten in einem neuen Insolvenzrecht. 1993.

Band 8 Andrea Rudolph: Die Kooperation von Strafrecht und Sozialhilferecht bei der Disziplinierung von Armen mittels Arbeit. Vom Arbeitshaus bis zur gemeinnützigen Arbeit. 1995.

Band 9 Wolfgang Däubler: Rechtsexport. Die Einführung des bundesdeutschen Arbeitsrechts im Gebiet der früheren DDR. 1996.

Band 10 Ines Kalisch: Die Entwicklung des Verbots der mittelbaren Diskriminierung wegen des Geschlechts im Sozialrecht. Grundlagen, Analyse und exemplarische Anwendung auf Gesetze im Rentenrecht. 1999.

Band 11 Matthias Hirschfeld: Die Dienstgemeinschaft im Arbeitsrecht der evangelischen Kirche. Zur Legitimitätsproblematik eines Rechtsbegriffs. 1999.

Band 12 Véronique Demarne: Anwendung nationaler Tarifverträge bei grenzüberschreitenden Arbeitsverhältnissen. Ein deutsch-französischer Vergleich (Avec résumé et conclusions en français). 1999.

Band 13 Alexander Scharf: Das Arbeitsrecht der Russischen Föderation und der Republik Belarus. 1999.

Band 14 José João Abrantes: Contrat de travail et droits fondamentaux. Contribution à une dogmatique commune européenne, avec référence spéciale au droit allemand et au droit portugais. 2000.

Band 15 Oliver Tieste: Karôshi, ein japanisches Phänomen? Ursachen und rechtliche Hintergründe für den Tod am Arbeitsplatz. Eine rechtsvergleichende Studie. 2000.

Band 16 Detlev Reichelt: Die arbeitsrechtliche Stellung der Rote-Kreuz-Schwestern. Eine Untersuchung zur Arbeitnehmereigenschaft mitarbeitender Vereinsmitglieder und Gesellschafter am Beispiel der Krankenschwestern der Schwesternschaften vom Deutschen Roten Kreuz e.V. 2000.

Band 17 Herbert Böker: Tarifunterschreitung durch Betriebsvereinbarung und Arbeitsvertrag. 2001.

Band 18 Tatjana Aigner: Antworten auf Arbeitnehmerfehlverhalten. Reaktionen, Interventionen und Sanktionen in Österreich und Deutschland. 2002.

Band 19 Alexandra Nöth: Materieller und prozessualer Rechtsschutz gegen sexuelle Belästigung am Arbeitsplatz in den USA, Europa und Deutschland. 2003.

Band 20 Oliver Tieste: Der Tod durch Überarbeitung. Arbeits- und sozialversicherungsrechtliche Hintergründe. Materiellrechtliche, epidemiologische und betriebliche Rahmenbedingungen des Karôshi-Phänomens in Japan und Deutschland. 2003.

Band 21 Bettina Graue: Der deutsche und europäische öffentliche Dienst zwischen rechtlicher und faktischer Gleichberechtigung der Geschlechter. Ein rechtssystematischer Vergleich zur Frauenförderung in beiden öffentlichen Diensten unter besonderer Berücksichtigung des Gemeinschaftsgrundrechts der Gleichberechtigung von Männern und Frauen. 2004.

Band 22 Timo Karsten: Schuldrechtliche Tarifverträge und außertarifliche Sozialpartner-Vereinbarungen. Eine Untersuchung am Beispiel von Vereinbarungen der Tarifparteien der Chemischen Industrie. 2004.

Band 23 Katrin Stoye: Rechtsdogmatische und rechtspolitische Probleme des § 14 Abs. 2 Teilzeit- und Befristungsgesetz. Ein Beitrag zur Auslegung der Tatbestandsvoraussetzungen des § 14 Abs. 2 TzBfG sowie zur Entwicklung des Rechts der sachgrundlosen Befristungen unter Berücksichtigung der gesetzlichen Neuerungen durch die Arbeitsmarktreformen der Jahre 2002 und 2003. 2007.

Band 24 Felix Herbold: Gleichbehandlung in der betrieblichen Altersversorgung. Rechtsfragen zur Beteiligung an der zweiten Säule der Alterssicherung am Beispiel der geringfügig Beschäftigten und eingetragenen Lebenspartner. 2007.

www.peterlang.de

FSC
www.fsc.org
MIX
Papier | Fördert gute Waldnutzung
FSC® C083411

Kolibri 360 GmbH
Ferdinand-Jühlke-Straße 7
99095 Erfurt, Deutschland
produktsicherheit@kolibri360.de

Druck:
CPI Druckdienstleistungen GmbH
im Auftrag der
Kolibri 360 GmbH
Ferdinand-Jühlke-Str. 7
99095 Erfurt

Bei der Ausgestaltung seiner betrieblichen Altersversorgung sieht sich der Arbeitgeber einem Zielkonflikt ausgesetzt. Einerseits strebt er eine möglichst umfassende Gestaltungsfreiheit an, um innerhalb der Belegschaft bedarfsgerecht differenzieren zu können und eine Außenwirkung als attraktiver Arbeitgeber zu erzielen. Zudem ist eine Teilhabe aller zu Konditionen, die sich jeweils am höchsten Leistungsniveau orientieren, wirtschaftlich nicht darstellbar. Andererseits müssen zahlreiche Gleichbehandlungsgebote und Diskriminierungsverbote beachtet werden. Die Untersuchung zeigt das Spannungsfeld auf, in dem sich der Arbeitgeber bei der Zusagengestaltung bewegt. Neben einer ausführlichen abstrakten Darstellung der rechtlichen, konzeptionellen und tatsächlichen Zusammenhänge wird die Frage nach der Einbeziehung zweier Arbeitnehmergruppen gestellt und beantwortet. Wo stößt die Freiheit, manche Arbeitnehmer mit einer Versorgungszusage zu begünstigen und andere hiervon auszunehmen, an die Grenzen des arbeitsrechtlich Zulässigen?

Felix Herbold, geboren 1975, studierte von 1994 bis 2000 Rechtswissenschaften an der Universität Heidelberg. Nach Stipendium und Studienaufenthalt in Shanghai (China) absolvierte er im Jahr 2000 das Erste juristische Staatsexamen. Das Referendariat verbrachte er in der Freien Hansestadt Bremen, wo er 2003 das Zweite juristische Staatsexamen ablegte. Von 2003 bis 2007 promovierte der Autor an der Universität Bremen. Seit 2003 ist er als Rechtsanwalt zugelassen und als Referent für Rechtsfragen der betrieblichen Altersversorgung in einem internationalen Automobilkonzern tätig.

www.peterlang.de

ISBN 978-3-631-57319-8

9 783631 573198